무역과 매너의 만남

강 영 문

머리말

Preface

무역과 매너는 한 배를 타고 미지의 세계를 향해 나가야 됨에도 불구하고, 우리나라의 교육 현실은 이 두 분야를 남남처럼 취급하여 왔다. 이러한 교육과 비즈니스의 부조화는 결국 산업계의 대학교육에 대한 불신을 가져 오고 있다.

무역은 국제간의 상거래로 이(異)문화 간의 효율적인 커뮤니케이션이 필요하다. 특히 더욱 치열해지는 세계무역 무대에서 무역업자의 세련된 국제매너는 무역거래에서 윤활유와 같은 역할을 한다.

더욱이 무역거래에서 무역업자의 매너없는 언행은 R&D, 생산, 마케팅 등의 무역을 위해 물심양면으로 공들인 모든 노력을 한 순간에 물거품처럼 사라지게 만들기도 한다. 그런데 무역업자가 무역과정에서 범하기 쉬운 매너상의 실수는 사전에 학습과 교육으로 얼마든지 미연에 방지할 수 있는 부분이다.

따라서 본서는 그동안 한 가족임에도 불구하고 먼 이웃처럼 겉돌았던 무역과 매너를 한 지붕 아래로 불러들여 두 분야를 오순도순 연계하여 체계적으로 설명하고 있다. 2008년 우리나라의 무역의존도는 90%를 상회하였다. 무역없는 한국은 이제 생각할 수 없다. 무역은 한국의 비약적인 경제발전의 견인차 역할을 하였고, 향후 국민소득 3만달러의 진입도 무역에 달려 있다.

세련된 국제매너는 성사가 힘든 무역거래를 타결시키는 토대가 될 수도 있으나, 무역거래에서 매너로 인한 실수는 타결 직전의 무역거래도 좌초시킬 수 있다. 이처럼 매너는 한국경제의 주춧돌 역할을 하는 무역과 밀접한 관계를 갖고 있고 있다.

본서는 무역과 매너를 한 권에 담아 무역업자가 언제 어디서나 효율적으로 활용할 수 있게 하였다. 본서에서는 무역과 매너의 사례와 전문가의 고견을 "무역매너 에세이"로 다루고 있고, "Check Point"로 무역과 매너의 전문내용을 설명하고 있다. 또한 부록에 상사맨들의 실제 무역매너 사례를 소개하고 있다. 본서가 대학생, 무역 초심자, 프로 무역업자들이 무역과 매너를 체계적으로 이해하고, 활용하는 안내서가 되길 기원한다.

영문(젊은 달)

목차

Contents

제1부 무역과 매너의 기초

제2부 무역실무의 이해

제3부 국제매너의 이해

부록

〈무역매너 사례〉

Check Point

무역매너 에세이

PART Ⅰ

무역과 매너의 기초

사람은 자기를 기다리게 하는 사람의 결점을 계산한다.
-프랑스 속담-

제1장

무역과 국제매너 입문

1. 무역협상의 스타일과 국제매너

무역협상의 스타일이란 협상자의 말하는 방식과 직함 사용여부, 복장 등을 의미한다. 북미사람들은 비격식적인 것을 선호하여 첫 만남에서부터 상대방의 이름을 부른다. 이에 비해 독일인들은 격식을 중요하게 생각한다. 또한 무역협상에서 의례와 품행은 시간의 엄수, 신체접촉, 눈 맞춤 상태, 격식의 정도, 선물수여 등과 밀접하게 관계되어 있다 (Cellich I Jain, 2005)

이처럼 무역협상의 스타일은 무역업자가 속한 문화에 따라 다양하게 나타나므로 무역업자는 상대국의 문화에 기초한 국제매너를 이해하고 있지 않으면 대규모의 무역거래를 협상과정의 문화적 실수로 허공에 날려 보낼 수도 있다.

국제 비즈니스맨이 좋은 매너로 비즈니스 협상 상대방과 좋은 비즈니스 관계를 맺는다면 이는 치열한 국제통상 환경에서 천군만마를 얻은 것이나 다름 없다. 이와 관련하여 중국 제나라 위왕은 다음과 같은 말을 하였다.

일수일확자곡야(一樹一穫子穀也): 하나를 심어 하나를 거두는 것은 곡식이다.

일수십확자목야(一樹十穫子木也):하나를 심어 열을 거두는 것은 나무이다.

일수백확자인야(一樹百穫子人也): 하나를 심어 백을 거두는 것은 사람이다.

이처럼 좋은 매너로 좋은 비즈니스 관계를 만드는 것은 어떠한 물질적 이윤의 획득보다 더 중요하고 값진 비즈니스 자산이 되는 것이다.

문화적 차이의 각국별 사례

행동양식	국 가	내 용
악수	일 본	지위가 낮은 사람이 오랫동안 인사하게 됨
	중국	손을 잡고 크게 흔드는 것은 기쁨을 표시
	한국	미팅이 성공적이면 말미에 더 큰 절을 함
	유럽 · 남미	아침에 악수했어도 오후에 다시 만나면 다시 악수(절친한 친구사이에도 유행)
	케냐	다시 만나면 서로 악수(악수하는 데 인색하면 믿지 못함)
	프랑스	유럽인 중 가장 과묵함, 악수할 때 손을 잡고 흔드는 것은 교양 없는 행위로 간주
	아랍	악수를 오래 끔
	미국	손을 꽉 잡아서 상대방을 불쾌하게 하는 경향이 있음
	사우디 · 태국	여성에게 악수를 금함
대화	아시아	Yes 또는 No라는 단순한 대답을 구하기 힘듬(No라는 말을 좀처럼 쓰지 않음)
	태국	No라는 말이 없음(상대방 체면을 고려하여 쓰지 않음)
	일본	Yes는 상대방의 말을 알아들었다는 의미임(No라는 표현을 쓰지 않기 위해 여러 가지 표현이 있음)
	파키스탄 · 파라과이	거리를 물으면 멀지 않다고 대답함
감정표시	미국	결혼한 커플이 키스나 포옹을 하지 않으면 결혼상태 의심
	영국 · 스칸디나비아	애정표현에 냉담함
	프랑스 · 브라질	공공장소에서 정열적으로 포옹함
	아시아	미국인을 혈기왕성한 사람으로 평가
	유럽	미국인을 떠들썩한 사람으로 평가
	라틴 아메리카	미국인을 냉정한 사람으로 평가
	미국	영국인을 무관심한 사람, 프랑스인을 겸손한 사람으로 평가
	아랍	거리낌없이 감정표현, 큰 소리는 박력을 상징함
	중국	당황할 때 웃는 경향이 있음
신체언어	이란 · 가나	엄지손가락을 세우는 것은 무례한 행동임
	미국	가운데 손가락을 세우는 것은 무례한 행동임 멀리 보는 사람보다 똑바로 보는 사람을 신뢰함
	싱가포르 · 태국	머리를 만지는 것을 금함
	일본	손위 사람을 쳐다보는 것은 적대시하는 경우이며, 손아래 사람을 쳐다보는 것은 벌을 주거나 훈계하는 경우임
	아랍	눈 맞춤을 좋아함
	아시아	제스처는 사람의 신경을 거슬림
	라틴 아메리카 · 이탈리아	제스처는 자기표현의 중요한 몫으로 쓰지 않으면 무관심을 뜻함

자료: 조석홍(2007)

Check Point

문화에 따른 상이한 협상 커뮤니케이션

미국과 같은 수평적 문화권의 사람들은 다른 사람들을 격식없이 대한다. 그래서 이들은 대인관계에서 언어를 평등하게 사용하려고 노력한다. 이에 비해 일본과 같은 수직적인 문화에서는 상대방의 지위에 따라 커뮤니케이션의 유형이 달라지므로 협상 상대방의 지위를 모르면 커뮤니케이션에 곤란함을 겪게 된다(최윤희, 1999).

또한 집단주의 성향이 강한 문화권의 사람들과 개인주의 성향이 강한 문화권의 사람들의 협상 커뮤니케이션은 상이한 협상 스타일과 의사결정과정을 보여준다. 따라서 무역업자는 무역거래 상대방의 문화에 대한 체계적인 이해를 통해 무역거래를 할 때 실수를 줄이고, 무역거래의 타결 가능성을 높이는 다양한 전략을 마련해야 된다.

문화에서 권력관계

	작은 권력관계		큰 권력관계
1.	사회에서 불평등은 최소화되어야 한다.	1.	각자의 합법적 신분으로 이루어지고 있는 사회에서 불평등에 대한 질서는 존재하여야 하며, 신분의 높고 낮음은 이러한 질서에 의해 보호되어야 한다.
2.	모든 사람은 상호의존적이어야 한다.	2.	소수의 독립적인 사람과 다수의 의존적인 사람이 존재하여야 한다.
3.	계급은 편의상 존재하는 역할의 불평등을 의미한다.	3.	계급은 본질적인 불평등을 의미한다.
4.	상급자는 사람들이 자기를 좋아하는 것과 같이 하급자를 돌봐야 한다.	4.	상급자는 하급자를 자기와 다른 부류의 사람으로 생각하여야 한다.
5.	하급자는 사람들이 자기를 좋아하는 것과 같이 상급자를 따라야 한다.	5.	하급자는 상급자를 자기와 다른 부류의 사람으로 생각하여야 한다.
6.	상급자는 자연스럽게 대할 수 있는 사람이다.	6.	상급자는 자연스럽게 대할 수 있는 사람이 아니다.
7.	권력의 행사는 합법적이어야 하며, 행사하기 이전에 그것이 선인지 악인지에 대한 판단이 전제되어야 한다.	7.	권력은 선과 악을 따지기 이전에 사회의 기본적인 사실이며, 합법성 여부와는 무관한 것이다.
8.	사람은 누구나 평등한 권리를 가져야 한다.	8.	권력자에게는 특권이 주어져야 한다.
9.	권력자는 그들이 가지고 있는 실제의 권력보다 가능한 한 적은 권력을 행사하여야 한다.	9.	권력자는 가능한 한 많은 권력을 행사하여야 한다.

10.	체제는 항상 비난을 받게 된다.	10.	사회적 패배자는 당연히 비난을 받아야 한다.
11.	사회체제를 변화시키기 위해서는 권력의 재분배가 필요하다.	11.	사회체제를 변화시킬 수 있는 유일한 방법은 권력자들을 권좌에서 끌어내리는 것이다.
12.	다양한 권력계층이 존재할 때 사람들은 위협을 덜 느끼고 보다 더 사람들을 믿게 된다.	12.	권력을 가진 자와 권력이 없는 자 사이에는 항상 보이지 않는 갈등이 존재한다.
13.	권력이 없는 자들 간의 협동은 큰 힘을 발휘할 수 있다.	13.	힘이 없는 자들은 보통 그들 사이에 내재해 있는 불신 때문에 서로 협력하기가 어렵게 된다.

자료: 이승영(1999)

집합주의 사회와 개인주의 사회의 주요 차이점

집합주의 사회	개인주의 사회
• 사람들은 확대가족 또는 집단 속에 태어나서 충성심을 바치는 대가로 계속 보호를 받는다.	• 모든 사람은 자기 자신과 직계 핵가족만을 스스로 돌볼 수 있도록 성장한다.
• 정체감의 근원은 개인이 속해 있는 사회적 그물망 속에 있다.	• 정체감의 근원은 개인 안에 있다.
• 어린이는 '우리'라는 틀 안에서 생각하는 법을 배운다.	• 어린이는 '나'라는 의미 안에서 생각하는 법을 배운다.
• 언제나 조화가 유지되어야 하며 직접적인 대립은 피해야 한다.	• 자신의 생각을 그대로 말하는 것이 정직한 사람의 특성이다.
• 높은 맥락의 의사소통.	• 낮은 맥락의 의사소통.
• 규칙위반을 하면 자기 자신과 집단에 대해 수치감과 체면손상을 느낀다.	• 규칙위반을 하면 죄책감과 함께 자기 존중의 상실을 느낀다.
• 교육의 목적은 어떻게 행동할 것인가를 배우는 것이다.	• 교육의 목적은 어떻게 학습할 것인가를 배우는 것이다.
• 졸업장은 보다 높은 지위의 집단에 들어갈 자격을 부여한다.	• 졸업장은 경제적 가치와 자기존중감을 높여준다.
• 고용주·종업원간 관계는 가족관계와 같이 도덕적인 측면에서 지각된다.	• 고용주·종업원간 관계는 상호 이익에 기반을 두는 일종의 계약이다.
• 고용 여부와 승진결정에 종업원이 속해 있는 집단이 고려된다.	• 고용 여부와 승진결정은 오로지 기술과 규칙에 근거해서만 이루어진다.
• 경영은 집단의 경영이다.	• 경영은 개인의 경영이다.
• 인간관계가 일보다 우선이다.	• 일이 인간관계보다 우선이다.

자료: Hofstede(1991).

문화권에 따른 개인주의 수준

높음	낮음
미국 호주 영국 캐나다 네덜란드 뉴질랜드 이태리 벨지움 덴마크	베네주엘라 콜롬비아 파키스탄 페루 대만 타일랜드 싱가포르 칠레 일본 홍콩

자료: 최윤희(1997)

무역매너 에세이

"한국하면 떠오르는 이미지"

삼성, LG, 현대 떠올라

동아일보-구글 '31개 국가-국민 대표 키워드' 인터넷 조사

"한국인은 '급하고 일중독' 이미지"

최근 세계 인터넷에서 한국을 대표하는 키워드는 '삼성, LG, 현대'로, 한국인의 대표 키워드는 '급한 성격'으로 밝혀졌다. 동아일보 산업부가 세계적 검색업체인 구글에 의뢰해 한국을 비롯한 경제협력개발기구(OECD) 회원국 30개국, 중국 등 모두 31개국과 국민에 대해 대표적 키워드를 조사한 결과 한국은 △삼성, LG, 현대 △김치 △스타크래프트 △도자기 △직물(織物) △보아(가수) △태권도 △개인용컴퓨터(PC) 게임 등이 상위에 올랐다.

한국, 미국, 중국, 일본, 영국, 프랑스, 독일 등 주요국 가운데 유일하게 한국만 상위 3대 키워드에 기업 이름이 포함돼 외국인들은 한국의 대표적 글로벌 기업들을 통해 우리나라를 인식하는 사례가 많은 것으로 나타났다. 또 한국인의 대표적 이미지로는 '급한 성격'과 '일중독', '부지런하고 야심이 있음', '친절함과 친근함' 등이 꼽혔다. 특히 '새벽기도'도 주요 키워드로 꼽혀 눈길을 끌었다.

이번 조사 결과는 구글코리아가 '어느 국가 또는 국민은 무엇으로 알려졌다 또는 유명하다'라는 질문을 영어로 작성해 16일 오후 10시를 기준으로 수천억 개에 이르는 웹페이지를 자동 검색한 내용이다.

일본은 기모노와 일본어, 후지 산, 근면성, 닌자, 만화, 스시, 전자제품 등이 주요 키워드

로 검색됐다. 일본인에 대한 키워드는 장수(長壽)와 물질 추구, 낮은 심장병 발병률 등이었다. 중국은 고대문명과 친절한 사람들, 만리장성, 병마용, 양쯔 강, 기발한 요리법 등이 꼽혔고 중국인은 배움에 대한 열정과 문화, 다양한 자연요법 등이 주요 키워드였다.

미국의 국가 키워드는 색달랐다. 전시회와 축제를 필두로 콘서트, 공연예술, 오락, 역사적 건축물, 기념비, 박물관 등 상위 10개의 키워드가 모두 문화와 관련이 있었다. 세계 누리꾼에게 비친 미국인의 대표적 이미지는 강건함과 후함이었다.

영국의 1위 키워드는 축구선수 데이비드 베컴이었으며 대표적 요리인 '피시 앤드 칩스'와 영국 국회의 시계탑 빅벤, 빨간 버스 등도 상위권에 포함됐다. 프랑스는 치즈와 와인 및 향수, 프랑스인에 대해서는 멋진 패션감각이 주요 키워드로 조사됐다. 구글코리아 측은 "구글은 검색어와 웹페이지의 관련성 및 인용빈도 등 5억여 개의 변수와 20억여 개의 용어로 된 세밀한 공식을 사용해 객관적으로 결과를 산출한다"면서 "검색 시점에 따라 결과에 변동이 있으나 삼성, LG, 현대 등 글로벌 기업이 최근 한국의 대표적 키워드 가운데 하나인 것은 확실하다"고 분석했다.

(동아일보, 2008.11.18)

각국 혁신지수 순위

(만점:7.0)

1	미국	5.80
2	독일	4.89
3	영국	4.81
4	일본	4.48
5	프랑스	4.32
6	스위스	4.16
7	싱가포르	4.10
8	캐나다	4.06
9	네덜란드	3.99
10	홍콩	3.97
19	한국	3.67

2008년 국가경쟁력 순위

순위	해당 국가	2007년 순위	변동
1	미국	1	—
2	싱가포르	2	—
3	홍콩	3	—
4	스위스	6	1.2
5	룩셈부르크	4	1.1
6	덴마크	5	1.1
7	호주	12	1.5
8	캐나다	10	1.2
9	스웨덴	9	—
10	네덜란드	8	1.2
11	노르웨이	13	1.2
12	아일랜드	14	1.2
13	대만	18	1.5
16	독일	16	—
17	중국	15	1.2
21	영국	20	1.1
22	일본	24	1.2
25	프랑스	28	1.3
31	한국	29	1.2

2. 무역이란?

• 무역 = 국제상거래 + 국내상거래
수출 + 수입

1) 무역은 국제상거래와 국내상거래의 합집합

많은 사람들이 무역을 국내 상거래와는 다른 무슨 거창한 행위로 생각하는 경향이 있는데 무역은 우리가 아침에 눈떠서 밤에 잘 때까지 반복하는 상거래의 한 부분이다. 무역이란 상거래(商去來)의 일종으로 국제간의 상거래라고 정의되고 있다.

상거래란 물건을 사고파는 것 즉, 매매(賣買)를 의미하고, 무역이란 국제간에 상품매매이다. 그런데 무역이라는 상행위가 수행되는 과정을 보면 무역을 단순히 국제간의 상거래라고만 정의하는 데는 모순이 있다.

예를 들어 수출의 경우 수출업체가 상품을 수출하기 위해선 가장 먼저 상품생산을 위해 원료, 부품 등의 조달과정이 필요한데 이 경우 전형적인 국제상거래인 수입에 의존하는 경우도 있지만 국내에서 조달하는 경우도 많다.

이러한 국내에서의 부품 및 원료 조달 등의 상거래는 국내상거래이다. 따라서 무역은 상거래의 한 부분으로 국제상거래와 국내상거래의 합집합이라고 정의할 수 있다

그런데 많은 사람들이 무역은 일반적인 국내상거래와 달리 생각하여 무역을 괜히 어렵고, 복잡하게만 생각하는 경향이 있다. 그러나 무역은 현행 무역관련 국내외 법규상 국내상거래와 마찬가지로 아무나 할 수 있는 상행위이다.

단 무역은 국제간의 상거래이기 때문에 국제간의 규칙이나 문화적 차이에 대한 이해 등 무역에 대한 지식과 해당 외국어 및 지역에 대한 지식이 필요하다. 즉, 모든 상거래가 그 분야만의 특수한 상황이 있고, 전문지식이 필요하듯이 무역이라는 상행위도 국제간의 상행위라는 특수성 때문에 무역관련 지식이 필요하다.

2) 무역은 수출과 수입의 합집합이다

무역은 수출과 수입으로 이루어져 있는데 우리 사회에서 많은 사람들이 무역은 수출로만 생각하는 경향이 있다. 그 배경에는 수출주도의 고도성장기의 추억 때문이 아닌가 싶다.

영어로 수출은 export, 수입은 import인데 본래 port의미가 문(門)이므로 문밖(해외)으로 상품을 파는 것은 수출(export), 문밖(해외)에서 문안(국내)으로 상품이 들어오는 것은 수입(import)이다. 세계화시대 지속적인 경제발전과 풍요로운 경제생활을 영위하기 위해서는 수출뿐만 아니라 수입도 매우 중요하다.

10대 수출국 수출액 현황

(단위:백만달러·%)

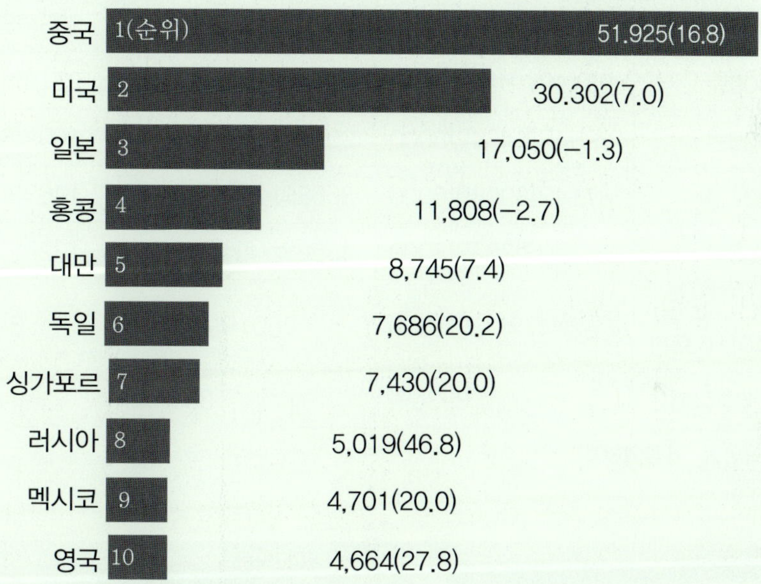

* 2007년 1~8월 수출실적, 증가율은 전년 동기 대비 괄호 안은 증가율

〈자료: 관세청〉

Check Point

우리나라의 수출총액은?

우리나라의 수출총액은 1964년 1억 달러를 달성하였고, 1971년에 10억 달러, 1977년에 대망의 100억 달러를 돌파하였다. 그리고 1995년 1000억 달러, 2004년 2000억 달러를 달성했고, 2006년 3000억 달러를 달성하였다.

연도별 무역수지 추이

연도	수출	수입	무역수지
2001년	1504억3914만4000	1410억9782만1000	93억4132만3000
2002년	1624억7052만8000	1521억2615만3000	103억4437만5000
2003년	1938억1744만3000	1788억2665만7000	149억9078만6000
2004년	2538억4467만2000	2244억6268만7000	293억8198만5000
2005년	2844억1874만3000	2612억3826만4000	231억8047만9000
2006년	3254억6484만8000	3093억8263만2000	160억8221만6000
2007년	3714억8908만6000	3568억4573만3000	146억4335만2000
2008년	4220억732만8000	4352억7473만7000	132억6740만9000
2009년(1~10월) 10월 추정치 포함	2947억32만8000	2601억4460만	345억8241만
2010년(추정치)	3935억	3837억	98억

자료: 무역협회, 기획재정부

무역의 날 기념식

무역매너 에세이

"2022년 한국 4대 수출대국 부상"

무역협회 국제무역연구원은 2022년에 이르면 한국의 수출 규모는 1조2000억 달러를 기록, 세계 4대 수출대국으로 부상할 것으로 경제분석기관인 글로벌 인사이트의 최근 전망자료를 인용해 1일 밝혔다. 글로벌 인사이트는 4월 15일 전망자료를 통해 2022년 한국의 수출규모를 1조1900억 달러, 일본 1조1800억 달러, 중국 6조9200억 달러로 내다봤다. 전망에 따르면 전 세계 국가 중 한국의 수출 순위는 2009년 11위에서 2022년 4위로 도약하는 것으로 이는 우리나라가 사상 처음으로 일본의 수출규모를 추월하는 것을 의미한다. 이 예상치는 일본의 제조업 경쟁력의 약화에 기인하기보다는 향후 일본의 해외투자가 증가하고 산업구조가 고도화되면서 일본 본토의 수출 증가세 둔화가 예상되기 때문이라고 국제무역연구원은 분석했다.

2012년경에 이르면 무역 1조 달러 달성도 가능할 것으로 전망됐다. 2012년 한국의 교역규모는 수출 5500억 달러, 수입 5200억 달러로 사상 처음 1조 달러를 돌파할 것으로 글로벌 인사이트는 예측했다.

(전자신문, 2009.5.3)

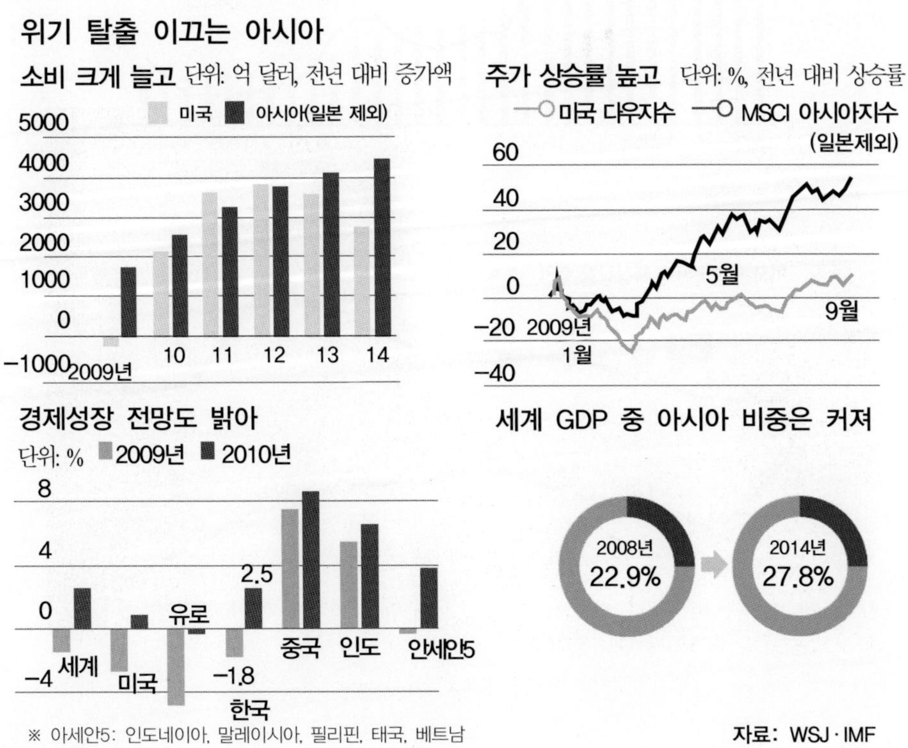

선진국 경제성장률 및 변동성

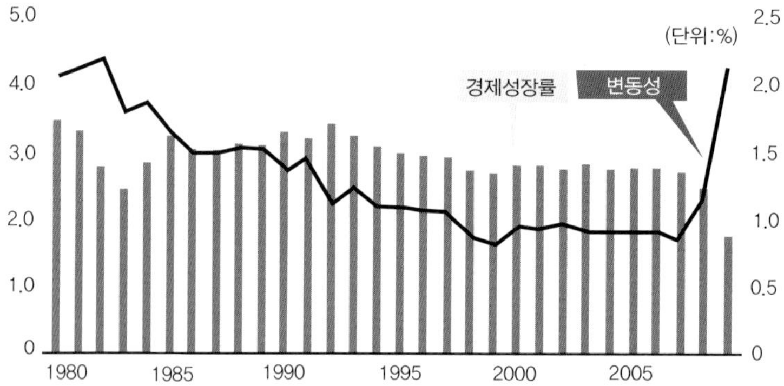

※ 변동성은 과거 10년간의 표준편차 기준

선진국 인플레이션과 변동성

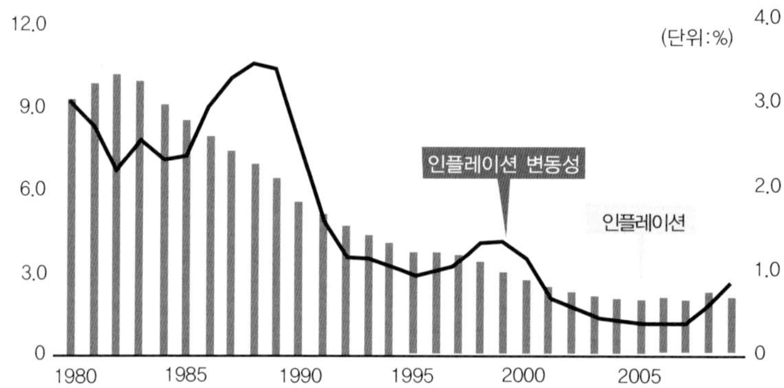

자료:IMF, 하나금융연구소

미국과 중국의 경제성장률 추이 (단위 %, 전년 대비 GDP 성장률)

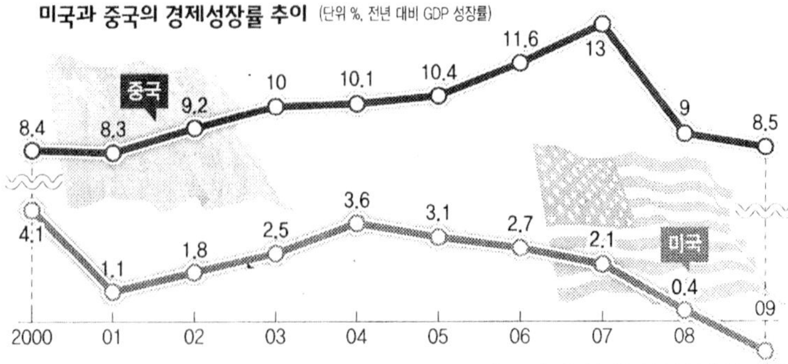

자료: 미 경제분석국, IMF

※2009년치는 IMF가 10월에 발표한 세계경제전망 추정치

무역매너 에세이

"새로운 수출드라이브 모델 창출할 때다"

올해 우리나라 수출이 세계에서 11번째로 4000억 달러(약 592조 원)를 돌파했다. 연간 수출 1억 달러를 1964년에 달성했으니 44년 만에 4000배가 넘게 성장한 셈이다. 수출액이 1000억 달러(1995년)에서 4000억 달러가 되기까지 걸린 기간은 13년으로 우리보다 먼저 4000억 달러 고지를 밟은 선진국 평균(17.2년)보다 4년 이상 짧다. 열악한 여건의 산업 현장에서 좋은 품질의 제품을 만들고, 세계시장 곳곳을 누비며 '메이드 인 코리아'를 파는 데 청춘을 바친 수출역군들의 땀과 눈물이 이뤄낸 성과다.

1970년대 박정희 정부가 밀어붙인 수출드라이브는 재원 배분의 편중 같은 일부 부작용에도 불구하고 한국을 세계 10위권의 경제대국으로 올려놓는 발판 역할을 했다. 자원도, 원천기술도 없던 처지에 수출로 벌어들인 달러는 국부(國富) 증대의 종잣돈 구실을 톡톡히 했다. 세계 금융, 경제위기의 와중에서 우리 경제가 이나마 버티는 것도 수출 덕분이다.

그러나 눈앞의 현실은 녹록치 않다. 내년 수출 여건은 선진국과 개발도상국의 동반 경제침체로 2001년 이후 최악일 것이라는 비관적 전망도 나온다. 미국을 비롯한 선진국들은 자국(自國) 산업의 보호를 위해 자동차 반도체 같은 한국의 주력 수출업종을 대상으로 보호무역을 강화할 움직임을 보이고 있다. 내년 수출 목표가 5000억 달러라지만 이런 추세라면 수출 증가율은 올해의 절반 이하로 떨어질 가능성이 크다.

최근 몇 년간 세계 경기의 호황 덕택에 수출이 꾸준히 증가하면서 수출의 중요성에 대한 관심이 다소 약해진 게 사실이다. 우리처럼 소규모 개방경제 체제인 나라는 수출이 생존과 번영의 필수조건이라는 인식을 새롭게 할 필요가 있다. 정부는 새로운 경제 환경에 맞춰 보호무역의 파고를 뛰어넘을 수 있는 수출 촉진책을 내놓아야 한다. 우리의 수출 제품은 신발 섬유 같은 노동집약형 저가제품에서 선박 휴대전화 반도체 같은 첨단 중화학공업제품으로 고도화했다. 수출 증진책도 한 차원 업그레이드 돼야 한다. 정부는 수출금융 지원이 원활히 이뤄질 수 있도록 관련 제도를 정비하고, 업계는 고부가가치 제품 개발, 신규 유망 수출품목 발굴, 틈새시장 개척 같은 노력을 게을리 하지 말아야 한다.

(동아일보, 2008,12.10)

한국의 10대 수출상품 변화

(단위:%)

순위	1970년	1980	1990	2000
1	섬유류(40.8)	섬유류(28.8)	의류(11.7)	반도체(15.1)
2	합판(11.0)	전자제품(11.4)	반도체(7.2)	컴퓨터(8.4)
3	가발(10.8)	철강제품(9.0)	신발(4.6)	자동차(7.7)
4	철광석(5.9)	신발(5.2)	조선(4.3)	석유화학(5.5)
5	전자제품(3.5)	조선(3.5)	영상기기(4.1)	조선(4.8)
6	야채류(2.3)	합성수지제품(3.3)	철강판(3.8)	무선통신기기(4.7)
7	신발(2.1)	금속제품(2.3)	인조섬유(3.6)	철강판(2.8)
8	연초 및 동제품(1.6)	합판(2.0)	컴퓨터(3.3)	의류(2.7)
9	철강제품(1.5)	원양어류(2.0)	음향기기(3.0)	인조섬유(2.1)
10	금속제품(1.5)	전기기기(1.9)	자동차(3.0)	전자부품(2.1)

자료: 과학기술정책연구원(2004)

3. 국제매너란?

국제매너 = 서양의 에티켓 + 각 나라의 다종다양한 문화와 예의범절

매너는 상대방에 대한 존중과 배려의 표현으로 주어진 상황에서 적절하게 행동하는 방법과 주위사람들과 올바르게 교류하는 방법에 대한 기술이다[1]. 국제매너란 세계 어디에서나 일반적으로 통용되는 인간의 세련되고 품위있는 행동방식이다.

즉, 그 시대 사회문화적으로 요구하고 있는 기본적인 예절을 인간 사이에서 서로 지키는 것이다. 그런데 이러한 예절은 과거에는 각 사회마다 차이가 심했지만, 세계가 통합되어가면서 보편적인 국제매너가 정착되어가고 있다.

최근 들어 인간관계는 세계화속에 내국인간의 대인관계에서 전 세계 모든 사람과의 대인관계로 확대되고 있다. 이러한 세계 모든 사람과의 대인관계에서 모든 인간이 각자 방식대로만 행동한다면 많은 혼란과 오해가 발생할 수 있다.

국제매너는 모든 사안별로 법으로 명시된 건 아니지만 수백 년 동안 인간의 경험 속에 가장 보기 좋고, 실용적인 방식을 표준행동방식으로 받아들여 사용하고 있다. 국제매너는 현실적으로 상당부분 서양의 예절인 에티켓에 기준을 두고 있지만 지구상에는 다종다양한 문화와 예절이 있음을 잊어선 안 된다. 로마에 가면 로마법을 따르라는 말처럼 각 나라의 다종다양한 문화에 대한 이해 또한 국제매너에서는 중요하다.

예를 들어 영국 여왕이 중국의 한 국가 고위관리와 식사할 때, 중국관리가 테이블 위에 놓여진 핑거볼의 물을 모르고 마셨다. 중국 관리의 이런 행동을 보고 영국 국왕도 핑거 볼의 물을 마셨다고 한다(허은아, 2003: 264)

국제매너는 상당부분이 서양의 예절인 에티켓을 실생활에서 행동으로 옮기는 것이지만, 더욱 중요한 것은 에티켓의 형식을 정확히 아는 것보다. 상대방의 문화를 이해하고 상대방을 불편하지 않게 배려하는 마음이다.

1) Dana May Casperson, 「POWER ETIQUETTE」, AMACOM, 1999, p.3.

4. 무역과 국제매너의 관계

좋은 국제매너는 무역비즈니스의 성과를 높임

무역이란 국제비즈니스이므로 거래 상대방은 대부분 외국인이다[2]. 따라서 무역협상과정은 대부분 문화가 상이한 외국인과 이루어진다. 이러한 무역협상과정에서 반드시 필요한 지식이 국제매너이다.

우리기업들이 장기간의 R&D투자와 새로운 시장개척을 통해 힘겹게 성사시킨 무역계약의 기회를 무역협상과정에서 미숙한 국제매너로 놓치는 경우가 많이 발생하고 있다.

이러한 원인 중에 하나는 무역의 필요성을 역설하면서도 무역협상과정에서 가장 필요한 국제매너에 대한 교육이 체계적으로 이루어지지 않았기 때문이다. 무역인에게는 무역실무와 외국어에 대한 지식 못지않게 국제비즈니스맨으로서 기본적으로 갖추어야 할 국제매너에 대한 지식이 요구된다.

세계무대를 상대로 뛰게 될 국제비즈니스맨의 역량은 국제매너와 무역실무, 외국어가 융합되었을 경우 화려한 꽃을 피울 수 있다. 특히 세련된 국제매너는 무역거래의 윤활유와 촉진제 역할을 하여 성사가 어려운 무역계약을 성사시키는데 큰 기여를 한다. 무한 경쟁의 세계화, 개방화시대에 국제매너의 역할은 국제비즈니스를 성공시키는 윤활유가 된다.

무역매너 에세이

"'한국식'이 곧 수출상품입니다"

(사례1) 막걸리는 한국의 대표적 전통 서민술이지만 독특한 냄새 등으로 세계적으로 보급하기는 힘든 상품이었다. 하지만 막걸리에 유산균과 식이섬유가 풍부하고 장운동에 도움이 된다는 사실이 알려진데 힘입어 2003년 170만 달러에 그쳤던 대(對)일본 수출이 지난해에는 750만 달러로 급팽창했다.

(사례2) 솔고바이오메디칼은 80℃ 이상으로 달궈지면 발열체가 스스로 작동을 멈추도록 반도체를 이용한 발열 방식을 세계 최초로 매트에 접목해 한국의 대표적 주(住)문화인 '온돌'을 수출 상품화하는 데 성공했다. '한국식'이 또 하나의 유망한 수출 '블루오션'으로 떠오르고 있다.

---

2) 무역거래는 대부분 격지간의 외국인간에 이루어지는 경우가 많지만 해외지사와 국내본사간의 거래 및 해외교포와 내국인과의 거래도 자주 발생한다.

17일 국제무역연구원이 내놓은 '전통의 산업화 전략' 보고서에 따르면 한국의 전통문화를 기반으로 만들어진 상품들이 해외시장에서 호평을 얻으면서 수출 상품화하는 사례가 차츰 늘어나고 있다. 막걸리나 온돌뿐 아니라 주류업체 보해는 최근 복분자주 시장을 미국과 호주, 중국, 아르헨티나까지 확대해나가고 있다. 특히 미국시장에서 복분자주는 '럭비공 와인'이라는 별명을 얻으며 현지에서 자리를 잡아나가고 있다.

막걸리나 복분자, 약주 등 전통주 중심의 술 수출이 호조를 보이면서 올해 들어 10월까지 술 수출액은 1억868만 달러로 작년 같은 기간보다 21.1%나 늘어났다. '한국식'의 수출 가능성은 음식이나 문화에서도 조짐이 나타나고 있다. 지난 6월 프랑스 파리의 케 브랑리(Quai Branly) 박물관에서 열린 숙명 가야금연주단과 비보이그룹 '라스트 포원'의 공연은 가야금과 비보이의 이색 결합을 통해 400석 규모의 공연장을 나흘 내리 가득 채워 문화 수출의 가능성을 보였다.

아직 일본의 '스시'나 중국의 '딤섬'에는 미치지 못하지만 설렁탕이나 불고기, 잡채 등 한국 음식이 미국시장에서 존재감을 나타내기 시작하면서 미국의 유력지 'LA타임스'는 "설렁탕이 아침에 미네랄을 섭취할 수 있는 가장 적합한 아침식사"라며 추천 목록에 올리기도 했다.

다만 '한국식'이 중국의 차(茶), 일본의 스시, 프랑스의 와인과 같이 자국 문화를 바탕으로 세계시장을 주름잡는 상품의 반열에 오르려면 전통을 수출산업으로 육성하기 위한 다각적 방안이 필요한 것으로 지적되고 있다.

국제무역연구원 김희영 연구원은 "전통을 수출 산업화하려면 국제적으로 기반을 확보할 수 있는 우리나라 고유의 특색산업 발굴, 지방 축제의 활성화를 통한 전통산업 홍보, 전통과 IT기술의 융합 전략, 전통산업의 국제 표준화 및 지적재산권 보호 등이 긴요하다"고 지적했다.

(한국일보, 2008.12.18)

Check Point

무역과 국제매너는 아는 만큼 보인다.

무역·국제매너 = 국제 전문지식

우리 속담에 '모르는 것이 약이다'는 말이 있는데, 무역과 국제매너는 아는 만큼 경쟁력과 좋은 비즈니스 기회를 가져다준다. 무역이라는 상거래를 성공적으로 수행하기 위해서는 무역실무, 국제규칙, 해외상관습, 세계경제 흐름 등에 대한 전문지식이 있어야 된다. 또한 세계무대에서 국제매너가 좋은 비즈니스맨이 되기 위해선 전 세계인이 일반적으로 준수하고 있는 예의범절과 품격 높은 언행의 방법에 대한 전문지식이 필요하다. 따라서 무역과 국제매너에 대한 전문가는 저절로 되는 것이 아니고 체계적인 학습이 필요하다.

무역매너 에세이

"다문화 익히고 국제영어·매너 키워라"

글로벌 경영을 하는 기업체에 근무하는 직원들에게 해외 출장은 점점 일상이 되어가고 있다. 현장에서 만나게 되는 다인종·다국적 사람들과 비즈니스를 할 때 대두되는 문화적 차이에 어떻게 대처해야 할까. 세계적인 이문화 관리 컨설턴트인 존 몰씨를 이메일로 인터뷰했다. 그는 영국 옥스퍼드 대학에서 현대 언어를 전공하고 프랑스 INSEAD 비즈니스 스쿨에서 MBA학위를 취득했다.

그 후 15년간 미국 상업은행에서 근무하면서 미국, 유럽, 중동, 아프리카에서 활동하다가 이문화 관리 컨설턴트로 활약하고 있다.

나라마다 국민성 달라...문화이해 노력 중요
다국적 기업 내에선 소통협상 능력 키워야
누구에게나 쉽고 정확한 비즈니스 영어 필요

- 문화 차이가 글로벌 비즈니스에 미치는 영향은

▶ 문화 차이는 비즈니스 활동의 모든 면에 영향을 미친다. 우리는 모두 자신이 일하는 방식이 옳다고 생각하는 경향이 있다. 하지만 변화하는 유럽 시장에서 성공적인 비즈니스 기회를 잡으려면 다양성에 대처하는 능력이 있어야 한다. 그런데 '프랑스인들은 오만하고, 독일인은 완고하며, 이탈리아인은 변덕스럽고, 영국인은 위선적이다'와 같은 전형적인 문구는 참고만 해야 한다. 대상자가 누구고 어디냐에 따라 서로 통하는 방식이 가장 효과적인 문화 간 비즈니스 커뮤니케이션이다. 문화 차이에 대한 가치 판단은 본국에 두고 떠나는 게 좋다. 편견은 상대의 이해에 방해만 될 뿐이다.

- 국제 비즈니스 환경에서 통하는 영어는 어떤 것인가.

▶ 사실 문화 차이는 언어에서 시작한다. 국제 사업계에서 통용되는 비즈니스 영어, 항공사 및 외교에서 통하는 영어는 원어민 영어와는 달리 평이하다. 표준 발음, 한정된 어휘, 슬랭이나 전문 용어는 거의 쓰지 않고 원어민들끼리 자주 쓰는 구어체 표현도 거의 없다. 따라서 "What' s the bottom line?(최저 가격이 얼마죠?)", "This will raise the stakes(판돈을 올리다)" 같은 표현은 외국 파트너를 당혹스럽게 만들 수 있다. 사람들은 상대의 말을 이해하지 못한 것을 인정하려 하지 않기 때문에 원어민은 국제 영어를 배울 필요가 있다.

- 언어와 관련해서 이문화 관리는 어떻게 해야 하나.

▶ 언어 사용 방식도 나라마다 다르다. 남부 유럽인들은 주로 구술문화이기 때문에 말에 따라 행동하고 서류는 그다지 중요하게 생각하지 않는다. 팩스나 서신에 대한 반응은 "내용이 뭐지?"라기보다는 "왜 써서 보냈지?"라는 것이다. 반면에 북유럽인들은 서류로 되어 있지 않으면 아무것도 진지하게 생각하지 않는다. 이런 차이는 협상, 프레젠테이션, 심지어 전화를 사용하는 방식에도 영향을 미친다.

언어는 말하는 단어에만 국한되지 않는다. 몸 언어, 복장, 매너, 태도, 관행 등도 포함된다. 만약 북유럽인들이 점심시간에 미팅을 한다면 어떤 행동을 할까. 아마도 샌드위치와 미네랄워터를 주문할 것이다. 이는 비즈니스에 진지하다는 점을 의미한다. 그러나 남유럽인들이 미팅을 할 때 샌드위치를 주문한다면 비즈니스에 별로 관심이 없음을 의미한다. 남유럽인들은 비즈니스가 진지한 것이라면 고급 레스토랑을 찾는다. 왜냐하면 그들은 북유럽인들에 비해 개인적 친분을 쌓는 것을 더욱 중요하게 생각하기 때문이다.

- 다국적 회사들에도 문화적 관리가 필요한가.

▶ 그렇다. 포드, 피아트, 폴크스바겐 등은 기업 문화에 차이는 있지만 모두 자동차 제작의 최고 기업들이다. 문제는 한 문화권에 익숙한 직원이 다른 회사로 갔을 때다. 영국인들은 종종 프랑스인 매니저들이 독선적이고 오만하다고 불평한다. 프랑스인에게 영국 매니저들은 우유부단하고 아마추어 같아 보인다. 왜냐 하면 두 문화권에서 매니저의 역할이 다르기 때문이다. 영국인 매니저들은 팀으로 작업하는 것이 일반적이고 근본적으로 서로 협력해 상호작업을 하게 된다. 프랑스 조직에서는 개인의 역량에 좀 더 높은 가치를 둔다.

- 글로벌 매니저가 되려면 어떤 역량을 지녀야 하는가.

▶ 다양한 문화에 적응할 수 있는 능력, 다문화 커뮤니케이션, 다문화 협상 능력을 키워야 한다. 또한 다문화 팀을 이끌고, 동기부여를 통해 관리할 수 있어야 한다. 이를 위해 국적, 인종, 피부색에 대한 편견을 없애고 세계인이 가진 공유된 가치체계를 숙지하고 국제영어와 매너를 익혀야 한다. 국내 시장에서도 의도적으로 다문화 팀을 조직하여 경험을 쌓으면 좋을 것이다. (포커스신문사, 2009.11.12)

제2장

무역의 기초

1. 무역은 왜 해야 되는가?

"약무무역 시무한국" (若無通商 是無韓國)
: 무역이 없다면 한국의 경제발전도 없다

무역을 왜 해야 되는가에 대한 질문에 앞서 현실적으로 전 세계적으로 무역을 하지 않는 나라는 단 한나라도 없다는 점을 이해해야 한다. 즉, 무역은 국가의 경제정책 중에서 선택이 아닌 필수이다.

전 세계적으로 폐쇄적인 국가로 소문나 있는 북한, 이라크, 이란, 쿠바 등도 무역을 중요한 국가정책으로 삼고 적극 추진하고 있다. 이처럼 무역이 모든 나라의 경제정책에서 필수적인 정책으로 인식되고 있는 것은 다음과 같은 이유 때문이다.

첫째, 한 국가에서 생산되지 않는 상품을 무역을 통해서 얻을 수 있다.

현재 우리나라의 경우 자동차 보유대수가 천만대를 상회하고 있다. 그런데 불행히도 우리나라에서는 석유가 한 방울도 나오지 않고 있다. 만약 원유수입을 할 수 없다면, 우리나라 경제는 마비될 것이다. 이처럼 우리는 한 국가에서 전혀 생산할 수 없는 상품을 무역이라는 국제적 상거래를 통해 얻을 수 있다.

둘째, 국내에서 생산되는 것보다 더 싸고 품질 좋은 상품을 소비할 수 있다.

우리나라에서 생산은 되고 있지만 기후, 기술력, 임금 등의 이유로 외국상품에 비해 품질이 떨어지거나 값이 비싼 경우가 있다.

예를 들어 현재 국내에서 가격이 저렴한 과일 중의 하나인 바나나의 경우 우리나라에서 생산된 것만을 살 수 있다면 현재처럼 가격이 저렴하면서도 품질이 좋은 바나나를 구입할 수 없을 것이다. 결국 무역은 소비자의 후생수준의 향상에 큰 기여를 한다.

셋째, 국제분업으로 비용은 절감하면서 품질 좋은 상품을 생산할 수 있다.

국제간의 분업을 통해 각 국가 및 기업이 상호 특화할 수 있는 분야에 집중함으로서 더욱 향상된 품질의 상품을 저렴한 비용으로 생산할 수 있다.

예를 들어 기술력은 좋은데 인건비가 비싼 특정 국가의 기업이 그 나라에서 기술연구와 생산을 다하는 경우보다 기술연구는 그 나라에서 하고 생산은 인건비가 싼 다른 나라에서 하는 경우 기술연구에 더욱 집중하면서 생산비는 줄일 수 있어 품질 좋은 상품을 저렴한 비용으로 생산할 수 있다.

넷째, 시장의 확대로 대량생산이 가능하여 규모의 경제 실현

무역은 시장의 확대를 통해 대량생산을 가능하게 해준다. 예를 들어 중국인구가 13억이라지만 실제로 고급 상품을 구매할 수 있는 인구는 우리나라 인구정도인 4000만~6000만 명 정도라고 한다.

만약 중국기업이 중국 내수시장만을 겨냥한다면 상품생산은 4000만~6000만 명에 그치지만 구매력이 있는 우리나라, 일본, 싱가포르 등에 상품을 수출할 수 있다면 상품생산은 급증하게 된다.

무역으로 인한 시장 확대는 대량생산을 가능하게 하여 상품의 단위당 생산비용을 절감할 수 있는 규모의 경제를 실현할 수 있게 해준다. 이러한 규모의 경제의 실현으로 국내소비자는 동종상품을 더욱 저렴한 비용으로 소비할 수 있다.

다섯째, 무역관련 고용증가

무역이라는 상거래를 수행하기 위해서는 수출상과 수입상뿐만 아니라 은행, 보험회사, 물류업체(육상, 해상, 항공 등), 공공기관(한국수출보험공사, 대한무역투자진흥공사 등) 민간단체(한국무역협회, 대한상공회의소 등), 공무원(통상직, 세관직 등)의 유기적인 협력이 필요하다. 따라서 무역이 증가되면 무역관련 기업 및 공공기관의 설립으로 고용이 증가하게 된다.

무역매너 에세이

"자유무역의 활성화 노동조건 개선 실패"

- 비공식 고용' 만 늘려 빈국 삶의 질 후퇴

"동틀 무렵 들판에 나가 낫을 들고 사탕수수를 자르는 아이들의 모습에는 볼리비아의 가난이 그대로 배어 있다. 아동노동은 불법이지만 이곳에서는 가족 모두 일을 하지 않으면 살 수가 없다."

영국 BBC방송이 12일 전한 볼리비아의 농촌 현실이다. 남미 최빈국 중 하나인 볼리비아뿐 아니라 사하라이남 아프리카와 아시아 등에선 수십억 인구가 농산물과 자원을 외국에 내다팔면서도 가난에 시달리고 있다. 최근 10여 년 동안 세계화가 가난한 이들을 구원해줄 것이라는 '세계화 지상주의'가 지구를 휩쓸었지만, 교역 자유화가 빈국의 삶의 질을 높여주기는커녕 오히려 제3세계에서 비공식 경제부문만 확대시켰다는 조사결과가 나왔다.

국제노동기구(ILO)와 세계무역기구(WTO)는 1990년대 초·중반 이후 2007년까지 자유무역의 활성화가 세계 경제의 비공식 부문을 늘렸을 뿐 노동조건을 개선하는 데는 실패했다는 내용의 공동보고서를 이날 발표했다. 두 기구는 웹사이트를 통해 공개한 '세계화와 개도국의 비공식 고용' 보고서에서 "비공식 부문에서는 고용이 늘어났지만 법적 보호를 받는 공식적 고용은 늘지 않았다"고 지적했다. 이에 따라 전체 고용에서 비공식 고용이 차지하는 비중은 별로 줄지 않았고, 빈민들은 법적·제도적 보호를 받지 못한 채 사각지대에 남아있다는 것이다.

비공식 경제는 마약이나 암시장과 같은 '불법 경제', 세금을 피하기 위한 미신고 부문, 가사노동처럼 통계화되지 않은 노동, 법과 행정의 규제 및 보호대상에서 제외된 불법이주노동 등을 가리킨다.

특히 사하라이남 아프리카와 인도·파키스탄·스리랑카 등 남아시아 국가에서는 전체 노동자의 80% 가까이가 비공식 부문에 고용돼 있는 것으로 조사됐다. 인도네시아에서는 가내노동과 미신고 자영업 등 '1인 고용 노동'이 늘면서 1997~2003년 비공식 부문 종사자가 이전보다 더 늘었다. 심지어 개발도상국 경제의 만병통치약처럼 여겨졌던 '외국투자 유치'가 오히려 악영향을 미치는 경우도 많은 것으로 나타났다. 대규모 해외 자본이 원조 등의 형태로 갑자기 개도국에 들어올 경우 현지 화폐 가치가 떨어져 빈곤층은 통화불안에 시달리게 되고 비공식 부문 노동자가 늘어난다고 보고서는 지적했다.

파스칼 라미 WTO 사무총장은 "국가가 적극적인 고용창출 정책을 펴지 않으면 노동자들은 비공식 부문으로 들어갈 수밖에 없다"고 말했다. 후안 소마비아 ILO 사무총장은 "교역과 금융의 자유화에는 저임금 미숙련 노동자들을 보호해줄 보완책이 따라야 한다는 점을 확인시켜 준 것"이라며 "글로벌 경제위기로 가장 큰 타격을 입고 있는 사람들도 (법적·제도적으로) 보호받지 못하는 비공식 노동자들"이라고 지적했다.

(경향신문, 2009.10.10)

무역매너 에세이

"삼성전자·현대차 세계 100대 브랜드 선정"

삼성전자와 현대차가 세계적인 브랜드 컨설팅업체가 선정한 글로벌 100대 브랜드에 선정됐다. 19일 브랜드 컨설팅업체인 인터브랜드가 발표한 '2008 글로벌 100대 브랜드'에 따르면 삼성전자의 브랜드 가치는 176억8천900만 달러로 지난해에 이어 브랜드 순위 21위를 기록했다.

특히 삼성전자는 소비자 가전 부문에서 노키아 다음으로 2위를 차지했다. 현대차는 브랜드 가치가 48억4천600만 달러로, 전체 순위에서 72위, 자동차 부문에서는 8위를 기록했다. 자동차 부문만을 보면 도요타가 1위이며 이어 메르세데스-벤츠와 BMW, 혼다, 포드, 폴크스바겐, 아우디, 현대차 순이으로, 포르쉐와 렉서스, 페라리 등은 현대차보다 순위가 뒤처졌다.

글로벌 100대 브랜드의 1위는 코카콜라가 또 다시 차지하며 부동의 탑 브랜드 명성을 이어갔다. 코카콜라의 브랜드 가치는 666억6천700만 달러로 평가됐다.

이어 IBM(590억3천100만 달러), 마이크로소프트(590억700만 달러), GE(530억8천600만 달러), 노키아(359억4천200만 달러), 토요타(340억5천만 달러), 인텔(312억6천100만 달러), 맥도널드(310억4천900만 달러), 디즈니(292억5천100만 달러), 구글(225억9천만 달러) 등이 상위 10위에 올랐다.

특히 구글의 브랜드가치가 지난해 44%라는 기록적인 성장에 이어 올해에도 43% 급성장하며 톱 텐에 진입했다. 구글에 이어 애플(24%), 아마존닷컴(19%), 자라(15%), 닌텐도(13%) 등도 브랜드 가치가 많이 상승했다. 인터브랜드는 '비즈니스 위크'와 함께 매년 전 세계 주요 브랜드의 가치를 평가해 글로벌 100대 브랜드를 선정해 발표하고 있다.

브랜드 순위는 재무상황과 마케팅 측면 등을 종합적으로 고려해 측정되며 각 브랜드가 창출할 미래 기대수익의 현재 가치도 평가에 반영된다. 인터브랜드 한국법인의 박상훈 사장은 "삼성전자와 현대자동차와 같은 한국 대표 브랜드들이 세계 유수 브랜드들과 어깨를 나란히 하고 있는 것은 그만큼 한국 브랜드의 위상이 공고해졌음을 의미한다"고 말했다.

(중앙일보, 2008.9.19)

2. 무역에서 거래하는 상품은 재화뿐인가?

무역상품 = 재화 + 서비스

무역에서 거래하는 상품의 범위는 우리가 만져 볼 수 있고 직접 볼 수 있는 재화뿐만 아니라 서비스가 포함된 개념이고, 실제로 무역거래에서 서비스가 차지하는 비중이 증가하고 있다.

개정된 대외무역법에서는 무역의 대상을 종전의 물품에서 대통령령으로 정하는 전자적형태의 무체물로 확대하였다. 향후에는 사이버공간에서 국제간에 거래하는 디지털제품의 거래가 증가할 것으로 전망된다.

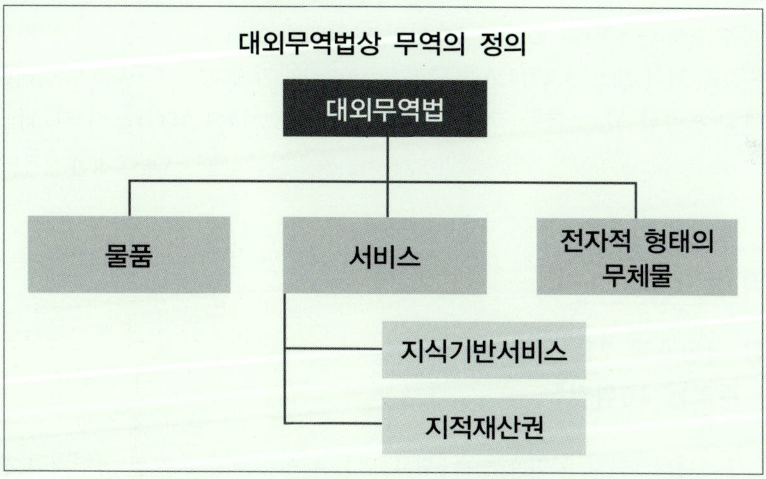

무역매너 에세이

"한국 경제규모 세계 13위..인도에 밀려"

2007년 기준 우리나라의 경제규모를 나타내는 명목 국내총생산(GDP)이 세계 13위로 또 한 계단 하락했다. 23일 한국개발연구원이 국제통화기금(IMF)의 세계경제전망 자료를 분석한 결과에 따르면 2007년 우리나라의 명목 GDP는 9천570억 달러로 비교대상 181개국 가운데 13위를 차지했다.

명목 국내총생산(GDP:Gross Domestic Product)은 우리나라 영토 내에서 생산된 최종생산물의 수량에 그 때의 가격을 곱하여 산출한 것으로, 경제규모 등의 파악에 이용된다.

IMF에 따르면 우리나라의 명목 GDP는 2005년 기준 7천920억 달러로 세계 11위를 기록했으나 2006년 14위였던 러시아에 밀리면서 세계 12위로 내려선 데 이어 지난해에는 13위였던 인도에 뒤지면서 또 한 계단 떨어졌다. GDP 세계 순위는 1위 미국(13조8천440억 달러), 2위 일본(4조3천840억 달러), 3위 독일(3조3천220억 달러), 4위 중국(3조2천510억 달러), 5위 영국(2조7천730억 달러) 등이다.

6위는 프랑스(2조5천600억 달러), 7위는 이탈리아(2조1천50억 달러), 8위는 스페인 (1조4천390억 달러), 9위는 캐나다(1조4천320억 달러), 10위는 브라질(1조3천140억 달러), 11위는 러시아(1조2천900억 달러), 12위는 인도(1조990억 달러) 등이었다.

한편 우리나라의 명목 GDP가 최근 4년간의 저성장 국면 속에서도 연평균 850억 달러 가량 증가하고 있는 점을 감안하면 올해 우리나라의 명목 GDP는 1조 달러를 돌파할 것으로 추정되고 있다.

1970년 81억 달러에 불과했던 우리나라의 명목 GDP는 1980년 640억 달러로 증가했고, 1986년 1천113억 달러를 기록해 처음 1천억 달러를 넘어선 이후 1990년 2천640억 달러로 커졌다. 이후 1996년 5천173억 달러로 5천억 달러대에 들어섰던 경제규모는 외환위기를 거치면서 부침을 거쳐 2001년 4천820억 달러로 내려갔다가 2002년 5천480억 달러로 다시 5천억 달러대를 회복한 뒤 꾸준히 증가해 2007년에는 9천570억 달러에 이르렀다.

(한국경제신문, 2008.04.23)

무역매너 에세이

"1인당 국민소득 2만 달러라는데… 국가 순위는 40위권"

지난해 우리나라 1인당 국민소득이 2만 달러를 넘어섰지만 국가별 국민소득 순위는 세계 40위권에 속하는 것으로 나타났다. 1980~90년대에는 1인당 국민소득이 2만 달러를 돌파하면 선진국 수준으로 평가됐지만 지금은 최소 3만 달러를 넘어야 선진국 대열에 낄 수 있다는 뜻이다.

23일 세계은행이 209개 국가의 2006년도 1인당 국민소득을 집계한 결과 룩셈부르크가 7만6040 달러로 1위를 차지했고, 꼴찌 국가는 부룬디(100 달러)였다. 그리스가 2만1690 달러로 40위였으며 우리나라는 1만7690 달러로 49위 수준이었다.

아시아에서 우리나라보다 1인당 국민소득이 높은 나라들은 일본(3만8410 달러), 싱가포르(2만9320 달러), 홍콩(2만8460 달러) 등으로 3만 달러 안팎 수준을 보였다. 우리나라는 지난해의 1인당 국민소득(2만45 달러)을 적용하더라도 세계 41위 이하에 머물 것으로 추정된다. 세계은행의 작년 기준 1인당 국민소득의 국가별 집계는 아직 이뤄지지 않은 상태다.

우리나라의 1인당 국민소득 순위는 우리나라의 경제규모에 비해서도 아주 낮은 편이다. 지난 2006년 우리나라 경제규모는 국내총생산(GDP) 기준으로 세계 13위를 기록했다.

현대경제연구원 주원 거시경제실장은 "우리나라가 1인당 국민소득 2만 달러 시대에 접어들었다고 해서 선진국 문턱을 넘어섰다고 말하기가 어렵다"면서 "최근 선진국들은 1인당 국민소득이 3만 달러를 넘어서는 경향을 보이고 있다"고 말했다.

(조선일보, 2008,3.24)

무역매너 에세이

"곡물값 급등…南아시아 치명타"

아시아대륙이 가격 급등으로 '곡물과의 전쟁'을 치르고 있는 가운데 특히 식품 수입 비중이 높은 남아시아 국가들이 가장 큰 타격을 입을 것이란 전망이 나왔다.

세계은행은 9일 발표한 '2008 글로벌 경제 전망 보고서'에서 최근 급등세를 보이고 있는 식품 가격이 방글라데시, 몰디브, 네팔, 파키스탄, 스리랑카 등 상대적으로 빈곤한 남아시아 국가들의 경제에 치명타가 될 것이라고 지적했다.

보고서에 따르면 방글라데시는 전체 수입액 가운데 식품 비중이 19%에 달한다. 몰디브(16%), 네팔(17%), 스리랑카(12%), 파키스탄(11%) 등 남아시아의 다른 국가들도 10%가 넘는다. 따라서 식품 가격 상승세가 지속될 경우 이 국가들은 정부 재정의 심각한 타격뿐 아니라 끊임없는 인플레이션 압력에 시달리게 될 것이라고 세계은행은 전망했다.

실제로 지난해 몬순 폭우와 사이클론 시드르의 영향으로 엄청난 규모의 농경지가 훼손된 방글라데시는 최근 인도의 쌀 수출가 인상의 직격탄을 맞았다. 파키스탄 역시 베나지르 부토 전 총리 암살 이후 소요 사태로 식품 공급이 어려워지면서 농산물 가격이 폭등세를 보이고 있다.

문제는 곡물가격 급등이 이 같은 특수 상황뿐 아니라 구조적 요인들에 의해 발생하고 있다는 점이다. 파이낸셜타임스(FT)는 지속적인 이상기후, 바이오 연료에 대한 수요 급증, 농업 생산성 향상 부진 등의 구조적 이유 때문에 아시아 지역의 곡물 및 식품 가격이 오르고 있다고 진단했다.

(한국경제신문, 2008.1.10)

3. 무역업은 아무나 할 수 있나?

무역업은 사업자등록을 한 개인이나 법인이면 아무나 할 수 있다.

우리사회에서 각광받는 많은 전문 직업들은 대부분 일정한 학력과 자격요건을 요구하고 있다. 예를 들어 의사가 되려면 의대를 나와 의사고시에 합격해야 되고, 변호사가 되려면 법대를 나오지 않아도 되지만 사법고시에 합격해야 된다. 또한 앞으로는 로스쿨을 나와야 한다.

그러나 무역업은 무역학과를 나오지 않아도 되고 무역에 관련된 자격증을 따지 않아도 무역에 대한 지식만 있다면 사업자등록을 한 개인 및 법인은 아무런 자격요건 없이 누구나 쉽게 할 수 있는 전문직업이다.

무역업이란 영리를 목적으로 자기명의로 수출과 수입을 계속 반복하여 행하는 것을 말한다. 우리나라는 누구나 무역업신청을 하면 무역업 고유번호를 부여받아 수출입 행위를 할 수 있도록 하고 있다.

따라서 무역업을 하기 위해서는 지식경제부장관에 의해 위임된 기관인 한국무역협회장에게에 무역업고유번호를 신청하여야 한다. 한국무역협회장은 접수 즉시 신청자에게 무역업고유번호를 부여하여야 한다.

무역업고유번호의 신청 및 부여는 별지 제1-1호의 서식에 의해야 하며, 우편·팩시밀리·전자메일·전자문서교환체제(EDI) 등의 방법으로 할 수 있다. 고유번호를 부여받은 무역업자는 상호·대표자·주소·전화번호 등의 변동이 있는 경우에는 별지 제1-2호의 서식으로 변동사실을 신속히 한국무역협회장에게 통보하여야 한다.

무역업 고유번호를 부여받지 아니한 업체가 수출·입 업을 하고자 할 경우 무역업 고유번호를 부여받은 업체를 통해 수출·입 대행을 의뢰하여 신청업체의 명의로 수출입을 할 수 있다.

무역매너 에세이

"종합상사들 내수로 눈돌린다"

외환위기 이후 해외시장만 바라보던 종합상사들이 하나둘씩 국내시장으로 눈을 돌리고 있다. 원·달러 환율 하락 여파로 수출 여건이 악화된 반면 수입 여건은 좋아졌기 때문이다. 외환위기 이후 '그로기' 상태까지 몰렸던 체력이 최근 몇 년간의 호황 덕분에 다시 회복된 것도 종합상사들의 수입 유통시장 진출을 부추기고 있다.

10일 업계에 따르면 ㈜쌍용은 최근 사내에 '레포츠사업부'를 신설하고 설 연휴 직후부터 중국에서 생산한 자전거에 유명 의류 브랜드인 '필라' 상표를 붙여 국내 자전거 대리점 및 인터넷 쇼핑몰 등을 통해 판매하기로 했다. 2006년 모건스탠리에 매각되면서 워크아웃을 졸업한 ㈜쌍용이 신사업에 뛰어들기는 외환위기 이후 처음이다.

㈜쌍용 관계자는 "국내 자전거 시장이 매년 10~15%씩 성장하는 데다 원화 강세 덕분에 수입 단가도 떨어진 만큼 사업성은 충분하다"고 말했다. LG상사도 지난해부터 수입유통 사업을 대폭 강화하고 있다. '카메라 백화점'인 픽스딕스(PixDix) 매장을 지난해 10개로 늘린 데 이어 작년 말에는 싱가포르의 헬스케어 기기 전문업체인 오씸과 파트너십을 맺고 당뇨 측정기, 혈압기 등 국내 '홈 헬스케어' 시장에 본격 진출했다. 또 와인 수입·판매에 나서기 위해 '트윈 와인'이란 법인을 설립했으며, 올 초엔 이탈리아의 대형 트럭 브랜드인 '이베코'를 국내에서 수입·판매하는 한국 상용차의 지분을 전량 사들이기도 했다.

LG상사 관계자는 "해외 주재원들이 선진시장에서 발굴한 '돈 되는 사업'을 국내에서도 시도해보자는 취지에서 잇따라 수입유통 사업에 나서는 것"이라며 "수입유통 사업이 확대되면 원·달러 환율 하락에 따른 수출부문의 타격을 줄이는 효과도 부수적으로 얻을 수 있다"고 설명했다.

SK네트웍스도 자동차와 의류를 중심으로 수입유통 사업을 대폭 확대하고 있다. 자동차의 경우 크라이슬러 볼보 인피니티 등의 공식 딜러에 만족하지 않고, 지난해 말 수입차 '직수입' 사업에 뛰어들었다. 의류 부문에선 토미 힐피거와 DKNY에 이어 지난해 캐나다산(産) 캐주얼 브랜드인 루츠도 들여왔다.

전체 수출에서 종합상사가 차지하는 비중 단위:%

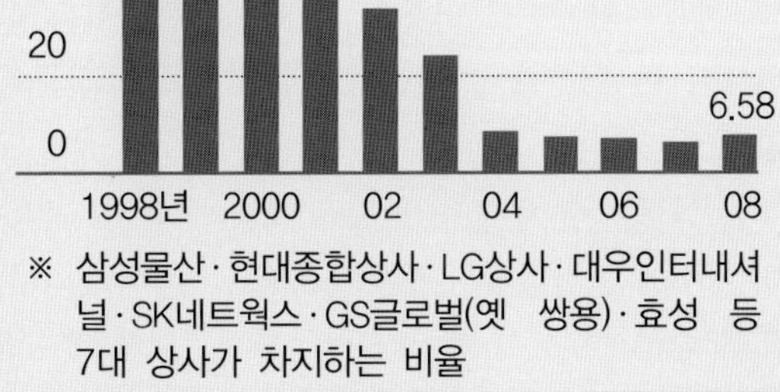

자료: 한국무역협회

※ 삼성물산·현대종합상사·LG상사·대우인터내셔널·SK네트웍스·GS글로벌(옛 쌍용)·효성 등 7대 상사가 차지하는 비율

SK네트웍스는 수입 유통 사업을 통해 터득한 노하우를 토대로 해외 진출에 나선다는 구상이다. 수입차를 정비하면서 쌓은 실력을 토대로 자동차 정비사업인 '스피드메이트'를 중국 등지

에 '수출'하는 동시에 토미힐피거 등을 수입·판매하면서 축적한 노하우로 리처드 최·오브제 등 자체 패션 브랜드의 경쟁력을 끌어올리겠다는 복안이다.

회사 관계자는 "SK네트웍스의 수입 유통 사업은 내수시장 장악력 확대가 아닌 글로벌 기업들의 노하우를 터득하는 데 초점이 맞춰져 있다."고 한다.

(한국경제신문, 2008.2.11)

무역매너 에세이

"종합상사, 문패 바꾸고 유전·광산 개발 특공대로"

무협, 250곳 지정해 발대식

종합상사, 문패 바꾸고 유전·광산 개발 특공대로 종합상사, 정보·금융 능력 앞세워 바이오 에너지...

#1. 1995년 우리나라 수출 기업 1~10위는 종합상사가 휩쓸었다. 10대 기업 중 7개가 종합상사였고 1~4위는 삼성물산·현대종합상사·대우인터내셔널·LG상사가 차지했다. 하지만 지난해 수출기업 1~10위에는 단 한 곳(SK네트웍스·5위)만이 포함됐다. 수출 1~4위는 삼성전자·LG전자·현대자동차·현대중공업이다.

한때 우리나라 전체 수출에서 50% 이상을 차지했던 종합상사의 수출 비중은 지난해 6.58%로 줄었다.

#2. 지난달 25일(현지시간) 한·카자흐스탄 경제교류 행사인 '비즈니스 카라반'이 열린 알마티 홀리데이인 호텔에는 현지 LG상사·SK네트웍스·㈜한화 지사장이 대부분 참석했다. 카자흐스탄 기업 정보를 얻기 위해서다. LG상사 김경호 지사장은 "요즘 종합상사는 자원개발 사업과 신규 시장 개척이 주임무"라고 설명했다. ㈜한화의 김기형 지사장은 "정보를 얻기 위해 현지인의 다차(교외별장)에 가서 2박3일간 술을 마시고 앓아눕기도 했었다"고 말했다.

이역만리 세계를 누비며 새로운 시장을 개척하고 한국 수출의 첨병 역할을 했던 종합상사. 종합상사라는 이름이 역사 속으로 사라지고 대신 15일 '전문무역상사'로 새롭게 변신했다. 전문무역상사로 이름을 바꾸는 종합상사는 한때 입사 희망 1순위였다. 과거 수출 전도사에서 이제는 해외 자원개발의 첨병으로 전문무역상사가 자리매김하고 있다.

◆ 전문무역상사 시대 막 올라 = 종합상사는 개별 제조업체의 수출 능력이 향상되고 그룹 내 수출 대행 업무가 줄어 기능이 축소됐다. 또 정부의 지원제도도 줄줄이 폐지되면서 2000년대 이후에는 사실상 유명무실해졌다. 결국 대외무역법에서 종합상사 제도가 공식 폐지됐다. 대신 전문무역상사 제도가 한국무역협회를 중심으로 하는 민간에서 만들어져 15일 발대식을 했다. 중소기업 - 전문무역상사 - 수출지원기관이 유기적으로 협력해 중소기업 수출을 일

괄 지원하는 수출 네트워크를 구축한다는 계획이다. 무협을 중심으로 중소기업진흥공단이 중소 수출기업을 발굴하고 KOTRA는 해외 바이어 정보를 제공하는 방식이다.

무협은 삼성물산·대우인터내셔널·LG상사 등 기존 종합상사뿐 아니라 일정한 요건을 갖춘 업체 250개 사를 심사를 거쳐 전문무역상사로 지정했다. 연간 수출액이 100만 달러 이상, 타사의 제품 수출 대행 비중 10% 이상 등의 조건을 갖춘 업체다. 지정 기간은 2년. 2년 후 심사를 거쳐 재지정 여부를 결정한다. 오영호 무협 부회장은 발대식에서 "종합상사를 대신하는 새로운 수출 모델로 중소제조기업 수출 확대와 내수 제품 수출 상품화에 힘써주길 바란다."고 말했다. '전문무역상사'로 지정받은 업체는 기술력을 갖춘 국내 중소기업과 연결시켜 주고 해외 시장 개척단을 파견하거나 국내외 전시회에 참가할 때 우선적으로 기회를 갖게 된다. 무협 무역진흥팀의 안근배 부장은 "중소기업과 전문무역상사를 1대 1로 연결시키고 거래 활성화를 위한 사이트도 구축한다"고 말했다.

◆ M&A 시장에선 '인기 매물' = 주요 대기업의 전문무역상사(종합상사) 인수합병이 줄을 잇고 있다. 자원개발 사업과 역량, 해외 네트워크를 높게 평가하기 때문이다. 포스코는 이달 초 대우인터내셔널 인수를 위해 우리투자증권과 맥쿼리증권·신한금융투자증권 등 3개 사를 공동 자문사로 선정했다. 이동희 포스코 사장은 10월 기업설명회에서 "포스코의 수출 비율이 최근 35~38%까지 올라 해외 시장을 개척해야 할 입장"이라며 대우인터내셔널 인수 필요성을 강조했다. 자산관리공사(캠코) 등 대우인터내셔널 공동매각협의회는 10월 삼정KPMG–메릴린치 컨소시엄을 대우인터내셔널 매각 주간사로 선정하고 매각 작업을 진행하고 있다.

현대중공업은 10일 현대종합상사를 인수했다. 현대중공업은 현대종합상사 지분 50%+1주를 2351억원에 인수하고 현대가 2세인 정몽혁 전 현대정유 사장을 회장에 내정했다. 현대중공업은 현대종합상사를 자원개발 분야에 특화된 전문 기업으로 키울 계획이다. 이에 앞서 GS그룹도 ㈜쌍용을 인수해 사명을 GS글로벌로 바꿨다(2009.12.16).

FT 글로벌 500대기업 지역별 분포

(단위: %, 시가총액 기준)

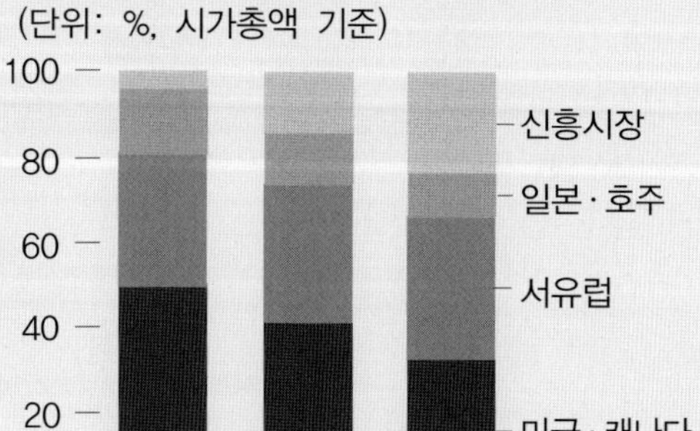

* 자료: 울프올린스·베인, *는 추정치

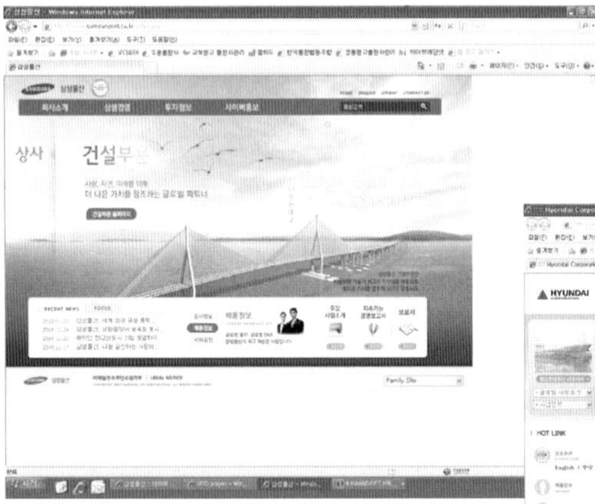

▲ 삼성물산

▲ 현대종합상사

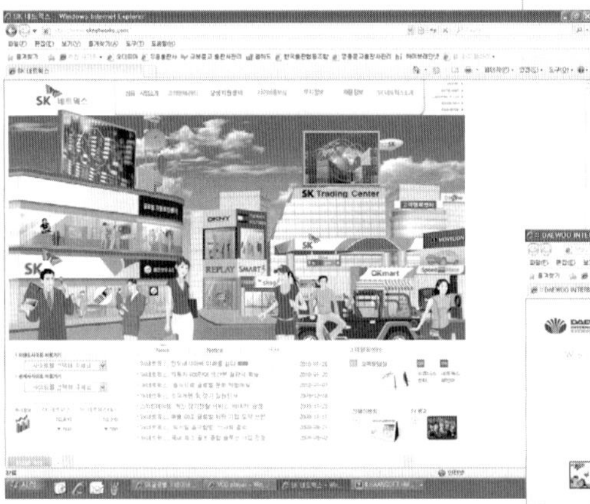

▲ SK 글로벌

▲ 대우글로벌

▲ LG상사

무역상담을 하고 있는 무역인들

4. 어떤 상품이나 모두 다 수출입할 수 있나?

- 수출입 품목관리: 상품의 수출입 관리
- 우리나라의 수출입 품목관리: 수출입 공고 + 통합공고

전 세계적으로 어떤 나라도 모든 상품을 자유롭게 수출입을 허용하고 있는 나라는 지구상에 존재하지 않는다. 모든 나라는 자국의 상황을 반영하여 경제적(무역균형 등), 사회적(마약, 국민건강 등)등의 이유로 상품의 수출입을 제한하고 있다.

이러한 상품의 수출입제한여부에 대한 종합관리체계를 수출입품목관리라고 한다. 우리나라의 수출입품목관리 체계는 대외무역법에 의한 수출입공고와 50개의 개별법에의 수출입제한 내용을 취합해서 공고하는 통합공고로 구성되어 있다.

1) 수출입공고

- 수출입공고: 개별상품에 대한 수출입제한 여부
- 품목관리 원칙: Negative List Sysem
- 품목분류: HS

수출입공고는 지식경제부장관이 상품의 수출입의 제한 및 절차 등에 관한 사항을 품목별로 규정한 것이다[1]. 수출입공고는 별표 1에 수출제한품목을 별표 2에 수입제한품목을 공고하고 공고된 수출입제한 상품을 수출입하는 경우에는 관련기관으로부터 승인을 받는 요령을 규정하고 있다.

우리나라의 품목관리원칙(수출입공고방식)은 수출입이 제한되는 상품만을 공고하는 Negative List System을 방식을 사용하고 있다. 따라서 수출입공고에 표시되지 않은 상품은 자유롭게 수출입할 수 있다. 또한 수출입공고상의 품목분류는 1998년부터 HS 상품분류을 채택하고 있다.

2) 통합공고

- 통합공고: 경제외적 목표달성을 위해 수출입 제한
- 수출입공고: 경제정책의 목표달성을 위해 수출입 제한

통합공고는 대외무역법 이외의 각종 특별법에 의하여 수출입이 제한되고 있는 상

1) 대외무역법 제14조

품에 대한 수출입요령을 지식경제부장관이 관련부처의 장으로부터 제출받아서 이를 통합하여 공고하는 것을 말한다.[2)]

통합공고는 약사법 등 50개의 개별법에 의한 품목별 수출입제한 내용을 지식경제부에서 통합공고하는 것으로 국민보건, 환경보호, 사회질서유지 등 경제외적 목표달성을 위해 수출입을 제한하는 것이다.

Check Point

수출입공고와 통합공고의 관계는?

수출입공고와 통합공고는 서로 다른 목표를 추구하고 있다. 수출입공고는 경제정책적인 측면, 통합공고는 경제외적인 목표를 갖고 있다. 이처럼 상이한 목표를 갖고 있는 수출입공고와 통합공고는 상호독립적이다. 따라서 수출입업자는 수출입시 수출입공고에서 수출입에 제한이 없더라도 통합공고에서 제한이 있으면 수출입을 제한받는다.

무역매너 에세이

"오일파워 글로벌 패권지도 바꾼다."

치솟는 국제유가가 세계의 세력 지형도를 바꾸고 있다.

연초부터 '유가 100달러 시대'가 현실화되면서 각국의 손익계산서가 극단적으로 엇갈리고 있다. 기업들도 고유가로 초비상이 걸린 상태지만 일부 기업들은 고유가에 따른 반사이익을 기대하고 있다. 월스트리트저널은 3일 고유가로 인해 미국 중심의 패권 구도가 각 분야에서 무너지면서 글로벌 세력지도가 변하고 있다고 보도했다.

◆ 미국, 고유가로 정치적 영향력 시험대에

가장 큰 타격을 입는 곳은 세계 최대 원유소비국인 미국이다. 서브프라임 모기지(비우량주택담보대출) 부실 위기로 경기침체 우려가 깊은데 고유가라는 부담까지 짊어지게 됐다. 국제사회를 이끌던 미국의 정치적 영향력도 고유가로 시험대에 올랐다. 조지 부시 행정부는 이란의 핵개발 시도를 좌절시키기 위해 강력한 금융제재를 가하고 있지만 이란으로 흘러들어가고 있는 막대한 오일달러로 인해 큰 효과를 못 거둔다는 평가다.

금세기 최악의 재앙이라는 다르푸르 분쟁을 해결하기 위해 수단정부에 경제 제재를 부과했지만 잘 통하지 않고 있다. 수단이 석유 부국으로 부상하면서 미국 기업의 투자기회만 잃었다.

2) 대외무역법 15조

세계 시장에서 미국의 지위도 흔들리고 있다. 특히 미국 자동차 업계는 고유가로 인한 수요 감소와 연비강화 조치로 판매에 직접적인 타격을 받고 있다. 성장 일로에 있는 아시아 개도국도 타격을 받고 있다. 석유 소비의 절반 정도를 수입하는 중국은 유류 공급 부족에 직면해 지난해 말 유류 소매가격을 10% 올렸다. 인도도 정부 보조금을 늘려 유가 급등에 대처하고 있지만 물가 불안은 깊어만 가고 있다.

◆ 중동, 러시아 등 산유국들 파워 확대

중동과 러시아 베네수엘라 등 산유국은 막대한 오일달러를 기반으로 영향력을 확대하고 있다. 시장조사업체인 맥킨지 조사에 따르면 금융시장에 투자된 오일달러는 3조8000억 달러에 달한다.

최근 씨티그룹에 75억 달러를 투자한 아부다비투자청의 자산 규모는 9000억 달러로 일본은행과 맞먹는 수준이다. 걸프국이 오일달러를 이용해 지난 3년간 국외에서 사들인 자산은 1243억 달러에 이른다.

아랍에미리트 두바이는 나스닥과 런던증권거래소 지분을 소유하며 국제경제계의 큰 손으로 급부상했다. 냉전 직후 2류 국가로 전락할 것처럼 보였던 러시아는 오일달러를 바탕으로 재기에 성공했다.

막대한 자금력을 내세워 2014년 동계올림픽 개최지를 따내는 등 미국을 견제하는 강국으로 떠오르고 있다. 중남미 석유 매장량의 70%를 차지하는 베네수엘라도 석유의 힘을 기반으로 중남미의 반미 바람을 이끄는 중이다.

◆ 일부 기업은 반사이익 기대

일부 기업들은 고유가로 인한 반사이익을 기대하고 있다. 특히 다른 나라 제품에 비해 상대적으로 에너지 효율이 높은 일본의 자동차나 가전제품 회사들은 고유가로 인한 상대적 혜택을 누릴 것으로 전망하고 있다. 물론 일본 기업들도 고유가로 수익에 압박을 받기는 마찬가지다.

특히 대기업과는 달리 가격 협상력이 약한 중소기업들은 유가상승분을 제품 가격에 전가하기 힘들어 수익이 악화될 위험이 크다. 하지만 고유가로 인해 일본 기업이 받는 타격은 한국 등 다른 나라에 비해 작은 게 사실이다. 일본은 1973년 제1차 석유위기를 계기로 에너지 절약과 함께 에너지 공급원을 다양화해 석유 수입량을 당시에 비해 현재 15% 줄였다.

(한국경제신문, 2008.01.04)

무역매너 에세이

"한국 1인당 석유소비 세계 5위"

국제유가 100달러 시대를 맞아 월스트리트 저널(WSJ)이 3일(현지시간) 도표와 함께 보도한 바에 따르면 한국은 1인당 석유소비량이 2006년 기준 16.18 배럴로 사우디아라비아, 미국, 캐나다, 네덜란드에 이어 5위로 나타났다. 세계 최대의 산유국 사우디를 제외하면 아시아 1위의 국가인 셈이다.

사우디는 32.88배럴로 미국(25.64)을 제쳤고 캐나다 24.83, 네덜란드 22.54 순이었다. 다른 아시아국가로는 대만(16배럴)이 6위, 일본(14.86)이 7위, 이란(8.83)이 13위, 태국(5.35)이 16위, 인도네시아(1.95)가 19위, 인도(0.87)가 20위에 랭크됐다. 최근 석유소비량이 급격히 늘고 있는 중국(1.98)은 1.98배럴로18위였다.

국가 및 주요 대륙별로 보면 2007년 기준으로 미국이 하루 2087만 배럴을 소비, 부동의 세계 최대석유소비국으로 나타났다. 유럽은 1615만7천 배럴이었고 중국이 756만6천 배럴, 중동이 656만 9천 배럴, 남미가 549만 6천 배럴, 일본이 501만 배럴 순이었다. 한국의 국가별 소비순위는 인구 10억의 인도(276만 배럴)와 비슷한 수준인 223만 배럴로 9위에 랭크됐다.

(중앙일보, 2007.1.3)

유가 상승의 파급 경로

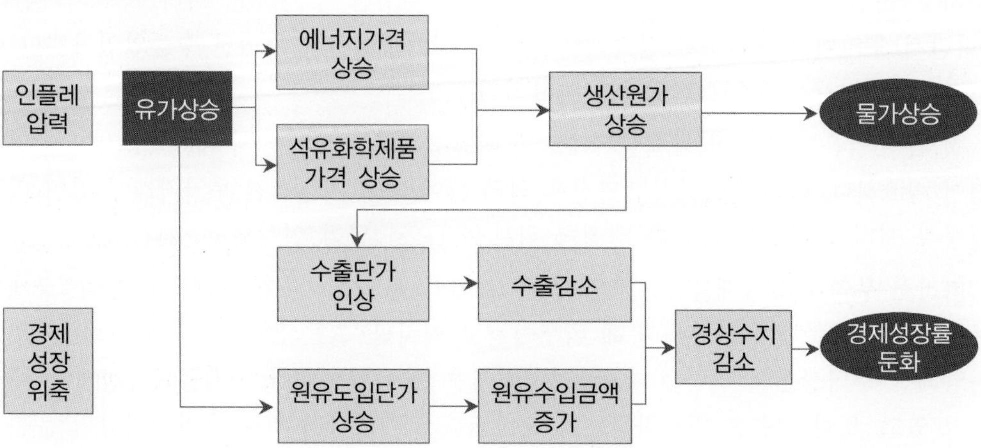

5. 무역은 수출입업자만으로는 완성할 수 없는 종합예술이다.

- 무역 = 수출입업자 + (국제물류업자, 해상보험업, 은행, 전자상거래업자, 공무원 등)
- 상품의 흐름: 수출업자 → 수입업자(국제물류, 해상보험)
  상품을 원하는 시기에 안전하게 인도받을 수 있는가?
- 화폐의 흐름: 수입업자 → 수출업자(무역결제)
  대금을 확실하게 지급 받을 수 있는가?
- 무역관리: 지식경제부, 관세청 등

무역이라는 국제적 상거래가 완성되기 위해선 매도인(판매인)인 수출업자와 매수인(구매인)인 수입업자만으로는 불가능하다. 물론 과거 범선시대처럼 상인이 범선에 상품을 싣고 외국에 직접 가서 상품을 판매한다면 다른 사람의 도움없이 무역이 가능하겠지만, 분업화되고 복잡해진 현재의 국제상거래의 시스템에서 수출입업자가 모든 위험을 감수하면서 상품을 직접 운송하여 거래한다는 것은 비용측면에서나 효율성, 안전성 측면에서 불합리하고 불가능한 경우가 많다.

즉, 모든 경제원칙 및 상거래는 최소비용으로 최대효과를 얻는 것이 최선의 방법인데, 현재의 국제통상환경하에서 무역이라는 상거래의 전 과정을 수출입업자가 모두 다 하려고 하면 오히려 비용은 증가되는 가운데 위험은 증가하고 서비스는 저하된다. 따라서 무역이라는 특수한 상거래를 합리적으로 수행하기 위해선 수출입업자뿐만 아니라 다음과 같은 무역관련업자가 필요하다.

첫째, 무역은 격지간의 국제상거래로 국내상거래와는 비교할 수 없는 장거리 운송과정이 필요하다. 이러한 국제물류과정은 최근 들어 더욱 치열해진 무역거래에 있어 비용절감과 서비스 차별화를 통한 경쟁력 확보수단으로 널리 인식되고 있다.

따라서 무역에서 국제물류과정은 일반적으로 전문물류업자가 수행하고 있다. 국제물류과정은 대부분 해상운송을 통해 이루어지고 있지만, 최근 들어 교통, 통신의 발달 및 다양해진 무역상품으로 인해 항공운송, 철도운송, 트럭운송이 국제물류과정에서 증가하고 있고, 또한 비용을 최소화하면서 서비스를 극대화하기 위해 두가지이상의 운송수단을 결합한 복합운송도 증가하고 있다.

국제물류에 관련된 물류업자는 항공사, 해운사, 육상운송업체, 철도, 복합운송업자, 하역업자, 보관업 등이고 이러한 무역관련 물류업자는 물류에 대한 지식뿐만 아니라 무역에 대한 지식이 요구된다.

둘째, 무역은 국내상거래에 비해 많은 물리적 위험이 상존하고 있다. 예를 들어 우리나라의 경기도에 소재한 가전업체가 동일한 TV를 전남 여수에 판매하는 경우와 세계의 화약고인 중동지역에 수출하는 경우 위험은 크게 달라진다.

즉, 경기도에서 전남 여수까지 운송하는 과정에 해적을 만나고, 미군의 폭격을 받을 가능성은 거의 없다. 그러나 동일 상품을 중동지역으로 수출하는 경우 해적위험과 전쟁위험은 항상 상존하고 있다. 또한 여러 가지 불가항력적인 해상위험도 국내상거래에 비해 무역은 훨씬 증가한다.

이처럼 무역이라는 국제적 상거래는 국내 상거래에서는 걱정하지 않아도 될 위험을 어떻게 관리하느냐가 중요한 변수이다. 이러한 무역 관련위험은 역사적으로 무역을 가로막는 장애요인으로 작용하였다.

이러한 무역 관련위험을 극복하는 수단으로 인류가 개발한 것이 보험의 원조격인 해상보험이다. 최근 들어 우리나라의 경우 무역보험은 손보사의 해상보험과 수출보험공사의 수출보험에 의해 담보되고 있다.

셋째, 무역은 국내상거래에 비해 상대적으로 신용위험이 크다. 일반적으로 국내 상거래는 매도인과 매수인간의 대면거래에 의해 계약이 체결된다. 즉, 매도인과 매수인이 직접 만나서 침을 튀겨가며 상담하고 악수도 하는 가운데 계약이 체결되지만, 실질적으로 무역에서 소액거래는 대부분 서면이나 이메일 등을 통해 계약이 체결되는 경우가 많다.

따라서 무역거래도 상거래의 본질적 기능이나 구조는 국내상거래와 유사한 점이 많지만, 국내상거래에 비해 상대적으로 신용위험이 더 크다. 무엇보다 수출업자는 상품수출 후 대금회수에 대한 불안이 있고, 수입업자는 자신이 원하는 상품을 원하는 시기에 인도받을 수 있는가에 대한 위험을 갖고 있다. 이러한 무역에서 발생되는 신용위험을 해소하고 대금결제를 원활하게 하기 위해 은행 등의 금융기관이 무역거래에 개입하고 있다. 넷째, 무역이라는 상거래를 수행하려면 관세청과 같은 정부기관의 도움과 협조가 필요하다.

6. 무역마찰은 왜 발생하는가?

- 수출: 내 지갑으로 돈이 들어오는 것(외국으로 상품을 팔기 때문)
- 수입: 내 지갑에서 돈이 나가는 것(외국으로부터 상품을 사오기 때문)
  → 모든 국가가 수출촉진+수입억제 → 무역마찰↑ → 자국 시장 상호 개방 → 무역마찰 해결

세상 살면서 자기 지갑에서 돈 나가는 것을 좋아할 사람 없을 것이고, 자기 지갑에 돈 들어오는 것을 싫어할 사람 없듯이 국가 간에 무역도 개인 간의 상거래처럼 자기지갑에 돈이 들어오는 수출을 장려하고, 자기 지갑에서 돈이 나가는 수입을 억제하려고 하는 것은 신이 아닌 인간의 본능이 아닌가 싶다.

무역마찰은 이처럼 각 국가들이 수입을 억제하기 위해 자국시장은 보호하면서 다른 나라에 자국의 상품을 팔아 이윤을 추구하려는 이기심에서 비롯되고 있다. 무역마찰을 해결하는 방법은 거창하지 않다.

남의 입장에서 생각해 보고, 내가 남에게 원하는 만큼 나도 양보하는 상호주의 정신을 실행하면 된다. 우리가 전체 국익차원에서 경쟁력 있는 공산품을 수출하기 위해서 우리가 경쟁력이 없는 우리의 서비스시장을 개방할 수밖에 없는 아픔도 여기에 있다.

최근 미·중 무역마찰 대표적 사례

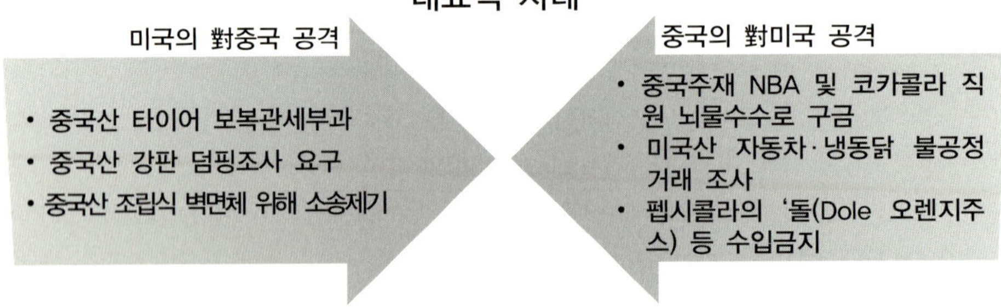

■2009 미·중 무역분쟁 양상

미국 조치	중국 조치
중국산 타이어 고율 반덤핑관세 부과(9월13일)	미국산 닭고기 불공정거래 조사(9월27일)
중국산 강관 반덤핑관세 부과 예비판정(11월5일)	미국산 자동차 반덤핑 조사(11월6일)
중국산 코팅지 반덤핑 판정(11월6일)	미국산 등 아디프산 반덤핑관세 부과(11월1일)

무역매너 에세이

"지재권 침해 신음하는 韓기업"

한국 기업들의 지재권 침해 건수가 날로 늘고 있다. 그중 한국 기업의 특허, 상표 등 지식재산권 침해가 가장 잦은 국가는 중국으로 전체 침해의 절반을 차지했다. 13일 코트라(KOTRA · 대한무역투자진흥공사)가 자체 집계한 자료에 따르면 2004년~2009년 8월 현재 한국 기업들의 지역별 지재권 침해 건수는 중국이 포함된 아시아권 229건, 북미 · 오세아니아권 45건, 유럽권 23건, 아프리카권 10건, 중남미권 8건, 다대륙(여러 대륙에 걸친 경우로 침해발생국가 기준) 9건 등 총 324건으로 조사됐다.

◇ 중국, 한국제품 지재권 침해 압도적 비중 차지

그중 중국은 전체 침해 건수의 절반에 가까운 160건(49.3%)을 차지하며 압도적으로 높은 비중을 차지했다. 이는 북미 · 오세아니아와 유럽의 각각 3.5배, 유럽의 6.9배 정도 많은 것으로, 대만 · 홍콩 · 마카오가 포함된 중화권(19건)이나 중국·중화권을 제외한 다른 아시아권 국가(50건)에 비해서도 3~8배 정도 높은 편이다.

특히 중국의 침해 건수는 2004년 5건에서 2005년 18건으로 급증한 뒤 2006년과 2007년에는 각각 13건, 21건을 기록했다. 이어 2008년에는 역대 가장 많은 55건을 기록한데 이어 올해도 최소 48건으로 나타나 지속적으로 증가추세를 그리고 있다.

국내 기업들의 신흥 수출시장으로 떠오르고 있는 아시아지역에서 한국제품에 대한 지재권 침해는 중화권이 2006년(7건)과 2008년(5건)을 제외하면 대체로 매년 1~3건으로 침해건수가 낮은 것으로 확인됐다. 반면 중국과 중화권을 제외한 기타 아시아 국가들은 2004년과 2005년 각각 4건, 5건을 기록한 뒤 2006년 14건, 2007년 11건이었으며 2008년에는 8건으로 나타났다. 2009년에도 최소 8건이 적발됨에 따라 해마다 한국기업의 침해는 증가할 전망이다.

그 밖에 다른 지역권에서는 대체로 침해가 낮은 편이었다. 북미 · 오세아니아가 2004년과 2005년 각각 동일한 5건을 기록한 뒤 2006년 7건, 2007년 6건, 2008년 5건을 기록하며 감소추세를 나타내다 올 들어 최소 17건으로 급증했다.

유럽은 2006년 7건을 제외하면 2004년~2009년 각 해마다 5건 이하로 낮은 편이며 아프리카는 2004년 4건, 2005년 2건, 2006년 4건을 기록한 이후 한국기업들에 대한 지재권 침해사례가 보고되지 않았다. ◇한국 제품 권리별 침해건수→상표, 특허, 디자인 순...

한편 권리별 침해건수는 2004년 29건, 2005년 51건, 2006년 74건, 2007년 56건, 2008년 80건, 2009년(8월 현재) 80건 등 해마다 증가하며 총 370건으로 나타났다. 2004년 이후 4년 만에 3배나 증가한 셈이다.

그중 상표권 침해가 전체침해의 40.5%인 155건으로 가장 많았다. 뒤이어 특허 · 실용 138건, 디자인 44건, 기타(영업비밀과 도메인네임 등 재산적 가치가 있는 무체재산) 33건인 것으로 파악됐다.

특히 디자인 침해는 2004년 2건에서 2005년 10건으로 급증한 이후 매년 10건 안팎의 침해건수가 나타나고 있으며, 특허·실용 역시 2004년 6건에 불과했지만 2006년 17건, 2008년 35건에 이어 올해 최소 45건이 침해사례로 확인됐다. 상표는 2006년과 2008년 30건 이상을 기록한 것을 비롯해 해마다 20~30건이 침해받는 것으로 파악됐다.

이에 대해 코트라는 국내기업의 관심이 부족해 사전예방활동 강화를 통한 국내기업의 지재권보호의식을 제고할 필요가 있다고 지적했다. 이와 관련, 코트라는 현재 중국 4곳(베이징, 상하이, 칭다오, 광저우)에 이어 우리기업의 지재권 침해사례 발생가능성이 높은 지역인 태국(방콕), 베트남(호치민)지역 KBC에 IP Desk(해외지재권보호데스크)를 추가로 설치하는 등 지원 인프라를 확충하고 있다.

코트라 관계자는 "2001년~2008년 기간 동안 우리기업 세계 침해 사례 중 가장 많은 32.7%가 중국에서 발생했고, 중국 등 기술후발국의 지재권 침해사례가 급증하고 있다."며 "중국내 침해 기업 중 지재권 미보유로 적절한 대처가 곤란하거나 해당국 지재권제도 등에 대한 정보부족으로 피해가 증가하고 있다."고 우려했다.

(뉴시스, 2009.12.13)

무역매너 에세이

"한국 ODA 기여도 전 세계 0.7% 불과"

[G20 정상회의 개최국 위상 걸맞게 대폭 확대 필요]

한국이 저개발국의 경제발전을 위해 지원하는 공적개발원조(ODA)의 기여도가 전 세계에서 0.7%에 불과한 것으로 나타났다. 삼성경제연구소가 11일 발표한 '국격 제고를 위한 ODA 정책' 보고서에 따르면 한국은 ODA 수혜국에서 경제협력개발기구(OECD) 회원국으로 성장했으나 ODA 원조 규모는 미미해 국제사회로부터 OECD 회원국에 걸맞지 않다는 비판을 받아왔다.

한국은 해방이후 1999년 까지 모두 128억 달러(2005년 불변가치로는 460억 달러)의 ODA를 지원받은 반면 해외원조를 본격적으로 시작한 외환위기 이후 10년간 한국이 지원한 ODA 규모는 40억 달러에 불과했다.

원조의 성격도 세계 각국의 원조가 대부분 무상으로 이뤄지고 있는 반면에 한국의 무상원조 비율은 68%에 불과하고 원조 시 조달품에 대해 국적을 제한하는 구속성 지원도 OECD 개발원조위원회(DAC) 회원국에 비해 상대적으로 높다.

그러나 내년 주요 20개국(G20) 정상회의를 개최하고 DAC에 가입할 예정으로 있는 등 한국의 ODA 확대는 불가피한 상황이다. 이에 따라 연구소는 저개발국의 성장을 지원함으로써 국격을 높이고 이를 통해 장기적으로 국익을 실현하는 방안을 모색할 필요가 있다고 지적했다.

연구소는 우선 2015년까지 ODA 규모를 국민총소득(GNI)의 0.35%인 43억 달러 규모로 늘릴 것을 제안했다. 이는 OECD 국가 평균 수준으로, 정부가 계획하고 있는 GNI의 0.25%보다 높은 수준이다.

연구소는 또 현재 아시아와 중소득 국가 중심의 원조를 아프리카와 최빈국에 대한 지원 비중을 높이는 방향으로 전환해 인도주의적 지원을 하는 국가라는 이미지를 쌓을 것도 주문했다. 아울러 수혜국의 무역 및 고용 창출 효과가 큰 분야에 지원해 원조효과의 극대화를 꾀하고 인적교류 확대, 원조 대상국 연구 강화 등도 제안했다.

연구소는 "ODA 확대로 정치·외교적 국격이 높아지고 국가 브랜드 및 이미지가 개선돼 결국 국가경제에 도움이 될 수 있다는 ODA의 선순환 구조를 국민들에게 충분히 전달할 필요가 있다"고 밝혔다.

(머니투데이, 2009.11.12)

무역매너 에세이

"받는 나라에서 주는 나라로 올라선 대한민국의 사명"

경제협력개발기구(OECD) 개발원조위원회(DAC)는 25일 프랑스 파리에서 회의를 열어 한국의 DAC 가입을 결정한다. DAC는 선진 22개국이 가입해 있으며, 이 22개국이 전 세계 원조의 90%를 제공하고 있다. 한국의 DAC 가입은 아시아 국가로는 일본에 이어 두 번째이며, 원조를 받던 나라가 원조를 주는 나라가 된 것은 한국이 처음이다. 한국은 1945년 해방 이후 50년 동안 현재 가치로 600억 달러(70조원 상당)의 원조를 받았다.

한국은 지난해 국민총소득(GNI)의 0.09%인 8억300만 달러의 공적개발원조(ODA)를 제공했다. 국민 1인당 16달러(1만8500원)로, DAC 가입국 평균인 134달러(15만5000원)와는 비교가 안 된다. 정부는 2015년까지 ODA를 두 배 이상 늘려 국민총소득의 0.25%에 이르도록 하겠다고 했다. 그러나 우리의 경제 규모나 예산 사정 등을 감안할 때 단기간에 원조를 크게 늘리는 데는 한계가 있다. 대한민국이 누구에게 왜 이런 원조를 이만큼 제공하는가 하는 원조 철학과 이상을 먼저 분명히 하고 그에 따라 우리 실정에 맞는 원조 방식을 개발해, 규모는 작아도 원조를 받는 나라 국민들의 건강·행복·복지를 높이는 데 진정으로 기여할 수 있어야 한다. 우리 국민이 대한민국이 제공하는 원조의 이상(理想)과 원칙에 동의할 수 있어야 대한민국이 제공하는 원조에 국민의 정성이 담기고 그래야 받는 국민들의 마음도 움직이게 된다.

헬렌 클라크 유엔개발계획(UNDP) 총재는 23일 "한국은 자신의 발전 경험을 다른 개도국에 널리 전수해야 한다."고 말했다. 한국으로부터 원조를 받는 나라들은 무엇보다 원조 규모의 확대를 희망하겠지만 한국이 일궈낸 정치·경제적 성공의 노하우(know-how)와 그런 노하우로 나라를 이끌어 세계 최빈국에서 10대 경제국가로 한국을 올려놓은 국가 차원의 꿈도 함께 나누길 바랄 것이다. 원조가 주는 쪽과 받는 쪽 모두에 도움이 되려면 양자를 맺어주는 이상과 꿈의 공감대(共感帶)가 있어야 한다.

한국은 2003년 마닐라 인근 통근열차 철도사업에 유상원조를 제공했고, 국내 건설업체가 이 공사를 맡았다. 그러나 이 공사 때문에 철로 주변 3만 가구가 강제 이주해야 하는 상황이 벌어지면서 한국이 제공한 원조가 반한(反韓) 감정의 씨앗을 뿌린 꼴이 돼 버렸다. 중국은 최근 100억 달러의 아프리카 원조 계획을 내놓았지만, 자원 확보라는 단기적 목표에 집착한 듯 한 모습을 보이면서 오히려 국제사회의 비판을 부르고 있다. 미국 역시 1950~70년대 세계 원조의 대부분을 감당해 놓고도 이 시기 동안 '추한(ugly) 미국'이란 오명에 시달려야 했다. 이런 잘못을 뒤따르지 않으려면 철저한 현지 실태 파악과, 현지 실정에 맞는 프로그램을 마련해야 한다.

현재 대외원조를 다루는 정부 부처와 기관만 25개에 이른다. 이래서는 원조의 체계적인 원칙을 세우고 효율적인 전략을 마련하기 어렵다. 'ODA 기본법' 먼저 제정할 일이다.

(중앙일보, 2009.11.25)

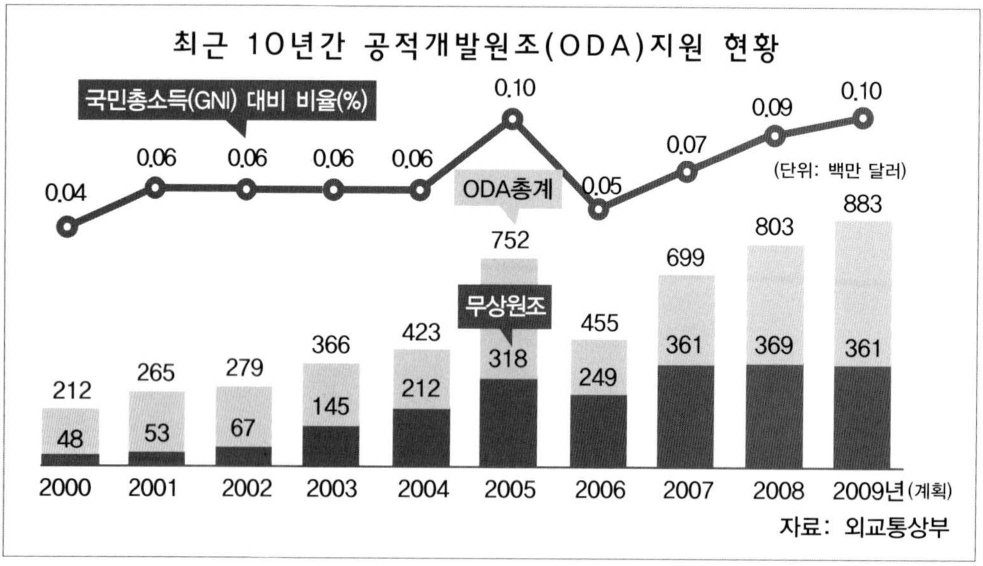

7. 환율이란 무엇인가?

환율(Rate of Foreign Exchange): 이종통화간의 교환비율

환율은 이종통화간의 교환비율을 말한다. 즉, 2국간의 통화가치의 비율이다. 무역은 2국간의 상거래로 국내상거래와 달리 대금결제는 이종통화로 이루어진다. 일반적으로 무역거래에서 자주 사용하는 외국통화는 달러, 유로, 엔화 등이고 환율이란 이종통화간의 교환비율을 말한다.

모든 무역에서 거래되는 상품이 시장에서의 수요와 공급이 결정되듯이 환율도 외환시장에서의 해당 통화에 대한 수요와 공급에 의해 변동된다. 그런데 이러한 환율변동은 국민경제뿐만 아니라 개별 수출입기업의 경쟁력 및 채산성에 지대한 영향을 미친다.

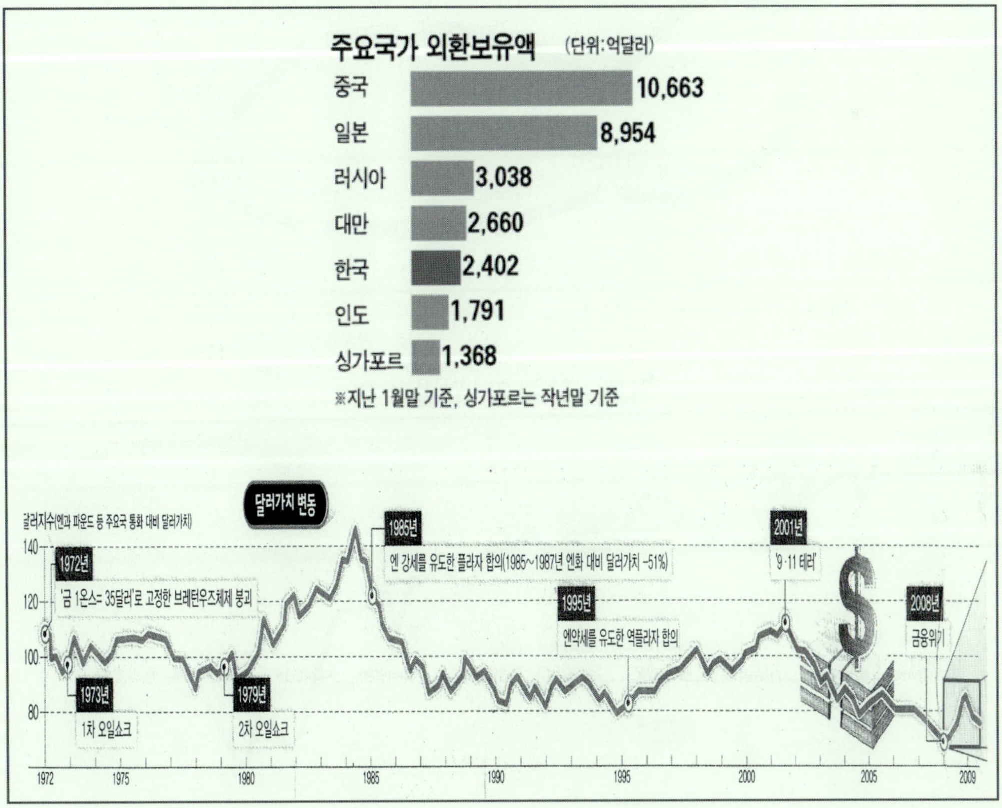

엔·달러 환율

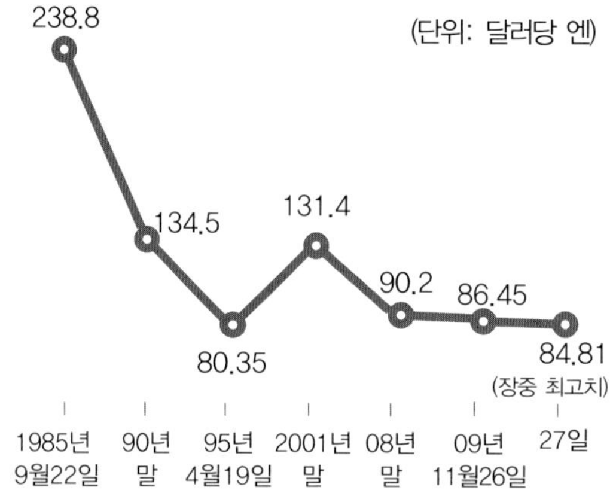

자료: 한국은행, 증권전산

원·달러 환율과 주가추이

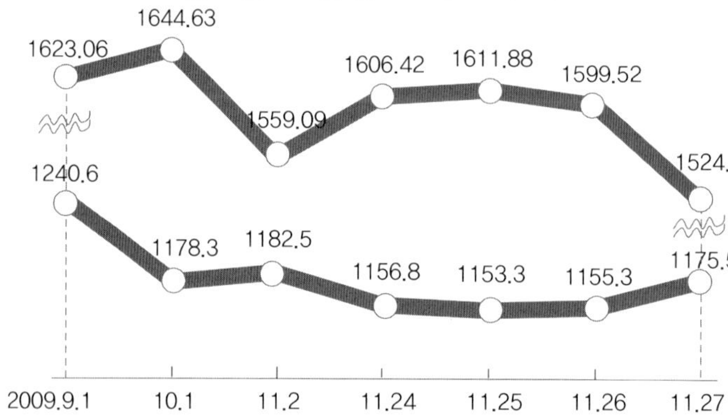

자료: 한국은행, 한국거래소

위안·달러화 환율추이

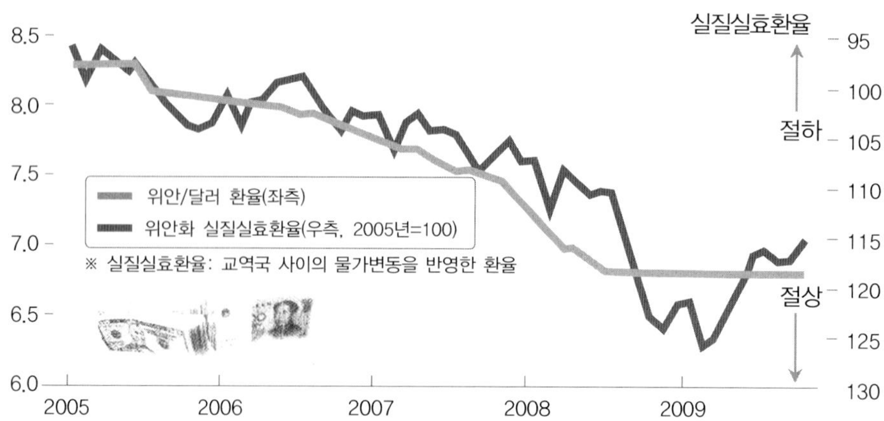

자료: 한국은행, 국제결제은행(BIS)

Check Point

평가절상 ↔ 평가절하, 환율인상 ↔ 환율인하

일반적으로 환율을 표시하는 방법은 두 가지가 있는데 첫 번째 방법은 외화표시환율(currency rate)로 1원 = $1/1000처럼 자국통화의 1단위에 대한 외국통화의 비율을 나타낸다. 두 번째 방법은 방화표시환율(pence rate)로 $1 = 1000원처럼 외국통화 1단위에 대한 자국통화를 표시하는 방법이다. 그런데 일반적으로 무역경제에서는 방화표시환율을 많이 사용한다.

만약 방화(邦貨)표시 환율이 $1 = 1000원에서 $1 = 1200원으로 변동되면 방화의 가치는 떨어지고 환율은 오르게 되는데 이러한 환율변동을 평가절하, 환율인상이라고 하고 반대되는 환율변동을 평가절상, 환율인하라고 한다.

원화절상에 따른 산업별 영향

구분 / 업종	대일경쟁력 원화절상〈엔화절상	대중경쟁력 원화절상〉위안화절상	기업채산성 (원화절상)	세계시장에서의 경쟁관계	
				주력 수출시장	주요 경쟁국가
반도체	○	◬	⊗	세계시장	일본·대만
가전	○	◬	⊗	미국·중국·유럽	일본·중국
정보통신	○	⊗	⊗	미국·중국·유럽	대만·유럽·중국·일본
자동차	○	◬	⊗	세계시장	일본
조선	○	◬	⊗	세계시장	일본
철강	◬	◬	◬	미국·중국·동남아	일본
석유화학	○	⊗	◬	중국·동남아	중국·동남아·일본
섬유	◬	⊗	⊗	세계시장	중국·동남아·일본

○ 긍정적 영향 ◬ 영향 미미 ⊗부정적 영향

자료: 삼성경제연구소(2004)

무역매너 에세이

"금융위기와 함께 온 달러의 위기..".

유로화·위안화의 도전 "우리 돈으로 결제를"

유럽·아시아선 이미 주요 통화로 급부상

그래도 높은 '달러의 벽' ... 군사·정치력 우위에

각국 외환보유액 중 달러 비중 62% 달해

관련 핫이슈 요동치는 금융시장

중국 신경보(新京報)는 19일 미국의 경제 개혁이 부진하면 중국 정부가 미국 국채 매입을 중단할 수 있다고 보도했다. 중국은 미국 국채를 6529억 달러어치나 갖고 있다. 세계 최대 보유국이다. 중국은 물건을 수출해 벌어들인 달러로 주로 미국 국채를 사들였다. 만약 중국이 미국 국채를 사지 않거나 보유 국채를 팔기 시작하면 달러화의 가치는 뚝 떨어질 것이다. 신경보의 보도는 중국이 언제라도 달러를 흔들 수 있다는 경고를 한 셈이다.

한국은행은 12일 중국 인민은행 및 일본은행과 각각 300억 달러 규모의 통화 스와프에 합의했다. 원화와 위안화, 원화와 엔화를 바꾸는 방식이다. 처음에는 협상이 쉽지 않았다. 일본은 한국 돈이 필요하지 않다며 소극적이었다. 하지만 중국이 적극적으로 나서 위안화와 원화를 교환하겠다고 하자 일본도 입장을 바꿨다. 위안화가 동북아시아의 주력 통화로 부상하는 것을 막기 위해 일본도 어쩔 수 없었다.

자국의 돈을 세계의 중심 화폐로 만들기 위한 통화 전쟁이 본격화하고 있다. 일부에서는 대공황 이후 최대의 금융위기 속에서 힘이 약해진 달러의 틈을 파고들고 있다. 결제 통화로 유로나 위안화 등을 사용하는 곳이 늘면서 일부 지역에서는 달러와 각축을 벌이고 있다.

달러 약세는 불가피하다. 금융위기 여파로 미국의 금융과 실물경제가 뿌리째 흔들리기 때문이다. 선진국 통화 대비 달러화의 가치를 보여주는 'ICE 달러지수'는 지난주에만 2%가 떨어졌다.

각국의 달러화 의존도도 줄고 있다. 국제통화기금(IMF)에 따르면 각국의 외환보유액 중 달러화 비중은 2001년 72.3%였지만 올 2분기 62.5%로 줄었다. 달러 표시로 발행되는 채권의 비중도 이 기간 53.6%에서 36.1%로 감소했다.

이렇게 달러의 명성에 금이 가자 경쟁국들은 목소리를 높이고 있다. 니콜라 사르코지 프랑스 대통령 등 유럽연합(EU) 지도부는 지난달 미국 워싱턴에서 열린 G20 정상회의에서 "달러 중심의 통화체제 대신에 유로화를 포함한 다극체제로 전환해야 한다."고 촉구했다. 후진타오 중국 국가주석도 최근 "국제 통화체제의 전면적인 개혁이 필요하다."고 말했다.

유로존의 단일 통화인 유로화는 올해 6월 출범 10년을 넘기면서 유럽 15개국 3억2000만 명이 사용할 정도로 비중이 커졌다. 유로 표시 채권은 현재 6조 달러어치가 발행돼 전 세계 채권 발행 규모의 48%를 차지한다. 달러표시 채권 발행액은 이에 못 미치는 4조 달러어치다.

위안화도 아시아 지역의 주요 결제 통화로 급부상하고 있다. 중국은 지난 10월 러시아와 위안화로 결제하는 데 합의했다. 대만·홍콩과는 논의 중이다. 말레이시아와 필리핀은 위안화를 외환보유액으로 비축하고 있다. 동남아국가연합(아세안)에서는 위안화가 제2의 달러로 통용된다. 일본 엔화도 부쩍 힘을 키우고 있다. 요즘 엔화가 강세를 띠면서 일본인이 전 세계의 호텔과 백화점에 붐빈다. 엔화를 받는 곳도 많아졌다.

하지만 이런 협공에도 불구하고 이들 통화가 달러를 누르기에는 역부족이라는 분석이다. 성태윤 연세대 교수는 "미국발 경제위기로 달러 가치가 흔들린다고 해도 기축통화의 지위는 굳건하다."며 "오히려 금융위기 속에서 달러는 안전 자산으로 각광받으면서 위상이 더 높아질 수 있다"고 말했다.

실제로 기축통화가 되려면 몇 가지 요건을 갖춰야 한다. 무역거래의 결제 수단으로 써야 하는데, 달러의 벽을 넘기가 쉽지 않다. 지난해 중국의 무역거래 중 달러 결제 비중은 75%에 달했다. 일본도 달러 결제 비중이 49~74% 선이다. 또 기축통화가 되려면 돈이 전 세계에 퍼져 있어야 한다. 미국은 제2차 세계대전 이후 유럽 부흥과 개도국 지원을 위해 달러를 풀었다. 베트남 전쟁 때도 그랬다. 그 이후에도 오랫동안 무역 적자를 내면서 달러가 세계 곳곳에 퍼졌다. 돈의 힘만으로 기축통화가 되는 게 아니다. 군사력과 정치력도 압도적으로 우위여야 한다. 신민영 LG경제연구원 금융실장은 "현재 미국 이외에 이런 요건을 갖출 만한 나라는 없다"고 말했다. 삼성경제연구소 권순우 거시경제실장은 "달러가 전 세계 기축통화의 지위를 잃지는 않겠지만 일부 지역별로는 기축통화의 다극화 체제가 올 수 있다"고 말했다.

(중앙일보, 2008.12.23)

8. 무역에 영향을 미치는 요소

환율, 무역규제, 국제원자재가격, 국제상품가격, 국제금리, 경쟁국가, 상품의 경쟁력

무역은 국내상거래에 비해 국제적 무역환경변화에 의해 직간접적인 영향을 받는다. 무역에 영향을 미치는 요소는 다음과 같다.

수출에 긍정적인 무역환경	수출에 부정적인 무역 환경
• 평가절하	• 평가절상
• 주요 우리상품 수입국의 시장개방 확대	• 주요 우리 상품 수입국의 무역규제 확대
• 주요 수출상품의 국제상품 가격 인상	• 주요 수출상품의 국제상품 가격 하락
• 국제원자재 가격 하락	• 국제원자재 가격 인상
• 국제금리 하락	• 국제금리 인상
• 주요 경쟁국가 경쟁력 저하	• 주요 경쟁국가 경쟁력 향상
• 주요 우리 상품 수입국의 경기호황	• 주요 우리 상품 수입국의 경기침체
• 수출상품의 경쟁력 향상	• 수출상품의 경쟁력 하락
• 노사관계 안정	• 노사관계 불안정
• 국가 신인도 향상	• 국가 신인도 하락

미국 연방기금금리

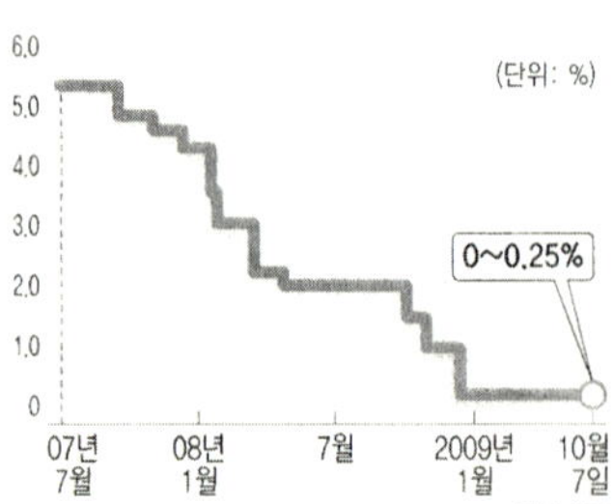

신흥시장 통화의 가치상승

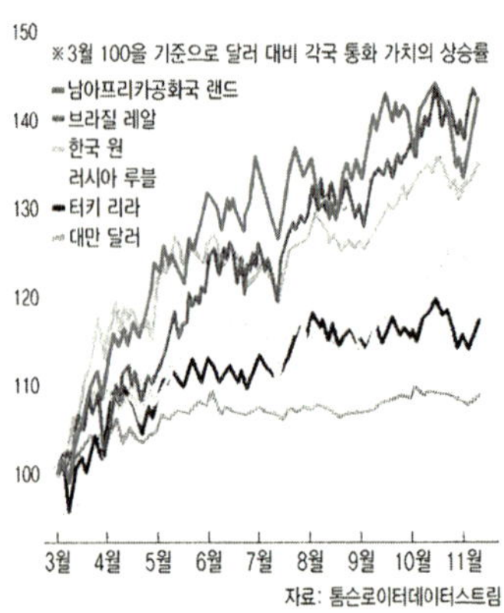

중국의 신규대출과 통화량(M2)증가율

국제유가추이

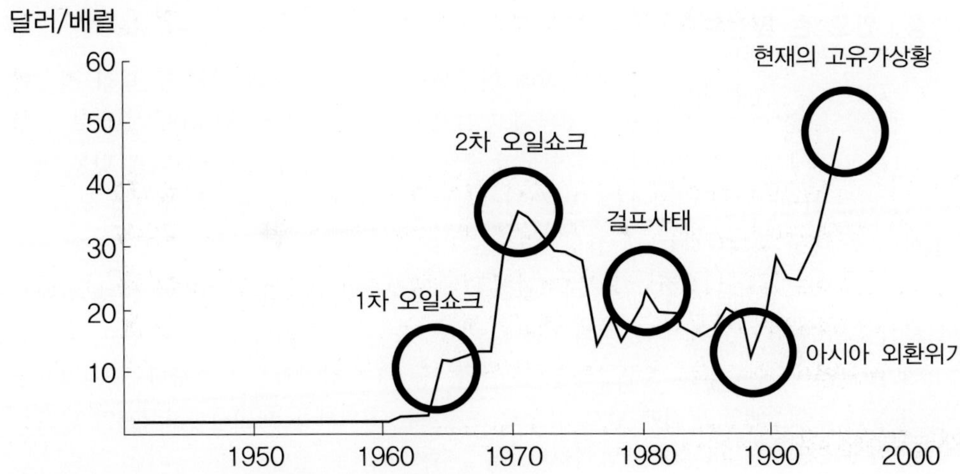

Brent유 기준, 2005년은 6월까지의 평균가격
자료: BP Statistical Review of World Energy(2005.6)

인플레와 금값 추이

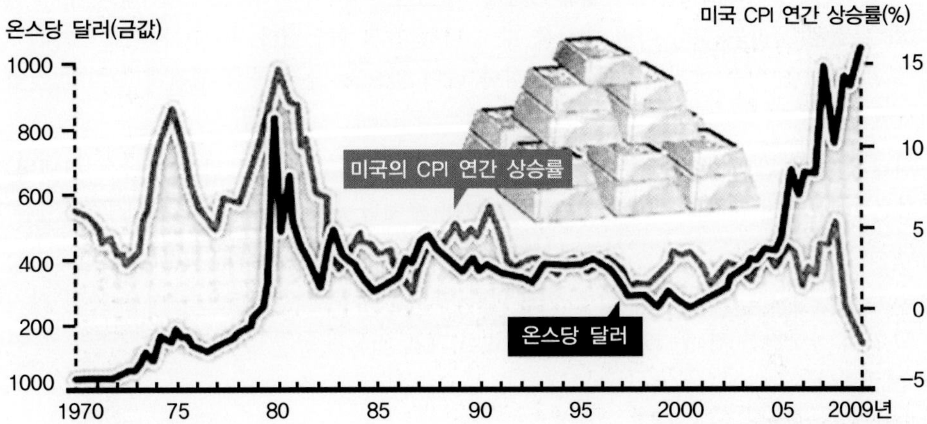

자료: IMF, 파이낸셜 타임즈

무역매너 에세이

"중 · 인도 손 맞잡았다"

세계 최고 수준의 경제성장과 세계 최대 인구를 자랑하는 중국과 인도 두 나라 정상이 손을 맞잡았다. 양국간 과거 갈등을 씻어내고 21세기 '친디아(중국+인도)의 시대'를 본격 열 것임을 만방에 과시한 것이다.13억 인구의 중국 후진타오 국가주석과 11억의 인도 만모한 싱 총리는 21일 뉴델리에서 90여 분간 정상회담을 하고 앞으로 양국간 통상과 투자, 교류협력 등을 대폭 확대한다는 데 합의했다.

양국 정상은 정상회담 직후 공동 기자회견을 열고 "상호 불신을 해소하고 미래 협력을 강화하기로 합의했다."고 밝혔다. 이와 관련해 양국 정상은 국경회담을 가속화하고 양자 교역 규모를 늘리기 위한 공동 연구그룹을 설치하는 등 13개 합의안을 도출했다. 구체적으로 양국 정상은 올해 200억 달러에 달할 것으로 추정되는 교역액을 2010년까지 400억 달러로 늘리고 정상급 회담을 비롯해 고위 인사 교류를 확대하기로 했다.

또 인도 콜카타와 중국 광저우에 영사관을 추가 개설하고 상대국에 대한 투자를 촉진하기 위한 다양한 방안을 마련하며, 국경에서의 교통로를 늘리기로 합의했다. 아울러 민간 핵에너지 등과 같은 새로운 영역에서 공동 프로젝트를 수행하는 등 최근 급성장하고 있는 협력관계의 모멘텀을 계속 살려 나가기로 뜻을 모았다.

싱 총리가 "두 나라의 관계는 향후 발전할 수 있는 여지가 아주 많다."고 하자 후 주석은 "이와 관련해 우리는 진심 어린 대화를 많이 나눴다"고 화답했다. 후 주석은 또 "양국간 국경 분쟁 해결은 이웃 국가들의 공동 관심사"라며 앞으로 국경 분쟁 해결에 주력할 것임을 시사했다.

전날 인디라 간디 국제공항에 도착한 직후 "인도와 중국은 친구"라는 덕담을 건넸던 후 주석은 이날 오전 10시부터 압둘 칼람 대통령이 주재한 환영행사에서 인도 군을 사열한 뒤 간디 추모공원을 방문했다가 싱 총리와 회담에 돌입했다.

중국 최정상으로는 10여 년 만에 처음으로 인도를 방문한 후진타오 주석은 22일 타지마할로 가서 하룻밤을 잔 후 23일 뭄바이에 들러 재계 지도자들을 만난 후 파키스탄으로 건너갈 예정이다.

(매일경제2006.11.21)

무역매너 에세이

"선진권, 5년내 중국-인도 주도 신흥-개도권에 밀린다."

PPP 기준 개도권 GDP 2013년 50.2%…美, 비율 떨어져도 1위국 유지

中, 유로권 제치고 2위 부상…인도-러시아, 각각 일본-영국 제쳐 선진권은 금융 위기를 계기로 5년 안에 중국과 인도가 주도하는 신흥·개도권에 국내총생산(GDP)에서 밀릴 것이라고 영국 컨설팅 회사 프라이스워터하우스쿠퍼스(PwC)가 전망했다.

영국신문 가디언 1일자가 전한 PwC 보고서는 신흥·개도권이 현재 전 세계 GDP의 43.7%를 차지하고 있으나 5년 안에 그 비율이 50.2%로 늘어날 전망이라면서 이로써 산업혁명 이후 유지돼온 선진권의 주도권이 무너지게 될 것이라고 내다봤다. PwC의 존 혹 스워스 수석 이코노미스트는 신흥·개도권이 이번 금융 위기에서 선진권보다 타격이 훨씬 적다면서 빈곤국의 낮은 생활수준을 감안할 때 오는 2013년까지 GDP의 50% 이상을 점하게 될 것이라고 분석했다.

혹스워스는 구매력 평가설(PPP) 기준으로 특히 신흥권이 지난 10년간 급속히 성장한 덕택에 신흥·개도권의 GDP 비중이 43.7%로 크게 늘었다면서 이것이 5년 안에 50.2%로 더 증가할 전망이라고 말했다.

그는 중국의 성장이 최근 둔화되기는 했으나 내년부터 오는 2013년까지 연평균 9% 내외 성장이 예상되며 인도도 평균 8% 수준이 유지될 것으로 보인다고 지적했다. 반면 미국과 유로권, 그리고 영국은 그 기간에 성장률이 평균 2%를 간신히 넘는 수준에 그칠 것으로 비교됐다. PwC 분석에 따르면 미국은 현재 GDP가 전 세계의 21.3%를 차지하는 것이 2013년에는 18.8%로 줄어들기는 할 것이나 여전히 세계 최대 경제국의 위상은 유지할 것으로 지적됐다.

중국은 이 기간에 유로권을 제치고 미국에 이은 2위 경제권으로 부상하며 인도도 일본을 따돌리고 4위 경제국으로 올라 설 것으로 보고서는 내다봤다. 유럽에서 영국은 GDP 비율이 지금의 3.3%에서 2.9%로 줄어들면서 러시아에 밀리게 될 것으로 혹스워스는 전망했다. 신흥경제대국들인 브라질, 러시아, 인도 및 중국의 이른바 '브릭스' 4국은 합쳐서 GDP가 2013년에 26.5%로 증가할 것으로 전망됐다. PwC는 그러나 GDP 비교 분석에서 PPP가 아닌 시장환율을 기준으로 할 경우 신흥·개도권의 GDP 비중은 훨씬 낮은 수준에 그친다는 점을 지적했다.

(중앙일보, 2008.11.2)

9. 무역관련 경제지표

1) 무역결합도

우리나라의 총 수출액 중 특정국에 대한 수출비중을 세계 총수입액 중 특정국의 수입비중으로 나눈 것으로 1보다 크면 특정국의 수입이 증가하는 것 이상으로 우리나라의 특정국에 대한 수출이 증가하는 것으로 나타내는 것으로 이는 우리나라의 수출이 특정국에 상대적으로 집중되어 있음을 나타낸다. 우리나라는 최근 들어 중화경제권 및 동아시아에 대한 무역결합도가 지속적으로 높아지고 있다.

2) 수출경합도

수출경합도가 1에 가까울수록 수출경쟁이 치열하고 0에 가까울수록 그 반대이다. 우리나라는 최근 들어 중국 및 아세안 국가들과 수출경합도가 높아져 국내 수출기업의 경쟁력이 저하되고 수출채산성이 악화되고 있다.

3) 수출집중도

수출집중도는 총수출에서 차지하는 각 상품 수출비중의 제곱의 합을 말하는 것으로 우리나라의 경우 5대 수출품목(반도체, 철강, 조선, 석유화학, 자동차)의 수출 집중도가 약 40%에 달하고 있다.

4) 무역의존도

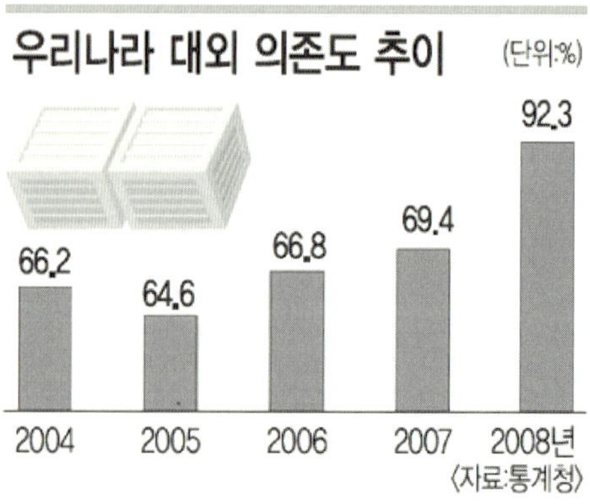

무역의존도는 한 나라의 경제가 무역에 어느 정도 의존하고 있는가를 나타내는 지표로 일정기간(통상 1년)에 있어서 한 나라의 국민소득에 대한 무역액(수출액+수입액)의 비율을 말한다.

즉, 무역의존도는 수출의존도와 수입의존도를 합한 값인데 수출의존도는 GNP (GDP)

에 대한 수출의 비율이고, 수입의존도는 GNP(GDP)에 대한 수입의 비율이다. 이러한 무역의존도는 한 나라의 경제에서 무역의 비중 및 경제성장에서 무역의 역할을 나타낸다.

5) 수입자유화율

수입자유화율은 한 나라에서 수입하는 총 수입품 중 정부의 승인을 받지 않고도 수입할 수 있는 상품의 비율을 말하는 것으로 수입자율화율이 높을수록 한 나라의 시장 개방 폭이 크다.

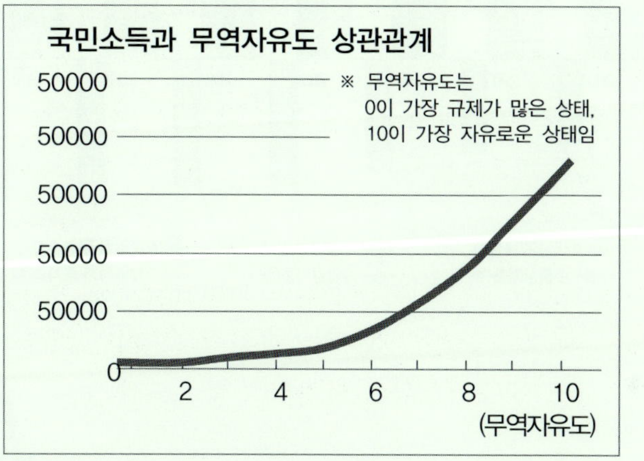

6) 무역수지(Trade Balance)

- 수지(收支) = 수입 + 지출(다른 나라와의 收入과 支出을 기록)
- 흑자 = 수입 〉 지출
- 적자 = 수입 〈 지출
- 무역수지: 상품 수출액과 수입액의 차이
- 무역수지 흑자: 상품 수출액 〉 상품 수입액

수지(收支)란 돈이 들어오는 수입(收入)과 돈이 나가는 지출(支出)을 합친 용어이다. 흑자란 수입이 지출보다 많은 경우, 적자란 지출이 수입보다 맞은 경우이다. 한 나라가 다른 나라와 거래하면서 발생한 수입과 지출을 기록한 결과를 수지라고 한다.

무역수지란 상품수출액과 상품수입액의 차이를 말하는 것으로 무역수지흑자란 우리나라에서 수출한 상품액이 수입액보다 많은 경우를 말한다. 또한 상품과 서비스를 사고파는 경제적 거래의 결과를 경상수지라고 한다.

경상수지 흑자란 우리나라가 다른 나라에 판(수출한) 상품과 서비스가 외국에서 사온 상품과 서비스보다 많은 경우를 말하고 반대로 경상수지적자란 외국에서 사온(수입한) 상품과 서비스가 더 많은 경우이다.

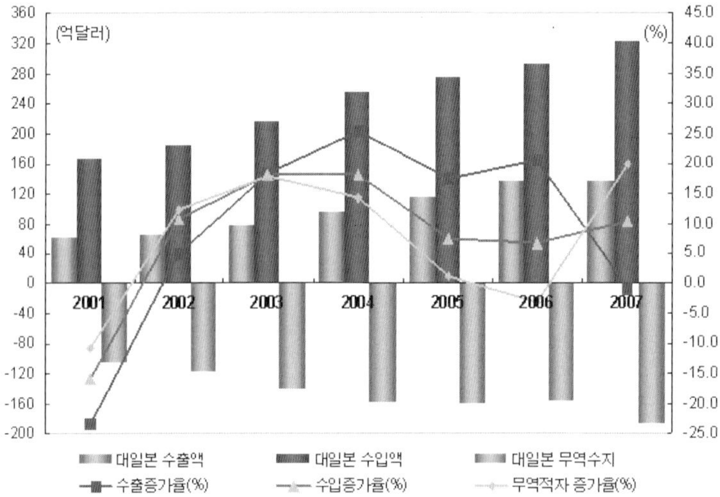

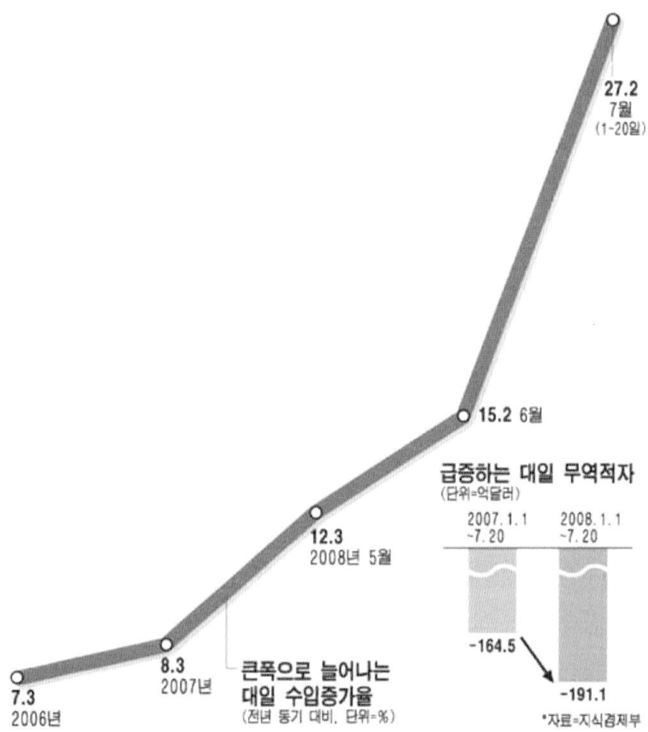

무역매너 에세이

"한국 경제 무역의존도 첫 90% 돌파"

작년 국민소득 대비 수출입비중 92%

지난해 글로벌 금융 위기 속에 한국 경제의 무역의존도가 사상 처음으로 90%대를 넘어선 것으로 나타났다. 11일 기획재정부와 통계청에 따르면 지난해 국민경제에서 대외무역이 차지하는 비중을 나타내는 지표인 경상 국민소득 대비 수출입 비중이 92.3%로 사상 최고치를 기록했다. 한국처럼 소규모 개방경제 체제하에서는 무역 의존도가 미국, 영국 등에 비해 높을 수밖에 없지만 불과 1년 만에 급증해 경제 위기 속에 무역의존도의 심화와 내수 부문의 상대적 취약성이 더욱 커졌음을 보여줬다.

한국의 무역 의존도는 지난 2000년 62.4%를 기록한 이래 2001년 57.8%, 2002년 54.6%, 2003년 57.9%, 2004년 66.2%, 2005년 64.6%, 2007년 69.4%로 50~60%대를 맴돌았는데 지난해 갑자기 평년보다 30% 포인트가 급등하면서 90% 선을 넘어섰다. 작년에 무역 의존도가 전년 대비 이처럼 급증한 국가는 한국이 유일했다. 작년의 경우 한국은 수출 의존도가 45.4%, 수입 의존도가 46.9%로 역대 최고치에 달했다.

국가별로 볼 때 한국의 지난해 무역 의존도는 93개 조사 대상국 중 11위로 최상위권이었다. 무역 의존도가 가장 높은 국가(지역)는 싱가포르와 홍콩으로 각각 361.7%와 348.4%에 달했으며 벨기에(188.3%), 말레이시아(168.5%), 슬로바키아(152.7%), 헝가리(138.2%), 체코(133.0%), 태국(128.7%), 대만(126.8%), 네덜란드(118.4%), 한국(92.3%), 코스타리카(84.0%) 순이었다. 아시아 지역만 놓고 보면 한국은 싱가포르, 홍콩, 말레이시아, 태국, 대만에 이어 6번째로 무역 의존도가 심한 것으로 분석됐다.

(한겨레, 2009.11.11)

10. 무역과 유통의 관계

유통 〉 무역

많은 사람들이 유통과 무역은 별개의 개념으로 생각하는데 무역은 유통의 일부이다. 유통은 크게 상적유통과 물적유통으로 분류되는데 무역업은 유통의 한 부분인 상적유통의 기능을 하는 도매업으로 분류된다.[3]

무역도 유통의 상적유통행위와 같은 물건을 사고파는 행위를 한다. 단 국제간의 상거래라는 특수성으로 인해 동일한 상품을 국내에서 매매할 때와는 달리 국제규범, 해외상관습, 외국어에 능통해야 되는 골치 아픔이 있다.

무한경쟁의 치열한 환경 속에 유통업체의 경쟁력은 품질 좋은 제품을 값싸게 파는데 있다. 이를 위해 유통업체의 바이어들은 국내뿐만 아니라 외국에서도 물건을 구매하는데 이때 무역실무지식이 요구된다.

무역매너 에세이

"닌텐도 게임기에만 年2000억 적자라니"

IT제품 핵심부품 대부분 `日製'..수출할수록 손해 이명박 대통령은 전날(5일) 취임 후 처음으로 주재한 청와대 수석비서관 회의에서 "대일(對日) 무역적자가 연간 300억 달러에 이르고 있으므로 (4월로 예정된) 일본 방문을 계기로 적자 해소를 위한 근본 대책을 세우라"고 지시했다.

이와 관련, 이윤호 지식경제부 장관은 이날 "이 대통령의 방일을 앞두고 전경련과 함께 부품소재산업을 중심으로 대일무역적자를 획기적으로 개선할 수 있는 방안을 마련 중"이라고 밝혔다. 정부와 민간 경제계는 이 대통령의 방일 때 대일무역 적자 개선을 위한 양국간 협력을 일본 측에 공식 요청할 방침이다. 대일 무역적자 얼마나 심하길래 이 대통령은 첫 청와대 수석비서관 회의에서 문제 해결을 지시했을까.

서울 이촌동에 사는 주부 K씨(35세)는 최근 유치원에 다니는 7살짜리 아들이 닌텐도DS를 사달라고 해 깜짝 놀랐다. 도대체 7살짜리 아이가 어디서 닌텐도DS 같은 것을 알았을까 궁금해 물어봤더니 유치원에 다니는 남자 친구들 절반 이상이 갖고 있다는 대답이 돌아왔다.

지난해 1월18일부터 국내에 발매되기 시작한 닌텐도DS는 지난 한 해 100만대 이상이 팔

3) 대신경제연구소, 「대신산업핸드북」, 1997, p.607.

렸다. 대당 가격은 15만 원 선. 닌텐도DS 판매대금만 1500억 원 이상이 일본으로 빠져나갔다. 여기에 개당 1만8000~4만원하는 소프트웨어도 220만개 이상이 팔렸다. 이 돈까지 합하면 대략 2000억 원 이상이 우리나라에서 일본 닌텐도로 고스란히 들어갔다. 우리나라의 대일 무역적자 기조는 어제 오늘의 일이 아니다. 반도체, 휴대폰, LCD 등 '한국산' 첨단제품이 전 세계 시장을 휩쓸고 있지만 이 수출품에 들어가는 소재와 부품 등 중간재는 수입, 특히 일본으로부터의 수입에 의존하고 있기 때문이다.

예를 들어 세계시장을 선도하고 있는 우리나라의 반도체도 핵심소재인 실리콘 웨이퍼는 이 시장을 장악하고 있는 신에츠와 섬코 등 일본 업체에서 대부분 수입하고 있다. 1990년부터 2006년까지 누적 대일무역적자 규모는 2287억 달러. 이중 부품·소재산업의 적자규모가 1780억 달러로 78%에 달한다. 부품·소재를 일본에 의존하다 보니 우리나라는 수출이 늘수록 대일 무역적자도 함께 커지는 '무역의 역설'에 빠져 있다.

정부도 이런 문제점을 인식하고 부품·소재산업 개발에 역량을 투입해왔다. 지난 2006년에는 소재산업 발전전략을 수립, 2015년까지 총 1조1000억 원의 자금을 투자해 선진국 대비 원천기술을 90%까지 확보하는 방안을 추진 중이다.

신현수 산업연구원 연구위원은 "부품소재의 무역수지는 최근 개선 추세를 보이고 있다."며 "그 동안 정부가 추진해온 경쟁력 강화 정책의 효과가 나타나고 있는 것으로 봐야 한다."고 말했다. 문제는 우리나라의 부품·소재산업 경쟁력이 아직 초보단계에 불과한 상황에서 닌텐도DS의 사례에서 보듯 일본으로부터 소비재 수입까지 늘고 있다는 점이다. 소비재는 2006년부터 대일 적자기조로 돌아섰다.

무역협회에 따르면 지난해 1~11월까지 게임기 판매 증가율이 1806%에 달한 것을 비롯, 그림(601.6%) 승용차(37.7%) 골프채(24.3%) 등의 수입도 가파르게 늘어났다. 엔화 약세로 일본산 제품의 수입가가 하락한 것이 큰 원인이라고 하지만 그렇게 자위하기엔 문제가 간단치 않다. 지난해 11월 삼성전자는 일본에서 LCD TV와 DVD, MP3 플레이어 등 일반 소비자를 대상으로 한 전자제품 판매를 중단한다고 밝혔다. 2000년에 세탁기와 냉장고 등 백색가전의 수출을 포기한데 이어 영상·음향제품도 일본 내수시장의 벽 앞에 무릎을 꿇은 것.

우리나라의 전자제품은 세계시장에서 최고 수준의 경쟁력을 자랑하지만 유독 일본 내수시장만은 뚫지 못하고 있다. 일본에서 중간재를 수입, 조립한 뒤 세계 시장에 수출하면서 일본 시장에는 팔지 못하고 일본에서 게임기와 골프채 등 소비재를 대량으로 수입해오는 것이 겹치며 지난해 대일 무역적자는 300억 달러에 육박했다.

이 때문에 대일 무역적자 문제를 해결하기 위해선 이미 우리나라가 문제를 인식하고 있는 부품·소재산업의 경쟁력 강화와 더불어 대일 수출을 확대하기 위한 노력이 동반돼야 한다는 지적이 제기되고 있다. 한국무역협회는 지난 1월에 발표한 '대일 무역역조 원인분석 및 개선대책' 보고서에서 "대일 무역역조 개선은 수입을 줄이기보다는 수출을 확대하는 방법을 모색해 나가야 한다."며 "장기간에 걸친 전략적 홍보를 통해 브랜드 가치를 제고하고 일본 진출 한국기업의 유통망을 적극 활용해야 한다."고 지적했다.

산업연구원의 신 위원도 "LCD처럼 특정 품목의 부침에 대일 수출 전체가 영향을 받지 않도록 다양한 수출 유망품목을 발굴해야 한다."며 "우리가 전통적으로 강한 IT 분야 이외에도 고령화 사회에 대비한 실버상품과 건강상품 등의 유망 분야나 틈새시장에 대한 진출 노력도 강화해야 한다."고 밝혔다.

(중앙일보, 2008, 03.06)

무역매너 에세이

"對日 경제의존 여전… 실리는 일본이 챙겨"

지난 10년간 대일 경상수지 적자가 200억 달러에 육박하는 것으로 계산됐다.

이는 수출품을 만들기 위해 들여오는 부품과 소재의 일본 의존도가 지나치게 높기 때문이다. 수출을 하면 할수록 일본에 대한 의존도는 커지고, 적자는 늘어나는 구조다. 전문가들은 품은 우리가 들이고 실리는 일본 기업이 챙겨가는 악순환을 벗어나야 `경제적 독립'이 가능하다고 조언했다.

◇ 부품 의존도 높고 경쟁력은 낮아

대일 적자가 지속되는 것은 일본산 부품소재를 들여다 국내에서 가공해 제품을 만든 뒤 제3국에 내다 파는 수출산업의 구조가 변하지 않고 있기 때문이다. 2002~2008년 대일 부품·소재 수입 증가요인 중 67%는 해외수요, 즉 수출제품을 만들기 위한 것이었다.

작년 부품·소재산업의 대일 무역수지 적자액은 209억4천만 달러로 전체 대일 무역적자에서 차지하는 비중이 64%에 달하고 있다. 부품소재산업의 대일 무역적자액은 2001년 104억8천만 달러에서 2006년 155억6천만 달러, 2007년 186억8천만 달러로 급증한 데 이어 2008년 200억 달러를 돌파했다.

이 같은 구조에서 원자재 가격 상승과 원·엔 환율의 상승은 부품·소재 수입 단가의 상승으로 이어져 무역적자를 확대시키는 요인이 되고 있다. 일본의 소득이 늘어나는 만큼 한국상품 수요가 늘지 않는 점도 문제다. 산업연구원에 따르면 우리나라의 대일 수출에 대한 일본의 소득탄력성, 즉 일본의 소득이 늘어나는 데 따른 한국산 상품의 수요 증가 정도는 0.84~0.92에 불과했지만, 대일 수입의 우리나라 소득탄력성은 1.91~2.71로 배를 웃돌았다.

이는 양국의 소득이 똑같이 증가한다고 가정할 때 우리나라의 소득증가에 따른 일본 상품 수입증가 효과가 일본의 소득증가에 따른 우리나라 상품 수출증가 효과보다 크다는 뜻이다. 연구원은 우리나라의 소득증가율(경제성장률)이 일본의 소득증가율보다 높은 추세가 유지될 가능성이 크다는 점을 고려하면 경제성장에 따른 대일 수입증가율이 수출증가율을 계속 웃돌아 무역적자는 확대될 것이라고 전망했다.

한국과 일본의 경쟁력 차이도 대일 무역 역조의 배경이 되고 있다. 국제경영개발연구원(IMD)이 발표한 '세계경쟁력연감 2009'에 따르면 우리나라의 종합 국가경쟁력은 57개 국가 및 지역 경제 가운데 27위를 기록했다. 한국의 종합 국가 경쟁력 순위는 2005년 27위에서 2006년 32위로 떨어진 뒤 2007년 29위로 올랐지만 2008년에는 31위로 밀리는 등 등락을 반복하고 있다. 일본은 17위로 우리나라보다 10계단 위에 있다.

국제투명성기구(TI)가 조사한 '2008년 국제투명성기구 부패인식지수(CPI)'에서 한국의 부패지수는 10점 만점에 5.6점으로 경제협력개발기구(OECD) 30개국 중 22위를 차지했다. 일본(7.3점, 18위)은 물론 싱가포르(9.2, 4위), 홍콩(8.1, 12위), 대만(5.7, 39위)보다도 뒤졌다.

◇ '가마우지 신세' 어떻게 벗어날까

우리나라는 수출량을 명목 국내총생산(GDP)으로 나눈 수출의존도가 지난해 52.9%였다. 먹고 사는 활동의 절반 이상을 수출에 기대고 있는 셈이다. 그런데 수출품을 만들기 위한 부품과 소재는 대부분 일본에서 들여오기 때문에 경제가 발전할수록 일본에 대한 경제적 의존도는 높아지고 적자가 쌓인다. 일본의 한 경제평론가는 1980년대 말 이런 상황에 놓인 우리나라를 '가마우지'에 비유했다. 우리 기업들이 가마우지처럼 수출시장에서 물고기를 잡아오면 일본의 부품·소재기업들이 힘들이지 않고 물고기를 가로채 실익을 챙기는 모양새를 빗댄 표현이다.

한국경제연구원 배상근 연구위원은 우리 경제가 가마우지 신세를 벗어나기 위한방편으로 해외 부품·소재 기업을 상대로 인수·합병(M&A) 등을 검토할 때라고 말했다. 배 연구위원은 "금융위기로 시장에 나온 부품·소재 기업을 싼값에 사들이는 방안을 검토해야 한다."며 "시혜성이 짙은 중소기업 육성책에 매달리기보다는 부품·소재 분야에 대기업이 진출할 수 있도록 벽을 허물어야 한다."고 주장했다.

대외경제정책연구원 정성춘 일본팀장은 '녹색 기술' 만큼은 일본의 기술력에 뒤지지 않도록 적극적인 정부 지원이 필요하다고 주문했다. 정 팀장은 "일본은 5년간 300억 달러를 환경·에너지 분야의 핵심 기술 개발에 투입키로 했다."며 "우리 기업들에게서 '장인정신'을 기대하기 힘들다면 정부라도 나서 녹색 기술의 연구·개발에 투자해야 한다."고 말했다.

일본으로부터 수입을 줄이려고 애쓰기보다 일본 내수시장을 공략하거나 서비스 수지의 흑자폭을 키우는 쪽으로 발상을 전환해야 한다는 의견도 있다.

현대경제연구원 이부형 실물경제실장은 "선진국 기업의 아웃소싱 경험을 쌓아 일본 내수시장을 공략할 브랜드 파워를 구축해야 한다."며 "상품수지 적자가 불가피하다면 대신 서비스업을 육성해 대일 무역흑자를 노릴 수도 있다."고 조언했다.

(한국일보, 2009.8.14)

11. 무역과 통상의 관계

통상 〉 무역

통상은 무역의 확대된 개념이다. 무역자유화의 대상이 확대되면서 이를 규율할 국제 규범도 새롭게 정비되고 있는데 통상은 이처럼 과거 무역에서 다루지 않았던 광범위한 분야들까지 대상으로 삼고 있다.

무역매너 에세이

"글로벌 톱브랜드 신흥국서 나온다."

FT, 후안발데스카페패치장위 등 5개 선정

신흥시장 브랜드가 세계를 주름잡게 될 날이 얼마 남지 않았다.`

지금껏 글로벌 브랜드는 미국과 유럽의 독무대였다. 그러나 최근 전 세계 부(富)의 축이 아시아, 중동, 남미 등 신흥시장으로 옮겨지면서 제2의 코카콜라, 스타벅스 등 세계적 브랜드가 신흥시장에서 나올 가능성이 커지고 있다. 2012년 런던 올림픽 로고를 설계한 브랜드 컨설팅회사 '울프 올린스'는 세계적 브랜드가 될 것으로 예상되는 신흥시장 식음료 브랜드로 △콜롬비아 커피 체인 '후안 발데스 카페(Juan Valdez Cafe)' △사우디아라비아 유제품주스 회사 '알마라이(Almarai)' △레바논 초콜릿 체인 '패치(Patchi)' △중국 최대 와인회사 '장위(ChangYu)' △스카치 위스키 '화이트&매카이'를 소유하고 있는 인도 최대 음료회사 '유나이티드 스피리츠(United Spirits)' 등 5개를 꼽았다고 파이낸셜타임스(FT)가 20일 보도했다.

그러나 한국 브랜드는 향후 세계적 브랜드 후보군에 포함되지 않았다. 울프 올린스 소속 시장분석가 멜러니 맥셰인은 "예전에는 미국 시장만 지배하면 세계적 브랜드로 자리 잡았지만 이제는 달라졌다."며 "글로벌 브랜드가 되려면 아시아에서 1등을 차지해야 한다."고 강조했다.

이 같은 아시아 시장의 중요성은 최근 미국 컨설팅업체 베인&컴퍼니가 실시한 `FT 글로벌 500대 기업의 지역별 분포`에서도 쉽게 알 수 있다. 베인&컴퍼니는 '거대한 변혁(seismic shift)' 여파로 2015년까지 FT 글로벌 500대 기업의 약 3분의 1을 신흥시장 기업이 차지할 것이라는 연구를 내놓는 등 전 세계 브랜드의 `파워 시프트(power shift)`가 가속되고 있다고 분석했다. 베인&컴퍼니 싱가포르 소속 파트너 사티시 샹카르는 "이제는 서구 브랜드가 시장 확보를 놓고 신흥시장 현지 브랜드와 경합을 벌여야 할 상황"이라고 평가했다. 이처럼 신흥시장 경쟁이 치열해지자 일부 서구 기업은 현지 브랜드 매입에 적극 나서고 있다고 FT는 전했다.

펩시코가 지난해 러시아 최대 주스회사 '레베단스키'를 14억 달러에 인수한 것이나 유니레버가 러시아 최대 아이스크림 브랜드 '인마르코'를 인수한 것이 대표적인 예다. 일부 서구 기업은 아시아 지역 브랜드 지분을 매입하거나 합작 투자에 나서고 있다. 영국 주류회사 디아지오는 인도 유나이티드 스피리츠 지분을 15% 인수하는 협상을 진행 중이며, 펩시코는 사우디아라비아 알마라이와 아시아, 중동, 아프리카 지역에서 합작 투자를 했다.

(매일경제, 2009, 7.20)

무역매너 에세이

"영·미식 자본주의 모델 다음 후보는 뭔가"

최근 들어 세계 경제에 '희망의 빛'이 보이기 시작했다. 경기 회복세가 매우 완만할 것이라는 전망이 우세하지만 일단 고비는 넘겼다는 분위기다. 그래서 요즘 세계의 관심은 위기 이후의 문제로 옮겨가고 있다. 이번 글로벌 금융·경제위기 이후 세계 자본주의 체제의 진로(進路)를 둘러싼 논의가 활발하다. 지난 20여 년간 글로벌 스탠더드로 군림해왔던 영·미식 모델이 퇴조함에 따라 그 대안을 모색하는 것이다.

유력하게 거론되는 후보는 '프랑스 모델'과 북유럽 국가들의 '노르딕 모델'이다. '요람에서 무덤까지'의 사회복지 시스템을 잘 갖추고 있어 국민들이 경제위기의 충격을 덜 느끼는 나라들이다. 부동산 거품이 심하지 않아 금융회사들의 부실이 적었고, 그래서 거시경제 성적도 괜찮은 편이다.

프랑스는 적극적인 산업정책으로도 주목받고 있다. 프랑스는 1970년대부터 고속철도망 건설에 나서는 등 장기 계획을 세워 세계적인 수준의 인프라를 구축했다. 강력한 산업 육성·보호 정책으로 원자력·고속철·우주항공 산업을 키워내기도 했다. '국가 관리형 자본주의 체제'로 불리기도 하는 프랑스 모델의 뿌리는 루이 14세의 재정총감이었던 콜베르의 '공업적 중상주의'로까지 거슬러 올라간다.

예전엔 프랑스 산업정책이 지나치게 보호주의적이어서 공정경쟁을 해친다는 비판이 많았다. 그러나 이번 경제위기에서 세계 각국이 너도나도 자국 산업과 기업에 대한 구제에 나서면서 사정이 달라졌다. 국가의 역할과 기능이 확대됨에 따라 프랑스의 오랜 '국가 개입주의' 전통이 새로운 조명을 받게 된 것이다.

프랑스 경제가 위기 때는 강해 보이지만 평상시에는 정반대라는 반론도 있다. 프랑스는 경기가 좋을 때도 실업률이 8% 밑으로 떨어진 적이 없다. 성장률도 경제협력개발기구(OECD) 평균에 미치지 못했다. 지난 반세기 동안 신생기업이 대기업으로 성장한 사례도 없다. 성장 동력이 약하고 경제 활력이 떨어진다는 게 프랑스의 고민이다. 공무원과 준공무원이 전체 취업자의 20%에 이를 정도로 공공부문이 비대하고, 파리 시내의 택시는 1만5300대를 넘지 못한다는 식의 정부 간섭과 규제가 심한 탓이다.

북유럽 국가들은 프랑스와 달리 노동시장과 기업에 대한 규제가 훨씬 적다. 자유무역과 시장 기능에 대한 신뢰가 높고 성장 친화적이다. 그러나 노르딕 모델 역시 공공부문의 낮은 생산성에다 인구 고령화로 인해 갈수록 복지 부담을 감당하기 어려워지는 문제를 안고 있다. 북유럽 고유의 역사와 전통, 문화를 토대로 한 시스템이어서 다른 나라에 적용하기 어렵다는 지적도 받고 있다.

아시아에선 더 이상 서구 모델을 본받아야 할 이유가 없다는 목소리가 커지고 있다. 싱가포르 리콴유공공정책대학원의 키쇼르 마부바니 학장은 "이번 위기로 자본주의에 대한 아시아식 접근의 정당성이 입증될 것"이라고 했다. 일본에서 신자유주의를 신봉하는 대표적인 학자였던 나카타니 이와오는 "미국식 글로벌 자본주의 대신 일본인의 기질에 맞고 일본에 어울리는 경제체제를 구축해야 한다."고 주장했다.

미국 경제통신사 블룸버그의 칼럼니스트인 윌리엄 페섹은 역으로 "세계가 한국에 더 많은 관심을 기울여야 한다."고 했다. 아시아 금융위기 때 한국 정부가 부실기업과 은행을 신속하게 처리한 방식에서 선진국들이 교훈을 얻어야 한다는 것이다. '한국 모델'의 가능성을 시사한 셈이다.

이런 혼란스러운 상황에서 영·미식 모델을 대체할 새로운 글로벌 스탠더드가 당장 나타나기는 어려울 듯하다. 당분간은 각국이 자기 실정에 맞는 해법을 찾는 수밖에 없다. 그렇게 '각개약진'하더라도 결국엔 모델 간 상호작용과 수렴 과정을 거쳐 새로운 보편적 기준과 원칙이 마련될 것이다. 여기에 '한국 모델'이 얼마나 기여할 수 있을지는 이제부터 우리 하기에 달렸다.

(조선일보, 2009.6.8)

12. 전자무역(e-Trade)이란?

전자무역은 전통적인 무역거래의 전 과정 및 일정 부분을 사이버공간에서 전자적 수단으로 대체하는 무역거래를 의미한다. 디지털재화는 무역의 전 과정이 인터넷을 통해 이루어질 수 있지만 기존의 상품운송은 전통적인 무역운송방식 및 통관절차를 따라야 된다. 따라서 무역거래의 일정부분만을 인터넷으로 대체하게 된다.

국제간에 이루어지는 무역거래에서 무역의 전 과정 또는 일부를 인터넷이나 EDI 등의 정보통신네트워크기술을 이용하여 전자적으로 처리하는 것을 사이버무역, 인터넷무역, 전자무역으로 표현하는데 우리나라의 대외무역법에서는 이들 용어 중 전자무역을 채택하고 있으므로 본 교재는 전자무역(e-Trade)으로 표현한다.

e-Trade에서 수출업자는 매도하고자 하는 상품을 자사의 웹사이트 및 무역포털를 통해 전 세계 구매자를 상대로 판매할 수 있고, 수입업자도 수출자의 웹사이트 및 무역포털에 구매오퍼를 명시하고 수출자와 전자우편 등을 통해 무역조건을 협상하여 원하는 상품을 매수할 수 있다. 이러한 e-Trade은 수출입업자 모두에게 시간과 공간의 제약을 초월한 비즈니스를 적은 비용으로 할 수 있는 기회를 제공한다.

1) e-Trade와 EDI의 관계

e-Trade 〉 EDI

EDI는 폐쇄적인 네트워크(closed network)인 VAN 등을 이용하여 제한된 기업 및 정부기관 간에 사용된 무역자동화를 의미하고, e-Trade는 폐쇄적 네트워크인 VAN뿐만 아니라 기술적인 요건만 충족하면 누구나 참여할 수 있는 개방적 네트워크(open network)인 INTERNET까지 포함하는 개념이다.

2) EC와 e-Trade의 관계

EC 〉 e-Trade

전자무역은 전자상거래의 일부분이다. 즉, 전자무역은 해외거래와 국내거래중 해외거래와 관련된 부분만을 취급한다는 점에서 전자상거래에 포함된다고 볼 수 있다.

전자무역은 국내거래와 밀접한 관계를 가지고 있으므로 원자재, 반제품, 부품, 완제품의 조달, 유통, 생산 관련 정보가 수출로 이어지기까지의 전 과정과 유기적으로 연계되어 관련 자료가 공유되고 상호간에 호환을 높이는 것이 가장 중요하다.

3) e-Trade의 한계

현재까지 e-Trade는 전자결제시스템 미비, 네트워크 인증기관의 문제, 수출입업체의 신용이나 거래내용의 보안유지에 관한 우려 등의 문제로 인해 상품홍보, 아이템선정, 해외 시장조사, 마케팅 등 계약체결 이전의 정보적 기능으로 많이 활용되고 있다.[4] 또한 우리나라의 e-Trade가 활성화되기 위해서는 e-Trade 전문인력 양성과 관련 제도 정비 등의 시급한 과제해결이 필요한 시점이다.

전자무역 활성화를 위해 시급한 과제

단위 : %

	전체	구조별			규모별	
		농수산물	경공업	중화학	대기업	중소기업
체계적 교육 및 전문인력 확충	36.2	26.2	37.1	36.3	41.3	35.5
관련법규 및 제도의 마련	18.3	14.3	15.3	20.5	16.7	18.5
홈페이지 제작 지원	5.3	7.2	7.8	3.9	2.2	5.7
인터넷 통신비용 경감	7.4	11.9	5.3	8.8	7.5	7.4
인터넷 접속속도 개선 등	7.2	9.5	8.2	6.5	5.6	7.4
종합적인 무역관련 정보 제공	3.5	0	4.7	2.7	6.5	3.1
기업간 거래(B2B) 사이트의 조성	4.2	7.2	2.6	5.3	4.4	4.1
산학관간 긴밀한 협력체제의 구축	0.7	0	0.5	0.9	0	0.8
인터넷관련 투자자금 및 세제 지원	8.6	4.8	9.3	8.6	5.6	9.1
거래알선 사이트의 내용확충	1.9	0	2.6	1.3	0	2.5
최고경영자의 인식 제고	3.7	8.5	3.2	3.7	8.7	3.1
없 다	3.1	9.6	4.6	1.6	1.6	3.2

자료 :한국무역협회, 2000.

4) 윤광운·장두채·김철호, 「전자상거래론」, 삼영사, 2000, pp. 156-158.

무역매너 에세이

"전자무역의 강국되자"

인터넷으로 대표되는 정보통신기술 분야의 급속한 발전과 이로 인한 세계화의 확대는 21세기 경제의 패러다임을 '산업기반경제'로부터 '지식기반경제'로 급격히 변화시키면서 우리 중소수출기업에 해외시장 개척을 위한 새로운 돌파구를 제공하고 있다. 이른바 시간과 공간의 제약을 뛰어넘는 '사이버무역'이 활성화되고 있다. 우리나라의 경우 98년 3억5.000만 달러 수준이던 사이버무역규모가 99년에는 21억 달러에 이르렀으며 2003년까지는 무려 96억 달러에 달할 것으로 예상되고 있다.

우리 기업들이 사이버무역시대를 맞아 손쉽게 활용 가능한 마케팅 수단 내지 기법은 무엇인가? 첫째, 인터넷을 활용한 해외시장 정보 수집을 들 수 있다. 오늘날 세계 각 국의 기업들은 물론, 정부나 주요기관들이 홍보용 또는 정보교환용으로 독자적인 웹사이트 구축에 나서고 있어 연일 수많은 사이트들이 새로 생겨나고 있다. 수출기업들은 이들 사이트의 정보검색을 통해 필요한 해외시장 정보나 바이어정보를 손쉽게 입수하고, 수출을 위한 시장조사까지도 간단히 할 수 있게 된 것이다.

둘째로 홈페이지를 통한 기업과 상품 홍보다. 전자카탈로그를 간단히 편집, 제작할 수 있는 기술이 개발되면서 홈페이지는 사이버무역의 필수요소로 자리 잡아 가고 있다. 세계 주요 검색 엔진에 홈페이지를 등록하거나 유명 사이트에 배너광고를 게재하는 방법 등이 전 세계 잠재 바이어를 대상으로 상시 홍보효과를 얻을 수 있는 매우 효율적인 촉진수단이 되고 있다.

셋째로는 인터넷을 통한 거래처 발굴을 들 수 있다. 바이어나 수출업자가 인터넷 무역사이트를 통해 상호 원하는 거래처 정보를 입수하는 방법이다. KOTRA에서 개발, 운영하는 KOBO나 무역협회의 EC21, 중진공의 '중소기업관' 등이 그 대표적인 사이트라 할 수 있다.

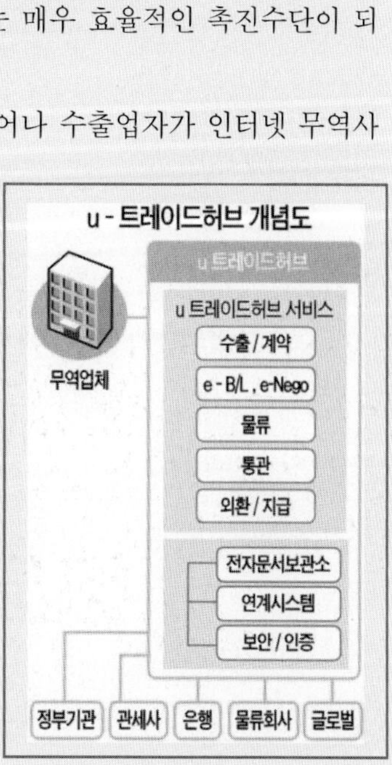

수출기업이라면 국내외 무역 유관기관들의 사이버무역 인프라와 서비스에도 주목하고 이를 충분히 활용하는 것이 바람직하다. KOTRA의 경우, 기존의 중소기업 마케팅 지원사업과 병행하여 사이버무역시대를 선도하는 다양한 신규사업들을 개발하여 시행하고 있다. 그 한 예로 국내 수출유관기관들이 운영하는 데이터베이스를 통합, 네트워크화 한 '실크로드21'의 개발을 들 수 있다. 이 사이트는 수출상담지원 외에 신용장 개설, 무역실무대행 등 부가서비스도 제공하는 우리나라 최초의 중소기업 사이버무역지원 체재라는 점에 그 의의가 있다.

이제 사이버무역은 우리나라뿐만 아니라 세계 어느 곳에서도 그 흐름을 피할 수 없는 도도한 물결이 되고 있다. 사이버무역은 인터넷상의 가상공간이라는 본질적인 한계점과 세계적인 확산 추세에 상응하는 기술적, 제도적 여건이 아직 충분히 갖추어지지 않은 점 등 일부 문제점이 노출되기도 하지만 효율성과 성장성을 갖춘 첨단 마케팅기법으로 이미 자리매김해 나가고 있다.

무역대국을 지향하고 이와 동시에 세계적인 인터넷 강국을 꿈꾸는 우리나라에서 사이버무역은 바로 그러한 교차점이 되고 있다. 바로 지금이 사이버무역시대를 맞는 적극적인 준비태세 확립과 함께 소프트웨어 측면의 적절한 대응전략 수립이 절실한 시점이라 하겠다.

(조선일보, 00/07.07)

제3장 국제매너의 기초

1. 매너와 에티켓의 관계

- 에티켓(Etiquette) = 예의범절, 반드시 지켜야 될 규범
- 매너(manner) = 인간의 행동방식, 마음 씀씀이
- 좋은 매너는 좋은 예법을 올바르게 실천하는 것

에티켓이란 용어는 서양에서 사람들 간에 합리적인 행동기준을 의미하고, 이를 행동으로 나타내는 것을 매너(Manner)라고 한다. 이러한 에티켓과 매너는 세계화시대에 동·서양을 구분하지 않고 누구나 지켜야 할 지구촌의 상식으로 받아들여지고 있다.

한 나라에는 그 사회의 질서 유지를 위하여 그 나라 국민들이 반드시 지켜야 할 법이 있듯이, 우리의 일상생활, 사회생활, 사교생활에 있어서도 모두가 따라야 할 행동기준이 존재한다. 그 행동기준이 에티켓이고 이러한 행동기준을 행하는 방법이 매너이다.

* 에티켓(예의)이 있다, 없다. * 매너가 좋다. 나쁘다

* 남의 방이나 화장실을 이용할 땐 노크를 해야 된다(에티켓) * 노크를 할 때는 부드럽게 해야 된다(매너)

1) 에티켓의 유래와 기본개념

에티켓(Etiquette)은 불어로 우리나라의 예의범절과 같은 말로, 원래 불어로 '꼬리표' 또는 '티켓'을 의미하는 말이다. 일반적으로 그 어원과 관련된 견해는 두 가지로 분류된다. 첫째, 베르사유궁전에 입장하는 사람에게 주어지는 티켓(ticket)에 기원을 두고 있는 견해[5],

둘째, 불어의 동사 Estiquier(붙이다, 나무말뚝에 붙인 출입금지)를 어원으로 보는 견해가[6] 있다. 그 후 중세의 가톨릭 문화와 엄격한 왕조의 영향을 받아 궁중의 각종 예법을 가리키는 말로 변하였고, 이러한 궁정[7]예절은 후에 영국 및 스페인 왕실 등 서구 사회로 파급되었다. 특히 프랑스의 에티켓은 영국의 젠틀맨(gentleman)의 기초가 되었다(박한표, 2006: 12). 르네상스 이후에는 인간적인 측면이 강조되면서 엄격한 형식을 탈피하게 되고 일반 대중들 사이에 필요한 생활규범으로 받아들여지기 시작했다[8].

에티켓의 저자인 에밀리 포스트는 예절에는 수 많은 법칙이 있지만 그 근본정신은 이 세상을 좀 더 기분 좋은 곳으로 만들려는 점이다고 하였다. 이를 위해서는 상대방을 수단이 아닌 목적으로 대하고, 타인에게서 바라는 바를 타인에게 베풀어야 된다(허은아, 2003: 17-18).

2) 매너(Manner)의 유래와 기본개념

매너라는 말은 Manuarius라는 라틴어에서 출발한다. Manuarius라는 용어는 Manus와 Arius라는 말의 복합어인데, Manus란 영어의 Hand의 의미로 사람의 행동, 습관 등의 뜻을 가지고 있으며, Arius는 영어로 More at manual, More by the Manual이란 의미로 방식, 방법이란 뜻이다[9].

따라서 매너란 인간마다 각기 다른 습관, 몸가짐에 기초한 인간의 행동방식을 의미

---

5) 그 티켓엔 궁전 내에서 유의할 사항이나 예의범절이 수록.

6) 베르사이유 궁정을 보호하기 위해 정원의 화원 주변에 말뚝을 박아 아무나 들어가지 못하도록 하기 위해 사용된 것이다. 궁전 화단에 "꽃다발을 해치지 마십시오!"라는 입간판을 붙였다.

7) 영어 courtesy(정중함)의 어원은 궁(court)에 있다. 즉, 궁 안의 정중한 행동에서 유래되었다.

8) 과거 궁정에서는 궁정인이나 각국 대사의 주요 순위를 정하고, 그에 수반하는 예식의 절차를 정한 후 그 내용을 적은 티켓을 나누어 주었다. 루이 13세의 비(妃)이며, 루이 14세 초기까지 섭정한 안 도트리시의 노력으로 이 궁정 에티켓이 발달하여, 루이 14세 때에는 이것이 완전히 정비되었다. 그것이 시초가 되어 사람들은 예의에 맞는 행동을 "에티켓대로 행동했어"라고 말하게 되었다. 그러나 루이 16세 때 그 엄격성이 해이해지고 또한 혁명으로 인해 일단 쇠멸했으나 나폴레옹이 다시 부활시켰다(이동철외, 「기업세계와 국제매너」, 청목출판사, 2001, pp.152-153).

9) 금한나, 「이미지와 국제매너」, 한올출판사, 2001, p.79.

한다. 결국 어떤 인간의 매너가 '좋다, 나쁘다'라는 말의 의미는 그 인간의 행동방식이 '좋다, 나쁘다'를 의미한다.

> 에티켓을 지키는 것은 결국 질서있고 안정된 사회를 유지하려는 필요성에 의해서 발달되었다. 예절은 근본적으로 인간 상호간의 분쟁을 해결하기 위한 수단이 되며 예절이 제대로 이루어질 때 비로소 인간다운 생활을 영위할 수 있기 때문이다. 국제 매너의 필요성이 바로 여기에 있다

자료: 서근석(2002)

2. 에티켓과 매너의 본질

남을 배려하고, 호감을 주고, 존중하는 친절한 마음

좋은 매너는 세상을 살아가면서 내가 아닌 다른 사람을 조금 더 배려하고 칭찬하면서 관심을 표현하는 것이다(박한표, 2006: 58). 에티켓의 규칙을 배우려면 80%의 상식과 20%의 친절이 있어야 된다.[10] 즉, 에티켓에 대한 상식을 학습하는 것도 중요하지만 친절함이 없다면 완벽하지 않다는 의미이다.

매너를 행함에 있어 가장 중요한 것은 무엇보다 가장 먼저 긍정적 사고를 갖는 것이다. 또한 자기 자신을 사랑하는 것이다. 그런 연후에야 내가 아닌 남을 사랑할 수 있는 자격이 생기는 것이다(허은아, 2003: 22).

에티켓과 매너의 본질은 남에 대한 배려와 남에게 호감을 주려는 노력, 남을 존중하는 마음에서 찾을 수 있다. 일반적으로 인간은 누구나 대인관계에서 상대방의 형식적이고, 꾸며진 느낌을 좋게 받아들이지 않는다.

마음속의 진실함이 배어 있는 자연스러운 매너를 존중한다. 이와 같이 꾸밈이 없고 편안한 인상을 주는 매너를 몸에 익히려면 진정으로 남을 배려하고, 존중하는 마음을 갖는 것이 필요하다.

매너는 호흡하는 것과 같이 자연스러운 것이 되어야 하며 각각의 경우에 맞는 행동을 의식적으로 생각해 내는 것이 되어서는 안 된다.

10) Dana May Casperson, op.cit., p.19.

Do as you would be done by
대접받고 싶은 대로 남을 대접하라

1) 남에 대한 배려

에티켓과 매너의 기본은 항상 남에게 폐를 끼치지 않고, 먼저 남을 배려하는 친절한 마음에서 시작된다. 이런 마음이 있으면 항상 남에게 불쾌한 감정을 주지 않으려고 생활 속에서 노력하게 된다.

이러한 남에게 폐를 끼치지 않고 남을 배려하는 행위는 국제매너에서 중요한 만찬회 등의 파티가 행하여지는 실내에서의 에티켓(Indoor Etiquette)뿐만 아니라 일상적으로 접하게 되는 공공장소에서의 에티켓(Outdoor Etiquette) 즉 공중도덕에서도 중요하다.

영화관이나 음악회 등에서 소곤 거리는 행위, 길거리에서 질서를 지키지 않는 것 등은 결국 남에 대한 배려의 마음이 없기 때문에 발생된다. 식사할 때 주위사람의 보조에 맞추어 식사하는 것도 남에 대한 배려라고 볼 수 있다.

"Thank you", "Please", "I'm sorry"와 같은 표현들은 결국 남에 대한 배려에서 나오는 말이다. 그런데 우리는 생활 속에서 이런 말들을 얼마나 자주 사용하고 있는가?

2) 상대방을 인정하고 존중하라

상대방을 인정하고 존중하려면 상대방과 나의 차이를 인정하고 존중하는 것이다. 상대방과 나의 다름은 틀림이 아니라 단지 차이일 뿐이다(박한표, 2006: 19-20). 남을 존중하는 것은 예의범절의 기본이 되는 것이므로 서양의 에티켓뿐만 아니라 우리나라를 포함한 동양의 예절에서도 중요한 사항으로 여겨지고 있는 것이다. 상대방을 존중하는 마음이 있으면 자연스럽게 상대방에게 불편이나 폐를 끼치지 않으려는 마음이 생기게 된다. 특히 국제비즈니스는 다양한 문화 속에서 생활하고 있는 개성이 다른 상대방과의 비즈니스이므로 상대방의 문화를 존중하는 마음이 필요하다.

3) 남에게 호감을 주라

상대방의 호감을 얻으려면 상대방의 마음을 열게 해야 되는데 이렇게 하려면 먼저 자기스스로 마음의 문을 열고 상대방에게 다가서야 한다. 특히 철저한 자기관리로 상대방을 기분 좋게 해주면 상대방으로부터 호감을 받을 수 있다(박한표, 2006: 19). 상대방에게 호감을 얻으려면 말이나 행동뿐만 아니라 옷차림까지도 신경을 쓰는 자기 관리가 필요하다(허은아, 2003: 41).

서양 에티켓과 매너의 기본은 다른 사람들에게 항상 매력적(Charming)으로 보이도록 노력하는데 있다. 사교모임에서의 대화나 일상적인 사교방문, 연회시의 테이블 매너, 게다가 복장에 이르기까지 모든 것은 호감을 주라는 기본개념을 바탕으로 하고 있다.

국제비즈니스에서 얼마나 세련되고 품위있게 행동하는가는 국제비즈니스맨의 좋은 이미지 정립에 중요한 부분이다.

3. 동양의 예절과 서양의 에티켓

- 세계화↑ → 동서양의 기본예절 동질화
- 세계화↑ → 국내 인간관계 중심 → 전 세계 모든 사람과의 관계로 확대
- 서양의 에티켓: 외면적 형식을 강조
- 동양의 예절: 내면적 진실성을 강조

서양의 에티켓이 17세기 프랑스에서 시작되었고, 동양의 예절은 공자로부터 시작되었으므로 서양보다 앞선다고 볼 수 있다. 17세기 프랑스에서는 좋은 매너를 가진 사람을 오네뜨 옴이라 불렀고, 영국에서는 젠틀맨이라고 불렀다. 동양에서는 군자라고 불렀다(박한표, 2006: 13-14).

오늘날 교통과 정보통신의 발달로 세계가 하나로 통합되는 세계화가 확산되고 있다. 이와 같은 세계화 시대를 살면서 우리는 우리의 전통만을 고집할 수도, 무턱대고 서양의 것을 그대로 추종할 수도 없는 실정이다. 중요한 것은 우리의 예절을 소중히 간직하면서, 전 세계에 널리 펴져 있는 서양의 에티켓을 우리 것으로 받아들이고 몸에 익히는 것이다.

우리나라에는 우리나라의 예절이 있고 영국에는 영국의 예절이 있다. 뿐만 아니라 세계의 모든 나라에는 그 나라 나름대로의 예절이 있다. 그런데 동양과 서양의 나라들 사이에는 예절에 전통적으로 상당한 차이가 있다.

예를 들어 우리나라에서는 웃어른에게 큰절을 하는 것이 중요한 예의범절이지만 서양에서는 큰절을 하는 예절자체가 없다. 중요한 것은 큰절을 하는 것이 좋으냐, 나쁘냐가 아니라 우리는 큰절을 하는 예절이 있고, 서양 사람들은 안한다는 현실적인 차이를 이해하고 상대방의 예의범절을 존중해 주는 마음이다.

동서양의 예의범절에는 높낮이가 없다. 즉 예의범절은 수직적인 개념이 아니고 수평적인 개념이다. 웃어른을 존중하는 동양의 예절에 대한 자부심을 갖고 세련된 서양의 에티켓을 우리 몸에 익히는 유연한 자세가 필요하다.

1) 동양의 남존여비 사상과 서양의 여성존중 사상

전통적으로 동양과 서양의 예의범절에서 가장 큰 차이점 중에 하나가 동양의 남존여비 사상과 서양의 여성존중사상이다. 서양식 개념의 여성존중사상(Women's Respect Concept: Lady First)은 동양적인 가치관에서 공처가라는 개념과는 다르다. 그 발생배경은 기독교 정신이나 중세의 기사도 정신에서 나온 것으로 남성에 비해 상대적으로 약한 여성을 보호하는 것은 남성의 품위나 힘을 제대로 나타내는 것이라고 생각한데서 비롯되었다.

서양에서 여성들이 여권신장[11]을 위해 능동적으로 활동할 수 있는 것은 여성존중 사상의 개념을 예절의 도의(道義)로 여기는 서양인들의 사고방식 때문이다. 유럽의 중세 봉건사회에서 기사들은 종교적 타락과 함께 통제할 수 없는 싸움꾼으로 전락하였다. 이들의 거칠고 야만적인 행동을 순화시키고 질서를 확립하기 위해 궁정예절이 탄생했는데 그 주요 내용은 강자가 약자를 보호하고 특히 기사들이 귀부인에게 행하는 여성존중 사상이었다(박한표, 2006: 35).

이에 비해 우리나라를 포함한 동양에서는 남편을 하늘처럼 떠받드는 남존여비(男尊女卑)사상이 지배적이었다. 예를 들어 남편이 죽으면 화장하고 아내도 불 속에 뛰어들어가 순사하는 사티를 전통적인 미덕으로 받아들이는 인도나, 순결을 잃은 여성을 가족의 명예를 실추시켰다고 가족구성원이 살인하는 것이 사회적으로 용인되는 일부 중동국가들도 있었다.

그러나 세계화시대 과거와 같은 남존여비사상은 사라지고 있고 여성을 존중하는 문화는 정착되어 가고 있다. 중요한 것은 여성을 존중하는 마음과 배려이다. 따라서 남성은 마음에도 없는데 존중하는 척 가식적인 행동을 한다거나 여성은 존중받아야 된다는 이유로 마음대로 행동해서는 안 될 것이다.

---

11) 여성들이 맨 처음 분노를 터뜨린 것은 남성은 기혼·미혼을 막론하고 미스터(Mr.)로 통칭하면서 여성은 미혼(Miss), 기혼(Mrs.)을 구분해 부르데 대한 것이었다. 곧 이들은 기혼·미혼을 통칭한 미즈(Ms.)라는 새 칭호를 만들어 공표했다. 미즈' 란 잡지를 발행하고 여성 문필가들에게 이 말을 쓰도록 했으며, 많은 신문, 잡지들도 이에 호응해 왔다(이동철외, 전게서, p154).

일상생활 속에서 남성의 여성에 대한 좋은 매너

- 방을 출입할 때는 남성은 여성이 먼저 출입하도록 도와준다.
- 문이 아주 무거운 경우에는 남성이 먼저 문을 열고 나가거나 들어가서 여성을 위해 문을 잡아 준다.
- 회전문은 남자가 먼저 밀고 들어가 여성이 나오는 것을 도와준다.
- 계단을 올라갈 때에는 남성이 여성보다 먼저 올라가고
- 내려갈 때는 여성이 앞서 내려간다.
- 단 계단의 경사가 너무 가파르거나 미끄럽거나 위험하면 남성이 앞서 내려와 여성을 도와준다.
- 여성이 자리에 앉을 때에는 의자를 빼 앉기 쉽게 도와준다.
- 여성이 방안에 들어올 때나 나갈 때 남성은 자리에서 일어난다.
- 두 여성과 같이 걷거나 앉을 때 남성은 두 여성 사이에 끼여 있지 않는다.
  왜냐하면 한 여성과 이야기할 때 다른 여성에게 뒤를 보이는 결례를 하기 때문이다.
- 엘리베이터를 탈 때에는 엘리베이터에 탄 사람이 다 내리면 여성을 먼저 태우고 탄다. 내릴 때도 여성이 먼저 내리도록 배려한다.
  계단의 문제가 없기 때문에 탈 때나 내릴 때나 남성은 여성을 뒤따른다. 그러나 여성이 먼저 내리기 어려운 처지에 있을 때에는 남성이 먼저 내리고 여성이 빠져 나올 때까지 옆에 서서 기다린다.
- 아파트나 호텔의 엘리베이터 안에서 남성은 여성이 타면 모자를 벗어야 하나 사무실이나 백화점의 엘리베이터 안에서는 굳이 모자를 벗지 않아도 된다.
- 음료는 여성에게 먼저 권하고 음악회나 극장에 갔을 때는 여성을 먼저 좌석에 앉힌다.
- 남성이 호텔에서 여성을 만날 때는 객실에서 만나면 오해를 살 염려가 있으므로 로비에서 만난다.
- 부득이한 사정으로 남성이 여성을 호텔 방에서 만날 경우에는 문을 조금 열어 두는 것이 예의이다.
- 남성은 여성이 외투를 입을 때 도와준다. 외투를 클로크룸 즉, 보관소에 맡길 때나 찾을 때도 남성이 한다. 이 경우 팁을 주는 것도 물론 남성의 몫이다.
- 파티에서 같이 얘기를 나누고 있는 여성의 잔이 비면 남성이 한잔 더 하겠느냐고 물어보며 가져다준다.
- 보도를 걸을 때 남성은 여성의 왼쪽에서 걷는다.
- 단 차도 옆 보도에서는 좌우에 상관없이 남성이 차도 쪽으로 걷는다.
- 여성에게 나이를 묻지 않는다.
- 남성은 여성의 짐이나 가방을 들어준다.
- 남성이 식탁에 앉아 있을 때에는 여성이 식탁을 떠날 때, 여성에게 말을 걸때나 소개를 받을 때에는 일어서야 한다.
- 여성이 식탁에 앉을 때에는 남성은 의자를 잡아주고 여성이 편하게 앉을 수 있도록 살짝 밀어 준다. 이는 자기의 부인이나 십대의 딸에게도 적용된다.
- 남성은 음식이 항상 여성에게 먼저 서브되도록 보살핀다.

교통편을 이용할 때 남성의 여성에 대한 좋은 매너

• 버스와 기차

남성은 탈 때에는 여성을 앞세워 태우고 내릴 때에는 먼저 내리어 여성이 내릴 때에 손을 내밀어 여성이 내리는 것을 도와준다.

• 택시

남성은 문을 열어 준 다음 여성이 먼저 타게 한다. 내릴 때에는 먼저 내리어 여성이 내리는 것을 도와준다. 택시에서 내릴 때에 여성의 손을 잡아 주는 것은 점차 사라져가고 있지만 남성은 대기하고 있다가 여성이 원하면 도와주어야 한다. 여성이 내리는 동안 택시 요금을 내느라고 혹은 노면을 살피느라 관심을 빼앗기거나 하지 말아야 한다.

• 승용차

가장 좋은 매너는 문을 열어서 잡고 있고 여성이 앉은 다음에 문을 닫는다. 그 다음에 차를 돌아서 자기 자리에 앉는다. 목적지에 다다르면 남성이 먼저 내리어 문을 열고 여성이 내리는 것을 도와준다. 이와 같은 절차는 교통이 복잡한 곳에서 차를 도로 우측에 세웠을 때에는 그리 현실적인 것이 못된다. 그럴 경우에는 양해를 구한 다음 몸을 여성 쪽으로 기울여 문을 열어 준다. 여성이 내린 다음에 자리를 옮기어 오른 쪽 문으로 여성을 따라 내린다.

• 전철

여기에는 계단이 없기 때문에 탈 때나 내릴 때나 남성은 여성을 뒤따른다. 문이 닫히려 한다는 생각이 들면 문을 잡아 준다.

* 일반적으로 교통편을 타고 내릴 때 남성은 항상 마지막에 타고 보통 먼저 내린다.

무역매너 에세이

"고급영어는 선택이 아닌 필수"

영어가 선택이 아닌 필수가 된 시대가 왔다.

해외여행 자율화로 영어를 접할 기회가 늘면서 생활에 필요한 수준의 영어회화를 구사할 수 있는 사람들이 꽤 많아졌다. 아울러 FTA로 글로벌화에 가속도가 붙으면서 영어에 대한 교육열은 점점 높아지고 있고 생활영어 수준 이상의 영어능력을 요구하게 된 것. 그러나 정작 한국인들이 업무상 영어를 사용하는 것을 보면 안타까움을 금할 수 없다. 상황에 맞지 않는 잘못된 영어를 국제적인 비즈니스 협상자리에서 거리낌 없이 사용하는 것을 많이 보아왔다.

한국인들이 영어를 할 때 가장 오해 하는 것 중 하나는 영어는 존댓말과 반말의 구분이 없다고 생각하는 것이다. 하지만 엄연히 영어도 존댓말이 존재한다. 상대방을 높여줘야 하는 상황에는 단순 명령문이 아니라 'could you', 'would you', 'please'와 같은 말을 붙여 공손하게 말하는 것이 옳다.

예를 들어 직장상사와 대화를 할 때는 단순 명령형인 'Give me The pen'. 대신 ''could you give me the pen'이라는 말을 써야 한다. 쉬운 규칙이지만 미리 숙지하고 직접 상황에 맞닥뜨려 말해보지 않으면 범하기 쉬운 실수다. 이것은 한국인들이 평소에 비즈니스 영어를 접해볼 수 있는 기회가 극히 제한적인 탓이다.

영어를 처음 접할 때부터 영화나 드라마를 통해 언어를 배우거나 영어권 친구와 몸으로 부딪혀 배우는 영어 보다는 고급영어를 바로 알고 배우기를 권한다. 예의를 갖춘 고급영어는 언제 어디서나 사용해도 통용되기 때문이다. 고급영어라고 해서 어려운 단어나 수식어를 써야 한다고 생각하는 것은 오해다. 한 문장을 말하더라도 또박또박 맞는 문법으로 적절한 상황에서 사용하는 것이 고급영어다.

단어암기와 문법공부에 익숙한 대부분의 한국인들은 단어만 따로 암기해서 자의적으로 문장을 구성해 대화를 하는 경우가 많다. 이는 의도했던 내용이 아닌 전혀 다른 의미로 해석되는 등 어색한 문장이 되기 쉽다. 한 문장이라도 정확하게 여러 번 반복해서 완전히 입에 배게 만드는 영어공부 습관을 들이는 노력이 필요하다.

영어 노출량이 절대적으로 부족한 국내 환경에서는 영어드라마나 라디오를 지속적으로 청취하면서 의미는 유사하지만 뜻과 쓰임이 다른 Talk, say, speak과 같은 단어의 문장 속 적절한 활용법을 자연스럽게 터득하는 것도 좋다. 국제적인 매너를 갖춘 비즈니스인으로 거듭나기 위해 협상, 프리젠테이션 등 상황별 비즈니스 영어를 공부하는데 아낌없는 노력을 투자해보자. 이제 고급영어는 선택이 아니라 필수다.

(아시아경제, 2007.12.18)

무역매너 에세이

"'작은 나라'전성시대"

룩셈부르크·노르웨이·스위스, 1인당 GDP 상위권

"거대 국가들의 시대가 가고 작은 나라들의 전성시대가 도래했다."

파이낸셜 타임스(FT)의 칼럼니스트 기드온 래크먼이 4일자에서 주장한 내용이다. 래크먼은 "상품에 이어 국가도 작은 것이 아름답다."고 강조했다. 그에 따르면 작은 나라는 복지 분야에서 큰 나라를 압도한다. 국제통화기금(IMF)이 집계하는 1인당 국내총생산(GDP)에서 상위 10개국 중 9개국이 인구 1000만 명 이하다. 세계 7위인 미국만 대국이다.

10만 명당 살인 건수와 수감자 수 등을 환산한 국가평화지수(경제주간지 이코노미스트

계열 EIU 조사)에서는 1위 노르웨이를 포함해 상위 10개국 중 8개 나라가 인구 1000만 명 미만의 소국이다.

작은 나라는 경쟁력도 월등하다. 스위스의 세계경제포럼(WEF)은 국가경쟁력 상위 7개국 중 5개국이 인구 1000만 명 이하라고 밝혔다. 기대수명과 교육 수준 등을 따지는 인간개발지수도 일본을 제외하면 작은 나라들이 상위 10위를 휩쓸었다.

반면 인구가 많은 5개 나라 중 미국만이 선진국이다. 인구대국인 중국. 인도. 브라질. 인도네시아는 최근 경제가 빠르게 발전하고 있지만 여전히 개발도상국이다. 과거 국가 규모는 번영과 안전의 시금석으로 여겨졌다. 큰 나라는 큰 시장을 뜻하며, 활발한 교역으로 부를 창조한다고 생각됐다. 또 대국은 군사력이 앞서 침공당할 염려도 적었다. 이런 장점은 점점 사라지고 있다. 세계화가 전 세계를 시장으로 만들었기 때문이다. 싱가포르와 스위스 같은 작은 나라들은 중국. 인도보다 더 민첩하게 세계 시장을 열어 번영을 구가하고 있다.

소국이 안전하지 않다는 것도 옛말이다. 벨기에. 룩셈부르크 같은 유럽 소국들은 북대서양조약기구(나토)에 가입해 안전을 보장받고 있다. 집단 안보체제에 들어가지 않은 아일랜드. 스위스도 안보 불안 없이 잘 살고 있다.

소국은 국민 동질성이 강해 내전이 발생하거나 독재국가가 될 가능성이 적다. 반면 사회 신뢰가 높아 스칸디나비아 국가들과 같이 건강보험과 교육에 큰 투자를 할 수 있다. 정부가 정책을 구상하고 실행하기도 쉽다. 이런 작은 나라의 장점을 감안하면 유엔 가입 국가가 1945년 45개에서 현재 192개로 늘어난 것이 놀랄 일은 아니다. 200개를 넘을 날도 머지않았다.

(중앙일보, 2009.9.13)

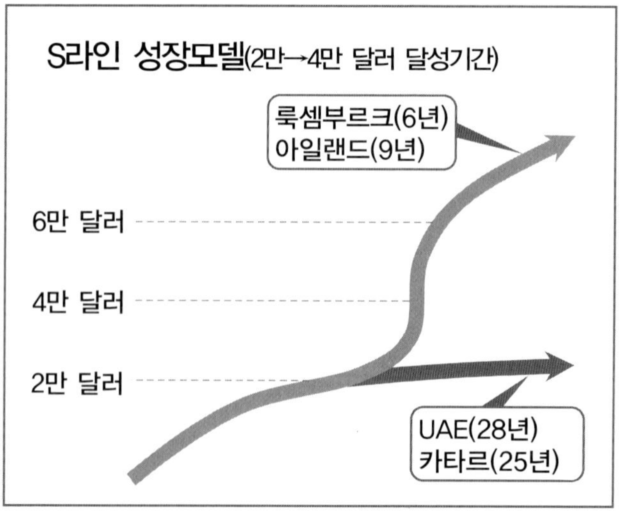

4. 문화와 국제매너의 관계

각국의 상이한 문화 이해 부족 → 국제매너상 실수

문화란 인간사회의 독특한 생활방식으로 한 사회를 구성하고 있는 모든 사람들이 공유하고 있는 가치관, 언어, 지식을 포함하는 거시적 개념으로 문화란 한 집단만이 가지는 고유한 신조와 생활양식으로 정의할 수 있다.

이러한 문화는 사회구성원의 행위에 영향을 미치는 중요한 요소로 작용하여, 외국문화를 잘 이해하지 못했을 경우 국제비즈니스는 실패로 끝날 수 있다. 이처럼 문화는 국제매너에 중요한 영향을 미치고 있다.

경쟁이 치열한 국제적인 비즈니스에서는 모든 문화권에 대한 적절한 대응과 이해심이 제품의 품질, 가격 못지않게 중요하다. 각 개인의 행동의 방식은 그 개인이 속한 문화에 따라 서로 다르게 나타난다.

이러한 문화는 상속되는 것이 아니라 사회에서 성장하면서 배운다. 서로 다른 개성이 있음에도 불구하고 문화의 보편성이라고 부르는 공통적이고 일반적인 특징을 지니고 있다.

사회든, 국가든 인간이 집단생활을 한 곳이라면 어디에서나, 저마다 다른 풍습이 있어왔다. 그 중에는 서로 다른 문화권의 사람들이 보기에는 대단히 우스워 보이는 것도 있다. 예를 들면 폴리네시아인은 손님에게 환영의 뜻을 나타내기 위해 자기의 코를 상대방에게 비벼댄다고 한다.

우리에게는 그 관습이 이상하게 느껴지지만, 그들에게는 서양 사람들의 악수하는 습관이 이상하게 보일지도 모른다. 또 뉴기니의 파푸아 족은 코에 뼈로 만든 장식을 박아놓고 그것을 대단히 아름답게 생각하지만, 우리에게는 좀 징그럽고 이상하게 보이듯이, 그들에게는 서양 사람들의 양복에 달려 있는 소매단추가 정말 불필요한 것으로 보일지도 모른다.

모든 나라에는 풍습에 의해 금지되어 있는 터부도 있다. 알제리의 회교도나 회교국에서는 여성은 눈 아래 부분을 베일로 가리지 않고 공중 앞에 나서서는 안 된다는 터부가 있다[12].

12) 이동철외, 전게서, pp.153-154.

색상에 대한 각국의 문화적 인식 차이

- **녹색**: 중동 국가는 선호하는 반면 정글지역인들은 죽음을 상징하고, 프랑스, 스웨덴 등은 화장품을 연상한다.
- **흑색**: 구미 국가는 죽음을 상징하나 한국 및 일본 등은 백색이 죽음을 상징한다.
- **보라색**: 중남미 국가는 대부분의 사람들이 죽음이라고 하면 보라색을 연상한다.
- **황색·오랜지색**: 대부분의 나라에서는 기쁨을 상징하나 멕시코인들은 죽음을 상징한다.
- **청색**: 대부분의 나라에서 청색은 남성적인 색으로 간주되나 이란인들은 싫어한다.
- **핑크색**: 미국인은 핑크색을 최고의 여성적인 색으로 생각하나 그 밖의 국가에서는 황색을 가장 여성적인 색으로 생각한다.
- **적색**: 일반적으로 부와 화려함을 나타내는 색이며, 라틴 아리카에서는 포장에 많이 사용한다. 그러나 우리나라를 비롯한 몇몇 아시아국들은 일본의 국기 또는 공산주의를 연상한다.

자료: 손태빈(2000)

무역매너 에세이

"대장금 생산효과 1000억 원 넘는다."

드라마 '대장금'이 직접적으로 창출한 생산유발 효과가 최소 1000억원대에 달하는 것으로 분석됐다. 고정민 삼성경제연구소 수석연구원은 19일 방송회관에서 열리는 한국문화산업학회 춘계학술논문발표대회에 앞서 18일 사전 배포된 '드라마 대장금의 경제적 효과에 대한 연구' 발표문을 통해 이같이 밝혔다.

고 연구원은 "2003년 처음 방송을 탄 대장금과 관련된 MBC의 방송 광고수익, 프로그램 수출, 라이센싱, 출판 등 수익이 올해 상반기까지 464억 원에 달한다."고 말했다. 드라마 제작비는 약 70억 원이지만 드라마 광고 수익만 249억 원에 달하고 그동안 60여 개국에 1100만 달러어치 수출됐으며 테마파크 입장료(28억 원), 출판물(12억 원) 등 다양한 수익이 발생했다는 분석이다.

그는 이를 토대로 한국은행 산업연관표에 의해 생산유발효과를 계산한 결과, 1119억원에 달하는 것으로 파악했다. 고 연구원은 "대장금은 '겨울연가'보다 많은 나라에 수출됐고 그 경제 효과도 더 클 것으로 보고 있다"며 "그러나 이번 분석은 국가이미지 제고, 관광 유치, 수출 촉진 등 간접적인 효과는 빼고 MBC의 직접적인 수익만을 토대로 최소한의 경제효과를 추정한 것"이라고 설명해 실질적인 효과는 1000억 원을 훨씬 넘을 것으로 보인다.

(헤럴드경제, 2009.6.17)

5. 비즈니스 매너

나의 고객이 갖는 만족감은 곧 나의 경쟁력이 된다. 그 이유는 내 주변에 있는 모든 사람들이 나의 후견인(supporter)이 될 것이기 때문이다. 즉, 비즈니스맨이 고객이나 비즈니스 상대를 배려하고 친절을 베풀면 모두가 비즈니스맨의 든든한 후견인이 되어 비즈니스맨의 경쟁력이 된다(박한표, 2006: 25). 따라서 비즈니스맨은 비즈니스과정에서 지켜야 될 매너를 이해하고 항상 주의해야 된다.

• 불필요한 언쟁을 피한다.	• 고객의 입장에서 언행한다.
• 통역을 잘 활용한다.	• 대화는 육하원칙에 의해 한다.

1) 불필요한 언쟁을 피한다.

부드러운 대답은 분노를 물리친다, 고객이 논쟁을 하려 들면 냉정을 유지하여 잘 들은 다음 부드럽게 질문하도록 한다. 합리적인 의논이 논쟁으로 악화되지 않도록 노력한다. 정치적, 개인적인 일 또는 가치관에 관여하지 않는다.

2) 고객의 입장에서 언행한다.

질문을 잘하는 것은 고객 접대뿐 아니라 모든 사업상의 측면에서 볼 때도 귀중한 기술이다. 잘 듣는 것도 고객에 대한 관심을 보이는 것이다. 사실을 추적하고 숨겨진 진의를 찾아낸다. 고객의 모국이나 개인 의견을 비난하는 것은 삼가하고, 상대를 가르치려고 하는 것은 금물이다. 고객의 질문에 적절히 답변하고 모르는 상황은 다시 물어 확인한다.

3) 대화는 육하원칙에 의해 한다.

자신의 의사를 상대방에게 명확하게 전달하기 위해서는 육하원칙(누가, 무엇을, 언제, 어디서, 어떻게, 왜)에 의해 대화를 하는 것이 좋다.

4) 통역을 적극적으로 활용한다.

외국어를 모국어처럼 한다는 것은 쉬운 일이 아니다. 아무리 외국어에 능통한다고 해도 국제비즈니스에서는 가능하면 통역을 활용하는 것이 효과적이다. 발음이나 문장에 신경 쓰다가 정작 중요한 비즈니스를 망칠 수가 있다.

6. 네티켓

오늘날에는 많은 비즈니스관계가 직접 대면하여 이루어지지 않고 이메일 등을 통해 행하여지고 있다. 그런데 이메일은 격식이 없고 전자적인 방식을 통하여 이루어지기 때문에 목소리에서 느낄 수 있는 억양이나 얼굴표정 그리고 바디랭기지 등에서 나오는 커뮤니케이션의 암시가 결여되어 비즈니스에서 더욱더 주의를 해야 된다. 네티켓(Netiquette)이란 인터넷 또는 웹을 통한 온라인상의 커뮤니케이션과 관련한 예의를 함축하는 말이다[13].

즉 네트워크 에티켓(Network + Etiquette)은 인터넷 가상공간에서의 예절을 말하는 것이다. 특히 국제간의 인터넷 공간을 통한 이메일과 사이버 토론이 활성화되고 있어 국경없는 사이버공간에서 매너의 중요성이 부각되고 있다.

이메일 네티켓

- 이메일 내용은 짧고 간단하게 쓴다.
- 첨부파일은 꼭 필요한 경우에만 보낸다.
- 내용을 쉽게 알 수 있도록 적당한 제목을 붙인다.
- 보내는 사람이 누구인지 정확히 밝힌다.
- 읽기 편하게 줄 간격을 넓혀 쓴다.
- 메일 내용을 쓴 후 한번 검토하고 보낸다.
- 이메일 메시지를 받고, 검토할 수 있는 충분한 시간이 지나기 전에 같은 메일을 다시 보내지 않는다.

웹사이트 게시판 네티켓

- 게시판의 글은 짧고 명확하게 쓴다.
- 게시물 내용을 잘 설명할 수 있는 알맞은 제목을 붙인다.
- 문법에 맞는 표현과 올바른 맞춤법을 사용한다.
- 사실과 다른 내용을 올리지 않는다.
- 올릴 자료는 압축해서 용량을 줄인다.
- 다른 사람을 비난하는 글을 올리지 않는다.
- 같은 글을 여러 번 반복해서 올리지 않는다.
- 태그 사용을 자제한다.
- 자료를 올리기 전에 바이러스 체크를 한다.
- 유익한 자료를 받았으면, 올린 사람에게 감사의 메일을 보낸다.

---

13) Dana May Casperson, op.cit., pp.131-132.

PART Ⅱ

무역실무의 이해

제1장 무역계약 입문
제2장 무역결제 입문
제3장 무역운송 입문
제4장 무역보험 입문

지갑이 가벼우면 마음이 무겁다
-프랭클린-

제1장 무역계약 입문

1. 무역계약이란?

- 계약(契約) = 약속(約束)
- 무역계약 = 무역관계자간에 무역거래를 수행하는데 지켜야 할 약속

계약이란 약속이라고 정의할 수 있다[14]. 그런데 우리가 자주하는 약속은 크게 나누어 보면 두 가지로 분류할 수 있다.

첫째는 ...하겠다, 둘째는 ...하지 않겠다. 우리 꼬마와 내가 매일하는 약속을 예를 들어 보면 "공부 열심히 하겠다", "거짓말 하지 않겠다."

이와 같이 약속은 크게 作爲(...하겠다)와 不作爲(...하지 않겠다)로 나누어 볼 수 있고, 계약이란 계약 당사자간에 작위와 부작위에 대한 약속이라고 말할 수 있다. 이러한 계약은 계약의 성격에 따라 다종다양하게 많이 있는데 예를 들어 임차인과 임대인간에 약속을 임대차계약이라고 말한다.

무역계약이란 무역이라는 상행위를 수행하는데 필요한 무역관계자간의 약속이라고 정의할 수 있다. 무역관계자란 무역을 수행하는데 관계되는 당사자를 말하는데 기본적으로 수출업자, 수입업자이외에도 보험업자, 운송업자 등을 말한다.

14) 일반적으로 계약은 법률적으로 두 사람 이상의 당사자간에 체결된 법률상의 강제 가능한 합의(Agreement)라고 정의되는데 저자는 계약을 약속이라고 정의하고자 한다.

2. 무역의 3대 계약

무역의 3대 계약 = 매매계약, 운송계약, 보험계약

무역계약은 수출업자와 수입업자간의 매매계약[15]을 주계약(主契約)으로 하여 운송계약과 보험계약으로 구성되어 있다. 즉, 무역은 국제간의 상거래이므로 국제운송과정이 필요하고 이 과정에서 상존하는 위험을 관리하기 위해 보험이 필요하다. 이러한 운송계약과 보험계약은 기본적으로 수출입업자 간에 무역거래의 기본적인 조건들을 정한 매매계약의 운송조건[16]과 보험조건[17]에 따라 수출업자나 수입업자 중에 한 당사자와 운송업자, 보험업자간에 체결된다.

3. 무역계약의 법적 성질

무역의 법적 성질: 낙성계약, 쌍무계약, 유상계약, 불요식계약

1) 낙성계약(Consensual contract)

낙성계약(諾成契約)은 계약당자자간의 합의(合意)에 의해서 성립되는 계약을 말한다. 무역거래에서 매매계약이나 운송계약, 보험계약은 어느 일방의 청약에 의해 상대방이 승낙함으로서 계약이 성립한다. 낙성계약의 반대개념은 요물계약(要物契約)으로 당사간의 합의이외에도 법률사실이 있어야만 계약이 성립한다.

15) 영국물품매매법에는 물품매매계약이란 매도인이 대금이라는 금전의 대가를 받고 매수인에게 물품의 소유권을 이전하거나 이전하기로 약정하는 계약을 말한다(The Sale of Goods Act, 1979, Part Ⅱ 2(1)).

16) FOB조건인 경우 수입업자와 운송인간에 운송계약이 체결되고, CIF조건인 경우 수출업자와 운송인간에 운송계약이 체결된다.

17) FOB조건인 경우 수입업자와 보험업자간에 보험계약이 체결되고, CIF조건인 경우 수출업자와 보험업자간에 보험계약이 체결된다.

2) 쌍무계약(Bilateral Contract)

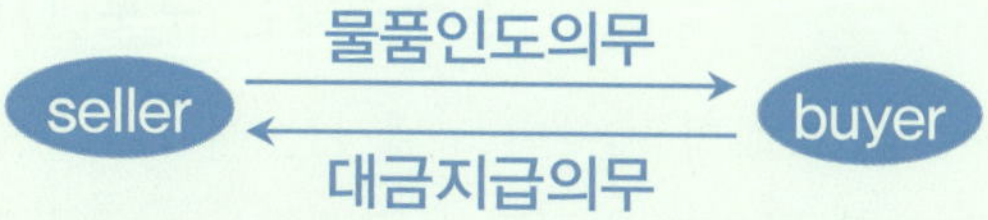

쌍무계약(雙務契約)은 매매당사자 쌍방이 모두 채무(의무)를 부담하는 계약을 말한다. 즉, 무역계약에서 수출업자인 매도인은 매수인에게 상품을 제공할 의무가 있고, 수입업자인 매수인은 매도인에게 상품대금지급을 할 의무가 있다. 이와 반대로 편무계약(片務契約)은 증여와 같이 어느 한 쪽만 채무를 부담하는 계약을 말한다.

3) 유상계약(Remunerative Contract)

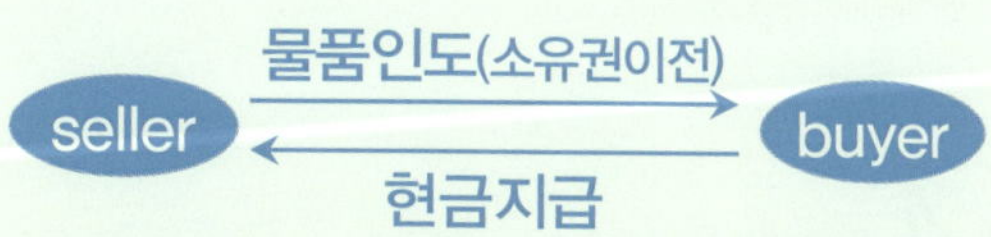

유상계약(有償契約)은 계약당사자 쌍방이 상호 대가적 채무를 부담하는 계약을 말한다. 무역계약은 매도인의 매수인에 대한 상품제공의무에 매수인의 대급지급이라는 반대급부가 있는 계약이다. 즉, 상품인도와 대급지급이 상호대가적 의미를 지니는 급부와 반대급부를 구성하는 계약이다.

Check Point

쌍무계약과 유상계약의 차이점

쌍무계약은 쌍무(雙務)가 의미하는 것처럼 매도인과 매수인 모두 채무를 부담하는 계약이고, 유상계약은 유상(有償)이 의미하는 것처럼 채무에 따른 보상이 있는 계약의 의미이다. 즉, 채무의 내용이 매매계약자간에 대가(代價)가 있느냐 없느냐의 개념이다.

4) 불요식계약(Informal contract)

불요식계약(不要式契約)은 계약체결에 어떤 정해진 방식이 없는 계약으로 구두, 서류 등 어떤 형식으로도 계약이 성립되는 계약이다. 즉, 무역계약은 반드시 서류에 매매계약의 내용을 명시해야 하는 요식계약(要式契約)이 아니다.

Check Point

무역계약은 구두(口頭)만으로 성립되는가?

현대의 계약법 하에서는 계약은 구두(口頭)로도 성립되고 반드시 문서를 작성할 필요는 없지만 무역계약은 국제간의 상품이동에 관한 국제계약인 만큼 일반적으로 서면계약으로 이루어진다. 물론 무역계약은 반드시 서면계약이라야 된다는 법적요건은 없다.

그러나 무역진행과정 및 사후적으로 상사분쟁이 발생했을 때 어느 일방이 구두계약 당시 한 약속을 손바닥 뒤집듯이 사실을 부인할 경우 입증할 방법이 없다. 따라서 거래의 정확성 및 혹시 발생할지 모르는 클레임에 대비하기 위해 무역계약은 상세한 내용을 명시한 서면계약으로 해야 된다.

4. 무역계약의 절차

Market Research(해외시장조사) → 거래선 선정 → Circular Letter(거래권유장) / Business Proposal(거래제의) → Inquiry(조회) → 조회의 회신 → offer(청약) / 주문(order) → Counter Offer(반대오퍼) → Acceptance(승낙) / Acknowledgement(확인) → 매매계약서체결(Sales Note, Purchase Note)

일반적으로 무역계약은 거래권유와 조회를 거쳐 청약자의 청약과 피청약자의 승낙에 의해 계약이 성립한다. 무역계약은 낙성계약이므로 매매당사간의 의사일치를 전제로 한다.

무역계약에서 매매당사자간의 의사일치를 이끌어 내는 과정은 수출상 및 수입상중 어느 한쪽이 제시하는 거래제의에 다른 한 쪽의 조회(문의)를 기초로 수출자가 수입자에게 제시한 매도오퍼를 수입자가 승낙하거나, 반대로 수입자가 수출자에게 제시한 매입오퍼를 수출자가 승낙함으로서 성립한다. 실제로 무역거래에서는 거래조건의 제시와 승낙이 한 번에 이루어지는 경우는 흔치 않고 수차례 조정을 거쳐 무역계약이 성립한다.

Check Point

전통적 무역과 e-Trade의 무역절차는 다른가?

전통적인 무역과 전자무역은 무역실무절차상의 진행순서가 동일하다. 즉, 무역의 첫 단계인 정보수집에서 최종적인 물류까지의 진행순서는 동일하다. 전통적인 무역과 전자무역의 차이점은 무역실무의 수단에 차이가 있다.

여기에서 말하는 수단이란 전자적인 방법과 비전자적인 방법을 말한다. 예를 들어 수출입업자 간에 주고받는 메일을 전통적인 무역에서는 우편메일을 사용하지만 전자무역에서는 전자메일을 사용한다.

사후관리 측면에서도 전통적 무역실무에서는 자사 및 상품관련 변경사항을 홍보 및 통보하는데 시간과 비용이 소요되었으나 e-Trade에서는 전자메일을 통한 통보 및 자사홈페이지의 자료수정을 통해 할 수 있다.

또한 거래상품에서도 전통적 무역에서는 유형재 중심이었으나 전자무역에서는 디지털제품이 무역상품으로 각광을 받게 되고 자금력이 부족한 중소무역업체도 창의적인 아이디어로 발 빠르게 대응하면 전자무역에서는 경쟁력을 확보할 수 있다.

전통적 무역절차와 e-Trade의 절차 비교

무역실무절차	전통적 무역실무	e-Trade실무
정보수집 및 홍보	직접방문, 면담, 카탈로그, 매체광고, 전시회, 상담회	인터넷 정보검색 홈페이지 구축, 인터넷 마케팅, 사이버 전시회
무역협상 및 계약체결	전화/팩스, 우편, 해외출장	전자우편
통관	종이서류와 복잡한 절차	전자문서, 통관EDI
대금결제	신용장, 추심방식, 송금방식	Trade card, 전자지불
물류	포워더, 선사	특급운송, 온라인 전송

↓ ↓ ↓

사후관리

5. 무역교섭단계

1) 해외시장조사(Overseas Market Research)

해외시장조사는 무역상이 신시장을 개척하기 위하여 해외시장의 환경과 고객의 니즈를 수집, 분석하는 활동이다. 무역거래를 하면서 비용과 위험을 최소화하면서 이익을 극대화하기 위해서는 사전에 정확한 해외시장조사가 필수적이다.

해외시장조사방법은 일반적 시장조사(지리적 조건, 정치·경제조건, 사회적조건, 기후, 언어 등)를 한 다음 거래상품에 대한 세부적인 내용(무역제도, 관련 상품의 수요와 공급, 유통구조, 경쟁상대, 금융 등)을 조사한다.

2) 거래처 선정 및 거래제의(Business Proposal)

해외시장조사에 의하여 목적시장(target market)을 선정한 후에는 그 목적시장에서 신뢰할 수 있는 거래처를 발굴해야 된다. 거래처를 선정하는 방법은 KOTRA, 한국무역협회, 상공회의소 등 국내경제단체 및 외국의 유관기관 등의 소개나 이들 기관이 발간하는 상공인명록(directory)이나 잡지 등을 통해서 하거나 국내외에서 개최되는 전시회나 박람회에 참가하거나 직접 해당시장을 방문하여 거래선을 발굴할 수 있다.

또한 최근 들어서는 Internet을 통하여 Ditrectory를 제공하거나 무역거래를 알선하는 인터넷거래 알선 사이트에서도 잠재고객(potential clients)에 대한 다양한 정보를 입수할 수 있다.

목적시장과 거래처를 선정 한 후에는 유망 거래선에게 자기회사와 취급상품 및 거래조건을 안내하면서 거래를 권유하는 거래제의 서신인 권유장(circular letter)을 보낸다. 일반적으로 권유장은 서신으로 하지만, E-mail, Fax, Telex 등을 이용할 수 있다.

거래제의 시 한 지역에 시차를 두고 2~3개 회사로 국한하여 보내는 것이 좋다. 주의할 점은 처음부터 오퍼나 견본을 보내지 말고 거래선이 자사의 상품과 거래조건에 관심을 표명할 때 즉시 송부하는 것이 효과적이다.

Check Point

e-Trade에서 정보수집과 홍보전략

무역실무의 첫 단계는 수출입업자 모두 정보수집과 자사 및 상품홍보이다. 여기에서 말하는 정보수집의 대상은 상품, 국가, 기업 등 범위가 다양하다.

수출상은 자사의 상품을 어느 국가의 어느 기업에 팔 것인가를 결정하기 위한 정보를 수집해야 되고, 수입업자는 어느 국가의 어느 기업이 만든 상품이 가장 품질과 가격 면에서 유리한가에 대한 정보를 수집해야 된다.

e-Trade에서는 이러한 정보수집을 발로 뛰는 것을 대신해서 인터넷을 이용하여 언제, 어디서나 쉽게 할 수 있다. 세계 각국의 정부기관 및 관련기관 사이트나 기업의 웹사이트를 다리품 팔지 않고 아무 때나 마우스 클릭으로 아시아에서 유럽으로... 대기업에서 중소기업으로 마음껏 조사할 수 있다.

정보수집이외에 무역실무에서 처음으로 해야 되는 것이 홍보이다. 여기에서 말하는 홍보란 기업체와 상품홍보를 말한다. 전통적 무역에서는 TV, 라디오, 신문 등을 통한 홍보나, 무역관련기관에서 발행하는 디렉토리를 통한 방법, 세계 각국에서 개최되는 무역전시회에 참가하는 방법을 사용하였으나 e-Trade에서는 인터넷을 이용하여 자사홈페이지, 무역거래알선사이트, 유명사이트의 배너광고, 유즈넷, 메일링리스트 등을 통해 기업 및 자사상품을 홍보할 수 있다.

Check Point

무역거래 알선사이트란 무엇인가?

무역거래알선사이트란 인터넷상에서 생면부지의 수출입업자를 알선해 주는 웹사이트인데 컨텐츠 유형 및 웹사이트 운영주체에 따라 다양하게 구분할 수 있다.

1) 켄텐츠 유형에 따른 무역거래알선사이트

무역거래알선사이트는 무역에 관한 종합정보서비스를 제공하는 무역포탈사이트와 가격이나 품목 등 특화된 무역정보만을 제공하는 전문사이트로 분류할 수 있다[18].

2) 사이트 운영주체에 따른 무역거래알선사이트

무역거래알선사이트는 웹사이트의 운영주체에 따라 해외기관, 무역유관기관, 지방자치단체, 종합무역상사, 개인기업 등으로 분류할 수 있다. WTC 등과 중소기업진흥공단 등은 각각 해외기관과 무역유관기관에서 운영하는 무역거래알선사이트이고, 부산광역시, 삼성물산, 이씨플라자 등은 각각 지방자치단체, 종합상사, 기업에서 운영하는 무역거래알선사이트이다.

▲ EC21.com

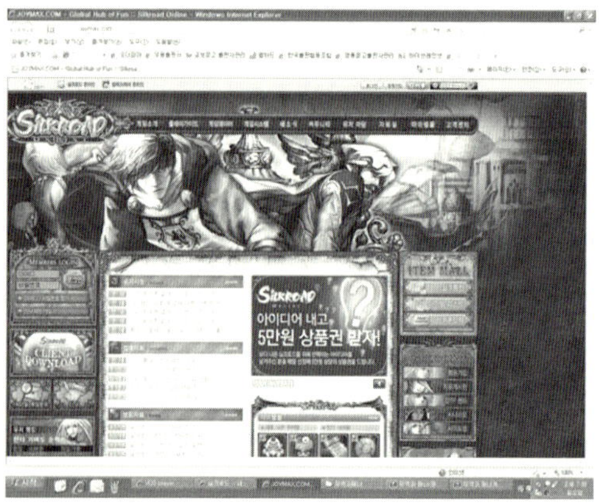

▲ silkroad21.com

18) 장명진외, "우리나라 무역업체의 인터넷 무역거래알선사이트의 활성화방안", 「통상정보연구」, 한국통상정보학회, 2000.11.

주요 무역거래알선사이트

운영주체	무역거래알선사이트
세계무역클럽협회(WTC)	www.wtca.org
커머스넷(CommerceNet)	www.wtca.org
중소기업진흥공단	www.smipc.or.kr
중소기업중앙회	www.kfsb.or.kr
한국무역협회	www.ec21.net
	www.kotis.net/kwhsv10
대한무역투자진흥공사	www.kotra.or.kr / KOBO
	www.kotranet.com
무역일보	www.tradenews.net
부산광역시	www.metro.pusan.kr/korea/industrial_econ/frm_indust-1
경기도	www.kitrade.net
전라남도	www.cncorp.co.kr
충청북도	cbitac.provin.chungbuk.kr
삼성물산	www.findkorea.com
현대종합상사	www.hyundaicorp.com
한국인터넷무역센터	www.kitsc.co.kr/
이씨플라자	www.ecplaza.net

Check Point

무역거래 알선사이트의 경제적 효과는?

무역거래알선사이트의 효과는 첫째, 인터넷을 통해 잠재고객들을 대상으로 유용한 정보 및 서비스를 제공함으로써 기업 이미지 향상에도 도움이 되고, 이러한 기업이미지의 제고를 통해 판매가 증가할 가능성이 크다.

둘째, 무역거래알선사이트를 이용할 경우 전통적인 무역방식에서 발생하는 서류작성 및 발송비용 등을 절감할 수 있으며 또한 전화나 우편 대신 인터넷을 이용함으로 국제통신비용을 줄일 수 있다.

셋째, 무역거래알선사이트를 이용할 경우, 수출입업자간의 즉각적인 상호작용 및 주문이 가능하기 때문에 전통적인 무역거래에 비해 시간을 절감할 수 있다.

넷째, 전통적인 무역실무에서는 거래 상대방에게 송부되는 권유장의 송부비용으로 인해 송부상대방이 다소 한정적이었으나, 무역거래알선사이트를 이용하게 되면 세계 어느 곳에라도 저렴한 비용으로 발송이 가능하여 잠재고객의 수가 증가되고, 지속적인 광고효과를 얻을 수 있다.

다섯째, 무역거래알선사이트를 이용할 경우 해외 현지거점이 없어도 무역실무가 가능하기 때문에 자본력이 약한 중소기업도 대기업과 대등한 위치로 국제무대에서 경쟁할 수 있다[19].

3) 조회(inquiry)

조회란 거래관계의 권유를 받은 거래선이 그 권유에 대해 관심을 갖고 궁금한 점을 문의하는 것을 말한다. 무역상은 거래선으로부터 조회를 받으면 그 내용을 검토하여 즉시 회신할 수 있는 점은 지체없이 하고, 시간을 요하는 사항은 언제까지 회신하겠다고 통보한다. 상대방의 조회서신에 대해 무역상은 E-mail, Fax, Telex 등으로 바로 회신한다.

4) 신용조회(Credit Inquiry)

거래제의에 대해 관심을 보이며 조회를 해온 잠재거래처에 대해서는 본격적인 무역계약에 앞서 그 거래처의 신용상태에 대해 신용조사를 해야 된다. 무역계약은 서로

19) 장명진외, "우리나라 무역업체의 인터넷 무역거래알선사이트의 활성화방안", 「통상정보연구」, 한국통상정보학회, 2000.11.

상대를 신용하지 않는 것에서 시작된다. 대부분의 무역거래는 한 번도 본적이 없는 외국인과의 거래이기 때문에 상존하는 위험요인을 예방하는 차원에서 신용조사는 필수적이다.

(1) 신용조회의 내용

신용조회기관과 5C

- 거래은행 조사: bank reference
- 동업자 조사: trade reference
- 신용조사 전문기관: credit agency
- 무역 관련기관: KOTRA 등

→

신용조사와 5C

- Character(성실성)
- Capital(자본력)
- Capacity(영업력)
- Country(상대국 상황)
- Currency(상대국 통화상태)

신용조회에 있어 필수적으로 조사해야 할 내용에는 character, capital, capacity 등 3C's(three C's)가 있다.

① character(인격)

상대방의 성실성(integrity), 영업태도(attitude toward business), 업계의 평판(reputation), 계약이행에 대한 열의(willingness to meet obligations)나 인격 등에 관한 내용이다.

② capital(자본)

상대방의 재정상태(financial status), 즉 수권자본(authorized capital)과 납입자본(paid-up capital), 자기자본과 타인자본의 비율, 기타 자산상태 등 지급능력에 관한 내용이다.

③ capacity(능력)

상대방의 영업형태, 연간매출액 및 생산능력, 연혁 내지 경력 등 영업능력(business ability)에 관한 내용이다. 이외에도 country와 currency, 즉 상대국의 정치·경제적 상황과 통화상태를 추가하여 5C's라고도 한다. 무역거래에서는 무엇보다 신용이 중시되어야 하므로 위와 같은 신용조회의 내용 중 가장 중요한 것은 character라고 할 수 있다.

(2) 신용조회의 방법

신용조사는 일반적으로 거래은행을 통해 하는데, 상대국의 거래처나 상공회의소 등을 활용하기도 한다. 조회처가 은행인 경우 bank reference (은행조회)라 하고, 은행이 아닌 경우 trade reference(동업자조회)라고 한다. 또한 세계의 유수한 상업흥신소와 제휴관계를 가지고 있는 수출보험공사나 신용보증기금을 통한 신용조사도 효과적이다.

국내외 신용조사 사이트

기관명	URL
한국신용평가정보(KISINFO)	www.kisinfo.com
수출보험공사(KIEC)	www.kiec.or.kr
고려신용정보	www.koryoinfo.co.kr
기술신용보증기금	www.kibo.co.kr
신용보증기금	www.shinbo.co.kr
한국기업평가	www.kmcc.com
한국신용평가(KIS)	www.ksrating.com
한국신용정보	www.mycredit.com
한성신용정보	www.hsci.co.kr
서울신용평가정보(SCI)	www.sci.co.kr
ABI(American Bankruptcy Institute) WORLD	www.abiworld.org
American Collectors Association Inc.	www.collector.com
앤더슨 컨설팅	www.ac.com
Bankruptcy Online	www.fedfill.com
Business Credit Management UK	www.creditman.co.uk
Business Environment Risk Intelligence	www.beri.com
Credit Research Foundation	www.crfonline.org
Creditworthy	www.creditworthy.com
D·B(Dun·Bradstreet) Corporation	www.dnb.com
Duff·Phelps Credit Rating	www.dcrco.com
Fitch IBCA	www.fitchibca.com
Japan Credit Rating Agency	www.jcr.co.jp
J·P Morgan	www.jpmargan.com

Mezra Forfaiting	www.mezra.com
무디스	www.moodys.com
Thomson Finabcia Banlwatch	www.bankwatch.com
World Trade Database	www.wtdb.com
S·P	www.standardpoor.com
The ABC Companies, Inc.	www.abccompanies.com

▲ 한국수출입은행

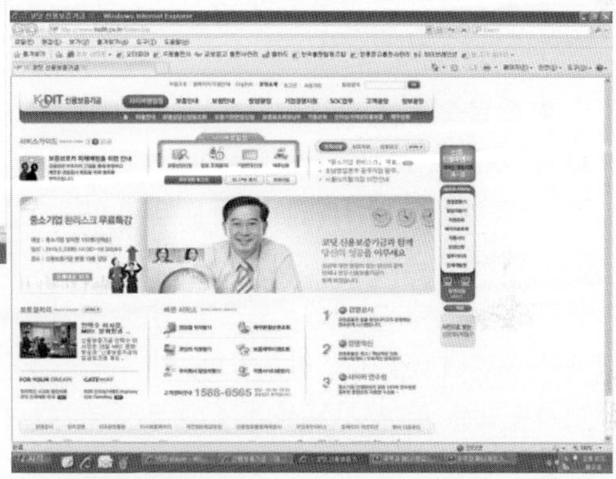

▲ 신용보증기금

무역매너 에세이

"코카콜라 마케팅"

힘들 때 힘주며 '코크'는 자랐다

1886년 태어난 브랜드 '코카-콜라(코크)'. 지난해 말 미 비즈니스위크와 브랜드 전문기관 인터브랜드는 코크를 8년 연속 세계 베스트 브랜드 1위에 선정했다. 브랜드 가치만 670억 달러(약 80조 원)가 넘는다. 코크가 123년 동안 브랜드를 키워온 방식은 마케팅의 교과서로도 불린다. 시대별 마케팅 캠페인을 보면 세계 경제의 흐름이 보인다. 고려대 신문방송학과 김광수 교수는 "코크는 '감정'에 소구해 브랜드 이미지를 성공적으로 수립한 대표적인 기업 중 하나"라며 "특히 불경기에 위안을 받고자 하는 소비자들에게 감성 마케팅을 펴 행복·낙관·상쾌함 같은 행복하고 긍정적인 감정을 브랜드에 연결하는 데 성공했다"고 말했다. 글로벌 광고회사 오길비앤매더 데이비드 마요 아태부문 사장은 "불황기일수록 감성 마케팅이 효과적"이라며 "불황기에도 브랜드 가치를 잘 고수한 기업들은 불황이 지나면 더욱 호황을 누린다."고 말했다.

◆ **대공황기 '힘들 땐 코크와 함께'** = 1929년 10월 24일 미 뉴욕 주식시장의 대폭락과 함께 대공황이 시작되면서 코카-콜라는 어려운 경제상황을 함께 이겨내자는 광고 캠페인을 차례로 선보였다. 34년 "힘들 땐 코카-콜라와 함께(When it's hard to get started, start with Coca-cola)"가 대표적이다. 이 시기 코카-콜라는 '차가운 현실로부터 눈을 돌리게 해주는 즐겁고 저렴한 수단'이라는 이미지를 강화했다. 31년에는 코카-콜라의 빨간 로고색과 신선한 거품을 형상화한 산타클로스가 코크 광고에 처음 등장했다.

◆ **제2차 세계대전 땐 애국심 마케팅** = 39년 2차 대전이 발발하자 우울한 소비자들에게 긍정적인 메시지를 주는 광고와 애국심 마케팅을 주로 폈다. 해외 파병 때 코카-콜라와 함께 가자는 "코카-콜라가 함께 가요(Coca-Cola Goes Along)"는 병사들에게 큰 인기를 끌었다. 전쟁에서 돌아온 귀환병이 코카-콜라로 목을 축이는 광고 이미지로 여성 소비자의 눈길도 끌었다.

◆ **오일쇼크 땐 스마일 마케팅** = 세계 경제는 70년대 들어 두 차례의 오일쇼크를 겪으며 혼란에 빠진다. 76년 코카콜라는 3년간의 소비자 조사 끝에 어려운 경제상황 속 삶의 즐거움을 강조하는 새 캠페인을 선보였다. "즐거움을 더해주는 그 순간엔, 코카-콜라(Coke adds life)"라는 슬로건으로 진행했다. "콜라가 일상의 작은 것(즐거움)을 더해준다"는 의미를 전달하고자 했다. 79년엔 "코크와 함께 웃어요(Have a Coke and Smile)"라는 슬로건과 함께 화제를 부른 TV광고를 선보였다. 미식축구 영웅 민 조 그린이 격렬한 경기 후 한 꼬마에게서 코카콜라를 받고 감동한다는 내용으로, 격렬한 경기를 경제 불황에 비유했다.

◆ **9·11테러 땐 활기 강조** = 2001년 미국과 세계는 9·11테러 사태로 큰 충격에 빠진다. 코크는 새로운 캠페인 "사는 맛을 느껴요(Life Tastes Good)"를 내놨다. 보통 사람들의 경험이나 추억과 연결시켜 소비자가 "아, 나도 그런 적이 있었지"라고 공감하게 하는 전략을 폈다.

◆ **올 금융위기엔 "행복을 여세요"** = 지난해부터 세계를 강타한 금융위기 속에 코크는 올해 미국을 시작으로 "행복을 여세요(Open Happiness)"란 새로운 글로벌 마케팅 슬로건을 내놨다. 걱정과 근심을 멈추고, 일상의 소소한 즐거움을 즐기며 행복을 열어가자는 메시지다. 전 세계의 매장 디스플레이, 프로모션, 디지털 및 음원을 포함한 마케팅 활동으로 통일된 메시지를 전달한다. 한국엔 3일부터 광고 CF를 시작으로 본격적으로 펼쳐지고 있다. 온라인에서 내려받을 수 있는 '오픈 해피니스' 위젯, 무료 문자서비스(SMS), 워너뮤직그룹과 함께 개발한 새 싱글곡 MP3 내려받기 서비스를 진행할 예정이다. 새 싱글곡은 록·팝·힙합이 믹스됐고, 유명 글로벌 아티스트 시-로 그린, 브렌든 우리에, 자넬 모내 등이 참여했다.

(중앙일보, 2009.4.9)

6. 무역계약 단계

무역계약은 수출업자가 먼저 청약(offer)하여 수입업자가 이를 승낙(acceptance)하는 경우와 반대로 수입업자가 먼저 주문(order)을 하고 수출자가 이를 확인(acknowledgement)하는 경우가 있다.

수입업자가 수출업자에게 매입을 신청하는 것을 주문서(Order Sheet)라고 하고, 이러한 수입업자의 주문서를 수출업자가 승낙한다는 취지를 기재한 문서를 주문승낙서(acknowledgement of order)라고 한다.

수출입절차 종합

수출절차

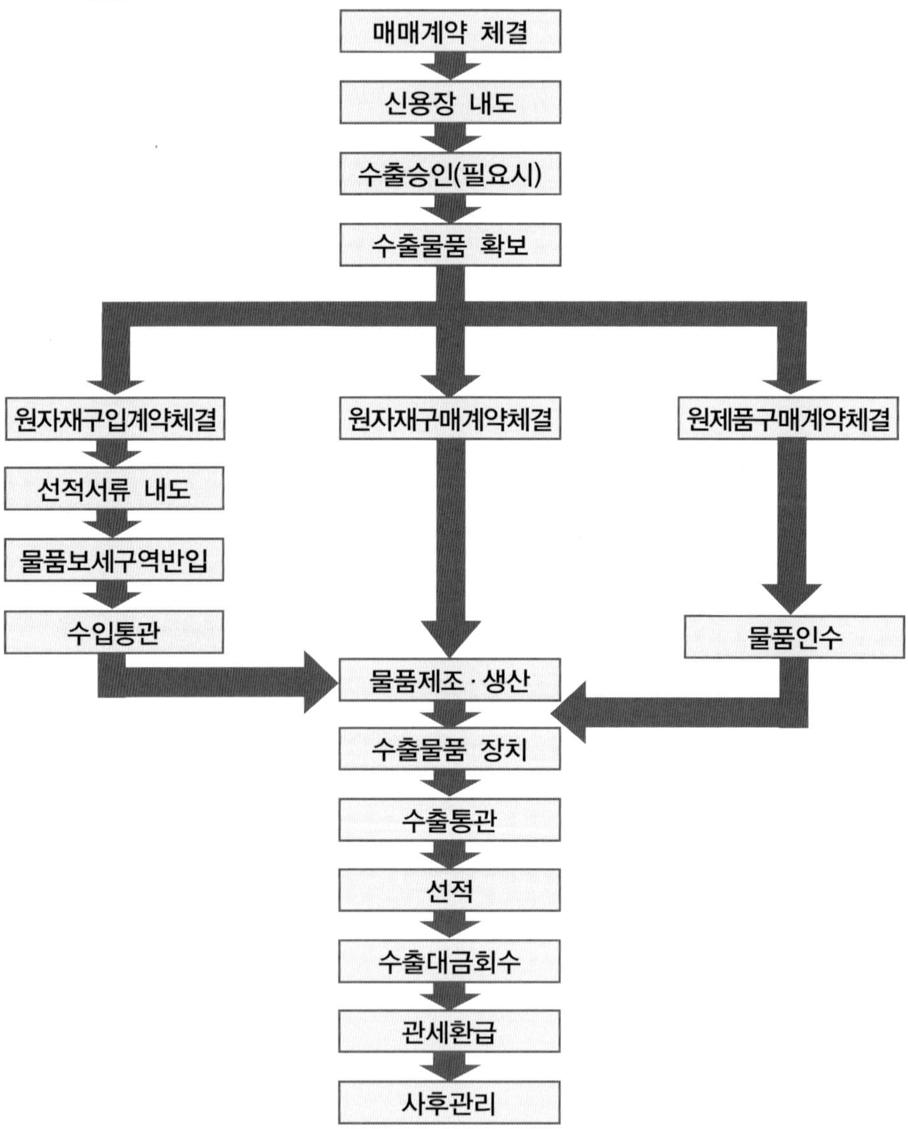

자료 : 한국무역협회(2009)

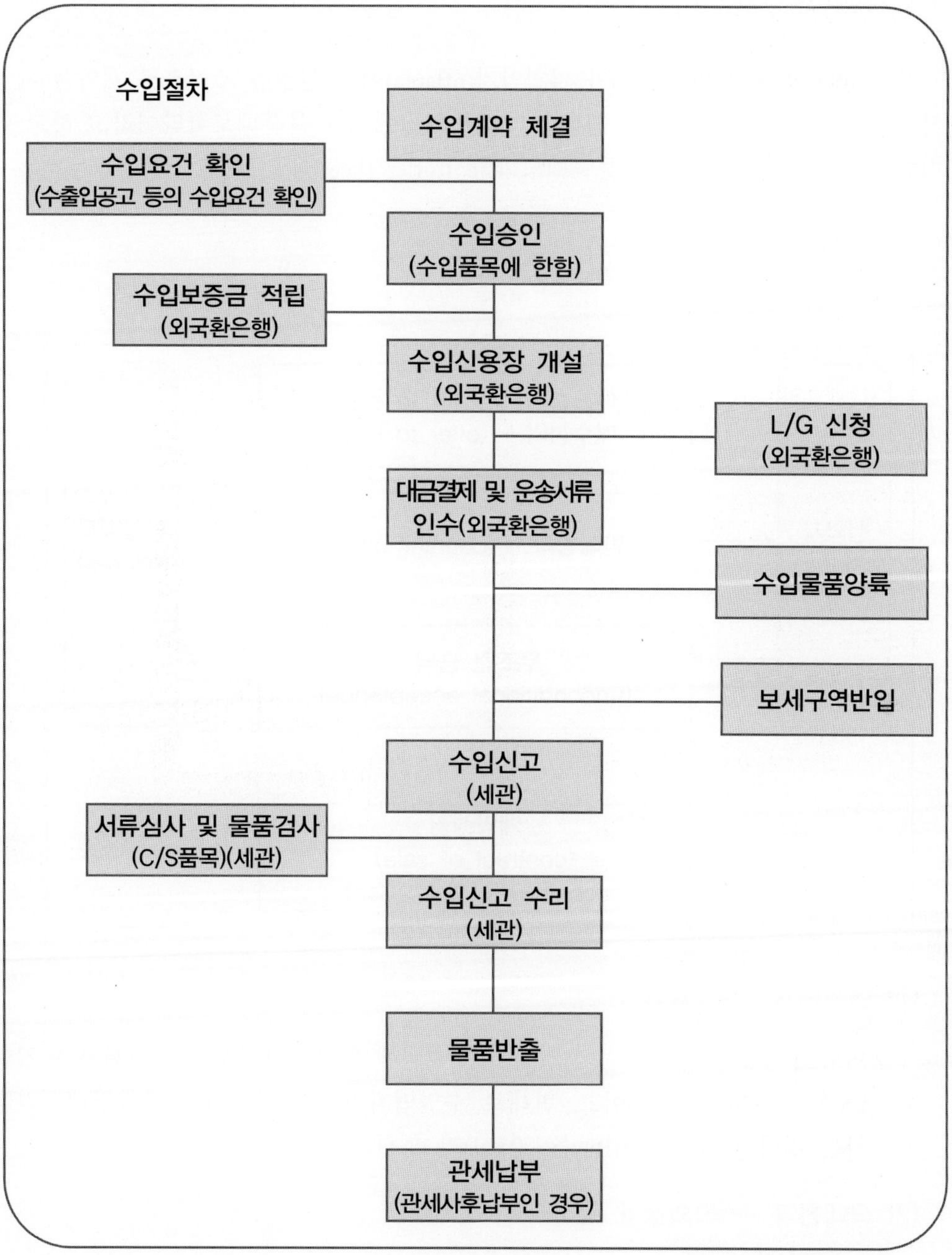

자료: 한국무역협회(2009)

1) 청약이란

청약(offer)은 청약자(offerer)가 피청약자(offeree)에게 일정한 조건으로 계약을 체결하고 싶다는 의사표시이다. 우리나라 대외무역법에서는 물품매도확약이라고 하고 이러한 의사표시를 한 문서를 물품매도확약서(offer sheet)라고 한다.

2) 청약의 종류

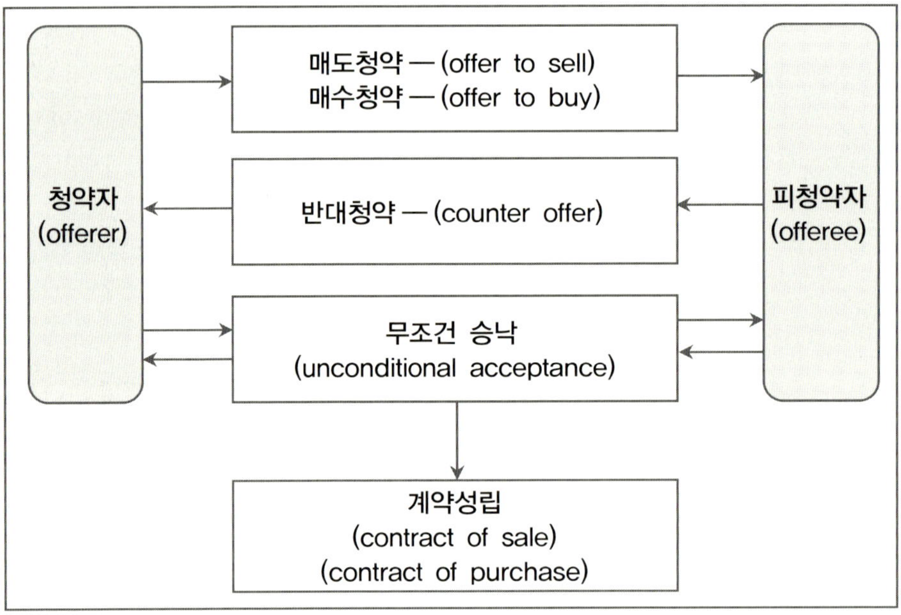

(1) 매도청약 ↔ 매입청약

오퍼의 주체를 기준으로 수출업자가 수입자에게 상품판매조건을 제시하는 청약을 매도청약(Selling Offer)이고, 반대로 수입업자가 수출업자에게 상품구매조건을 제시하는 청약을 매입청약(Buying Offer)라고 한다.

(2) 국내청약 ↔ 국외청약

오퍼의 발행지를 기준으로 해외에 있는 수출업자(상품공급자)를 대신해서 국내에서 발행하는 오퍼를 국내오퍼라고 하고, 국외에 있는 수출업자가 국외에서 발행한 오퍼를 국외오퍼라고 한다.

(3) 확정청약 ↔ 불확정청약

오퍼는 확정력을 기준으로 확정오퍼(Firm Offer)와 불확정오퍼(Free Offer)로 구분된다.

① 확정청약(기한부 청약)

확정청약(Firm Offer)은 청약자가 승낙기간(청약의 유효기간)을 정하고, 그 기간 내에 승낙하면 계약이 성립하는 조건으로 하는 오퍼를 말한다. 따라서 확정청약은 피청약자가 승낙기간내에 오퍼를 승낙하면 청약자는 이를 철회할 수 없고 반드시 이행해야 된다.

이와 같은 확정청약에 의한 무역계약은 청약자의 확정청약을 피청약자가 아무 수정없이 승낙하여 계약이 성립되는 경우도 있지만, 일반적으로 청약자의 확정오퍼에 대하여 피청약자가 제공된 청약내용(가격, 수량, 선적일 등)을 일부 수정하여 새로운 조건을 제시한 반대오퍼(Counter Offer)를 제시하고 이러한 반대오퍼가 수출업자와 수입업자간에 수차례 거친 후 무역계약이 성립된다.

Check Point

청약자의 확정오퍼에 대한 피청약자의 반대오퍼가 승낙으로 해석되나?

승낙은 청약자의 모든 조건에 대하여 피청약자가 동의를 하는 무조건 승낙만이 승낙이며, 조건부 승낙은 반대오퍼가 된다.

② 불확정청약(조건부 청약)

불확정청약(Free Offer)은 청약내용에 승낙기간(청약의 유효기간)이 없거나 확정적이란 표시가 없는 청약으로 피청약자가 청약을 승낙하여도 계약이 성립되지 않고 청약자의 최종확인을 조건으로 계약이 성립된다[20].

이러한 불확정 청약은 청약내용에 어떤 조건이 붙어 있어 조건부청약(Conditional Offer)이라고도 한다. 이러한 불확정 청약은 엄밀한 의미에서 청약이 아니고 청약의 권유이다.

---

20) offer subject to our final confirmation

Check Point

Offer Subject to Prior Sale = Offer Subject to being Unsold

선착순판매조건오퍼(Offer Subject to Prior Sale)는 재고잔유조건오퍼(Offer Subject to being Unsold)오퍼로 피청약자의 승낙이 청약자에게 도달했을 때 재고가 남아있는 조건으로 계약이 성립되는 오퍼로 주로 재고품 판매오퍼 시 사용된다.

Check Point

Offer without engagement = Offer Subject to Market fluctuation

예약불능오퍼(Offer without engagement)는 시황조건오퍼(Offer Subject to Market fluctuation)로 시황변동에 따라 청약자의 사전통고 없이 제시된 가격이 변동될 수 있는 조건의 오퍼이다.

청약의 종류와 효력

구분	분류기준	종류	내용 및 효력
일반청약	발행주체	selling offer	매도인의 판매의사 표시
		buying offer	매수인의 매입의사 표시
		counter offer	피청약자가 청약자에게 일부 조건을 변경하여 다시 역으로 제시하는 역청약 또는 반대청약 첫 번째 청약의 거절 + 새로운 청약
특약청약	확정력 여부	firm offer	유효기간(통상 3개월)이 확정되어 있으며, 이 기간내에 승낙의 의사표시가 있을 경우 계약성립
		free offer	유효기간이 정해져 있지 않아 언제든지 조건변경이 가능 효력상으로는 확정력이 없는 price quotation과 동일함 조건부청약 포함
		conditional offer	offer subject to final confirmation offer subject to being unsold: offer subject to prior sale offer subject to goods on sale or return offer on approval

3) 승낙이란

승낙(acceptance)은 피청약자가 청약자의 청약에 동의하여 계약을 성립시키겠다는 의사표시이다.

(1) 승낙의 효력발생 시기

청약자의 청약에 대하여 피청약자가 승낙을 하게 되면 계약은 성립된다. 그런데 무역거래에서는 일반적으로 청약자와 피청약자가 공간적으로 멀리 떨어져 존재하기 때문에 승낙의 의사표시가 피청약자로부터 발송되어 청약자에게 도착하기까지의 어느 시점에서 계약이 성립하느냐는 문제가 발생한다. 이러한 승낙의 효력발생 시기에 관해서는 3가지 입법주의가 있다.

① 발신주의

피청약자가 승낙의 의사표시를 발송한 때에 계약이 성립한다고 하는 주의이다. 즉, 발신주의란 일반적으로 우편물을 보낼 때 우체국의 소인이 찍힌 날짜를 승낙의 의사표시 시점으로 간주하는 주의이다.

② 도달주의

피청약자의 승낙의 의사표시가 청약자에게 도달한 때에 계약의 성립을 인정하는 주의이다. 즉, 도달주의란 피청약인이 우편물을 실제로 접수한 날짜를 승낙의 의사표시 시점으로 간주하는 주의이다

③ 요지주의

승낙의 의사표시가 물리적으로 청약자에게 도달할 뿐만 아니라 현실적으로 청약자가 그 내용을 인지한 때에 계약의 성립을 인정해 주는 주의이다.

Check Point

승낙의 효력발생기는 각 나라마다 다르다.

무역거래에서 격지간의 승낙의 효력발생 시기는 국가에 따라서 상이하므로 주의해야 된다.

승낙의 효력발생시기에 대해서는 대화자간(대화, 전화, 테렉스)에서는 대부분 국제규칙이나 각국법이 도달주의 채택하고 있으나 격지자간(우편, 전보)에서는 한국법[21], 일본법, 영미법은 발신주의를 채택하고 있고, 독일법, ULFCIS[22], UNCCIS[23]는 도달주의를 채택하고 있다.

통신수단별 의사표시의 효력발생시기의 국별 비교

통신수단 \ 준거법			한국법	일본법	영국법	미국법	독일법	UNCISG
의사표시에 관한 일반원칙			도달주의	도달주의	도달주의	도달주의	도달주의	도달주의
승낙의 의사표시	대화자간	대화	도달주의	도달주의	도달주의	도달주의	도달주의	도달주의
		전화	도달주의	도달주의	도달주의	도달주의	도달주의	도달주의
		telex 또는 Fax	도달주의	도달주의	도달주의	도달주의	도달주의	도달주의
	격지자간	우편	**발신주의**	**발신주의**	**발신주의**	**발신주의**	도달주의	도달주의
		전보	**발신주의**	**발신주의**	**발신주의**	**발신주의**	도달주의	도달주의

Check Point

청약자에게는 도달주의가 유리한가?

격지자간의 승낙이 발신주의인 경우는 피청약자에게는 유리하지만, 청약자에게는 불리하다. 청약자에게는 도달주의가 유리하므로 무역실무상 청약시 Offer subject to acceptance reaching here by(date)와 같이 승낙의 통지가 몇 월 몇 일까지 도달할 것을 조건으로 명시해 두면 좋을 것이다.

---

21) 우리나라는 민법 제531조에서 격지자간의 계약성립시기를 승낙의 통지를 발생한 때라고 명시하고 있다.

22) 국제물품매매의 계약성립에 관한 통일법(Uniform Law on the Formation of Contracts for International Sale of Goods)

23) 국제물품매매계약에 관한 UN협약: 비엔나협약(UN Convention on Contracts for the International Sale of Goods)

4) *e*－Trade와 무역계약

자사 및 상품홍보와 정보수집단계를 거쳐 어느 정도 무역거래처가 선정되면 무역협상 및 계약체결의 단계로 넘어간다. 무역협상 및 계약체결단계는 일반적으로 권유장(Circular Letter), 조회(Inquiry), 청약(Offer), 승낙(Acceptance)의 절차가 진행되는데 전통적 무역실무에서는 우편이나 전화, 팩스로 보냈으나 e-Trade에서는 인터넷을 이용한 전자메일 등을 이용하여 발송하게 된다.

e-Trade 수출계약과정

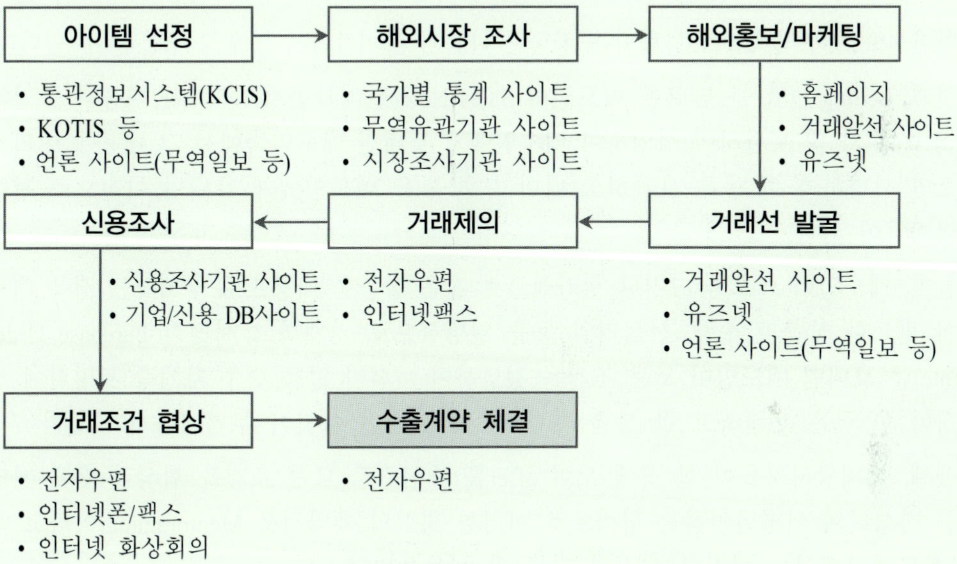

7. 무역계약의 성립 형식

무역계약의 성립형식: Sales Note, Purchase Order, Memorandum

무역계약의 성립은 청약(offer)이나 주문(order)과는 달리 수출입업자의 거래를 법의 테두리로 가져오는 것으로 정확하고 신중하게 임해야 된다. 많은 경우 청약자의 청약에 대해 피청약자의 승낙이 이루어지면 바로 신용장을 개설하는 경우가 있는데 향후에 발생할 수 있는 상사분쟁 시 정확한 문제해결을 위해선 반드시 무역계약서를 작성해야 된다.

일반적으로 무역계약이 성립되는 형식은 다음과 같이 3가지 경우로 구분할 수 있다[24].

첫째, Selling Offer를 발행한 매도인이 Sales Note(판매확인서)를 Offer 내용과 동일하게 또는 추가 및 보완하여 서명하여 매수인에게 보내면 매수인측에서 그 내용에 이의가 없으면 서명하여 한 통은 보관하고 나머지 한 통을 매도인에게 보내면 이것으로 정식 무역계약이 된다.

둘째, 매수인이 규모가 크거나 정기적으로 같은 상품을 대량으로 구매하는 경우 매수인이 필요한 상품의 수량, 선적기일 등을 일방적으로 기재하고 서명한 Purchase Order (Note)를 보내면 매도인이 모든 조건을 검토하여 이의가 없을 경우 자기측 서명란에 서명하여 한 통은 보관하고 한 통은 매수인에게 보내면 이것이 무역계약서가 된다.

셋째, 매매당사자들이 한 곳에 모여 offer를 중심으로 모든 조건을 협상한 후에 계약서를 작성하여 서명날인하는 형식으로 이러한 형식의 계약서를 Memorandum이라고 하고 무역계약에서는 이러한 형식이 가장 많이 사용된다.

Check Point

확정오퍼에 대한 승낙만으로도 무역계약은 성립되는데 계약서를 작성해야 되나?

계약은 오퍼와 승낙에 의하여 성립되므로 계약은 구두로도 Telex로도 우편으로도 오퍼에 대하여 승낙을 하면 당사자를 법적으로 구속한다. 계약서가 작성되지 않더라도 법적 구속력에는 변화가 없고 계약서는 단순히 오퍼 및 승낙에 의하여 합의한 계약내용을 확인하는 의미만 가지고 있을 뿐이다[25].

24) 박대위, 「무역실무」, 법문사, 1997, pp.357-358.
25) James W. Dudley, Exporting, Pitman, 1991, p.p.126-127.

8. 무역계약의 종류

1) 개별계약(Case by Case Contract)

개별계약(個別契約)은 무역 매거래 시마다 수출업자와 수입업자가 계약서를 작성하는 것을 말한다. Sales Note(매약서)나 Purchase Order(매입서 또는 구매서)가 이에 속한다.

2) 포괄계약(Master Contract)

포괄계약(包括契約)은 특정 상품에 대하여 수출입업자간에 매거래 시마다 계약하지 않고 일반적으로 연간계약 및 일정기간 계약을 체결해 놓고 필요할 때마다 선적해 주는 계약방식이다.

3) 독점계약(Exclusive Contract)

독점계약(獨占契約)은 특정 상품의 수출입을 지정 수출입자간에만 독점적으로 하는 계약으로 수출업자는 수입국의 독점계약을 체결한 지정수입자외에는 수출을 하지 않으며 수입업자도 지정수출자이외의 수출국의 다른 업자로부터 수입을 하지 않는다는 조건으로 이루어지는 계약이다.

이러한 독점계약이 장기적으로 유지되기 위해서는 수출입업자 모두 다음과 같은 의무를 준수해야 된다.

(1) 수출업자의 의무

첫째, 수출업자는 지정수입자가 적정한 이윤을 남기고 가격경쟁력을 갖출 수 있도록 저렴한 가격으로 오퍼해야 된다.

둘째, 수출업자는 지정수입자에게 수출한 상품에 대해 품질보증을 해주어야 된다.

셋째, 수출업자는 지정수입업자에게 수출하는 동일한 상품을 수입국의 다른 업자에게 수출해서는 안 된다.

넷째, 수출업자는 자신의 명의가 아닌 제3자의 명의 등을 통해 수입국 시장에 진출해서는 안 된다.

(2) 수입업자의 의무

첫째, 수입업자는 수입한 상품을 최대한 판매해야 된다. 지정수출업자는 독점계약을 체결한 경우 수입국의 다른 업체를 통해 수입국시장에 자사의 상품을 판매할 수 없는데 수입업자가 여러 가지 이유로 수출업자의 상품판매를 등한시 한다면 수출업자는 큰 타격을 보게 된다. 따라서 수입업자는 독점계약을 체결한 지정수출업자의 상품에 대한 연간 최소판매량을 보장해야 된다.

둘째, 수입업자는 지정수출업자이외의 수출국의 다른 업체로부터 동종물품을 수입해서는 안 된다.

Check Point

독점계약 체결시 유의사항

무역거래에서 독점계약은 수출입업자에게 거래의 확실성을 주지만 자유로운 상거래를 제약하는 요인으로 작용할 수 있다.

일반적으로 독점계약을 체결하는 이유는 수출업자 입장에서 새로운 해외시장을 개척하려 할 때 수출업자의 대외지명도 및 상품의 브랜드가 널리 알려지지 않은 경우 수입업자가 수입을 해주는 조건으로 독점계약을 요구하는 경우가 많다.

그런데 수출업자의 상품이 수입국에서 예상보다 잘 팔리는 경우 수출업자는 더 좋은 계약조건을 제시하는 수입국의 다른 업체로부터 거래제의를 받게 되거나, 수출업체가 직접 수입국 시장에 진출하고 싶은 생각을 하게 된다.

이러한 상황변화는 무역거래에서 독점계약을 둘러싼 다종다양한 상사분쟁을 일으키고 있다. 따라서 독점계약 체결 시 수출업자와 수입업자의 의무 사항을 구체적으로 명시하고, 독점계약의 유효기간 및 독점계약의 연장에 대한 내용을 명확하게 명시해야 된다.

9. 무역매매계약의 기본조건

무역거래에서는 수출입업자간에 무역거래에 관한 일반거래조건을 협의하여 합의점에 도달한 경우 내용을 문서화하여 교환하게 되는데 이를 일반거래협정서라고 한다. 이러한 일반거래협정서는 매거래시마다 제조건을 확인하는 번거로움을 없애고, 상사분쟁 발생시 그 책임소재를 명확히 할 수 있다.

무역계약의 주요 조건

- 품질조건(Quality Terms)
- 수량조건(Quantity Terms)
- 선적조건(Shipment Terms)
- 결제조건(Payment Terms)
- 보험조건(Insurance Terms)
- 가격조건(Price Terms)
- 기타조건(Other Terms)

- 보험조건, 결제조건, 운송조건은 다른 장에서 세부적으로 다룬다.

1) 품질조건

품질의 결정 방법 + 품질의 결정 시기

(1) 품질의 결정방법

상거래에서 양당사자간에 일치된 품질을 정의하기란 쉽지가 않다. 예를 들어 완구를 수출입하는 무역계약에서 품질조건을 막연히 귀엽고 안전한 것으로 합의한 경우 만약 수출업자가 생각하는 귀엽고 안전한 것과 수입업자 생각하는 것이 다를 경우 복잡한 상사분쟁이 발생할 수 있다.

이러한 품질결정을 둘러싼 분쟁을 미연에 방지하기 위해 무역거래에서는 여러 가지 품질결정 방법을 사용하고 있다.

견본매매(Sales by Sample)
상표매매(Sales by Trade Mark)
설명매매(Sales by Description)
표준품매매(Sales by Standard)
규격매매(Sales by Type)

① 견본매매(Sales by Sample)

견본매매란 거래하고자 하는 상품의 품질을 제시된 견본에 의해 약정하는 방법으로 무역거래에서 상품의 품질은 주로 견본으로 결정한다.

이러한 견본은 수출업자가 수입업자에게 보내는 Seller's sample, 수입업자가 수출업자에게 보내는 Buyer's sample에 대하여 거래 상대방이 새로운 견본을 제시하게 되는 경우 이를 counter sample이라고 한다.

Check Point

견본매매시 수출업자가 주의할 점

견본매매시 수출업자는 반드시 원견본(original sample)을 수입업자에게 송부하고 원견본과 동일한 제2견본(duplicate or reference sample)을 보관해야 되고 수출업자가 직접 상품을 제조하지 않고 조달하여 수출하는 경우 상품공급자에게 제3견본(triplicate sample)을 보관시켜 품질을 둘러싼 상사분쟁에 대비해야 된다.

또한 견본과 실제 인도상품간에 완전히 일치한다는 표현을 사용하지 말고 대체로 견본과 비슷하다는 융통성있는 표현을 사용하는 것이 좋다.

즉, 견본에 대한 설명을 할 때 "fully equal to sample", "up to sample" 등과 같은 표현을 사용하면 실제 인도된 상품이 견본과 조금만 상이해도 복잡한 상사분쟁이 발생할 수 있으므로 "similar to sample", "about equal to sample"과 표현을 사용하는 것이 상사분쟁을 예방할 수 있다.

② 표준품매매(Sales by Standard)

표준품(standard)이란 동종이질(同種異質)상품의 품질을 대표하는 소량의 상품으로 주로 농수산물 및 광산물 등의 1차산품의 거래에 이용된다.

농수산물 및 광산물은 공산품처럼 같은 원료, 같은 기계를 사용하여 같은 규격으로 만들 수 없다. 즉, 농수산물은 같은 종류의 상품이라도 품질(규격, 형태, 순도)이 일정하지 않아 무역거래에서 견본제시가 곤란하다. 이러한 1차산품의 거래에서는 미리 정해진 기준에 의거해서 일정한 품질을 해당 상품의 품질로 정하는 방법을 사용한다. 무역거래에서 사용되는 표준품매매방식은 다음과 같다.

(가) 평균중등품질조건(Fair Average Quality : FAQ)

평균중등품질조건은 주로 농산물(곡물, 과실, 차 등)거래에 사용되는 조건으로 당해년도 당해지역에서 생산되는 상품가운데 동종상품의 평균적(fair)이며 중등(average)의 품질을 무역거래 상품의 품질로 결정하는 방법이다.

일반적으로 전년도 수확물(곡물, 과일)의 중등품을 표준품으로 하여 가격을 정하고 실제 인도하는 상품은 당해년도 신수확물의 중등품으로 한다.

The shipments shall be based on F.A.Q at the time & place of shipment.

(나) 판매적격품질조건(Good Merchantable Quality : GMQ)

판매적격품질조건은 상품 내부의 부패나 기타 잠재하자가 외관상으로 확인하기 곤란한 목재, 냉동수산물 등의 거래에 사용되는 조건이다.

이 조건은 상품인도시에 그 품질이 판매가능한 것, 즉 판매적격성(Merchantability)을 지닌 것임을 수출업자가 보증하는 품질조건이다. 따라서 실제로 인도된 상품의 부패나 내부하자 발견시 매도인이 책임을 진다.

The shipments shall be based on G.M.Q at the time & place of destination.

(다) 보통표준품질조건(Usual Standard Quality: USQ)

보통표준품질조건은 해당 상품의 공인검사기관에 의하여 보통품질을 사전에 표준품의 품질로 결정하는 조건이다. 이 조건은 미국의 면화판매에서 처음으로 사용되었다. 이 조건은 원사거래에 주로 이용되는 품질조건으로 우리나라의 경우 인삼, 오징어, 해태 등의 상품거래에 사용된다.

③ 상표매매(Sales by Trade Mark or Brand)

상표매매는 세계적으로 널리 알려진 상품을 거래하는 경우 견본에 의해 품질을 결정할 필요없이 상표(trade mark)나 brand에 의해 품질을 결정한다.

④ 설명서(명세서)매매(Sales by Description or Specification)

설명서매매는 항공기, 선박, 철도차량, 기계류, 의료기구 등과 같이 견본, 표준품, 상표 등으로 품질을 결정할 수 없는 거래에 사용된다.

이 조건은 상품의 성능, 재료, 구조 등을 상세하게 설명한 설명서(Description), 명세서(Specification), 카탈로그(Catalog), 청사진(Blue Print), 설계도(Plan)등에 의해서 품질을 결정하는 방법이다.

⑤ 규격매매(Sales by Type or Grade)

규격매매는 거래하고자 하는 상품의 규격 및 등급이 국제적으로 통일되어 있거나[26] 수출국의 공적 규정[27]으로 정해져 있는 경우 이 규격을 기준으로 매매하는 방법이다.

(2) 품질의 결정시기

무역거래는 격지간의 거래라는 특성상 무역운송기간이 국내 상거래에 비해 장기간이 소요된다. 이러한 이유로 인해 무역거래에서는 해당 상품의 품질이 선적시에는 적격이었으나, 장기간의 무역운송과정 후 양륙시에는 부적격인 경우가 발생할 수 있다.

즉, 무역거래에서는 선적시의 품질과 양륙시의 품질이 다를 수 있으므로 검품의 기준시기에는 수출항에서 선적완료시점(Time of Shipment)으로 하는 선적품질조건(Shipped Quality Terms)과 수입항에서 양륙시점(Time of Discharge)으로 하는 양륙품질조건(Landed Quality Terms)이 있다.

① 선적품질조건(Shipped Quality Term)

선적품질조건은 수출국에서 출발할 당시의 수량이 무역계약과 일치할 것을 조건으로 하는 것으로 검품의 기준시기를 선적완료시점으로 하는 조건[28]이다. 상품의 품질이 선적시점에 매매계약에서 약정된 품질과 일치하면 수출업자는 운송중의 변질에 대해 면책되고, 품질증명서(certificate of quality)를 수입업자에게 제공하면 된다.

FOB, CIF가격조건에서 계약상 특별한 조건이 명시되어 있지 않는 한 이 조건에 따르며, 수출업자에게 유리한 조건이며, 수출업자의 부정을 막기 위하여 수입업자가 지정한 검사기관이 검품하기도 한다.

② 양륙품질조건(Landed Quality Term)

양륙품질조건은 상품이 수입지에 도착하였을 때의 수량이 무역계약과 일치할 것을 조건으로 하는 것으로 상품을 양륙할 때의 품질을 상품대금 계산의 기준으로 하는 조건이다. 양륙품질조건은 검품의 기준시기를 수입항에 도착, 양륙, 인도시로 하는 조건[29]으로 무역운송도중에 발생하는 상품의 변질을 수출업자가 책임을 진다.

---

26) ISO(International Organization for Standardization)

27) JIS(Japan Industrial Standard), BSS(British Standard Specification) 등

28) 품질결정시기에 관하여 매매당사자간 합의가 없는 경우 INCOTERMS상 E, F, C Group은 선적품질조건.

따라서 수입업자에게 유리한 조건이다. CIF계약일지라도 곡물류, 해산물, 유지류, 공업제품 등과 같이 장기수송 도중 감량누손이 발생하기 쉬운 상품은 이 조건이 적용된다.

국제 곡물시장의 특수 품질조건

Tale Quale Terms(T.Q.)	Tale Quale은 불어로 Tel Quel이라고도 하며 such as it is 의미로서 선적품질조건이다. 수출업자는 운송중의 손실에 면책된다.
Sea Damaged Terms(S.D.)	기본적으로 선적품질조건이나 해상운송 중에 해수에 의한 품질 손상(부패, 발효, 응고 등)에 대하여 매도인이 추가로 부담하는 조건으로 선적품질조건과 양륙품질조건을 절충한 조건부선적 품질조건이다.
Rye Terms(R.T.)	호밀거래에 사용되는 양륙품질조건으로 상품이 수입지에 도착 시 손상되어 있는 경우 그 손상에 대해 수출업자가 책임을 지는 조건으로 일반적으로 상품하자시 상품거절보다는 가격인하 등의 구상권을 행사한다.

2) 수량조건

(1) 수량의 단위

수량단위의 종류

	중량 (weight)	용적 (부피)	개수 (EA)	포장 (package)	길이 (length)	면적 (square)
주 사용품목 ▶	원자재	목재·액체류	통상의 상품	원면·시멘트	직물·전선	타일·합판

국가마다 도량형 단위가 다르므로 명확한 구분이 필요함

국제간의 상품거래에서 사용되는 상품의 수량단위는 상품의 성질과 형상에 의하여 크게 개수와 도량형(중량, 용적, 길이, 면적)으로 표기 단위가 다르다. 무역거래에서는 수량조건의 불명확으로 인해 클레임이 발생하는 경우가 자주 있다.

따라서 명확하게 매매계약서에 명시해야 된다. 중량(weight), 용적(measurement), 개수(piece), 길이(length), 면적(square) 등으로 표시가 다르다. 수량의 단위에는 개수(Piece, Dozen), 포장단위(Case, Bag, Bale), 용적(Measurement), 중량(Weight), 길이(Length) 등이 있는데, 가장 문제가 되는 것은 중량이다.

29) 품질결정시기에 관하여 매매당사자간 합의가 없는 경우 INCOTERMS상 D Group은 양륙품질조건.

① 개수(Number)에 의한 수량단위

무역거래에서 잡화 및 기계는 수량단위를 낱개 또는 포장(Package)단위로 한다. 컨테이너의 개수는 TEU(Twenty Feet Equivalent Unit)나 FEU(Forty Feet Equivalent Unit)를 사용한다.

개수에 의한 수량단위

상품수	1개(piece), 1대(set), 1타스(doz) 등
	<12pcs(pieces) 단위> • 1 dozen = 12pcs(개) • 1 gross = 12pcs×12pcs = 144pcs(개) • 1 great gross = 12pcs×12pcs×12pcs = 1,728pcs(개) • 1 small gross = 12pcs×10pcs =120pcs(개)
포장수	상자(case), 가마니(bale), ,포대(bag), 통(drum), 묶음(bundle), 캔(can) 시멘트, 비료, 통조림 등에 사용

② 중량(Weight)

중량은 무게로서, 중량을 표시하는 단위는 Ton, pound(1b), Kilogram(kg) 등이 있고, 가장 많이 사용하는 것은 Ton이다.

(가) 중량의 측정방법

중량의 측정 방법: 총중량 + 순중량

총중량(Gross Weight)은 상품을 포장한 채로의 중량, 즉 제포장재료를 다 합한 Tare(포장용기)와 Ware(내용물)의 총무게를 말한다. 순중량(Net Weight)은 상품의 순중량, 즉 포장용의 무게를 공제한 순상품 중량을 말한다.

(나) 중량의 단위

무역에서 사용되는 중량 단위는 영국식 : L/T(Long Ton), 미국식 : S/T(Short Ton), 프랑스 및 대륙식 : M/T(Metric Ton)이 있다.

중량의 단위

Long Ton(British Ton ; 2,240 Lbs : 1,016Kg) Short Ton(American Ton ; 2,000Lbs ; 907Kg) Metric Ton(French Ton ; 2,204Lbs ; 1,000Kg)

③ 용적(Measurement)

용적은 부피로서 상품에 따라 다음과 같이 다양한 수량단위가 있다.

액체나 목재의 측정은 용적을 기준으로 하는데, 목재의 경우 1SF(Super Foot) = 1평방 Feet×1 Inch로서 480 SF가 1용적톤이 된다. 일반적으로 선박으로 운송할 때 1용적톤이라면 480 Cubic Feet를 말한다.

용적의 단위

목재	Cubic Meter(1m^3), Cubic Feet(cft) 40cft = 1M/T 1m^3 1M/T = 1CBM 20 feet container = 31CBM
석유	Barrel(31.5 America Galon)
곡물	Bushel(8 English Galon; 36.367 Liters)

④ 길이(length)

길이는 섬유제품의 거래에 많이 이용되며, 미터(Meter)와 야드(Yard)를 단위로 하는 경우가 대부분이다.

Check Point

More or less Terms란 무엇인가?

무역의 수량조건에서 과부족용인조건(More or less Terms)이란 장기간의 무역운송 도중 불가피하게 과부족이 예상되는 광물, 곡물, 철광석 등과 같이 포장할 수 없는 Bulk Cargo에 사용되는 수량조건으로 운송과정 중에 발생하는 어느 정도의 과부족(오차)은 수입업자가 클레임을 제기하지 않는 조건이다.

예를 들어 무역계약서에 “5% more or less at seller’s option”처럼 명시한 경우 실제로 운송과정 중에 5%의 과부족이 발생하더라도 수출업자는 수입업자로부터 클레임을 제기 당하지 않는다.

대개 신용장의 금액, 수량, 단가와 관련하여 About, Approximately 등의 표현이 사용된 경우 10% 이내의 과부족을 허용하고, 이와 유사한 표현이 없더라도 특정상품의 수량에 대해서는 어음발행금액이 신용장금액을 초과하지 않는 경우 5% 범위 내에 과부족을 허용한다.[30)]

30) UCP 제39조.

3) 선적조건

무역거래조건으로서의 선적(Shipment)은 운송기간의 뜻으로 해석되며 인도조건으로도 해석된다.

(1) 선적의 개념

신용장통일규칙하의 선적의 개념은 해상운송의 본선적재(loading on board)뿐만 아니라 항공기 및 철도화차의 적재(loading), 복합운송의 수탁(taking in charge), 우편의 발송(dispatch), 운송을 위한 인수(accepted for carriage)의 개념까지 포함한다.

선적일이란 화물 전부가 선적완료된 날을 의미하여 일반적으로 선화증권의 발행 일자(B/L date)를 선적일로 간주한다.[31)]

Check Point

신용장의 Shipping Date와 Expiry Date의 관계

신용장에 유효기일(Expiry Date)은 정해져 있으나 최종선적일(Latest Shipping Date)은 정해져 있지 않은 경우 신용장통일규칙에 의해 신용장의 유효기일을 최종선적일로 간주한다.[32)]

그러나 주의해야 할 점은 은행휴업일(일요일, 국경일 등)로 인해 은행이 휴업한 경우 신용장의 유효기일은 다음 최초의 영업일까지 자동연장되나 유효기일을 선적일로 본 선적일은 이 경우 연장되지 않는다.[33)]

(2) 선적방법

① 분할선적(partial shipment)

분할선적(partial shipment)은 수출상이 무역거래의 물량이나 금액이 많아 1회에 모두 선적하기 곤란한 경우나 수입상이 판매계획 등에 의해 주문된 수량을 수회로 나누어 선적하는 것을 원하는 경우 수출상품을 여러 차례 나누어 선적하는 방법으로 할부선적(installment shipment)이라고도 한다.

31) 선적선화증권(Shipped Bill of Lading)의 경우 그 발행일이 선적일이 되고, 수취선화증권(Received Bill of Lading)의 경우 선화증권상의 본선적재일 표시(on board notation)가 선적일이 된다.(선화증권에 관한 자세한 설명은 운송계약을 참조할 것)

32) 신용장통일규칙 제48조 b항

33) 신용장통일규칙 제48조 a 및 b항

Check Point

첫 번째 선적을 정해진 기간내에 이행하지 못한 분할선적의 계약효과는?

신용장상에 분할선적의 방법을 “May and June shipment should be equally divided” 라고 명시되어 있는데, 첫 번째 선적을 정해진 기간 내에 이행하지 못하면 첫 번째 분할선적분뿐만 아니라 그 이후의 분할분에 대해서도 계약효과가 상실된다.[34)]

② 환적(transhipment)

환적(transhipment)은 선적한 상품을 다른 선박이나 다른 운송수단으로 재선적(reloading)을 하는 것을 말한다.

Check Point

분할선적과 환적을 금지하는 방법은?

무역거래에서 신용장이나 계약서상에 분할선적과 환적의 허용여부를 정확하게 명시 하지 않은 경우 분할선적과 환적의 허용여부가 문제될 수 있는데 신용장통일규칙에서는 신용장상에 분할선적과 환적을 금지한다고 명시하지 않는 한 분할선적과 환적은 허용된다고 명시하고 있다.[35)]

따라서 분할선적과 환적을 금지하려면 반드시 계약서나 신용장상에 다음과 같은 환적금지 특약의 문언을 명시해야 된다. “partial shipment(transhipment) is prohibited”

그러나 복합운송의 경우 운송방식의 특성상 신용장상에서 환적을 금지하고 있어도 환적의 표시가 있는 운송서류가 네고시 수리된다.[36)] 또한 계약서나 신용장의 선적조건으로 직항선적(direct shipment)을 명시하는 경우 관습적 항로(customary route)로 항해하는 과정에 환적을 금지하는 의미로 해석되어 환적을 막을 수 있으나 이 경우에도 해난을 당하여 피난항에 기항하는 것은 인정하고 있다.

34) 신용장통일규칙 제45조.
35) 신용장통일규칙 제40조 a항
36) 신용장통일규칙 제29조 c항

Check Point

선적지연의 계약효과와 불가항력조항

무역거래에서 정해진 선적기간내에 선적이 이루어지지 않는 선적지연(delayed shipment)은 수출업자의 과실 및 태만으로 인한 경우와 수출업자가 통제할 수 없는 불가항력에 의해 발생된다.

선적지연이 불가항력 등의 정당한 사유없이 수출업자의 귀책사유에 의해 발생한 경우 계약위반이 되어 수입업자는 계약을 해제할 수 있고, 수입업자가 손해보상을 요구하는 경우 수출업자는 보상해야 된다.

그러나 선적지연의 원인이 불가항력(force majeure)으로 인한 경우 무역실무 관례적으로 수출업자는 면책되고 통상적으로 3주 또는 1개월 동안 선적기일이 자동연장되나, 불가항력에 관한 국제규칙이 없는 만큼 무역계약시 수출입업자간에 불가항력의 적용요건 및 범위에 대한 불가항력조항을 합의해두는 것이 현명하다.

특히 이러한 불가항력에 의한 선적기일의 자동연장은 불가항력의 존재에 대한 입증책임을 조건으로 한다. 따라서 수출업자는 불가항력 사실을 객관적으로 증명해줄 수 있는 상공회의소나, 수출국 주재 상대방의 영사 등 공인기관으로부터 불가항력 발생증명서를 받아 지체없이 수입업자에 통지해야 한다.

(3) 선적시기

① 단월선적조건(單月條件)

선적조건을 "shipment shall be made during May, 2010."라고 명시하면 5월1일부터 5월31일까지 선적을 해야 한다. 또한 특약이 없는 한 1회에 전량을 선적해야 한다.

② 연월조건(連月條件)

선적조건을 "shipment shall be made during May and June, 2010."라고 명시하면 5월 1일부터 6월 30일까지 선적을 해야 된다.

특약이 없는 한, 2달 사이에 분할선적을 하던 전부를 일시에 선적하던 매도인의 임의로 할 수 있다.

③ 월중 특정기간의 선적조건

선적조건 중에 특정 월의 first half 또는 second half와 같은 문언이 명시된 경우는 각각 전반(1일~15일)과 후반(16일~말일)을 의미하고[37], beginning middle, end

와 같은 문언이 명시되어 있으면 각각 상순(1일~10일), 중순(11일~20일), 하순(21일~말일)을 의미한다.[38]

④ 특정일 이전 또는 이후 선적조건

선적조건을 "shipment shall be made till May 15, 2010."라고 명시하면 5월 15일 당일까지 선적하면 된다. 또한 선적조건을 "shipment shall be made within 30 days after receipt of Letter of Credit"라고 명시하면 신용장을 수취한 다음 날부터 30일 내에 선적하면 된다.

Check Point

바람직하지 않은 선적시기 표현

신용장통일규칙에서는 선적시기를 즉시(Prompt(Immediate) Shipment, Shipment as soon as possible)로 표현하는 것을 금지하고 있다. 이러한 표현에 대해 각 국가는 상이한 해석을 하고 있어 사용하지 않는 것이 좋다.

Check Point

주의해야 할 기간용어(期間用語) 및 일자용어(日字用語)

• 'from' 'till' 'until' 'to'

선적일자에 'from' 'till' 'until' 'to'가 표현된 경우 해당 일을 포함하는 것으로 해당 일까지만 선적하면 된다.

• "after" "before"

선적일자에 "after" "before"가 표현된 경우 해당 일을 제외하는 것으로 해당 일 이전까지 선적을 해야 된다.

• "on or about"

선적일자에 "on or about"가 표현된 경우 지정된 기준일을 전후하여 5일씩, 기준일 포함하여 총 11일간의 기간을 두는 조건이다[39].

37) 신용장통일규칙 제47조 c항.
38) 신용장통일규칙 제47조 d항
39) 신용장통일규칙 제46조 c항

선적기일 표시방법

구분	선적기일 표시방법	선적기일
특정기일 선적	Not later than Jan 31, 2010 = Latest(By) Jan 31, 2010 Within 45days after receipt of your L/C	2010년 1월 31일까지 L/C수령일 다음날부터 셈하여 45일 이내
특정일경 선적	On or about Jan 10, 2010	2010. 1. 5 ~ 1. 15.
연월 선적	In Jan / Feb, 2010	2010. 1. 1 ~ 2. 28.
단월 선적	In Jan, 2010	2010. 1. 1 ~ 1. 31.
상·하반월 선적	In the first half of Jan, 2010 In the second half of Jan, 2010	2010. 1. 1 ~ 1. 15. 2010. 1. 16 ~ 1. 31.
초·중·하순 선적	In the early of Jan, 2010 In the middle of Jan, 2010 In the end of Jan, 2010	2010. 1. 1 ~ 1. 10. 2010. 1. 11 ~ 1. 20. 2010. 1. 21 ~ 1. 31.
사용금지 표현	as soon as possible, prompt, immediate 등	해석기준이 애매한 표현이며 L/C 유효기일 이내라는 뜻이나 사용하면 안 됨

4) 가격조건

무역계약에서 가격조건은 수출업자가 수입업자에게 가격제시를 할 때에 상품의 이윤(제조원가, 희망이익)이외에 어떠한 부대비용을 단가에 삽입하여 가격산정을 할 것인가를 정하는 조건이다. 그런데 그 산출이 복잡하여 일반적으로 무역실무에서는 국제규칙인 Incoterms조건을 채택하여 사용하고 있다.

즉, 무역에서의 상품가격은 국내상거래에서는 발생하지 않는 부대비용(무역운송비, 적화보험료, 수출입관련 행정 및 금융비용 등)이 발생하는데 이러한 부대비용을 수출업자와 수입업자중 누가 부담할 것인가는 수출입업자간의 합의에 의해 정한 Incoterms조건에 따라 결정된다.

즉, 무역계약서에 단위수량당의 단가와 총금액을 기재하고, FOB와 CIF와 같은 Incoterms의 무역거래조건을 표시한다. 또한 거래통화(수출국의 통화, 수입국의 통화, 제3국의 통화)를 선정하여 계약서상에 명시해야 한다. 이러한 가격조건에 따라 무역관련 각종 비용의 부담자가 결정되고, 위험의 이전시기 및 소유권이전시기도 결정된다.

무역가격의 주요 내용

- 원가 및 희망이익·중개수수료·포장비
- 검사비: 선적전, 선적후
- 수출국내에서의 내륙운송비
- 부두비용: 선적항에서의 창고료, 부두사용료, 항구세 등
- 행정비용: 수출입국에서의 수출입승인비용 등
- 선적비용: 수출통관비용, 수출관세(우리나라는 없음), 적화비
- 해상운임·해상보험료·목적항에서의 양화비용, 부두비용·수입관세
- 수입통관비용·수입국내에서의 내륙운송비·각종 금융비용 및 수수료

수입가격구성

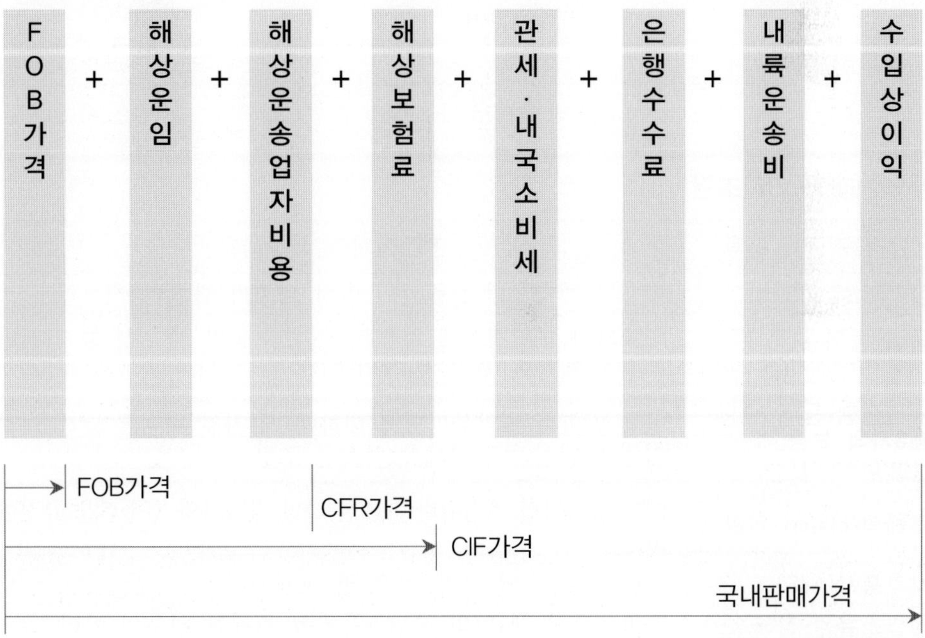

자료: 신군재(2003).

수출가격구성

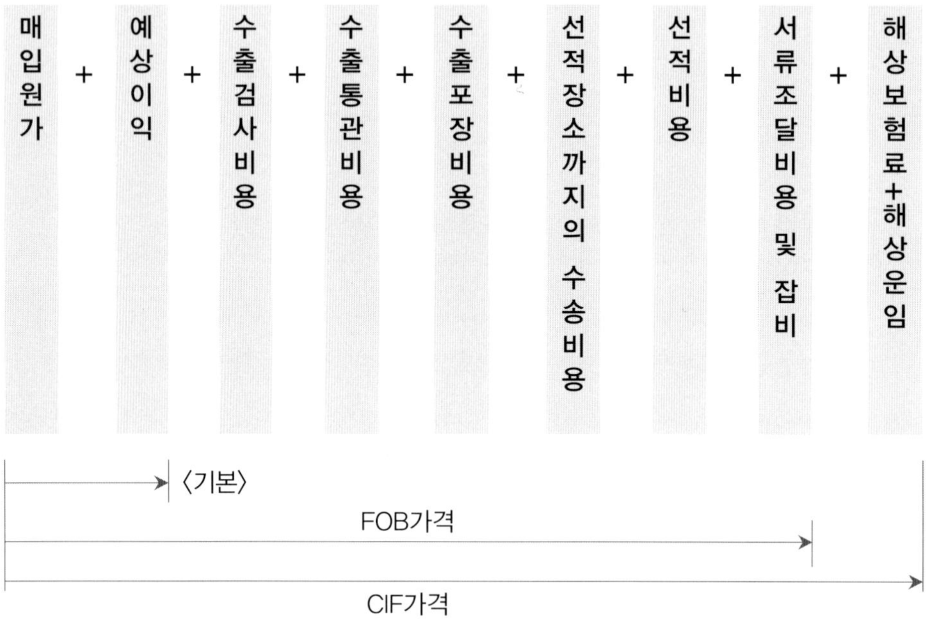

무역거래의 기타조건

기타 조건의 종류	조건에서의 핵심내용
검사(inspection)	현물과 계약상의 물품과의 일치 여부의 확인·검사
품질 등의 보증 (warranty)	수출자가 수입자에게 약속하는 성능·품질·내구성 등 거래의 부수적 사항에 관한 보증(약속)
계약이행 등에 관한 제3자의 보증 (guaranty)	어느 일방의 계약불이행에 대하여 제3자로 하여금 당해 계약이행을 대신하게 하도록 약속한 조항
클레임(claim) 처리	어느 당사자의 계약위반에 대한 타방 당사자의 청구권을 규정한 조항
사후봉사(A/S)	물품 인도 후의 수리·보수 및 교체조건
공업소유권 침해	계약물품이 제3자의 공업소유권을 침해할 경우의 처리조건
불가항력 (force majeure)	어느 당사자(주로 수출자)에게 책임을 물을 수 없는 사유로 계약이행이 지연 또는 불가능하더라도 책임을 연기·면책시키는 조건
분쟁해결	당사자간 합리적 해결이 불가능한 분쟁의 처리조건
준거법(governing law)	해석 및 보완의 준거(기준)가 되는 법규 또는 정형거래조건
기타	계약의 양도, 계약이행 과정에서의 통지방법 등 당해 무역거래의 이행·관리에 필요한 사항과 조건

자료:허재관(1998).

10. INCOTERMS란

1) Incoterms의 개념

Incoterms(International Rules for the Interpretation of Trade Terms)란 국제상업회의소(ICC)에 의해 제정된 무역거래조건의 해석에 관한 국제규칙을 말한다.

ICC가 Incoterms를 제정하게 된 배경은 세계 각국에서 사용되고 있는 무역거래조건이 그 해석이나 적용이 다양하여 무역업자간에 이를 둘러싼 오해나 분쟁이 끊이지 않고 소송으로 까지 확대되는 경우가 많아 이러한 무역조건의 해석상의 차이로 발생하는 분쟁을 사전에 방지하고 지속적인 세계무역의 발전을 위해서는 무역거래조건의 해석에 관한 통일된 국제규칙의 제정이 필요했다.

국제상업회의소(International Chamber of Commerce; I.C.C.)는 1920년에 창립된 후 첫 사업으로서 각국에서 다양하게 사용하고 적용되고 있는 무역거래조건들을 국제적으로 통일시키려는 노력을 하였고, 그 결과 1936년 무역거래조건의 해석에 관한 국제규칙(Incoterms)을 제정하였다.

Incoterms는 1936년 제정된 이래 무역과 교통, 통신의 발달에 따른 무역환경변화를 적절히 반영하고자 1953년, 1967년, 1976년, 1980년, 1990년, 2000년에 개정되었다. 그런데 Incoterms는 각국에서 강제적으로 채택해야 되는 국제조약이 아니고 단지 수출입당사자들이 명시적 합의에 의하여 Incoterms를 채택하여 국제매매활동의 원활을 꾀하려는데 그 의의를 두고 있을 뿐이다.

즉 Incoterms는 수출업자와 수입업자의 합의에 의해서만 채택되고 적용되는 것이다. 따라서 수출입업자간에 이러한 무역거래조건(Incoterms의 무역거래조건)을 적용한다는 명시적인 합의가 없으면 법적인 구속력을 갖지 못하므로 매매계약서에 쌍방간에 다음과 같은 취지의 문언을 명기해야 한다.

"The trade terms used in this contract shall be governed and interpreted by the provisions of Incoterms, 2000 edition, unless otherwise specifically stated."

" This FOB contract shall be governed by Incoterms 2000."

2) Incoterms 2000

격지간의 상거래인 무역에서 매도인과 매수인은 무역거래조건(위험분기점, 비용분기점, 소유권 이전시점)을 명확히 정해야 하는데 가장 최근 개정된 Incoterms 2000에서는 무역조건을 13가지로 분류하고 각 무역조건별로 매도인과 매수인의 책임과 의무를 규정하고 있다. Incoterms 2000의 13가지 무역조건은 4개 그룹으로 분류할 수 있다.

첫째, E그룹은 출발지 인도조건으로 매도인의 공장(영업장내)에서 상품을 매수인에게 인도하는 무역조건이다.

둘째, F그룹은 주운임미지급인도조건으로 운임을 매도인이 부담하지 않고 매수인이 부담하는 무역조건이다.

셋째, C그룹은 주운임지급조건으로 매도인이 운임을 부담하는 무역조건이다.

넷째, D그룹은 도착지인도조건으로서, 매도인이 목적지에서 상품을 매수인에게 인도하는 무역조건으로 매도인은 목적지에서 상품을 인도하는데 따른 모든 비용과 위험을 부담해야 된다.

INCOTERMS 2000

Group E Departure	EXW(Ex Works: 공장인도)
Group F Main Carriage Unpaid	FOB(Free on Board: 본선인도) FAS(Free Alongside Ship: 선측인도) FCA(Free Carrier: 운송인인도)
Group C Main Carriage paid	CFR(Cost and Freight: 운임포함) CIF(Cost, Insurance and Freight: 운임, 보험료 포함인도) CPT(Carrige Paid to: 운임 지급인도) CIP(Carrige and Insurance Paid to: 운임, 보험료 지급인도)
Group D Arrival	DAF(Delivered at Frontier: 국경인도) DES(Delivered Ex ship: 착선인도) DEQ(Delivered Ex Quay: 부도인도) DDU(Delivered Duty Unpaid: 관세미지급인도) DDP(Deliverded Duty Paid: 관세지급인도)

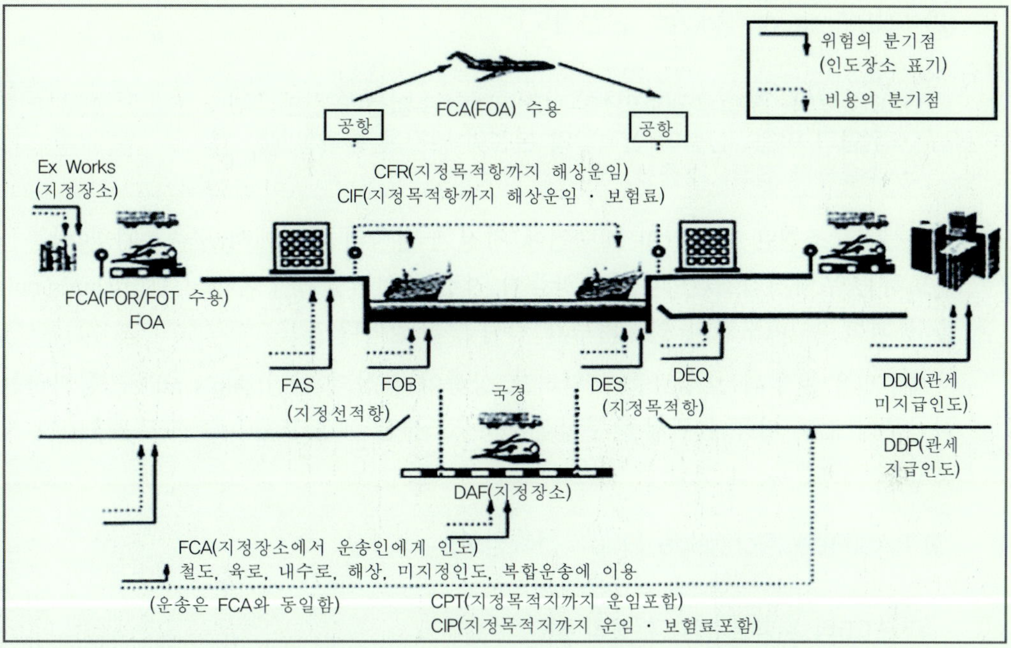

(1) EXW(Ex Works: 공장인도)

- 비용부담: 운임부담(수입상), 보험료부담(수입상)
- 위험의 이전: 상품이 수출상의 창고 등에서 수입상의 임의처분 상태로 두어졌을 때
- 수출통관 절차: 수입상

공장인도란 매도인이 수출통관을 하지 않고, 운송될 차량에 적재하지 않은 상태로 매도인의 영업장 또는 기타 지정된 장소(작업장, 공장, 창고 등)에 상품을 매수인의 임의처분상태(at the disposal of the buyer)로 놓아두면 매수인이 상품을 인수해 가는 무역조건이다.

Ex는 영어의 from, out of의 의미로 ~로부터의 뜻이다. Works는 mill(제분공장), Works(금속공장), Factory(일반 공장)의 대표적 용어로 농산물수출의 경우 Ex Plantation을 의미한다. 즉, 우리나라의 경우 산지(논이나 밭) 또는 산지의 농산물 저장창고 등에서 농산물이나 과일 등을 인도하는 조건을 의미한다.

무역실무상 이 조건은 매도인에게 최소한의 의무만을 부과하는 조건으로 매수인이 직간접적으로 수출통관절차를 이행할 수 없을 경우에는 사용할 수 없는 무역거래조건이다.

(2) FOB(Free on Board: 본선인도)

- 비용부담: 운임부담(수입상), 보험료부담(수입상)
- 위험의 이전: 상품이 선적항의 본선의 난간을 통과할 때
- 수출통관 절차: 수출상

본선인도조건은 매도인이 매수인이 지정한 선박의 본선에서 수출통관한 상품을 인도하는 무역거래조건이다. 즉, 상품이 지정된 선적항에서 본선의 난간(ship's rail)을 통과할 때 매도인의 인도의무가 끝나는 조건이다.

매수인은 운임과 보험료를 부담하고 상품이 본선의 난간(ship's rail)을 통과하는 시점부터 모든 비용과 위험을 부담한다. 이 조건은 해상 또는 내륙수로운송에만 사용될 수 있다.

(3) FAS(Free Alongside Ship: 선측인도)

- FOB의 위험분기점: 본선의 난간
- FAS의 위험분기점: 선측

선측인도조건은 매도인이 수출통관한 상품을 선적항에서 매수인이 지정한 본선의 선측에서 인도하는 무역거래조건이다. 상품이 선측이 놓여진 순간부터 매수인은 상품에 관한 모든 비용과 위험을 부담해야 한다.

선측(Free Alongside Ship)이란 본선의 선적용 기구가 도달할 수 있는 장소를 의미한다. 이 조건은 해상 또는 내륙수로운송에만 사용될 수 있다.

(4) FCA(Free Carrier: 운송인 인도)

- FCA = FOB의 복합운송 조건
- FOB의 위험분기점: 본선의 난간
- FCA의 위험분기점: 최초의 운송인에게 인도

운송인인도조건은 매도인이 지정된 장소에서 매도인이 지명한 운송인(carrier)에게 수출통관된 상품을 인도하는 무역거래조건이다. 매수인은 상품이 본인이 지명한 운송인에게 인도되는 시점부터 상품에 관한 모든 비용과 위험을 부담한다.

이 조건은 인도장소에 따라 수출자의 상품 적재 및 양하 의무가 달라지는데 인도가 매도인의 영업장구내에서 행해지는 경우에는 매도인은 상품의 차량적재에 대한 의무를 진다.

그러나 인도가 기타의 장소에서 행해지는 경우에는 매도인은 운송인에게 상품을 차량에서 양하하여 인도할 책임을 지지 않는다.

운송인(Carrier)란 철도, 도로, 항공, 해상, 내륙수로 또는 이러한 운송수단을 결합한 복합운송을 이행하는 사람을 의미한다. 매수인이 상품을 수령하기 위하여 운송인이 아닌 운송주선인을 지명한 경우에는 상품이 운송주선인에게 인도될 때 매도인의 물품인도 의무는 완료된 것으로 간주된다. 이 조건은 복합운송을 포함하여 운송수단에 관계없이 사용될 수 있다.

(5) CFR(Cost and Freight: 운임포함인도)

- CFR = FOB + 운임

운임포함인도조건이란 매도인 자신이 수배한 선박의 본선에서 수출통관한 상품을 인도하는 무역거래조건이다.

이 조건은 상품이 지정된 선적항에서 본선의 난간(ship's rail)을 통과할 때 매도인의 인도의무가 끝난다는 점은 FOB조건과 동일하나 운임을 매도인이 지불한다는 점이 FOB조건과 다르다. 이 조건에서 매도인은 지정된 목적항까지 상품을 운송하는 데 필요한 비용 및 운임을 지불해야 한다.

그러나 상품의 손상 위험 및 인도 이후에 발생하는 사건에 기인하는 모든 추가비용은 상품이 지정된 선적항에서 본선의 난간(ship's rail)을 통과할 때 매도인으로부터 매수인에게 이전된다. 이 조건은 해상 또는 내륙수로운송에만 사용될 수 있다.

(6) CIF(Cost, Insurance and Freight: 운임·보험료포함인도)

- CIF = FOB + 운임 + 보험료
- CIF = CFR + 보험료

운임보험료포함인도 조건은 매도인 자신이 수배한 선박의 본선에서 수출통관하고 보험에 부보된 상품을 인도하는 무역거래조건이다.

이 조건은 상품이 지정된 선적항에서 본선의 난간(ship's rail)을 통과할 때 매도자의 인도의무가 끝난다는 점은 FOB조건과 동일하나 운임과 보험료를 매도인이 지불한다는 점이 FOB조건과 다르다. 또한 CFR조건과의 차이점은 보험료를 매도인이 지불한다는 점이다.

매도인이 지정된 목적항까지 상품을 운송하는데 필요한 운임과 보험료를 지불해야 한다. 그러나 상품의 손상 위험 및 인도 이후에 발생하는 사건에 기인하는 모든 추가비용은 상품이 지정된 선적항에서 본선의 난간(ship's rail)을 통과할 때 매도인으로부터 매수인에게 이전된다.

매도인은 단지 매수인이 부담하는 운송중의 상품의 멸실 또는 손상의 위험에 대해서 매수인을 피보험자로 하는 해상보험에 부보해 줄 뿐이다. 특히 CIF조건에서 매도인은 최소담보조건의 보험만을 부보할 의무가 있음을 주의해야 한다.

따라서 피보험자인 매수인이 담보 범위가 더 넓은 보험의 담보를 받고 싶으면 매도인과 보험담보의 정도를 합의하여 매매계약서에 명시해야 한다. 이 조건은 해상 또는 내륙수로운송에만 사용될 수 있다.

(7) CPT(Carrige Paid to: 운임지급인도)

- CPT = CFR의 복합운송조건
- CFR의 위험분기점: 본선의 난간
- CPT의 위험분기점: 최초의 운송인에게 인도 시점

운임지급인도조건이란 매도인이 지정된 장소에서 매도인 자신이 지명한 운송인(carrier)에게 수출통관된 상품을 인도하는 무역거래조건이다. 매도인은 지정된 목적지까지 상품을 운송하는데 필요한 운송비를 지불해야 한다.

상품이 운송인에게 인도된 후에 발생하는 모든 위험과 기타 비용은 매수인이 부담하는 무역거래조건이다. 운송인(Carrier)란 철도, 도로, 항공, 해상, 내륙수로 또는 이러한 운송수단을 결합한 복합운송을 이행하는 사람을 의미한다. 이 조건은 복합운송을 포함하여 운송수단에 관계없이 사용될 수 있다.

(8) CIP(Carrige and Insurance Paid to: 운임·보험료 지급인도)

- CIP = CIF의 복합운송조건
- CIF의 위험분기점: 본선의 난간
- CIP의 위험분기점: 최초의 운송인에게 인도 시점

운임보험료지급인도조건이란 매도인 자신이 지명한 운송인에게 상품을 인도하는 것을 의미한다. 매도인은 지정된 목적지까지 상품을 운송하는데 필요한 운임을 지불하고 매수인을 피보험자로 하는 운송보험을 체결하고 보험료를 지불해야 한다.

그러나 상품이 운송인에게 인도된 후에 발생하는 모든 위험과 추가비용은 매수인이 부담한다. 하지만 CIP조건에서 매도인은 매수인이 부담하는 운송중의 물품의 멸실 또는 손상의 위험에 대한 보험을 부보해야 한다. 결과적으로 매도인은 보험계약을 체결하고 보험료를 지불한다.

CIP조건에서 매도인은 최소담보의 보험만을 부보할 의무가 있다. 따라서 피보험자인 매수인이 담보 범위가 더 넓은 보험의 담보를 받고 싶으면 매도인과 보험담보의 정도를 합의하여 매매계약서에 명시해야 한다.

운송인(Carrier)란 철도, 도로, 항공, 해상, 내륙수로 또는 이러한 운송수단을 결합한 복합운송을 이행하는 사람을 의미한다.

목적지까지 운송하는데 여러 운송인이 이용될 경우에는 상품이 최초의 운송인에게 인도될 때 위험이 이전된다. 이 조건은 복합운송을 포함하여 운송수단에 관계없이 사용될 수 있다.

(9) DAF(Delivered at Frontier: 국경인도)

- 비용부담: 운임부담(인도 전후로 구분), 보험료부담(인도 전후로 구분)
- 위험의 이전: 수입통관전의 상품이 국경의 지정지점에서 수입상의 임의처분상태로 놓여 졌을 때
- 수출통관 절차: 수출상
- 수입통관 절차: 수입상

국경인도조건이란 매도인이 수입국의 관세선을 넘지 않은 국경의 지정된 지점 및 장소에서 수출통관은 했지만 수입통관은 하지 않은 상품을 운송수단상에서 양하하지 않은 상태에서 매수인의 임의처분상태로 인도하는 조건이다.

이 조건에서는 인도장소인 국경(Frontier)의 지정장소를 명시하여 어느 나라 국경의 어느 지점인지를 명확히 밝히는 것이 중요하다. 이 조건은 상품을 육로나 철도로 운송할 때 주로 사용했으나 육상의 국경에서 인도될 경우에는 운송수단에 관계없이 사용될 수 있다. 인도가 목적항의 선상 또는 부두에서 이행되는 경우에는 DES 또는 DEQ조건을 사용해야 한다.

(10) DES(Delivered Ex ship: 착선인도)

- 비용부담: 운임부담(수출상), 보험료부담(수출상)
- 위험의 이전: 상품이 목적항에서 수입통관되지 않고 본선상에서 매수인의 임의처분상태로 놓아졌을 때
- 수출통관 절차: 수출상
- 수입통관 절차: 수입상

착선인도조건이란 매도인이 상품을 지정된 목적항에서 수입통관하지 않고 본선상에서 매수인의 임의처분상태로 인도하는 무역거래조건이다. 매도인은 상품이 목

적지의 본선에서 매수인에게 인도될 때까지 모든 비용과 위험을 부담해야 한다.

이 조건은 상품이 해상, 내륙수로 또는 복합운송에 의해 목적항의 본선상에서 인도될 경우에만 사용될 수 있다.

(11) DEQ(Delivered Ex Quay: 부두인도)

- 비용부담: 운임부담(수출상), 보험료부담(수출상)
- 위험의 이전: 상품이 목적항의 부두에서 수입통관되지 않고 매수인의 임의처분상태로 놓여졌을 때
- 수출통관 절차: 수출상
- 수입통관 절차: 수입상

부두인도조건이란 매도인이 목적항에 도착후 상품을 본선에서 양하하여 부두에서 수입통관하지 않고 매수인의 임의처분상태로 인도하는 무역거래조건이다. 매도인은 목적항까지 상품을 운송하고 본선에서 상품을 부두로 양하하는 데 따른 모든 비용과 위험을 부담해야 한다.

매수인은 상품이 목적항의 부두에 양하된 이후 수입통관 등의 모든 비용과 위험을 부담한다. 이 조건은 상품이 해상, 내륙수로 또는 복합운송에 의해 목적항의 본선으로부터 부두로 양하하여 상품이 인도될 경우에만 사용될 수 있다.

그러나 매수인이 목적항의 부두에서 항구내외의 다른 장소로 상품을 운반하는 위험과 비용을 매도인에게 의뢰하고자 할 때는 DDU 또는 DDP조건을 사용해야 한다.

(12) DDU(Delivered Duty Unpaid: 관세미지급인도)

- 비용부담: 운임부담(수출상), 보험료부담(수출상)
- 위험의 이전: 수입국의 지정지점에서 미통관 상태로 운송수단위에서 수입상에게 인도될 때
- 수출통관 절차: 수출상
- 수입통관 절차: 수입상

관세미지급인도조건이란 매도인이 상품을 지정된 목적지에서 수입통관을 이행하지 않고 운송수단으로부터 양하하지 않은 상태로 매수인에게 상품을 인도하는 무역거래조건이다.

매도인은 수입관세를 제외한 물품을 운송하는데 따른 비용과 위험을 부담해야 한다. 이 조건에서 매수인이 상품의 수입통관을 이행하지 못함으로써 발생한 모든 비용 및 위험은 매수인이 부담해야 된다.

이 조건은 운송수단에 관계없이 사용될 수 있지만, 상품인도가 목적항의 본선상

또는 부두(안벽)상에서 이행되는 경우에는 DES 또는 DEQ조건을 사용해야 한다.

(13) DDP(Deliverded Duty Paid: 관세지급인도)

- DAF의 위험분기점: 수입국의 관세선 이전의 국경
- DES의 위험분기점: 목적항의 본선
- DEQ의 위험분기점: 목적항의 부두
- DDU의 위험분기점: 최종목적지
- DDP의 위험분기점: 최종목적지

관세지급인도조건이란 매도인이 상품을 지정된 목적지에서 수입통관을 이행하고 운송수단으로부터 양하하지 않은 상태로 매수인에게 상품을 인도하는 무역거래조건이다.

매도인은 목적지 국가에서의 수입에 필요한 모든 관세를 포함하여 목적지까지의 상품의 운송에 따른 모든 비용 및 위험을 부담해야 한다. 이 조건은 매도인이 직간접적으로 수입허가를 취득할 수 없을 경우에 사용해서는 안 된다.

이 조건은 운송수단에 관계없이 사용될 수 있지만, 인도가 목적항의 본선상 또는 부두에서 이행되는 경우에는 DES 또는 DEQ조건이 사용돼야 한다. Incoterms의 무역조건 중에서 EXW조건은 매도인의 최소의무를 나타내는 조건이고, DDP조건은 매도인의 최대의무를 나타내는 무역조건이다.

Check Point

Incoterms 2000과 1990의 주요 차이점은 무엇인가?

첫째, FAS조건

Incoterms 1990의 FAS조건은 수출통관 및 수출관세지불을 매수인이 부담하였으나 Incoterms 2000년의 FAS조건에서는 매도인의 부담으로 개정되었다.

둘째, FCA조건(적재·양하의무의 명확화)

Incoterms 2000의 FCA조건에서는 상품의 인도장소가 매도인의 영업소인 경우에는 상품이 매수인의 수취용 차량에 적재된 때에 인도가 완료된다. 즉, 매도인이 상품을 매수인의 수취용 차량에 적재해야 한다. 기타의 장소에서는 상품이 매도인의 차량으로부터 양하되지 않은 채 매수인의 임의처분상태로 놓여진 때에 인도가 완료된다. 즉, 매수인은 매도인의 차량으로부터 양하하는 의무를 부담한다.

셋째, DEQ조건

Incoterms1990의 DEQ조건에서 수입국의 수입통관 및 관세지불을 매도인이 부담하였으나 Incoterms 2000년의 DEQ조건에서는 매수인이 부담하도록 개정되었다.

Check Point

반드시 Incoterms 2000을 사용해야 되는가? Incoterms 1990은 사용할 수 없나?

Incoterms는 매매당사간의 합의에 의해 적용하는 임의규칙이다. 따라서 Incoterms 2000이 발표되었지만 매매당사자간에 Incoterms 1990을 사용하기로 합의하면 Incoterms 1990을 사용할 수 있다.

단, Incoterms 1990을 사용한 경우 Incoterms 1990의 무역조건 내용이 적용된다.

Incoterms 2000에서는 계약서 또는 주문서에 인코텀즈를 명시하고자 하는 경우 최신판인 Incoterms 2000을 사용하려면 반드시 Incoterms 2000이 적용될 것이라는 문언을 명시하도록 규정하고 있다. 이는 이전판인지 최신판인지를 언급하지 않는다면 어떤 것이 적용되어야 할 것인지에 대한 분쟁이 발생할 수 있기 때문이다.

Check Point

Incoterms의 각 무역조건별 인도장소는 어떻게 표기하나 ?

따라서 Incoterms 2000을 사용할 때에는 인도장소 및 Incoterms 2000을 명확히 명시해야 한다.

EXW Dongguk Company's Factory, Yeosu, Korea, Incoterms 2000

FCA Gwangju, Korea, Incoterms 2000

CIF LA, U.S.A, Incoterms 2000

CIP Smith Carriers, Inc. Main Warehouse, New York, Incoterms 2000

DAF Panmoonjeom, Korea, Incoterms 2000

INCOTERMS 각 조건 비교

구분 / 그룹	거래조건	A. 위험이전	B. 비용이전	비고
E그룹	1. EXW(ex works) (공장인도조건)	매도인의 작업장 구내에서 매수인에게 물품 인도시	매도인은 좌의 A항까지의 제비용 부담	수출허가 매수인 의무
F그룹	2. FCA(free carrier) (운송인인도조건)	매수인이 지정한 최초의 운송인에게 물품을 인도하였을 때	〃	수출허가 매도인 의무

	3. FAS(free alongside ship) (선측인도조건)	물품이 지정선적항의 부두에 혹은 부선으로 선측에 인도되었을 때	〃	〃
	4. FOB(free on board) (본선인도조건)	물품이 지정선적항에서 본선의 난간을 통과할 때	〃	〃
C그룹	5. CFR(cost and freight) (운임포함인도조건)	물품이 지정선적항에서 본선의 난간을 통과할 때	매도인은 적재시까지의 제비용+목적항까지의 운임+정기선의 경우 양화비 부담	〃
	6. CIF(cost, insurance freight) (운임·보험료포함 인도조건)	〃	매도인은 적재시까지의 제비용+목적항까지의 운임 및 보험료	〃
	7. CPT(carriage paid to) (운송비 지급인도조건)	매수인이 지정한 최초의 운송인에게 물품을 인도할 때	매도인은 지정된 목적지까지의 내륙운송비(복합운송개념에서의 운송비) 부담	〃
	8. CIP(carriage and insurance paid to) (운송비·보험료지급 인도조건)	〃	매도인은 CPT조건+지정된 목적지까지의 적화보험료 부담	〃
D그룹	9. DAF(delivered at frontier) (국경인도조건)	접경지인도장소에서 수입통관직전의 상태로 매수인의 임의처분하에 인도할 때	매도인은 A항까지의 제비용 부담	수입허가 매수인 의무
	10.DES(delivered ex ship) (착선인도조건)	목적항 선상에서 매수인에게 물품을 인도할 때	〃	〃
	11.DEQ(delivered ex quay) (부두인도조건)	목적항 부두상에서 매수인의 임의처분하에 물품을 인도할 때	〃	〃
	12.DDU(delivered duty unpaid) (관세미지급인도조건)	매수인이 지정한 수입국내의 목적지에서 매수인의 임의처분하에 인도한 때	〃 (단, 관세미지급)	〃
	13.DDP(delivered duty paid) (관세지급인도조건)	〃	〃 (단, 관세지급)	수입허가 매도인 의무

자료:신군재(2003).

무역매너 에세이

"북·중·러 '국경무역' 변화의 바람"
"중, 신의주 ~ 평양 고속도로 투자"

북·중, 압록강철교 통행 활발
러는 중과 손잡고 극동 개발

경제협력을 화두로 북한과 중국, 중국과 러시아의 관계가 최근 긴밀해지며 압록강에서 두만강까지, 3국의 국경지대에 변화의 바람이 빠르게 불고 있다. 중국 랴오닝성 단둥의 소식통들에 따르면 중국은 자금을 투자해 신의주에서 평양을 잇는 고속도로 건설을 추진 중인 것으로 알려졌다. 한 소식통은 "원자바오 중국 총리의 방북 동안 중국이 자금을 투자해 신압록강대교를 건설하기로 합의한 데 이어 신의주-평양 고속도로도 중국이 투자해 건설하기로 한 것으로 알고 있다"고 말했다. 북중 무역의 요충지인 단둥에서 북한의 신의주를 거쳐 평양까지 물류수송을 개선하고, 중국 중심의 신의주 개발을 가속화할 조처다.

북·중간 물류의 주요 관문인 압록강철교의 통행도 활발해졌다. 이전에는 밤이 되면 압록강철교의 중국 쪽에만 불이 켜졌지만 최근에는 중국의 지원으로 북한쪽 구간에도 네온사인이 설치돼 지난달부터 색색으로 환하게 불을 밝힌다.

중국 <남방주말>은 최신호에서 '중국 용과 북극곰 러시아'가 손을 맞잡으면서 북·중, 북·러, 중·러의 경제교류에 근본적 변화가 일어나고 있다고 전했다. 러시아가 중앙정부의 개발 손길이 제대로 미치지 못하던 극동과 동시베리아 개발을 중국의 동북진흥계획과 맞물려 추진하겠다는 구상을 마련하며, 이 지역과 인접한 북한의 중요성도 커졌다는 것이다. 지난달 중국을 방문한 블라디미르 푸틴 러시아 총리는 '중국 동북지역과 러시아 극동· 동시베리아 합작계획 요강'(2009~2018)에 서명했다.

이런 흐름 속에서 압록강 유역에서는 신의주와 마주한 단둥이, 두만강 유역에서는 나진과 접한 지린성 훈춘이 급속도로 발전하고 있다. 현재 북한 나진 특구 내 100여개 기업 가운데 80%가 중국 기업이라고 <남방주말>은 전했다. 2008년 중국의 대북한 무역흑자는 12.7억 위안이며 북한에서 사용되는 원유의 90%, 소비 물자의 80%가 중국산일 정도로 북한의 대중국 의존도는 높다.

특히 중국은 나진항 부두 운영권을 확보해 동해로 직접 진출함으로써 훈춘 일대를 동북아의 물류 거점으로 육성하려는 계획을 적극 추진하고 있다. 2006년 중국은 훈춘의 한 무역회사를 통해 357억 위안을 투자해 나진항 제2부두와 도로에 대한 50년 공동 개발·사용권을 확보했다. 최근에는 훈춘에서 나진항에 이르는 도로 개설을 조건으로 나진항 1호 부두 개발·전용권도 확보한 것으로 알려졌다.

중국이 북한에 대한 영향력을 확대하면서 물류기지와 천연자원 공급처로 잠재력이 큰 북한을 '선점'하고 있다는 분석이 나온다. 진찬룽 인민대학 국제관계학원 부원장은 "중국은 북한과의 양자관계와 북핵문제를 분리해 북중 양자관계를 발전시켜가기로 했으며, 북한은 경제와 후계구도 문제 등과 관련해 중국의 지지가 필요한 상황"이라고 말했다.

(한겨레신문, 2009.11.12)

제2장 무역결제 입문

1. 무역결제란?

- 무역결제란: 수출업자가 수입업자로부터 수출대금을 회수하는 다양한 방식
- 수출업자: 수출 대금(채권)의 회수방법
- 수입업자: 상품구입에 따른 채무의 변제방법

무역결제란 상품을 판매한 수출업자가 대금을 회수하는 방식을 말한다. 모든 상거래는 이윤확보가 궁극적인 목적이므로 대금결제만큼 중요한 부분이 없다. 무역거래에서도 대금결제의 중요성은 두말할 필요가 없다.

특히 무역거래는 국내 상거래에 비해 격지간의 거래로 인해 국내 상거래처럼 상품과 대금을 직접 주고받는 경우가 곤란하고, 신용을 확신할 수 없는 낯선 외국인과의 비대면 거래로 인해 국내거래에서는 사용되지 않는 신용장거래와 같은 독특한 대금결제방식이 사용되고 있다.

최근 들어서는 디지털과 인터넷의 확산으로 인해 산업화시대의 전통적인 대금결제 방식을 대체하는 전자화폐, 트레이드 카드 등 새로운 무역결제 방식이 대두되고 있으나 아직까지는 제한적인 범위 내에서 사용되고 있다.

2. 무역결제의 종류

무역결제의 종류는 매매계약에서 결정된다.

무역 결제조건 종류

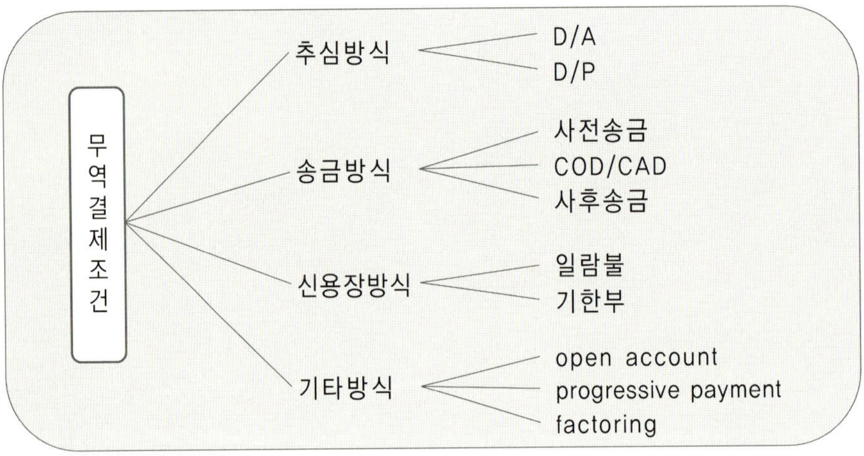

1) 송금방식(Remittance)

송금방식이란 수입상이 수출상 앞으로 상품대금을 송금하여 주는 방식

(1) 사전송금방식:(선불)

수입업자가 상품을 인도받기 전에 대금을 지급하는 방식으로 수입업자가 상품 선적 전에 직접 송금하는 결제방법이다. 이러한 선지급결제는 주로 견본구입, 소액거래, 긴급물품 구입에 자주 사용하는 무역결제 방식이다.

CWO(Cash With Order: 현금지급)

수입업자가 주문과 동시에 현금을 지급하는 방법으로 고객을 직접방문하거나 직접 지불하는 방식으로 수출자는 수출상품의 선적전에 대금을 수령하는 방식으로 매수인의 신용이 불확실한 경우나 소액 또는 견본구매에서 사용한다.

① 사전 송금방법의 종류

수입업자가 수표, 우편환, 전신환 등을 선적전에 수출자에게 송금하고 수출자는 거래은행을 통하여 대금을 현금으로 회수한다.

가. D/D(송금환, 보통송금: demand draft)

송금인이 은행에서 받은 수표를 자기책임하에 우편봉투에 넣어 수취인에게 보내는 방법이다. 이 방식은 은행이 발행하는 수표를 수취인에게 직접 보내기 때문에 소액송금시 사용된다. 특히 우송도중의 분실위험이 있어 큰 금액의 취급에는 부적당하다.

나. M/T(우편환 mail transfer)

송금인이 은행에 송금을 위탁하면 은행이 자기책임하에 수취인 소재지의 은행으로 지급지시서(payment order)를 우편으로 송부하는 방식이다. 이 방식은 긴급을 요하지 않는 소액거래에 사용된다.

다. T/T(전신환 telegraphic transfer)

T/T는 M/T와 비슷하나 지급지시서를 우편에 의하지 않고 전신으로 한다는 점이 다르다. 이 방식은 거액의 결제대금을 급히 송금하고자 하는 경우에 사용된다. 이 방식은 신속하고 편리하나 전신료부담이 크다.

(2) 동시지급방식

CAD(Cash Against Document: 서류상환방식)
수출자가 상품을 수출하고 선적서류를 수입업자에게 직접 또는 수출국에 소재하고 있는 수입자의 대리인에게 제시한 후 선적서류와 상환으로 대금을 지급 받는 방식

COD(Cash On Delivery : 현금상환방식)
수입지에 있는 수출상의 대리인이나 지사가 본사에서 송부된 상품을 수입자에게 제시하고 수입자가 상품의 품질을 검사한 후 상품과 현금을 교환하여 대금을 결제하는 방식으로 주로 보석류 등 고가품의 무역거래에 이용된다.

(3) 사후송금방식(후불)

Open Account (청산계정방식)

매매당사자가 상호간에 수출입거래를 빈번히 하는 경우, 매 거래마다 결제하지 않고 이를 상계하여 일정기간별로 그 잔액에 대해서만 결제하는 방식으로 일종의 장부결제이다. 이때 은행은 단순한 송금(잔액)청구에 불과하므로 다른 결제방식에 비하여 결제관련 수수료 수준이 가장 낮다.

Progressive Payment: Installment Payment

이 방식은 결제대금의 일정부분을 수입상이 주문과 동시에 먼저 지불하고 선적시에 또 나머지 대금의 일정부분을 지불하고 잔금은 수입지에 도착한 후에 지불하는 방식이다. 이러한 거래 방식은 선박이나 항공기와 같은 거액의 무역거래에 사용된다.40)

Check Point

어음이란 무엇이고, 약속어음과 환어음의 차이점은 무엇인가?

어음이란 미래의 일정기일에 일정금액을 지급하겠다는 것을 약속한 증권이다. 환어음(bill of exchange, draft, bill), 화환어음(documentary bill)은 채권자가 채무자 앞으로 어음을 발행하고 약속어음은 채무자가 채권자 앞으로 어음을 발행한다. 채무자가 실제로 지급을 이행할 상대방은 어음의 배서에 의하여 지정된 자 또는 어음의 소지인이다.

● **환어음의 종류**

선적서류의 첨부여부에 따른 구분

- 화환어음(documentary bill of exchange)
  - 선적서류와 함께 발행된 환어음.
- 무담보어음(clean bill of exchange)
  - 선적서류가 첨부되지 않은 환어음.

40) 한승철, 「무역실무」, 형설출판사, 2001, p.78.

어음 지급기일(Tenor)에 따른 구분

- 일람출급어음(sight bill)
  - 환어음이 지급인에게 제시되면 즉시(at sight) 지급되는 환어음.
  - 이 어음의 만기는 "at sight"라는 어음의 문면에 표시된다.
- 기한부어음(usance bill)
  - 환어음이 지급인에게 제시된 후 일정기간(at ..days after sight) 경과후 지급되는 환어음.

● 환어음의 관련 당사자

- 발행인(drawer)
  - 어음을 발행하고 서명하는 자, 채권자인 수출업자.
- 지급인(drawee)
  - 지급위탁을 받은 채무자.
- 수취인(payee)
  - 환어음상의 금액을 실제로 지급받을 자.

3. 추심 방식 (Collection)

추심 = 어음대금을 추심한다는 의미

추심방식이란 수출상이 수입상을 지급인으로 하는 환어음을 발행해 대금지급을 받는 방식이다. 수출자가 선적후 수입자 앞으로 환어음을 발행하여 자신의 거래은행인 추심의뢰은행을 통하여 수입자의 추심은행에 화환어음과 선적서류를 보내면 수입자가 그 화환어음을 결제하는 방식이다.

1) D/A(Documents Against Acceptance : 인수인도조건)

기한부어음(usance bill)을 발행

D/A거래란 수출상이 상품의 선적을 완료한 후 기한부 수출환어음에 선적서류를 첨부

하여 자신의 소재지에 있는 추심의뢰은행(Remitting Bank)을 통해 수입자 소재지의 추심은행으로 보내면, 추심은행이 어음을 수입자에게 제시하고 수입자가 어음상에 “Accept”라는 표시와 함께 서명을 할 경우 선적서류를 인도하여 주는 외상방식의 거래이다.

즉, 서류인수 후 그 어음의 지급만기일이 되면 추심은행은 수입상으로부터 대금을 받아 이를 추심의뢰은행에 송금하고 수출자는 소정의 추심료를 지급한 후 대금을 수령한다.

수출상의 자금부담 경감을 위해 관행적으로 추심의뢰은행은 수출상으로부터 소정의 담보를 취득한 후 추심기간 중에도 어음할인형식으로 어음대금을 지급해주고 있다. D/A거래는 신용장방식의 Usance와 동일한 외상거래이나 은행의 지급확약이 없다.

2) D/P(Documents Against Payment : 지급인도조건)

일람불어음(sight bill)을 발행

D/P거래란 수출상이 상품의 선적을 완료한 후 수입상을 지급인으로 수출자를 수취인으로 하는 일람불어음(sight bill)을 발행하여 선적서류를 첨부하여 자신의 소재지에 있는 추심의뢰은행(Remitting Bank)을 통해 수입자 소재지의 추심은행으로 보내면, 수입업자는 일람출금 환어음(sight draft)이므로, 환어음대금을 결제하고 선적서류와 환어음을 인도받아 운송회사로부터 화물을 인수하는 방식이다.

D/P거래의 다른 모든 절차과정은 D/A와 동일하지만 수입상이 추심은행에서 제시하는 선적서류를 인수하려면 반드시 현금을 지불해야 하는 점이 상이하다. 신용장방식의 at sight와 동일한 현금거래방식이지만 은행의 지급확약이 없다.

Check Point

추심방식에서 수입자가 대금지급을 하지 않거나 어음 인수를 하지 않은 경우 수출자의 해결방법은?

상품을 본인이 운송비와 위험을 부담하고 자국으로 송환하거나, 상당한 할인을 하여 다른 회사에 전매하거나 공매하는 방법이 있는데 어떠한 경우에도 비용과 손실의 발생은 불가피하다.

Check Point

최근 무역결제에서 무신용장방식이 증가하는 이유?

국제무역에서 신용장거래는 90년 이후 꾸준히 낮아지고 있는 추세를 보이고 있는데[41) 그 이유는 은행 수수료 비용절감, 수출보험 부보를 통한 무신용장 방식의 위험회피가 가능하고, 본·지사간의 거래가 증가하였기 때문이다.

Check Point

CAD와 D/P의 차이점?

CAD는 선적서류의 인도에 대한 지급이고, D/P는 선적서류에 근거하여 발행된 환어음에 대한 지급이다. 또한 CAD는 어음이 발행되지 않고 D/P는 어음이 발행된다. CAD는 수출자의 대리인, 지사, 수출자에게 대금지급이 이루어지고, D/P는 외국환은행을 통하여 지급된다.

무역매너 에세이

"아시아판 IMF "

· 13개국 'CMI 공동기금' 1200억달러 조성… 한국, 192억달러 인출권

아시아판 국제통화기금(IMF)으로 불리는 '치앙마이이니셔티브(CMI)' 공동기금이 내년 3월 공식 출범한다.기금은 1200억 달러 규모로 한국과 중국, 일본, 아세안(ASEAN · 동남아시아국가연합) 10개국 등 13개국이 기금 조성에 참여한다. 한국의 출연규모는 192억 달러(16%)로, 위기 시에도 192억 달러까지 가져다 쓸 수 있게 된다.

기획재정부는 28일 우리나라를 포함한 '아세안+3(홍콩 포함)' 재무장관과 중앙은행 총재 등 27개 당사자들이 지난 24일 CMI 다자화 계약서에 서명한 데 이어 내년 3월24일 공식 출범키로 했다고 밝혔다. CMI는 1997년 외환위기를 계기로 위기발생시 아시아 역내 국가 간 공동대응 필요성이 커짐에 따라 2000년 태국 치앙마이에서 열린 아세안+3 재무장관회의에서 처음 출범했다. 하지만 기존 제도는 한·중·일과 아세안 5개국이 개별적으로 양자간 스와프(통화교환)를 계약하는 체제여서 한계가 있었다.

그러나 이번에 출범하는 CMI 공동기금은 위기가 발생한 국가가 '마이너스 통장'처럼 기금을 인출해 쓸 수 있게 돼 위기대응에 효과가 클 것으로 기대된다.공동으로 조성하는 1200억 달러에는 일본과 중국이 각각 384억 달러(32%)를 출연하며 나머지는 한국(192억 달러)과 아세안 10

41) 1990년 68.6%, 1992년 63.4%, 1994년 55.7%, 1996년 43.6%, 1997년 38.9%까지 신용장 이용률이 하락하였다; 이태완, 「가는 무역 오는 무역」, 두남, 2003, pp.101-102.

개국(240억 달러, 20%)이 분담한다. 위기시에는 한·중·일이 최대 192억 달러까지 인출할 수 있으며 인도네시아(119억2500만 달러), 필리핀(92억 달러) 등 아세안 10개국은 경제규모에 따라 인출가능 금액이 결정됐다. 재정부 관계자는 "CMI는 참가국 중앙은행들이 위기시 자금지원을 약속하는 약정서를 교환하는 것으로, 공식출범과 함께 분담금이 납입되는 것이 아니다"라며 "이에 따라 당장 외환보유액이 감소하는 것은 아니다"라고 설명했다.

CMI 공동기금이란

아시아권 13개국이 기금을 조성해 위기가 발생하면 지원하는 제도다. 아시아의 금융 안전판 역할은 물론 위기시 '마이너스 통장'처럼 기금을 인출할 수 있어 대응이 가능하다.

(경향신문, 2009.12.28)

4. 신용장 방식 (Letter of Credit)

무역거래에서 수출입업자는 서로를 불신 → 수출상은 대금회수에 대한 불안감
수입상은 상품인수에 대한 불안감
→ 은행이 개입하여 수출상에게는 수입상을 대신하여 지급확약
수입상에게는 수출상을 대신하여 선적서류 점검

1) 신용장의 개념 및 필요성

(1) 신용장의 개념

- 수입업자의 상업신용을 은행신용으로 전환시켜주는 금융수단
- 은행의 조건부 지급확약서

무역거래는 대부분 생면부지의 외국인과 얼굴도 한번 보지 않은 상태에서 많이 이루어진다. 이 때 수출상은 상품을 수출한 후 대금 회수에 대한 불안이 있고, 수입상은 수출상이 무역계약에서 명시한 상품을 보내줄까 하는 불안이 상존하게 된다. 이러한 수출상과 수입상의 근본적인 무역거래에 따른 불안감을 해소하여 무역의 확대를 기하고자 등장한 것이 신용장이다.

신용장은 수입상(신용장개설의뢰인)의 요청과 지시에 따라 수입상의 거래은행인 신용장개설은행이 신용장과 일치하는 상품을 증권화한 선적서류(shipping documents)를 상환으로 수입업자를 대신하여 수출상 등에게 대금지급을 확약하는 은행의 조

건부 지급확약서(a conditional bank undertaking of payment)이다.

서로 믿지 못하는 수출상과 수입상의 중간에 수입상의 거래은행이 개입하여 수입상을 대신하여 수출상에게 대금지급의 확약을 해주는 지급보증서가 신용장이다. 단 무조건적으로 지급확약을 해주는 것이 아니고 신용장에서 요구하는 선적서류를 수출상이 제출한다는 조건하에 지급확약을 해주고 있다.

즉, 수입상은 수출상이 무역계약에서 명시된 상품을 제 날짜에 선적할 것인가에 때한 불안감이 있는데 이러한 불안감을 해소하기 위하여 신용장에서는 수출상이 무역계약을 성실히 수행했다는 증거되는 선적서류들을 요구하고 있다.

신용장 방식에서 수출상은 대금회수를 위해 신용장조건에 일치하는 선적서류를 구비하여 은행에 제출해야 되고, 이로 인해 수입상은 상품인수에 대한 불안감을 해소할 수 있다.

즉, 신용장은 대금지급을 수입자의 신용에 의존하지 않고 신용이 있는 은행이 이행하는 방식으로 수출자가 신용장에서 요구하는 선적서류들을 하자없이 구비하여 개설은행이나 개설은행이 지정한 은행 앞으로 환어음을 발행하면 이를 지급, 인수, 매입할 것을 확약하는 은행의 지급보증서이다.

신용장은 추심거래의 불안전성을 배제할 목적으로 탄생하였다. 즉, 수입자가 대금을 지급하지 않는 경우 제3자(신용장 개설은행)가 대신 지급함으로써 대금결제의 확실성과 안정성을 높이기 위한 것이다.

신용장은 수출상이 신용장발행은행 또는 신용장발행은행이 지정한 은행(nominating bank)을 지급인으로 하는 화환어음(documentary bill)을 발행하도록 하여 이 어음이 제시될 때 신용장발행은행이 직접지급, 인수하거나 타은행에 지급, 인수, 매입을 수권하는 것을 수출업자 및 선의의 어음소지인(bona fide holder)에 대하여 신용장발행은행이 약속하는 증서이다.

대표적 선적서류

선적서류명	주요 내용
선화증권 (bill of lading)	운송업자가 화물의 선적을 확인하고 지정된 목적지까지 운송하여 수취인에게 인도할 것을 약속하는 증서로서 수출업자가 수출대금을 회수하는 데 가장 중요한 선적서류이다.
상업송장 (commercial invoice)	수출업자가 수입자 앞으로 거래 상품의 특성과 내역을 정확하게 작성하여 송부하는 선적화물의 명세표 및 계산서이며, 선적화물의 대금청구의 기초가 된다.

보험증권 (insurance policy)	보험회사가 발행하는 것으로 담보(선적)화물에 대한 보험계약의 존재/내용을 표시한 증권으로서 해당거래에 대한 보험내용이 확정된 경우에 발행된다.
포장명세서 (packing list)	선적화물의 포장단위별 명세와 단위별 총중량, 순중량 그리고 화인 및 포장의 일련번호를 기재함으로써 포장과 운송 그리고 통관상의 편의 등을 위하여 작성된다.
원산지증명서 (certificate of origin)	수출화물이 계약상의 특정국에서 생산 또는 제조, 가공된 것임을 증명하는 것이다.
영사송장 (consular invoice)/ 세관송장 (customs invoice)	영사송장은 수출국 주재 수입국 영사의 확인을 받도록 한 송장으로 수입국의 입장에서 수입상품가격을 높게 책정함에 따른 외화도피나 낮게 책정함에 따른 관세포탈을 규제하기 위하여 발행하는 서류이다. 세관송장은 수입지 세관이 수입화물에 대하여 과세가격의 결정기준으로 이용하고 수출업자의 덤핑 유무 또는 쿼터 품목의 통관기준량의 계산을 확인하기 위하여 사용된다.
검사증명서 (inspection certificate)	수출검사가 필요한 화물에 대하여 수출화물이 수입국의 법규 등에 적합한지를 증명하고 선적화물의 품질이나 규격이 일치하는지의 여부를 조사·확인하는 서류이다.

신용장 거래의 기본 메커니즘

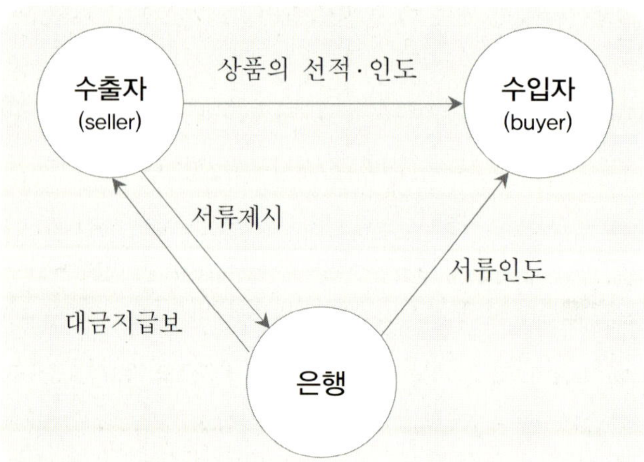

(2) 신용장의 필요성

① 신용장이 수출업자에게 유리한 점

첫째, 신용장에 의거하여 수입업자에 대한 대금지급에 대한 보증이 되므로 신용위험을 제거할 수 있다.

둘째, 일단 신용장이 발행되면 신용장발행은행이 지급을 확약하므로 수입국 정부의 정치적 요인, 수입규제, 외환관리규제로 수출대금지급이 지연되거나 받지 못하는 위험을 제거할 수 있다. 그러나 신용장발행은행도 전쟁 등 불가항력에 기인된 대금지급 불능은 면책된다.

셋째, 이미 신용장발행은행이 수입업자의 신용을 조사하고 신용장을 발행하였기 때문에 직접 수입업자의 신용을 조사할 필요가 없다.

넷째, 매매계약과 동시에 신용장을 접수하면 수출업자는 제조기간 중에 수입업자가 주문을 취소해도 신용장에 의거하여 보호된다.

다섯째, 신용장이 있으면 생산, 집하자금을 금융기관으로부터 융자받을 수 있고, 화환어음을 발행하여 매입은행으로부터 수출대금을 신속하고 안전하게 회수할 수 있다.

② 신용장이 수입업자에게 유리한 점

첫째, 신용장거래는 은행이 수출상이 제출하는 선적서류가 신용장조건과 일치한 경우에 한해서 대금을 지급해 주기 때문에 수입상은 대금선지급(Cash in Advance)의 위험에서 벗어날 수 있다.

둘째, 무역에 경험이 없는 수입상은 선적서류 점검을 은행에서 해주므로 서류점검 실수로 인한 위험에서 벗어날 수 있다.

Check Point

신용장거래에서 은행은 어떤 이익이 있나?

신용장거래에는 개설은행이외에도 많은 은행들이 개입하게 되는데 수출상과 수입상의 상거래에 은행이 개입하여 지급확약의 부담까지 감수하면서 은행이 개입하는 이유는 먼저 공짜가 아니라는 점이다.

신용장거래에 개입하게 되는 은행은 각종 수수료를 수출상 또는 수입상으로부터 받는다. 또한 은행입장에서는 수출상과 수입상의 자금을 장기유치할 수 있는 장점도 있다.

특히 수출지의 매입은행, 인수은행, 지급은행은 신용장 개설은행이 지급, 인수, 매입을 확약하고 있으므로 수입업자 등의 신용을 조사할 필요없이 선적서류의 신용장 충족요건만 확인하고 화환어음의 지급, 인수, 매입에 응할 수 있다.

Check Point

신용장에서 UCP란 무엇인가?

신용장의 기원에 대해서는 여러 가지 설이 있다. 고대 그리스 시대에 발생했다는 설, 로마시대에 발생했다는 설이 있으나, 현대의 상업신용장은 제1차 대전 이후부터 본격적으로 사용되었다.

제1차 대전 전후에 유럽제국의 물자 공급국이었던 미국은 대금의 확실한 회수를 위하여 신용장을 요구하였고, 그 이후 무역이 증가하면서 신용장 사용이 급증하였다.

그런데 무역대금결제 방식으로 신용장 사용이 증가되면서 신용장조건의 해석을 둘러싼 분쟁 및 소송이 증가되어 전 세계적으로 통용되고 준수되는 신용장 통일규칙의 제정이 필요하였다.

UCP(Uniform Customs and Practice for Documentary Credits)란 국제상업회의소(ICC)가 1933년 제정한 신용장통일규칙이다. UCP는 신용장업무 취급시 준수사항 및 해석기준에 관한 국제적인 통일규칙이다.

UCP는 1933년 제정 이후 거의 10년마다 개정(51, 62, 74, 83, 93, 2007년)되어 현재 사용하고 있는 것은 2007년에 개정된 제6차 신용장통일규칙(UCP Publication No. 600)이다.

Check Point

신용장조건의 해석에 관한 우선 순위는?

UCP는 강제적인 법률효력이 없으므로 거래당사자가 이를 적용하기로 합의한 경우에만 효력이 발생하여 신용장거래에서 적용된다.

따라서 거래당사자가 UCP의 규정 중 일부를 배제하거나 UCP와 다른 내용을 신용장상에 특약으로 규정하는 경우에는 그러한 내용이 UCP보다 우선 적용된다. 또한 해당국의 강행법규는 당사자간의 특약보다 우선 적용된다.[42)]

42) 한승철, 「전게서」, p.83.

2) 신용장거래의 기본원리 및 한계

신용장거래의 3대 특성

독립성	무역계약과는 별도의 독립적 거래
추상성	실제 상품거래와는 상관없는 서류상 거래
한계성	서류상의 거래가 갖는 한계

(1) 신용장의 독립성

신용장은 수출입업자간의 매매계약에 근거를 두고 개설되지만 일단 개설되면 신용장은 매매계약과 독립된 거래가 된다. 그 이유는 신용장거래에는 매매당사자가 아닌 은행이 개입하기 때문이다.

따라서 수입상은 신용장조건이 매매계약조건과 다르다는 이유로 대금지급을 지연시킬 수 없고 수출상은 신용장거래에서 매매계약조건을 이유로 은행이나 수입상에 대항할 수 없다.

신용장의 조건은 신용장개설의뢰인인 수입상이 자신의 거래은행인 개설은행에 제출하는 신용장발행의뢰서에 따라 정해진다. 또한 신용장발행의뢰서는 매매계약서를 기초로 작성된다. 따라서 수출입업자 모두 신용장이 개설되어 통보되면 매매계약조건에 일치하게 발행되었는지 정밀하게 점검하고 문제가 있을 때에는 시정을 해야 한다.

신용장거래에서는 신용장조건에 일치하는 서류를 근거로 대금을 지급한 은행에게 수입상이 사후 매매계약과 위반되는 서류다고 문제제기를 할 수 없다.

(2) 신용장의 추상성

신용장거래는 상품거래가 아니고 서류상의 거래이다. 즉, 은행은 신용장에서 요구하는 서류만을 가지고 수리여부를 판단하지 실제로 어떤 상품이 선적되었는가를 현장에서 점검하지는 않는다.

(3) 신용장거래의 한계

신용장은 개설은행의 지급확약일 뿐 그 자체가 지급수단은 아니다. 신용장거래는 상품의 상태와는 상관없이 신용장에 의거하여 제시된 서류거래를 한다.

신용장거래는 본질적으로 추상적인 서류거래이므로 악덕 수출상이 위약상품을 선적하고 신용장조건에 일치하는 허위서류로 대금을 지급받을 수 있기 때문에 수입상의 입장에서 반드시 계약상품을 인수할 수 있는 것은 아니다.

3) 신용장의 형태

신용장은 수출상이 개설은행이나 개설은행지정의 환거래취결은행(correspondent bank)을 지급인으로 하는 화환어음을 발행하고 이 화환어음을 개설은행이 매입, 인수, 지급할 것을 보증하는 금융수단이다.

따라서 모든 신용장은 일람지급(sight payment), 연지급(deferred payment), 인수(acceptance), 매입(negotiation)중 어느 것에 의하여 사용되는가를 명확히 표시해야 한다.

(1) 매입(negotiation)

매입이란 매입을 수권받은 은행이 어음 또는 서류의 대가로서 대금을 지급하는 것을 말한다. 대가로서 대금을 지급하지 않는 서류의 단순한 점검은 매입이 아니다[43]. 수출지의 은행이 수출상이 제시하는 서류를 할인가격(신용장금액에서 이자, 수수료 등을 공제한 가격)으로 매입하는 것을 말한다.

대금지급은 매입은행이 수출상에게 융자를 하는 것으로 입체지급한 은행은 매입한 서류를 발행은행에 송부하여 지급을 요구한다. 기한부어음이나 연지급의 경우에는 정해진 기일에, 일람불인 경우에는 즉시 지급한다.

(2) 지급(payment)

지급이란 개설은행이 지정한 은행으로 하여금 수출자에게 대금을 지급하게 하는 것이다. 개설은행의 요청에 따라 지정된 수출지의 개설은행의 예치환거래은행이 수출자가 제시하는 선적서류를 받고 신용장거래의 성격상 채무자인 개설은행의 대리인자격으로 약정된 신용장금액을 액면가격 그대로 지급한다.

(3) 인수(acceptance)

인수란 채무자가 어음을 인수하여 정해진 어음만기일에 대금을 지급하는 것이다. 즉, 신용장거래에서 채무자인 개설은행의 요청에 따라 지정된 수출지의 인수은행이 수출자 또는 매입은행에 대하여 기한부 어음을 만기시에 제시하면 대금을 지급하는 것을 말한다.[44]

43) 신용장통일규칙 제10조 b항

(4) 연지급(deferred payment)

연지급이란 선적서류를 인도 후 일정기간이 지난 후에 대금지급이 이루어지는 방식으로 환어음의 발행을 하지 않는 기한부거래를 말한다.

4) 신용장의 관련당사자

- 수출상과 수입상은 매매계약의 당사자인 동시에 신용장의 당사자가 된다.
- 매입은행, 지급은행은 신용장개설은행에 지급상환을 청구한다.
- 신용장개설은행은 수입업자인 매수인으로부터 대금을 회수한다.

신용장거래의 관련당사자

관계당사자	관계당사자의 표시 및 내용	
수입자	• 신용장 개설의뢰인(applicant) • 개설인(opener) • 대금결제인(accountee) • 수하인(consignee)	• 수입자(importer) • 매수인(buyer) • 환어음지급인(drawee)
신용장 개설은행	• issuing bank	• opening bank
수출자	• 수익자·수혜자(beneficiary) • 매도인(seller) • 환어음발행인(drawer) • 선적인·송하인(shipper 또는 consignor)	• 수출자(exporter) • 대금영수인(payee)
당해 신용장 관련 수출자 또는 제3국의 은행	• 통지은행(advising bank 또는 notifying bank) • 확인은행(confirming bank) • 인수은행(accepting bank) • 상환은행(reimbursing bank 또는 setting bank)	• 지급은행(paying bank) • 매입은행(negotiating bank)

(1) 신용장개설(발행)의뢰인(applicant) = 수입상(importer)

수출입업자간의 매매계약에 의해서 자신의 거래은행에 가서 신용장의 개설을 의뢰하는 수입상이다. 신용장거래에서 수입상은 역할에 따라 신용장발행의뢰인(applicant for the L/C). 신용장개설의뢰인(opener), 화물인수인(consignee). 어음결제인(drawee)으로 호칭된다. 또한 개설의뢰인은 개설은행으로부터 신용장의 여신(與信)을 받으므로 신용수령매수인(accredited buyer), 신용장은 발행은행 명의로 발행되지만 계정은 발

44) 한국무역협회, 「신용장」, 1998, p.66.

행의뢰인 것이므로 계정주(計定主·accountee)로도 불린다. 그런데 신용장거래에서는 개설의뢰인을 어음지급인으로 하는 신용장은 발행해서는 안 된다.[45)]

(2) 신용장 발행(개설)은행(issuing, opening; establishing bank)

수입상의 요청과 지시에 의하여 신용장을 개설하는 수입업자의 거래은행을 말한다. 신용장개설은행은 지급, 인수, 매입은행이 신용조건과 합치되는 서류와 상환으로 지급, 인수, 매입을 하였을 때 어음의 지급, 인수의 업무를 부담해야 한다.

(3) 수익자(Beneficiary) = 수출상(exporter)

수익자란 신용장에 의한 지급을 받을 권리가 있는 자로서 신용장이 지명하고 있는 자로 수출상을 의미한다. 신용장거래에서 수출상은 수출상의 역할에 따라 어음관계(drawer), 계정관계(accounter), 화물관계(consignor) 등으로 불린다.

(4) 통지은행(advising, notifying bank)

신용장거래에서 통지란 개설은행이 발행한 신용장을 수출상에게 알려준다는 의미이다. 통지은행이란 일반적으로 수출국에 있는 개설은행의 환거래은행으로 개설된 신용장을 단순히 수출상에게 통지해 주는 은행이다. 통지은행은 통지수수료를 발행은행 또는 수출상로부터 받는다. 실무적으로 통지은행은 통지위임뿐만 아니라 지급, 인수, 또는 매입의 지정은행에서나 확인은행이 되는 경우도 있다.

(5) 확인은행(confirming bank)

확인은행은 수출상이 신용장개설은행의 신용을 불신하는 경우 신용장개설은행의 신용을 확인해 주는 수출국의 제3의 은행을 말한다. 즉, 신용장개설은행이 대금지급을 못하는 경우가 발생되면 수출상에게 개설은행을 대신하여 대금지급을 해주는 은행을 말한다.

이러한 확인은행은 실무적으로 수출국 소재의 통지은행이 되는 경우도 있지만, 수출상 소재지의 일류은행이 되는 경우도 있다. 확인은행은 확인수수료를 개설은행 또는 수출상으로부터 받는다.

(6) 지정은행(Nominated Bank)

지정은행이란 신용장에 개설은행으로부터 지급, 인수 또는 매입을 행하는 것을

45) 신용장통일 규칙 제 9조 a항 iv호.

위임받은 은행을 말한다.

이처럼 신용장에서 지정은행을 명시하고 있는 경우 지정은행이외의 은행이 지급, 인수 매입을 하여도 신용장에 의거하여 권리나 보호를 받을 수 없다.

(7) 매입은행(negotiation bank)

매입은행은 신용장에 의하여 발행되는 환어음을 매입해주는 은행을 말한다. 즉, 수출업자가 제시하는 화환어음에 대하여 개설은행의 지급약정을 믿고 대금지급을 해 주는 수출업자의 거래은행을 말한다. 실무적으로 매입은 주로 환어음의 할인매입을 의미한다.

신용장에 특별히 매입은행이 지정되어 있지 않는 한 외국환취급은행이면 어느 은행도 매입은행이 될 수 있으며 수출업자는 자기의 거래은행 중에서 가장 적합한 은행을 매입은행으로 선정한다.

(8) 인수은행(accepting bank)

인수은행은 화환기한부어음을 인수하는 은행인데, 개설은행이 수출상이 발행한 환어음의 인수인이 되지 않고 개설은행의 거래은행이 어음의 인수업무를 맡게 되는 경우 인수은행이라고 한다.

실무적으로는 런던, 뉴욕 등에 있는 거래은행 또는 통지은행이 어음의 인수인이 되는 경우 인수은행이라고 한다.

(9) 연지급확약은행(Deferred Paying Bank)

연지급확약은행은 수출상이 제출한 선적서류가 신용장조건과 일치하면 연지급확약서를 발행하여 만기일에 대금지급을 해주는 은행을 말한다.

(10) 상환은행(reimbursing bank)

신용장거래에서 상환은행은 지급, 인수, 매입을 행한 은행으로부터 상환청구에 개설은행을 대신해서 상환을 하는 은행을 말한다.

(11) 양도은행(transferring bank)

양도은행은 제1수익자인 수출상의 의뢰를 받아 제2수익자(상품공급자 등)에 대하여 신용장의 양도통지를 하는 은행을 말한다.

Check Point

지정은행이 지급, 인수, 매입을 거절한 경우 수출상은 어떻게 해야 되나?

신용장거래에서 신용장에서 명시하고 있는 지정은행이 지급, 인수, 매입을 거절하는 경우 수익자는 개설은행에 직접 지급, 인수, 매입을 청구할 수 있다. 신용장의 법리상 확인은행이 아닌 지정은행은 수출상에 대하여 지급, 인수 또는 매입을 반드시 해야 되는 의무는 없다.

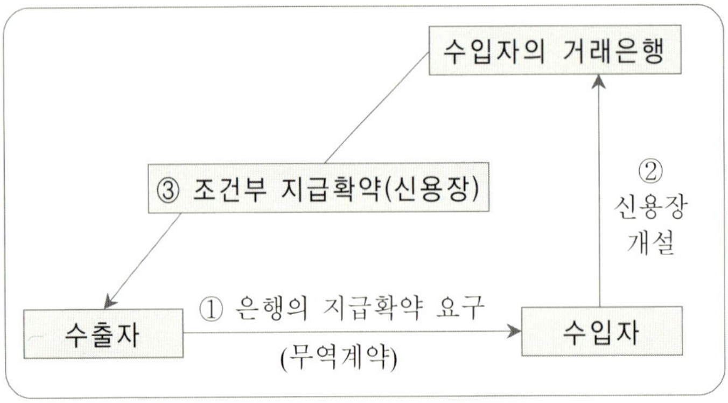

5) 신용장의 종류

(1) 화환신용장(Documentary L/C)과 무화환신용장(Non-Documentary L/C)

화환신용장과 무화환신용장의 차이점: 네고시 선적서류의 첨부여부

화환신용장(Documentary L/C)은 화환(貨煥)이라는 용어가 의미하듯이 서류(貨)와 교환(煥)으로 대금결제가 행하여지는 신용장을 말한다. 여기에서 서류란 신용장에서 요구하는 선적서류(선화증권, 해상보험증권, 송장 등)를 의미한다.

수출상이 상품을 선적한 후에 신용장조건에 일치하는 선적서류와 환어음을 매입은행에 매입시키는 신용장을 말한다. 즉, 화환신용장이란 수출상이 발행하는 환어음에 대한 담보로서 선적서류가 요구되는 신용장이다.

이에 비해 무화환신용장(Non-Documentary L/C)은 수출상이 선적서류를 첨부하지 않고도 환어음을 은행에 매입 의뢰할 수 있는 신용장을 말한다. 즉, 환어음의 담보로서 선적서류가 은행에 제시되지 않아도 대금지급을 확약하고 있는 신용장을 말한다.

Check Point

무역거래에서 무화환신용장은 어떤 경우에 사용되는가?

실무적으로 이러한 무화환신용장은 수입상과 개설은행이 특수한 관계이거나 수입상이 신용장대금을 선납한 경우에 가능하다. 무화환신용장거래에서의 선적서류는 수출상이 수입상에게 직접 송부한다.

(2) 취소불능신용장(Irrevocable L/C)과 취소가능신용장(Revocable L/C)

취소불능신용장과 취소가능신용장의 차이점: 당사자 전원의 합의 없이 신용장조건의 변경이나 취소의 가능 여부

취소불능신용장(Irrevocable L/C)은 신용장거래 당사자 전원의 동의없이는 취소나 조건변경이 불가능한 신용장을 말한다.

이에 비해 취소가능신용장(Revocal L/C)은 수출상에게 사전에 예고 없이 언제든지 일방적으로 이미 발행된 신용장을 취소하거나 조건변경 할 수 있는 신용장을 말한다. 신용장에 revocable이란 명시가 없으면 취소불능신용장으로 간주한다.

Check Point

취소불능신용장에서 신용장 조건 변경 및 취소와 관련된 신용장 당사자는 누구인가?

취소불능신용장은 신용장 당사자의 전원합의 없이는 신용장의 조건변경이나 취소를 할 수 없는데 여기에서 신용장 당사자란 개설은행, 확인은행, 수출상(수익자)을 말한다.

신용장통일규칙에서는 신용장거래는 수입상(개설의뢰인)이 환어음에 대한 지급, 인수, 매입을 확약하고 있지 않기 때문에 수입상을 제외하고 있다[46].

Check Point

취소가능신용장에서 취소통보 전에 환어음을 매입한 은행은 어떻게 해야 하나?

취소가능신용장에서도 신용장조건변경이나 취소가 통지은행에 접수되기 전에 원신용장의 조건대로 지급, 인수, 매입한 은행은 개설은행이 보상책임을 진다.

46) 신용장통일규칙 제9조 d항 i호.

(3) 일람출급신용장(Sight L/C)과 기한부신용장(Usancce L/C)

> 일람출급신용장과 기한부신용장의 차이점:
> 어음지급이 즉시 이루어지냐, 일정기간이 지난 후에 이루어지느냐의 차이

일람출급신용장(Sight L/C)은 신용장에서 수출상이 발행하는 어음이 일람출급환어음(sight bill)일 것을 요구하고 있는 신용장으로 환어음이 어음의 지급인(drawee)에게 제시되면 즉시 대금지급을 해주는 조건의 신용장을 말한다.

이에 비해 기한부신용장(Usancce L/C)은 신용장에서 수출상이 발행하는 어음이 기한부어음(usance bill)일 것을 요구하고 있는 신용장이다. 수출상이 환어음의 기간(tenor)에 어음을 어음의 지급인(drawee)에게 제시하면 어음의 지급인은 환어어음에 인수를 하겠다는 표시를 한 후 수출상에게 되돌려 되고 수출상은 일정기간(usance)이 경과한 후에 어음의 만기일(maturity date, due date)이 도래하면 인수은행으로부터 대금결제를 받게 된다.

Check Point

기한부 어음기간은 어떻게 표시하나?

- **일람후 정기출급**

환어음이 어음지급인에게 제시된 후 일정기간이 경과된 후에 지급되는 환어음으로 "at..........days after sight"와 같이 표시한다.

- **일부후(환어음 일자후) 정기출급**

환어음을 발행한 날로부터 일정기간이 지난 후에 지급되는 환어음으로 "at..........days after B/E date"(환어음 발행일)와 같이 표시한다.

- **확정일후 정기출급**

확정된 미래의 특정 일자에 지급되는 환어음으로 일반적으로 선화증권 발행일, 신용장발행일, 네고일 등의 특정일 이후 지급되는 환어음으로 "at.......... days after B/L date"(선화증권 발행일)와 같이 표시한다.

Check Point

기한부신용장에서 수출상이 대금지급을 빨리 회수할 수 있는 방법은?

일반적인 기한부신용장에서 수출상은 신용장에서 정해 놓은 usance기간이 지난 후에 어음금액을 받을 수 있다. 그러나 실무적으로는 usance기간의 선이자를 공제(할인)하여 어음제시일(만기일)전에 수출대금을 회수할 수 있다.

(4) 지정신용장(Straight L/C)과 매입신용장(Negotiation L/C)

지정신용장과 매입신용장의 차이점: 매입가능여부

매입신용장(Negotiation L/C)은 매입에 의하여 대금을 회수할 수 있는 신용장을 말한다. 즉, 매입이란 매입은행이 수출상으로부터 환어음과 선적서류를 제시받으면 어음을 할인(일정기간의 이자를 빼고)하여 대금을 지급하는 것을 말한다.

매입신용장은 신용장에 의해 발행된 환어음의 매입을 허용하고 어음의 발행인뿐만 아니라 어음의 배서인, 선의의 어음소지인에 대해서도 지급확약을 하고 있는 신용장이다.

이에 비해 지정신용장(Straight L/C)은 신용장에 의한 환어음의 매입여부에 대한 아무런 명시가 없이 수출상이 직접 개설은행이나 지정은행에 선적서류를 제시하고 신용장대금을 지급받아야 하는 신용장을 말한다.

매입신용장의 경우 수출상은 환어음을 제시해야 하나, 지정신용장의 경우에는 신용장에서 요구하지 않는 한 환어음을 제출할 필요가 없다.[47]

(5) 자유매입신용장(Feely negotiable L/C)과 매입제한신용장(Restricted L/C)

자유매입신용장과 매입제한신용장의 차이점: 매입은행의 제한여부에 따른 구분

자유매입신용장(Feely negotiable L/C)은 신용장면에 어음의 매입은행을 지정하지 않고 아무은행에서나 어음을 매입할 수 있도록 한 신용장으로 수출상이 선적서류를 매입하는 은행을 자유롭게 선택할 수 있도록 된 신용장을 말한다.

가장 보편적인 형태의 신용장이므로 Open L/C, General L/C라고 한다. 자유매입신용장은 어음의 발행인뿐만 아니라 배서인(endorser), 선의의소지자(bona-fide holder)에 대해서도 개설은행이 지급을 확약하고 있는 신용장.

자유매입신용장은 불특정다수의 은행에 매입이 수권되어 있고 개설은행은 수익자가 임의로 선택한 은행이 매입한 어음에 대한 인수, 지급을 확약하고 있는 신용장이다. 따라서 수출상은 수출지역에서 가장 좋은 조건을 제시하는 은행을 선택할 수 있는 장점이 있다. 이에 비해 제한신용장(Restricted L/C)은 개설은행이 지정한 은행에서 최종의 매입이 이루어져야 하는 신용장을 말한다.

---

47) 진봉철외, 「무역길라잡이」, 두남, 2002, p.52.

즉, 수출업자의 제1차 매입은행 선택권은 제한하지 않지만 수출지에서 개설은행으로 선적서류를 송부하는 최종매입은행만은 신용장에 미리 지정해 놓은 신용장을 말한다. 수출업자로부터 서류를 매입한 1차 매입은행은 반드시 지정된 은행에 서류를 재매입(Renego)해야 된다.[48]

제한신용장은 개설은행 또는 개설은행이 지정하는 은행에 신용장조건에 일치하게 발행된 환어음이 제시되면 대금을 지급하겠다고 확약하고 있는 신용장이다. 즉, 신용장에서 지정하고 있지 않은 매입은행에 의한 화환어음의 매입을 인정하지 않고 신용장에서 지정하고 있는 특정은행만이 상품대금을 지급하도록 하고 있는 신용장이다.

따라서 지정은행이 아닌 다른 은행이 자기의 위험부담으로 어음을 매입할 수 있지만 개설은행으로부터 지급에 대한 권리가 보장되지는 않는다.

(6) 인수신용장(Acceptance L/C)과 연지급신용장(Deferred payment L/C)

인수신용장과 기한부신용장의 차이점: 환어음의 발행여부

인수신용장(acceptance L/C)은 수출상이 신용장에 인수은행으로 지정된 은행을 지급인으로 하는 기한부 환어음을 발행하여 인수은행에 제시하면 어음만기일에 대금지급을 해주는 신용장을 말한다. 수출상은 반드시 지정된 인수은행에 가서 기한부어음의 인수를 의뢰해야 된다.

연지급신용장은 기한부라는 점에서 인수신용장과 동일하지만 이 신용장에서는 어음이 발행되지 않고 연지급은행은 선적서류를 심사 후 수출상에게 만기일에 대금지급을 하겠다는 연지급확약서를 발행한다.

그런데 연지급확약서는 어음과 같은 유가증권이 아니므로 수출상은 만기 전에 어음할인 등의 방법으로 금융조달을 할 수 없다는 단점이 있다. 실무적으로 연지급은행은 개설은행의 지점인 경우가 많다.

(7) 확인신용장(Confirmed L/C)과 불확인신용장(Unconfirmed L/C)

확인신용장과 불확인신용장의 차이점: 개설은행이외의 제3의 은행의 지급확약 여부

일반적으로 신용장은 대부분 개설은행이 지급확약을 해주는 불확인신용장이다. 그런데 수출상이 개설은행의 신용을 믿지 못하는 경우 개설은행이외의 명성이 있

48) 한국무역협회, 「신용장」, 1998, pp.87-91.

는 제3의 은행이 대금결제를 확약해주는 확인신용장을 사용한다.

즉, 확인신용장(Confirmed L/C)은 개설은행이외의 국제적으로 신용이 있는 개설은행의 거래은행이 개설은행의 요청에 의하여 수출상이 발행한 어음의 인수, 지급, 매입을 확약한 신용장을 말한다. 확인신용장의 경우 수출상은 개설은행과 확인은행으로부터 이중으로 대금결제 확약을 받을 수 있는 장점이 있다.

(8) 상환청구가능신용장(with Recourse L/C)과 상환청구불능신용장(without Recourse L/C)

상환청구가능신용장과 상환청구불능신용장의 차이점: 어음대금 회수 불능시 매입은행의 소구권(遡求權) 인정여부

상환청구가능신용장은 수출상의 선적서류를 매입한 은행이 개설은행으로부터 신용장대금을 받지 못하는 사유가 발생한 경우 매입은행이 동대금을 수익자에게 상환청구(소구)할 수 있는 신용장을 말한다.

이에 비해 매입은행이 수출상에게 대금지급 이후 어떠한 경우에도 돌려받을 수 없는 신용장이 상환청구불능신용장이다. 신용장상에 without Recourse라는 표현이 있을 경우 수출상은 네고시 환어음에 without Recourse표시를 하고 매입은행은 네고한 금액에 대해 수출상에게 상환청구(소구)할 수 없다.

우리나라는 어음법에 따라 이러한 상환청구불능신용장이 인정되고 있지 않으나 구미각국에서는 어음법에서 이를 인정하고 있는 실례도 있다[49]. 신용장에 상환청구에 관한 명확한 명시가 없는 경우 상환청구가능으로 간주한다.

Check Point

개설은행이 대금지급을 거절하는 경우는?

신용장거래에서 믿었던 개설은행의 파산으로 어음의 인수, 지급이 거절되면 매입은행은 어음발행인인 수출상에게 대금상환을 요구하게 된다.

또한 수출상이 발행한 어음 및 서류가 신용장조건에 일치되지 않게 발행되었을 때 어음지급인인 개설은행은 지급을 거절할 수 있으며 이때 어음소지자인 매입은행은 어음발행인인 수출상에게 상환을 청구한다.

49) 무역협회, 전게서, p.83.

(9) 양도가능신용장(Transferable L/C)과 양도불능신용장(Non Transferable L/C)

양도가능신용장과 양도불능신용장의 차이점: 수익자가 신용장을 제3자에게 양도 가능 여부

양도가능신용장은 신용장면에 Transferable이란 표시가 되어 있어 수출상이 제3자(제 2수익자)에게 신용장금액의 전부, 일부를 양도할 수 있도록 권한이 부여되어 있는 신용장을 말한다.

신용장을 양도받은 제2의 수익자도 신용장에 의해 대금결제를 할 수 있는 권리가 생긴다. 즉, 제2수익자는 양도받은 부분에 대해서는 제1수익자와 동일한 권리를 취득하여 자기명의로 어음을 발행하여 개설은행에 지급청구를 할 수 있다.

신용장양도는 동일국내에서 1회에 한하고. 제2수익자가 복수도 가능하다 그러나 제 2수익자가 제 3수익자에게 양도하거나 외국에 양도하는 것은 불가능하다. 또한 신용장상에 분할선적이 허용되는 경우 분할양도(partial transfer)도 가능하다.

신용장면에 양도가능(Transferable)이란 표시가 없으면 신용장양도를 할 수 없는 양도불능신용장으로 간주한다. 대부분의 신용장은 양도불능신용장이다.

Check Point

어떤 경우 신용장을 양도하는가? 양도의 범위는?

실무적으로 신용장을 양도하는 경우는 신용장의 제1수익자가 수출상품을 소유하고 있지 않은 경우 신용장을 실제 상품소유자에게 양도하여 직접 선적하게 할 때 사용하거나, 많은 수의 소규모 수출상이 한꺼번에 신용장을 개설해 놓고 제1의 수익자로 하여금 신용장을 양도하게 할 때 사용한다.

또한 간혹 수출실적이 부족한 수출상이 수수료를 지급하고 명의만 대여하는 경우에도 신용장의 양도가 발생한다. 이러한 신용장의 양도 시 신용장금액, 단가, 선적기한, 신용장유효기한은 원신용장보다 줄일 수 있다.

(10) 내국신용장(Local L/C)과 원신용장(Master, L/C)

내국신용장과 원신용장의 차이점: 신용장의 발행지의 차이

내국신용장(Local L/C)은 수출상의 의뢰로 수출지의 은행이 수출지의 수출용 원

자재나 완제품 공급자 앞으로 발행되는 신용장을 말한다.

국내의 제조업자나 상품공급자가 수출상의 신용을 불신하거나 금융 및 세제 면에서 혜택을 받기를 원할 때 수출상은 신용장 통지은행에 수출상 앞으로 내도한 신용장(원신용장; master L/C)을 견질로 하여 자기를(수출상) 매수인(내국신용장개설의뢰인)으로 하고 제조업자나 공급업자를 수익자로 한 내국신용장의 발행을 의뢰한다. Local L/C는 Domestic L/C, Subsidiary L/C, Secondary L/C라고도 한다.

이에 비해 수입상의 개설의뢰로 신용장개설은행이 수출상 앞으로 개설한 원래의 신용장을 원신용장(Master, Original, Prime L/C)이라고 한다.

〈신용장거래의 매커니즘〉

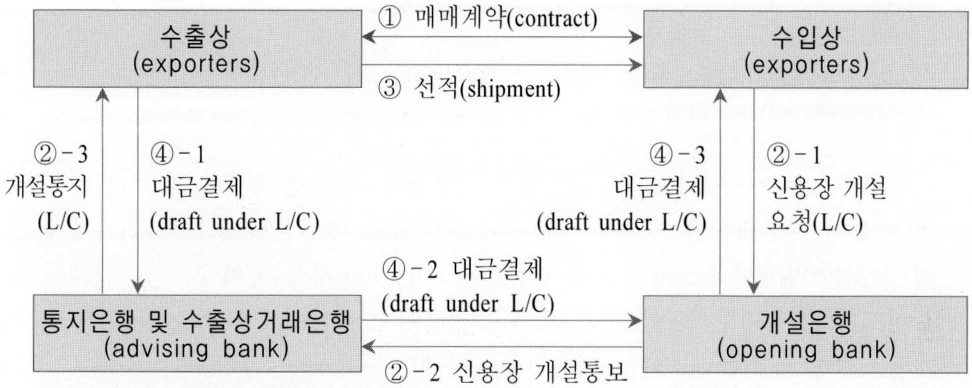

① 수출상과 수입상이 매매계약을 체결한다.
②-1 수입상은 계약내용에 따라 L/C를 개설한다.
②-2 L/C 개설은행은 통지은행에 L/C가 개설되었음을 통지한다.
②-3 통지은행은 수출상에게 L/C가 개설되었음을 통지, 송부한다.
③ 수출상은 L/C 개설을 근거로 하여 계약물품을 생산, 조달하고 계약의 내용에 따라 상품을 수입상에게 운송한다.
④-1 수출상은 환어음을 발행하고 선적서류를 자신의 거래은행에 제시하여 수출대금을 지급받는다.
④-2 수출상의 거래은행은 개설은행에 환어음과 선적서류를 송부하여 수출상에게 지급한 거래대금을 지급받는다.
④-3 개설은행은 선적서류를 수입상에게 인도하고 수입상으로부터 상품대금을 지급받는다.

Check Point

내국신용장에서 수익자는 누구 앞으로 환어음을 발행하나?

내국신용장에서 수익자인 상품 제조업자는 원신용장과는 관계없이 상품을 납품 후 내국신용장개설의뢰자인 수출상 앞으로 환어음을 발행하여 내국신용장개설은행에 매도하여 대금을 회수한다. 주의할 점은 내국신용장의 선적기한이 원신용장의 선적기한을 넘어선 안 된다.

(11) Escrow L/C, Back to Back L/C, Tomas L/C

Escrow L/C, Back to Back L/C, Tomas L/C의 공통점:
연계무역방식에 사용
Escrow L/C, Back to Back L/C, Tomas L/C의 차이점:
Counter L/C의 개설요구 형식

기탁신용장(Escrow L/C)은 수입상이 신용장을 개설할 때에 신용장의 한 조건으로 어음의 매입대금을 수출상에게 지급하지 않고 매입은행 또는 지정은행에 설치된 수출상 명의의 escrow계정에 입금시키고 Escrow계정 속의 자금은 현재의 수출상이 현재의 수입상의 상품을 수입하기 위하여 Counter L/C를 개설할 경우 그 결제자금으로만 사용할 수 있는 신용장을 말한다.

동시개설신용장(Back to Back L/C)은 수출상이 신용장을 수취한 날로부터 일정기간 이내에 수입상을 상대로 Counter L/C를 개설해야 신용장이 유효하다는 문구를 명시하고 있는 신용장을 말한다.

즉, 수입상이 일정액의 수입신용장을 개설할 경우 그 신용장은 상대방으로부터 동액의 Counter L/C를 개설하여 오는 경우에만 유효하다는 조건이 명시되어 있는 신용장을 말한다.

이처럼 두개의 신용장이 동시에 개설된다는 의미로 Back to Back L/C라고 한다. Tomas L/C는 수출상이 수입상에게 일정기간까지 Counter L/C를 개설하겠다는 확약서를 발행하여 선적서류 및 환어음과 함께 은행에 매입할 수 있는 신용장을 말한다.

L/C Check Point

항목	Check Point	내용	
취소불능	revocable이라는 언급이 있는가?	이에 대한 언급이 없을 경우에는 취소불능으로 간주	revocable되어 있는 경우 irrevocable로 amend 요청
유효기일	expiry date (E/D, validity)가 적정한가?	유효기일과 장소가 선적 후 선적서류를 매입하는데 지장이 없는지 여부를 확인한다.	① 유효장소가 해외로 되어 있는 경우 매입을 서두름. ② 유효기일이 촉박한지 여부 →기일연장 요청
금액	amount의 액수는?	① 계약금액과 일치하는지 여부 ② 문자와 숫자 표시가 일치하지 않을 경우 문자표기가 우선	① 금액이 부족한 경우 대금회수에 문제 발생 ② 문자와 숫자 표시가 일치하지 않을 경우 amend 요청.
선적	shipping date (S/D) 및 관련조항에 문제가 없는지?	① 선적기일이 이행가능한지를 확인 ② 분할선적 여부가 표기되어 있지 않을 경우 허용 ③ 환적 여부가 표기되어 있지 않을 경우 ④ 선적항이 특정 항구로 지정되어 있는지를 확인 ⑤ 도착지 양륙항이 문제없는지 확인	① 기간이 촉박한 경우 유의 ② 금지표기가 되어있는 경우 유의 ③ 선적항이 계약내용과 상이한 경우 amend 요청 ④ 도착항이 계약내용과 상이한 경우 amend 요청
거래조건	각종 거래조건이 계약(offer)조건과 일치하는지 여부?	① 무역조건이 FOB, CIF조건인지 여부를 확인 ② 결제조건이 일람불(at sight)인지 기한부(usance)인지를 확인	좌의 ①, ②항이 계약내용과 일치하지 않을 경우 amend 요청
수익자	무역업자인지 여부?	상업송장상의 수출상과 일치하여야 함	상업송장상의 수출상과 상이한 경우 unpaid 사유가 됨
제품명세	계약서상의 물품명세와 일치하는지 여부?	계약내용대로 표기되어 있지 않은 경우	물품명이 전혀 다르게 표기되어 있을 때 unpaid 사유가 됨
매입서류	운송서류의 종류 및 제출통수는?	① 신용장에서 요구되는 서류의 종류 및 제출통수를 정확히 일치시켜야 함 ② 서류 상호간 모순이 없는지 여부 unpaid 사유에 해당	① 기타 서류 작성상 도저히 제출할 수 없는 서류가 있을 경우 대금회수의 불안 ② 서류 상호간 모순이 있는 경우 일치시켜서 매입의뢰
은행제시시간	선적 후 은행에 제출하여야 하는 기간은?	서류제출기간이 지났거나, 선화증권 발행 후 21일 경과되어 제출된 서류는 unpaid 사유에 해당	서류제출기간이 지났는지 여부, 선화증권 발행 후 21일이 경과된 경우 기일 amend 요청
각종수수료	수출상/수입상이 수수료를 누가 부담할 것인지 여부?	기한부신용장의 이자부담, 확인수수료 등의 부담당사자를 확인	신용장에서 요구하는 각종 부담을 수출상에게 전가시키는 경우 수입상에게 amend 요청
기타	이행불능사항이 있는지 여부?	① 검사증명서에 수입상의 서명을 받도록 하는 등의 수출상이 이해하기 곤란한 조건이 있는지를 확인 ② 운송서류를 수입상에게 직접 송부하도록 요구하는지를 확인	정상적인 절차로 수출상이 이행하기 곤란한 내용이 있는 경우 이를 amend 요청

전창원(2008)

5. 국제팩토링방식 (International Factoring)

1) 팩토링이란

팩토링이란 제조업자가 구매자에게 상품을 외상판매한 후 발생한 매출채권을 팩터가 지속적으로 매입하면서 제조업자에게 대금회수, 매출채권관리, 부실채권의 보호, 전도금융 등의 혜택을 제공하는 서비스를 말한다.

2) 국제팩토링이란

국제팩토링이란 팩토링회사(factor)가 수출입업자 사이에서 수입자의 무역대금지급을 보증하고 수출업자에게는 전도금융을 제공하는 대금결제를 말한다. 즉, 국제팩토링은 International Factors Group 등 국제팩토링그룹에 가입되어 있는 수출국 팩토링회사 및 수입국 팩토링회사 등의 전 세계 팩터의 회원망을 통하여 이루어진다.

수입펙터는 수입상에 대한 신용조사 및 신용위험을 인수하며 수출채권의 양수 및 송금 등 대금회수를 보장하고, 수출펙터는 수출채권을 관리하고 전도금융을 제공하고 수출채권과 관련된 회계장부를 정리한다.

3) 국제팩토링의 이점

(1) 수출상의 이점

전 세계에 걸친 팩토링 기구의 회원사망을 통해 다양한 세계시장정보를 얻을 수 있고, 수출대금의 회수를 수출팩터가 보증하기 때문에 신용거래에 대한 위험이 없으며 팩토링 기구의 회원사인 수입팩터와 거래함으로써 국제시장에서 지명도가 높아져 신시장 개척이 가능하고 신용장 및 추심방식에 비해 절차가 간단하다. 또한 수출상이 무역회계 업무의 부담에서 벗어나 수출에만 전념할 수 있다.

(2) 수입상의 이점

수입상은 신용장개설에 대한 자금부담이나 비용부담(수입보증금예치, 신용장발행 발행수수료 등)을 줄일 수 있으며 수입팩터로부터 만기일 관리 등 회계관리 서비스를 제공받는다.

국제팩토링 절차

(1) 수출자가 수출팩터와 팩토링거래 약정의뢰
(2) 수출팩터는 수입팩터에 수입자에 대한 신용승낙 요청
(3) 수입팩터는 수입자의 신용상태를 조사하여 수출팩터에 신용승낙
(4) 수출팩터는 수출자에게 신용승낙 통지서 발급
(5) 수출자는 수입자와 국제팩토링방식 대금결제조건으로 무역계약 체결
(6) 수출자는 선적후 선적서류를 수출팩터에게 매각
* 수출팩터는 송장금액의 100% 이내에서 수출상에게 전도금을 제공
(7) 수출팩터는 선적서류를 수입팩터에게 양도
(8) 수입팩터는 수입자에게 선적서류를 인도하고, 대금결제.
(9) 수입팩터는 대금을 수출팩터에게 송금
(10) 수출팩터는 수입팩터로부터 송금되어온 수출대금을 수출상에게 지급

4) 국제팩토링의 한계

현재 무역거래에서 팩토링제도가 보편화되어 있지 않은데 그 이유는 전 세계적으로 팩토링회사가 제한되어 있기 때문이다.

즉, 무역거래에서 보편적으로 사용하는 신용장거래는 신용장거래를 담당하는 은행이 전 세계적으로 많지만 팩토링을 담당하는 회사는 제한되어 있어 보편화가 되고 있지 않다. 이런 이유로 인해 국제팩토링 방식은 본지사간의 거래나 신용상태가 양호한 거래처간에 주로 사용되고 있다.

Check Point

신용장방식과 팩토링방식의 차이점은 무엇인가?

첫째, 신용장방식은 신용장을 근거로 이루어지나, 팩토링방식은 매매계약서를 근거로 한다.

둘째, 신용장방식은 결제시 환어음과 무역결제서류를 요구하나, 팩토링방식은 결제서류만 제공하면 된다.

셋째, 신용장발행에 있어 대금지급의 보증은 신용장발행은행이 하나, 팩토링방식에서는 팩터가 대금지급을 보증한다.

넷째, 신용장방식에서는 수출환어음매입에 의해 수출대금을 회수하나, 팩토링방식은 전도금융에의해 회수된다.

다섯째, 신용장방식은 수입상의 자금부담이 크지만, 팩토링방식에서는 수입상의 자금부담이 비교적 가볍다.

여섯째, 신용장방식에 있어 대금지급은 은행을 통해 이루어지나, 팩터링방식에서는 팩터가 지급을 한다.

일곱째, 신용장방식은 수출용원자재의 구입에 한하여 무역금융의 혜택을 받을 수 있으나 팩토링방식은 자유롭게 융통이 가능하다.

전자결제의 절차

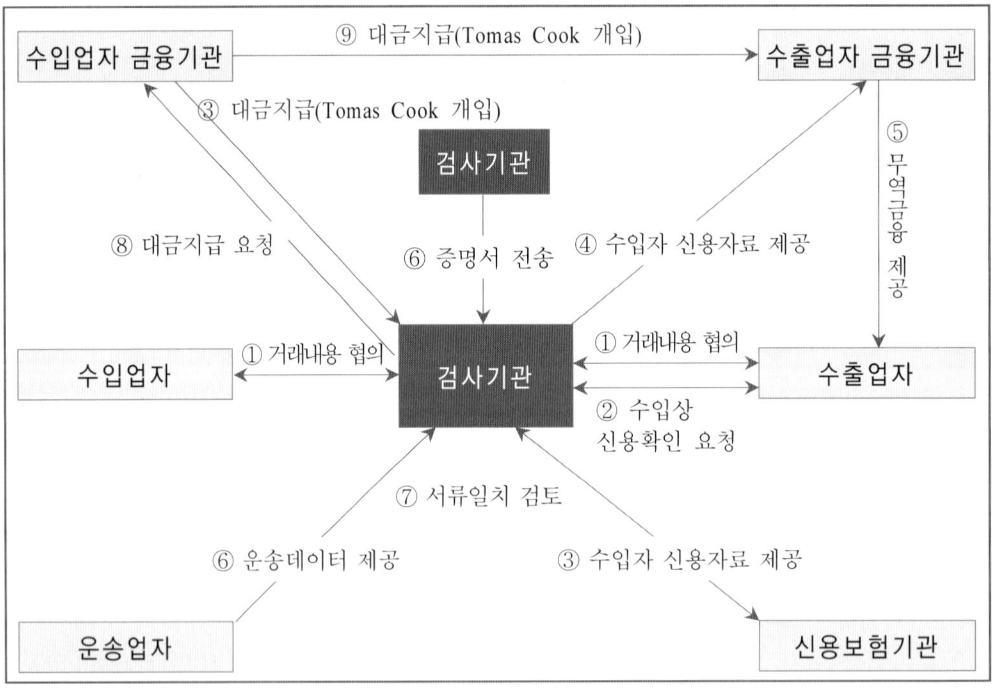

자료:이대우(2007).

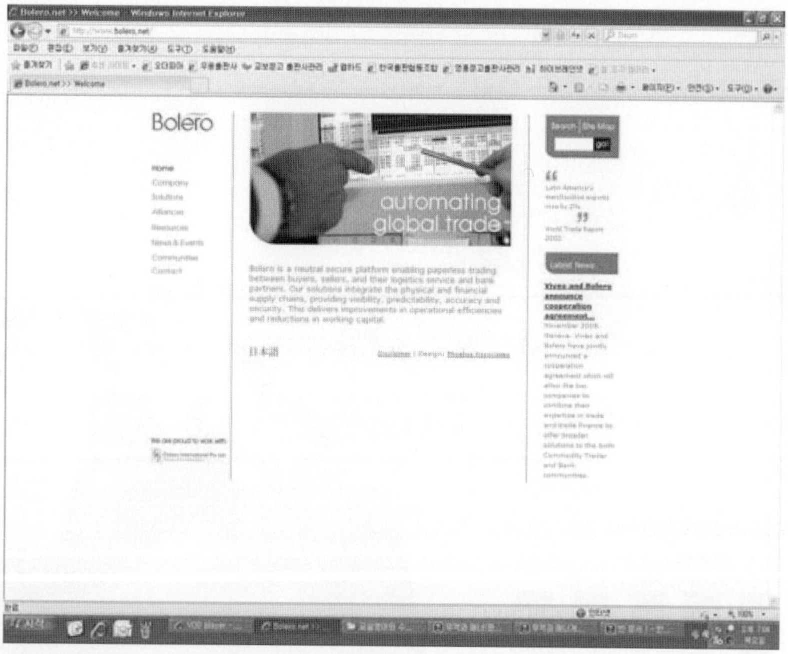

▲ Bolero

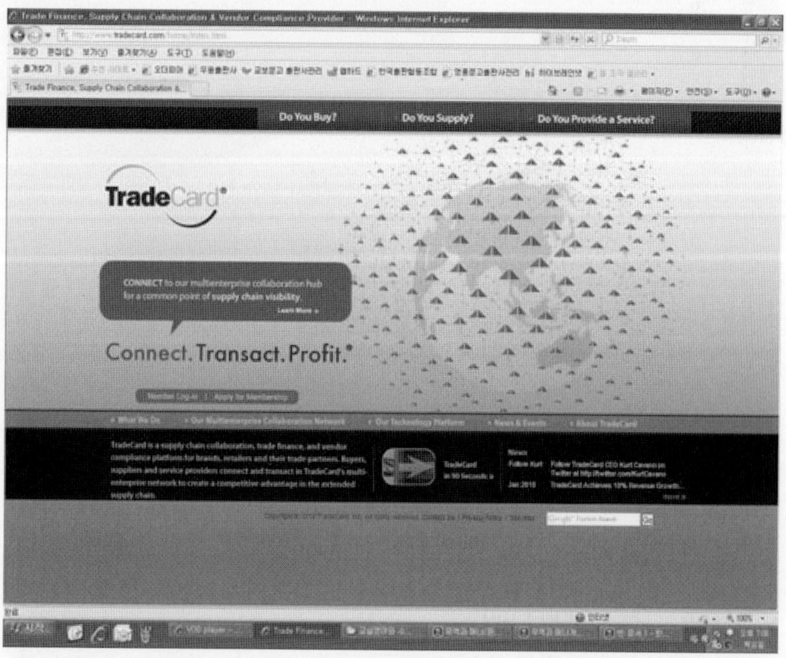

▲ Trade Card

무역매너 에세이

"수출로 번 돈 해외펀드로 손해"

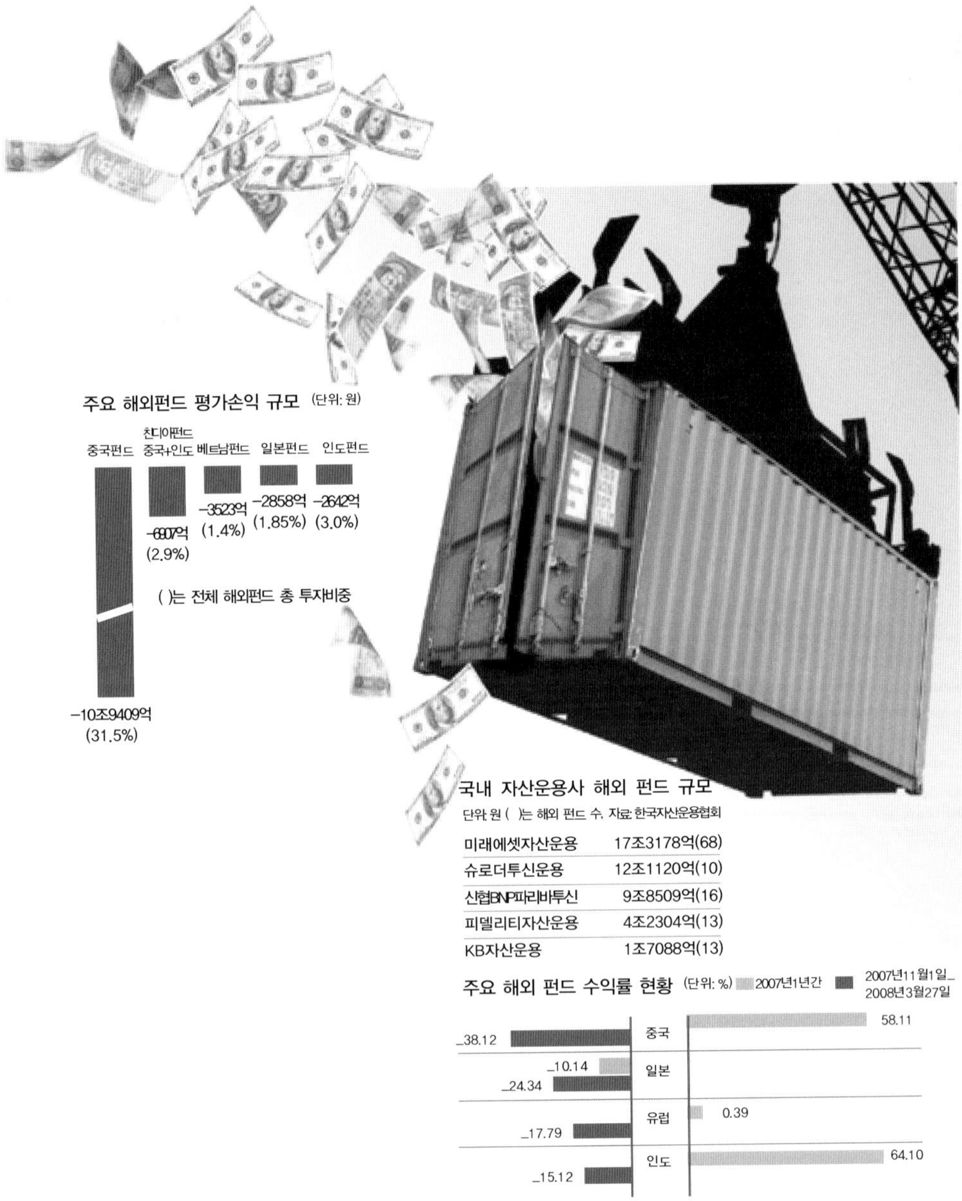

5개월 새 해외펀드손실 18조원 작년 수출로 번 돈 다 날아갔다

《최근 5개월간 국내 투자자들이 해외펀드 투자로 손해 본 금액은 18조원가량으로 한국이

2007년 한 해 동안 수출로 벌어들인 돈을 넘는 것으로 확인됐다. 1일 펀드평가사인 한국펀드평가에 따르면 세계 증시가 고점을 지난 직후인 작년 11월 1일부터 올해 3월 27일까지 국내 투자자들의 해외 손실 규모를 추정한 결과, 해외 주식형펀드에서 17조7775억 원의 평가 손실이 났다. 지난해 한국의 무역수지 흑자 규모인 146억 달러(약 14조4000억 원)를 훌쩍 넘는 금액이다.》

덩달아 투자한 사람이 주로 손해

특히 전체 해외펀드에서 31.5%의 비중을 차지하는 중국펀드는 10조9409억 원의 평가 손실을 냈다. 이는 해외펀드 전체 손실 규모의 61.5%에 이른다. 같은 기간 중국 상하이종합지수는 5,954.77에서 3,411.49로 2,543.28포인트(42.7%)나 하락했다.

펀드 평가 시점을 앞당겨 지난해 초부터 올해 3월 27일로 잡으면 해외펀드 평가수익은 22조6654억 원이다. 중국펀드도 12조5424억 원의 평가수익을 냈다. 중국펀드 수익률은 2007년 11월 1일부터 2008년 3월 27일까지 —38.12%지만 최근 1년 수익률은 17.94%다.

1년 이상 투자한 사람의 수익률은 여전히 플러스지만, 중국 증시가 고점을 치자 따라 들어간 투자자는 손실 규모가 눈덩이처럼 불어나고 있다는 얘기다. 2월 말 현재 해외 주식형펀드 계좌 수는 782만 개. 이 가운데 10월부터 5개월간 늘어난 계좌가 316만 개나 된다. 따라서 상당수의 투자자들이 증시 고점 때 해외 주식형 펀드로 몰렸고 이후 세계 증시 폭락으로 고통받고 있는 것으로 추정된다.

지난해 10월 매월 30만 원을 적립식으로 붓는 중국펀드에 가입한 주부 임모(33·서울 성북구 돈암동) 씨는 "올해 9월 아들 돌잔치를 준비하기 위해 중국펀드에 들었는데 최근 수익률이 —20%를 넘었다"며 안타까워했다.

중국-인도 '몰빵투자'가 문제

해외펀드 손실이 급격히 불어나자 투자자들에게 중국과 인도펀드에 이른바 '몰빵 투자'를 하라고 부추긴 금융기관에 대한 비판이 나오고 있다. 분산투자를 하지 않은 투자자들도 책임에서 자유로울 수 없다. 지난해 환율 방어를 위해 해외 투자 활성화 대책을 내놓은 정부에 대한 원망도 없지 않다.

정부는 지난해 1월 15일 해외펀드 3년 비과세 조치와 개인의 투자 목적 해외 부동산 취득한도 확대(100만 달러→300만 달러)를 골자로 하는 '해외투자 확대 방안'을 내놨다. 경상수지 흑자로 달러가 넘쳐나면서 원-달러 환율 하락(원화 가치는 상승)이 지속되자 이를 안정시키려는 것이었다. 양도차익에 부과되는 15.4%의 세금을 감면하는 비과세 조치가 지난해 6월 1일 시행된 뒤 5월 말 19조2073억 원이던 해외 주식형 펀드 설정액은 6개월 만에 49조8856억 원으로 폭증했다.

급격한 자금 쏠림으로 은행들은 돈이 말랐다. 2006년 은행 저축성 예금 증가액은 23조4438억 원이었으나 2007년에는 고작 1조7758억 원만 늘었다. 대출 재원이 부족하니 은행은

은행채와 양도성예금증서(CD) 발행으로 자금을 조달해 시중 금리가 급등하는 혼란이 왔다. 서민들은 '금리 폭탄'으로 고통을 겪기도 했다. 정부가 의도했던 환율방어 효과도 미약했다. 삼성선물 전승지 연구원은 "해외펀드의 80%는 외환을 선물(先物)로 파는 형태로 환헤지를 했기 때문에 환율 안정 효과가 기대에 못 미쳤다"고 말했다.

하지만 정부가 추진했던 해외투자 자율화 방안에 책임을 떠넘기는 것은 무리라는 게 전문가들 지적이다. 연세대 최흥식 경영학부 교수는 "지금 같은 상황이라 해도 똑같은 정책을 선택할 수밖에 없다. 선진국이 자본을 갖고 개발도상국에 들어가 막대한 수익을 올리는 것처럼 금융업 시장이 좁은 한국도 경제규모가 커지면서 해외로 나가야 한다."고 말했다.

수업료 낸 만큼 투자 문화 성숙해져야

한국금융연구원 신용상 연구위원은 "정부의 해외투자 활성화 방안의 방향은 맞지만 '몰빵 현상'을 방지하는 리스크 관리가 있어야 했다"고 지적했다. 수익성만 중시해 신흥시장에 치우친 투자자와 마구잡이로 해외펀드를 만든 자산운용사도 문제다. 지난해 국내 51개 자산운용사가 출시한 해외 주식형 펀드는 218개로 국내 주식형 펀드(102개)보다 2배나 많았다.

한국투신운용 강신우 부사장은 "펀드 문화가 형성된 지 3, 4년밖에 안 돼 인도 중국이 좋다고 하면 다 따라가는 것이 현실"이라고 말했다. 한국펀드평가 우재룡 사장은 "선진국에서는 자산운용사들이 투자자들에게 확고한 자산배분 원칙을 갖고 자금 용도에 따라 장기투자 하도록 유도한다"며 "정부, 금융기관, 투자자 모두 이번 해외펀드 폭락 사태를 교훈 삼아 리스크 관리 및 분산투자에 대한 인식이 한 계단 더 높아져야 한다."고 경고했다.

(동아일보, 2008.4.2)

제3장 무역운송 입문

1. 무역운송이란?

무역운송 = 무역운송계약 + 국제물류관리

무역운송에 대한 연구는 크게 무역운송계약과 국제물류관리로 구분할 수 있다. 과거에는 무역운송에 관한 연구와 학습이 해상운송계약 및 해상운송절차에 집중되었으나, 최근 들어서는 무역운송에서 해상운송뿐만 아니라 항공운송과 복합운송의 증가 및 물류관리의 중요성 증대로 종합적인 국제물류관리의 필요성이 대두되고 있다.

2. 무역운송계약의 성격

매매계약(주계약) ↔ 운송계약(종속계약)

무역거래에서 무역운송계약은 매매계약의 종속계약으로 매매계약의 형태에 따라 운임부담자, 운송수단의 선택, 운송방법, 운송기간, 운송계약의 체결자 등의 내용이 결정된다. FOB조건인 경우 운송계약체결자는 매수인이 되고, CIF조건인 경우 운송계약체결자는 매도인이 된다.

Check Point ·· e-Trade에서 무역운송은?

- **유형재(오프라인 무역과 동일하게 운송수단을 통한 국제운송)**
- **디지털제품(사이버 공간에서 온라인 전송)**

많은 사람들이 e-Trade는 전통적인 무역실무절차와 완전히 다른 것으로 오해하는 경향이 있는데 유형재의 무역운송과정은 e-Trade나 전통적인 무역이나 상품의 장소적 이동을 필요로 한다.

단, e-Trade는 운송계약을 전자적인 방법을 통해서 온라인을 통해서 한다는 차이점이 있을 뿐이다. 다만 디지털제품의 e-Trade는 온라인상에서 다운로드 등의 방식으로 상품의 이동이 완결되어 전통적인 무역운송과정이 생략된다.

그러나 무역에서 거래되는 대부분의 상품은 유형재이므로 e-Trade방식이나 전통적인 무역방식에서 모두 무역운송은 중요하다. e-Trade의 경우 거래상품의 특성상 항공운송 및 택배업의 중요성이 전통적 무역에 비해 증가할 것으로 전망된다.

통관의 경우는 전통적 무역실무에서는 서류의 발급, 확인 등의 절차가 복잡하고 시간과 비용이 많이 소요되었으나 e-Trade에서는 EDI로 인해 절차가 간소화되고 있고[50], 화주는 화물의 물류 전과정을 인터넷을 통해 즉시 파악할 수 있어[51] 통관과 물류관련 업무의 불확실성을 줄이고, 시간을 절약할 수 있다.

50) 우리나라의 경우 1997년 10월 이후 세관에 대한 모든 수출입신고와 보세화물 반출입신고를 EDI방식으로 하고 있다. 무역업체들은 관세청의 통관정보시스템(KCIS)을 통해 수출입 신고, 수리, 확인, 수입화물 추적 등이 가능하다.

51) 하주가 DHL 등의 국제특송회사와 한진해운 등의 컨테이너운송업체의 웹사이트에 들어가서 화물접수번호를 입력하면 현재 자신의 화물의 물류흐름을 쉽게 알 수 있다.

3. 무역운송 수단의 선택

- 무역운송 수단 = 해상운송, 육상운송, 항공운송, 복합운송
- 운송수단 선택시 고려 사항 = 무역계약, 상품특성, 운임, 운송시간, 운송경로, 물류거점 특성, 수출입절차

무역운송은 해상운송, 항공운송, 육상운송(화물자동차, 철도)중 어느 한 운송수단으로 이루어지거나 둘 이상의 운송수단의 결합으로 이루어진다. 무역운송 수단을 선택할 때는 무역계약의 특성 및 상품의 특성[52], 운임 및 운송시간, 운송경로 및 물류거점의 특성, 수출입절차 등을 종합적으로 고려하여 최적의 운송수단을 선택해야 한다.

무역운송에서 잘못된 운송수단의 선택은 운송지연, 추가비용 발생, 서비스 저하를 가져와 상품경쟁력을 하락시키는 요인으로 작용한다. 최근 들어 무역환경은 기존의 제조기술과 상품단가로 경쟁하던 시대에서 효율적인 물류관리를 통한 비용절감, 서비스 향상의 경쟁으로 접어들고 있다. 이러한 무역환경에서 무역운송은 육상, 해상, 항공의 모든 운송수단을 가장 효율적으로 조합하는 복합운송시대로 변화고 있다.

운송수단의 결정요인

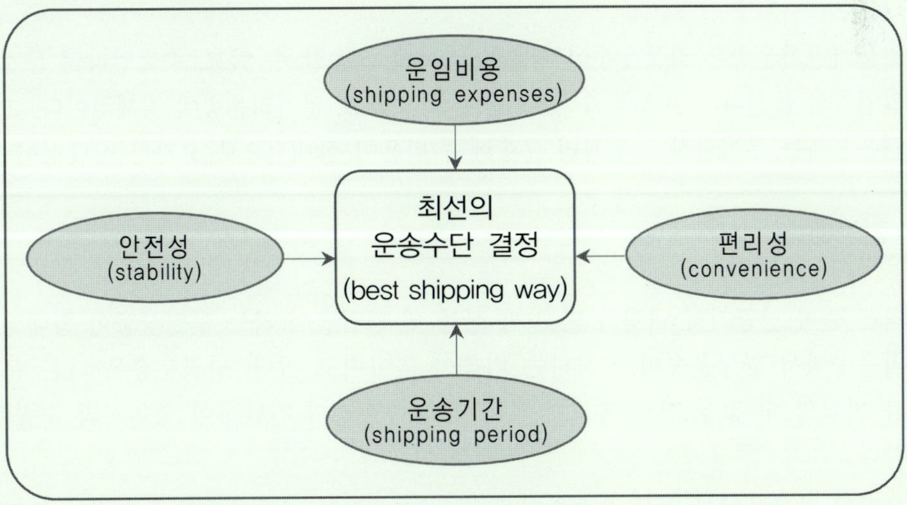

52) 상품가격, 상품주기 및 계절성, 상품의 부패속도, 중량 및 용적.

1) 해상운송

해상운송은 원양항로를 항해하는 선박에 의해 상품을 수출국에서 수입국으로 이전하는 해운을 말한다. 해상운송의 특징은 원거리 대량운송에 경제적이고 운송비가 타 운송 수단에 비해 저렴하며, 운송루트의 제한이 적으나, 운송속도가 느리고, 기상상태에 의해 항해 및 하역이 불가능한 경우가 발생하고 일반적으로 운송의 안전성 및 정확성이 떨어진다. 따라서 해상운송은 대량화물, 긴급을 요하지 않는 화물, 고액의 운임을 부담할 수 없는 화물 등에 적합하다.

2) 육상운송

무역운송에 이용되는 육상운송은 화물자동차운송과 철도운송이 있으며, 무역운송에서 국제복합운송의 발전에 따라 화물자동차운송과 철도운송은 수출업자의 문전에서 수입업자의 문전까지 가장 중요한 연계운송수단이 되고 있다.

철도운송은 대량상품을 일시에 운송할 수 있고, 기상상태의 영향을 거의 받지 않으며 궤도운송을 하여 사고가 적어 중원거리운송에 경제적이다. 그러나 근거리 운송시 비용이 상대적으로 고가이며 긴급한 화물운송시 배차관계로 운송이 불가능한 단점이 있다.

화물자동차운송은 화물운송이 필요한 적시에 운송할 수 있고, 수출업자의 문전에서 수입업자의 문전까지 운송할 수 있어 유통성이 높고, 근거리운송에 경제적이다. 그러나 대량운송에는 부적합하고 원거리 운송에는 비용이 상대적으로 고가라는 단점이 있다.

3) 항공운송

최근 들어 항공기의 대형화 및 고가 상품 및 긴급을 요하는 무역상품이 확대되면서 무역운송에서 항공운송이 차지하는 비중이 높아지고 있다. 항공운송은 다른 운송수단과 비교할 수 없을 만큼 속도가 빠르고, 상품포장이 간단하여 중원거리 수송에 적합하다.

그러나 화물운임이 다른 운송수단에 비해 고가여서 저가상품의 운송에는 부적합하고, 항공기의 특성상 상품의 중량제한이 있는 단점이 있다.

4) 복합운송

국제복합운송이란 복합운송인(Multimodal Transport Operator)이 화물을 자신의 보관 아래 인수한 한 국가의 지점에서 다른 국가에 위치한 인도가 예정된 지점까지 두 종류 이상의 이종 운송수단에 의해 화물운송을 하는 것을 말한다.

운송수단의 장단점

구분	장점	단점
철도	• 수송량이 전국적으로 정비되어 있다. • 중·장거리 수송에 적합하다. • 비교적 안전하다. • 신뢰성과 에너지 효율성이 높다 • 대량물품의 수송이 일시에 가능하다. • 전천후 수송이 가능하다.	• 배차시간의 일관성이 부족하다. • 트럭에 의한 집배가 필요하다. • 일관수송체계가 미흡하다. • 화물의 수취가 불편하다. • 장거리수송에서 화차의 교환 등 소요시간이 길다.
트럭	• 단거리 수송에 적합하며, 운임은 탄력적이다. • 신속하고 편리하며 하역능력이 탁월하다. • 일관수송이 가능해 편리하다. • 화물포장이 경제적이다. • 영업용과 자가용을 병행해 이용할 수 있다. • 배차를 신속히 할 수 있다.	• 대량수송에 부적합하다. • 안전도와 에너지 효율성이 낮다. • 환경오염문제가 발생한다.
선박	• 대량품·중량품 등의 수송에 적합하다. • 대량운송이 용이하고 원거리 수송시 운임이 저렴하다. • 일관수송체계가 비교적 용이하다.	• 수송의 정확성이나 안전성이 비교적 낮다. • 항만시설과 하역기기가 필요하다. • 타운송수단에 비해 수송속도가 느리다. • 기후에 많은 영향을 받는다. • 포장비, 하역비, 부대시설 이용료 등이 많이 소요된다.
항공기	• 포장이 간단하고 화물의 손상이 적다. • 계절상품, 전자제품 등 빠른 수송을 요하는 물품의 수송에 적합하다. • 운임부담능력이 큰 상품의 중·원거리 수송에 적합하다.	• 수송의 완결성이나 탄력성이 부족하고 비용이 높다. • 중량의 제한이 있다. • 저가격 수송에는 적합지 않고 고운임이다. • 이용이 제한적이다.

자료:방희석(1999).

4. 해상운송계약의 형태

해상운송계약의 형태 = 개품운송계약, 용선운송계약

해상운송계약은 선사와 화주간에 체결되는데 개품(個品)을 운송하기 위한 개품운송계약과 선박의 전부 또는 일부를 계약하는 용선계약이 있다.

1) 정기선에 의한 개품운송계약

정기선(liner)은 정기적으로 운항되는 선박을 말한다. 정기선 운송이란 일반적으로 고속버스 운행과 같이 승객이 한 명이라도 정해진 운행계획에 의해 정기노선을 규칙적이고 반복적으로 운항하는 해상운송형태로 특정항로에서 정기적으로 반복 항해하는 선박의 운항형태를 말한다.

개품운송계약(contract of affreight in general ship)은 하나의 선박을 모두 채울 수 없는 다수화주의 소량화물을 정기선에 혼재하여 운송하는 방식이다. 선사는 소량화물을 다수의 하주로부터 집화함으로써 특정 항로에서 선박의 규칙적인 반복항해가 상업적으로 가능하다.

선사는 운항 스케줄과 품목별 운임률표를 공표하고 있고, 소규모 무역업자는 수출입물량이 많지 않은 경우 선사가 공표한 운항스케줄(Sailing Schedule)에 따라 특정항로를 운항하는 정기선(Liner)을 이용한다.

Check Point ·· 개품운송계약은 어떤 방식으로?

개품운송계약 = 부합계약

실무적으로 정기선에 의한 개품운송계약은 화주와 선사 간에 별도로 운송계약서를 작성하는 것이 아니고 선사가 개별 화주와 상의없이 일방적으로 결정한 운송약관이 인쇄되어 있는 정형화된 선화증권(Bill of Lading : B/L)을 발급하고 화주가 포괄적으로 승인하는 부합계약의 형태로 운송계약에 갈음하고 있다.

이처럼 무역에서 개품운송계약은 대규모 자본을 가지고 있는 선사가 일방적으로 제공하는 선화증권약관을 소규모 개별화주가 수용할 수밖에 없다. 이러한 현실을 반영하여 선화증권의 약관은 국제법규인 헤이그 비스비 규칙 등의 강행법규로서 규율하고 있다.

2) 부정기선에 의한 용선계약

부정기선(Tramper)운송은 화물의 운송수요가 있을 때 부정기적으로 화주와 선사간에 용선계약을 체결하여 화주가 원하는 시기와 항로에 따라 배선하는 운송방식이다.

용선(傭船: charter)이란 선주(ship owner)가 선박의 일부 또는 전부를 빌려주는 것인데, 실무적으로 용선의 개념은 선박뿐만 아니라 선주가 고용한 선원 및 선장이 승선한 선박을 용선자(charterer)가 빌리는 것이고, 용선자가 선박만 빌리는 것은 나용선(裸傭船: Bare charter)이라고 한다.

용선계약(charter party: C/P)은 용선자가 사용하는 선복(ship's space)이 전부인지 일부인지에 따라 전부용선과 일부용선으로 분류된다.

개품운송계약과 용선계약

	개품운송계약	용선계약
계약의 대상	개별 화물	선복의 일부 또는 전부
운송수단	정기선	부정기선
적용법규	성문법	계약자유의 원칙
책임관계	운송인 면책확대 불인정	운송인 책임 수정가능
당사자	선주와 화주	선주와 용선자
화주	불특정 다수	특정 화주
화물	잡화와 같은 비교적 작은 화물	대량 벌크화물(원유, 철강, 곡물 등)
계약	선화증권 발행	용선계약서
운임률	공표운임률(Tariff Rate)	해운시황에 의한 시세(open rate)
운임조건	Berth(Liner Term)	FI, FO, FIO

Check Point

선복의 개념과 용선자는 도대체 누구인가?

선복(ship's space)은 화물적재를 가능하게 하는 선박의 지정장소를 말하는 것이고, 용선자(charterer)는 선박이 부족한 선주가 될 수도 있고 무역업자가 될 수도 있다.

Check Point

정기선 운송에 의한 개품운송계약과 부정기선에 의한 용선계약의 차이점

첫째, 개품운송계약의 운송의 대상은 화물인데 비해 용선계약의 운송의 대상은 선복이다.

둘째, 개품운송계약은 성문법인 국제규칙의 적용을 받지만, 용선계약은 대등한 경제력을 가진 선주와 용선자간의 거래로 계약자유의 원칙에 따라 법의 간섭을 받지 않고 자유로이 체결된다.

셋째, 정기선은 운임률과 운항스케쥴을 공표하나 부정기선은 물동량 및 해운시황에 따라 결정된다.

넷째, 정기선은 특정 항로에 배선이 되면 항로간 이동이 거의 발생하지 않으나 부정기선은 자유롭다.

다섯째, 정기선에는 해운동맹제도가 있으나, 부정기선은 해운동맹제도가 없다.

여섯째, 정기선은 운송인이 모든 서비스를 다 제공하므로 선적 및 양륙비용이

(1) 용선계약(Charter Party)의 종류

정기용선, 항해용선, 나용선

용선의 종류

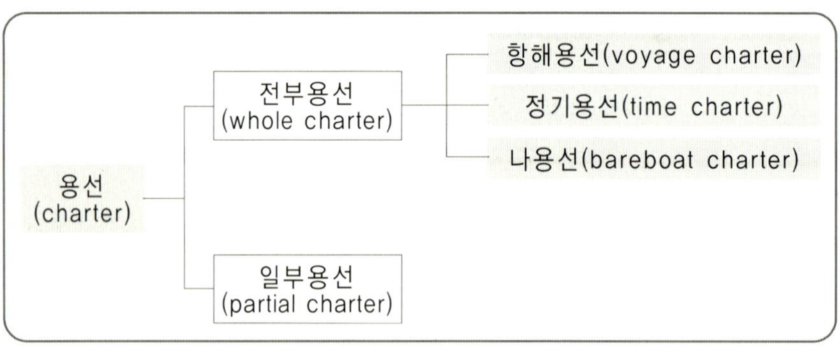

① 정기(기간)용선(Time Charter)

정기용선계약은 용선자가 선주로부터 일정기간(며칠부터 며칠까지)을 단위로 선원, 장비를 갖춘 선박을 빌리는 용선계약이다.

자기화물을 운송하기 위하여 정기용선하는 경우도 있으나 일반적으로 선사가 선박이 부족할 때 주로 사용하는 용선계약이다. 용선자는 용선기간에 따라 선주에게 용선료를 지급하고 화주로부터 받은 운임과 용선비의 차액을 얻게 된다.

② 항해용선(Voyage Charter, Trip Charter)

항해용선계약은 용선자가 항해(어느 항에서 어느 항까지, 1개항 또는 수개의 항)를 단위로 하여 선주로부터 선복을 빌리는 계약이다. 항해용선에는 선복의 전체를 빌리는 전부용선과 일부를 빌리는 일부용선이 있다.

항해용선계약에는 일반적으로 운임이 적하(積荷)의 톤당 얼마로 정해지는데 용선자가 개별 화물에 대해 운임을 계산할 수 없는 경우나, 용선자가 선복전부를 사용하기를 원하는 경우에는 실제 적하톤수(적재수량)와 상관없이 선박의 선복전부를 1선적으로 간주해서 한 항해(어느 항에서 어느 항까지)에 얼마라고 포괄운임을 내는 선복용선계약(Lump-Sum Charter)을 할 수 있고 이 경우 운임을 선복운임(Lump-Sum freight)이라고 한다.

Check Point

정기용선과 항해용선에서 선주와 용선자의 부담의 차이점?

정기용선에 있어 선박의 유지보존비는 선주부담, 운행비는 용선자부담이다. 또한 선주에게는 선박의 감항능력책임이 있기 때문에 운항불능의 원인이 기관고장인 경우에는 선주가 부담하지만 운항상의 사고에 의한 경우에는 용선자의 책임이 된다.

항해용선에서 선주는 선박의 유지보존비뿐만 아니라 운항비도 부담하고, 운항에 관한 모든 책임을 진다. 용선자는 단지 빌린 선복의 대가를 부담할 뿐이다[53]. 정기용선에서는 일반적으로 선사가 용선자가 되고, 항해용선에서는 무역업자가 주로 용선자가 된다.

③ 나용선계약(裸傭船: Demise Charter, Bare boat charter, 선박임대차계약)

나용선계약은 용선자가 선원 등을 승선시키지 않은 채 선박만을 전세로 빌리는 선박임대차계약으로 용선기간 중 용선자는 선박의 임시 선주로 선장과 선원을 직접 고용하고 지휘, 감독한다. 일반적으로 우수한 선원은 있지만 선박이 부족한 경우 외국선박을 나용선해서 자국의 선원과 장비를 갖추어 다른 나라에 재용선(再傭船: Sub-charter)하는 경우가 많다.

53) 노승혁, 무역실무론, 대왕사, 2000, pp.202-203.

용선계약의 구분

	항해용선계약	정기용선계약	나용선계약
선원 및 선장 고용	선주가 선장 임명, 지휘, 감독	좌동	임차인이 선장 임명 지휘 감독
책임 범위	용선자는 선복이용, 선주는 운송행위	좌동	임차인이 선박을 일정기간 사용 및 운송행위
운임산정 기준	화물의 수량 또는 선복으로 결정	용선기간에 의해 결정	일정기간을 기초로 하여 결정
감항능력담보	용선자는 화주에 대해 감항능력 담보책임 없음	좌동	임차인은 화주에 대해 감항능력담보 부담
선주의 비용부담	선원급료, 식대, 음료 수, 윤활유, 유지비, 수선료, 보험료, 감가상각비 , 연료, 항비, 하역비, 제수수료, 예선료, 도선료	선원급료, 식대, 음료수, 윤활유, 유지비, 수선비, 보험료, 감가상각비	감가상각비, 보험료
용선자의 비용부담	부담비용 없음	연료, 항비, 하역비, 제수수료, 예선료, 도선료	항해용선 중 감가상각비 이외의 비용

Check Point

정기용선 및 항해용선과 나용선의 차이점?

정기용선계약과 항해용선계약은 용선자에게 화물의 운송권만 부여하지만 나용선 계약에 있어서는 용선자에게 화물의 운송권뿐만 아니라 선박의 점유권과 통제권까지 부여하는 계약이고, 선장과 선원도 용선자가 고용하므로 선장과 선원은 용선자의 사용인이 된다. 따라서 선장이나 선원의 과실에 의한 손해는 용선자가 책임을 지게 된다.

Check Point

자화운송(自貨運送: industrial carriage)이란 무엇인가?

전업운송이란 대량의 원재료 및 연료를 주기적으로 해외에서 수입하는 기업이 총수입량의 대부분을 자사소유선 또는 장기용선으로 운송하는 자기운송을 말한다.

이러한 전업운송에 사용되는 선박을 일반적인 해운영업선인 merchant carrier의 상대적인 개념으로 industrial carrier라고 한다. 이러한 전업운송은 대규모 제조업체인 석유업, 시멘트업, 철강업 등에서 유조선, 광석 및 석탄전용선, 시멘트운반선을 직접 운영하거나 특정 선사와 대량화물의 정기용선계약을 체결하여 이루어지고 있다.

Check Point -- 무역업자가 선택할 수 있는 해상운송 방식

- **개품운송계약: 소량 수출입 화물**
- **용선계약: 대량 수출입화물**
- **자화운송: 지속적인 대규모 원재료 및 화물의 수출입**

무역업자가 화물 및 원자재를 해상운송을 통해서 수출입하려고 하는 경우 소량화물인 경우 정기선에 의한 개품운송을 통해서 할 수 있고, 대량 화물인 경우 용선을 통해 선복의 전부나 일부를 빌려 운송할 수 있다.

특히 화물의 특성상 특수전용선이 필요한 석유업, 제철업, 시멘트업 등의 무역업자는 자사가 직접 수출입 원재료 및 화물을 전용선으로 자화운송(自貨運送)할 수도 있고, 장기용선계약을 맺어 운송할 수도 있다.

5. 선화증권(Bill of Lading; B/L)의 종류

- 선적에 대한 기재문언 여부에 따른 분류: Shipped B/L ↔ Received B/L
- 사고에 대한 기재문언 여부에 따른 분류: Clean B/L ↔ Foul B/L
- 수령인의 표시방법에 따른 분류: Straight B/L ↔ Order B/L

1) 선적에 대한 기재문언 여부에 따른 분류

선적선화증권만 은행에서 수리된다.

(1) 선적선화증권(Shipped B/L, On board B/L)

화물이 실제로 선박에 선적이 완료된 후 발행되는 선화증권이다. 선화증권면에 "Shipped on board vessel"로 표기된다.

(2) 수취선화증권(Received B/L)

화물을 선적할 목적으로 수취하였다는 취지가 기재된 선화증권으로 화물이 선사에서 지정한 장소에서 운송인에게 인도되면 발행되는 선화증권이다. 일반적으로 지정된 선박이 수출항에 아직 입항하지 않은 경우 화물을 선사의 부두창고 등에 입고하고 본선에 적재하기 전에 발행하는 선화증권이다.

선화증권면에 "Received.....for shipment"로 기재된다. 신용장통일규칙에서는 수취선화증권은 물품의 본선적재일의 표시(On board notation)가 있어야 수리된다고 규정하고 있다.

따라서 선사가 수취선화증권을 발행한 후 그 화물이 본선에 적재되었을 경우에는 선화증권 이면에 "We certify shipment has been loaded on board, date"라고 기재하고 서명해야 한다. 이러한 선화증권을 On board notation B/L이라고 하고 선적선화증권과 동일한 법적 효력을 갖는다.

2) 사고에 대한 기재문언 여부에 따른 분류

무고장 선화증권만 은행에서 수리된다.

(1) 무사고 선화증권(Clean B/L)

선화증권상의 비고란(remarks)에 화물의 사고(파손, 수량부족, 포장상태 불량 등)내용에 관한 문언이 기재되지 않은 선화증권이다. 일반적으로 선화증권면에 "Shipped on board in apparent good order and condition"이라고 기재된다.

(2) 사고부 선화증권(Foul/Dirty B/L)

선화증권상의 비고란(remarks)에 화물의 사고(파손, 수량부족, 포장상태 불량 등)내용에 관한 문언이 기재되어 있는 선화증권이다. 선화증권의 비고란에 예를 들어 "7 cases in short", "5 cases loose strap"와 같은 문구가 기재되어 있는 선화증권을 말한다.

본선에 화물을 선적할 때 외관상 화물의 사고가 발견되면 일등항해사는 이러한 사고내용을 본선수취증(mate's receipt: M/R)의 비고란(remarks)에 기록한 사고본선수취증(Foul M/R)을 발급하고, 화주가 선사에 사고본선수취증(Foul M/R)을 제출하면 선사는 선화증권의 비고란에 사고내용을 기재한 사고부 선화증권을 발급해 준다. 이러한 사고부 선화증권은 일반적으로 은행에서 정당한 운송서류로 인정되지 않아 지급거절된다.

Check Point

Foul B/L을 Clean B/L로 바꾸려면 어떻게 해야 되나?

수출업자는 시간적인 여유가 있다면 사고화물을 완전한 화물로 교환하여 Foul B/L을 Clean B/L로 교체하든가, 시간적 여유가 없으면 본선수취증(mate's receipt: M/R)의 비고란(remarks)에 기재된 사고문언의 책임을 수출업자가 책임진다는 파손화물보상장(letter of indemnity: L/I)을 선박회사에 제출하고 Clean B/L을 받아야 한다.

선사가 Foul B/L을 발행하는 이유는 목적지에서 화물인도시 수입업자로부터 클레임을 받지 않기 위해서이다. 따라서 수출업자가 L/I를 제출하면 사고화물에 대한 책임이 전적으로 수출업자에게 전가되므로 선사는 Foul B/L을 Clean B/L로 교체해 준다.

3) 수화인의 표시방법에 따른 분류

일반적으로 무역거래에서는 지시식이 사용된다.

(1) 기명식선화증권(記名式, Straight B/L)

선화증권의 수화인(Consignee)란에 특정인의 이름을 기입하는 것으로 실제로 상품을 수입하는 수입업자의 이름과 상호가 기재된 선화증권으로 이 경우 상품에 대한 소유권은 수입업자가 되어 수입업자이외의 사람은 화물을 찾을 수 없고, 선화증권의 배서 또는 교부에 의해 화물의 전매가 곤란하여 무역거래에서는 사용되지 않고, 무역외거래에서 주로 사용된다.

(2) 지시식선화증권(指示式, Order B/L)

선화증권의 수화인(Consignee)란에 수입업자 등 특정인을 기입하지 않고, 지시인(Order)만을 지시식("to order", "to order of shipper", to order of ...Bank 등)으로 기재하여 발행, 유통을 목적으로 한 선화증권을 말한다.

지시인(Order)이 지시식 선화증권의 이면에 백지배서만 하면 이 선화증권의 소지자가 그 화물에 대한 소유권을 갖게 되어 지시인(Order)의 배서에 의해 양도할 수 있다. 지시인은 수출업자가 될 수도 있고 은행이 될 수도 있다.

Check Point

선화증권의 Check Point

- 신용장 통일규칙 제23조에 규정된 B/L 발행조건을 충족시키고 있는가.
- 신용장이 전통(full set)의 B/L을 제시하도록 요구하고 있는 경우 전통이 구비되어 있는가.
  (통상 B/L은 3통이 한 벌인데 경우에 따라 2통이 한 벌인 경우가 있다.)

  * 선화증권은 당해 상품의 소유권을 표시하는 유가증권으로서 은행은 최종적으로 수입업자로부터 대금을 회수할 때까지 담보로서 신중하게 취급해야 한다.
- B/L면에 운송인의 명칭이 표시되어 있고 운송인, 운송인의 지정대리인 또는 선장, 선장의 지정대리인이 서명하거나 정규(正規)의 것으로 증명된 B/L인가.
- B/L의 발행일, 발행통수 등 B/L의 필요 기재사항이 적절한가.
- B/L의 수하인(consignee)과 착하통지서(notify party)는 신용장 조건과 일치하고 있는가.
- 운임의 지급에 대한 표시가 있고 신용장 조건과 일치하고 있는가.
- 무고장 B/L인가.
- 선적선화증권(on board B/L)인가, 수취선화증권(received B/L)의 경우 선적부기(on board notation)가 기재되어 있는가.
- B/L의 작성일은 L/C상의 선적기한 내인가.
- 지시식선화증권(order B/L)인 경우 백지배서(blank endorsement)식으로 L/C에 지정되어 있는가.
- 적재항 출항지 등은 맞는가.
- 신용장에서 용선계약 선화증권(charter party B/L)을 요구하는 경우 신용장통일규칙 제25조에 규정된 은행이 수리할 수 있는 발행조건과 일치하고 있는가.
- 신용장에서 운송주선인발행 선화증권(freight forward's B/L)을 요구하는 경우 동규칙 제30조에 규정된 은행이 수리할 수 있는 발행조건과 일치하고 있는가.
- 신용장에서 우편소포수취증(post receipt) 또는 우송증명서(certificate of posting)를 요구하는 경우 동규칙 제29조에 규정된 은행이 수리할 수 있는 발행조건과 일치하고 있는가.

▲ 현대상선

▲ 현대택배

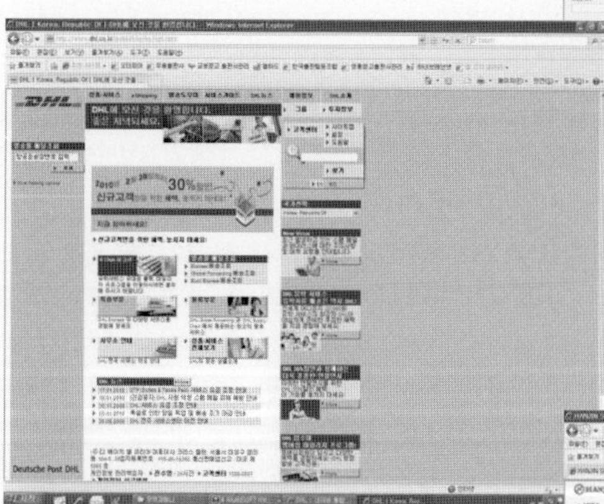

▲ DHL

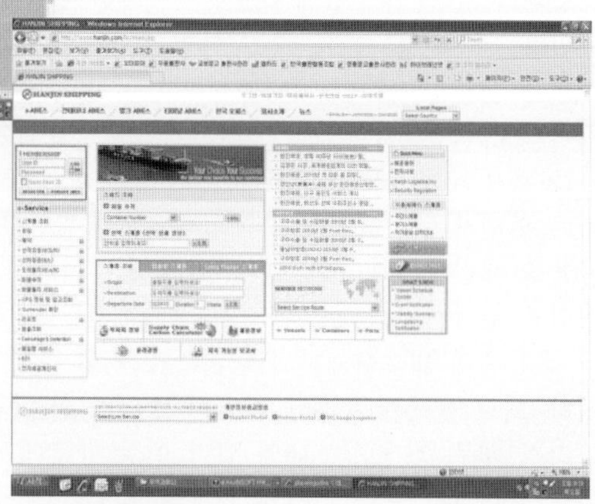

▲ 한진해운

무역매너 에세이

"자금난 해운업체 배 매각나서"

한진해운 20척, 현대상선 8척 등 선박펀드에 매입 요청

국내 대형 해운업체들이 선박 매각에 본격 나서고 있다.

6일 업계에 따르면 자산관리공사(캠코)가 해운업 구조조정을 위해 조성한 4조3000억원 규모 선박펀드에 대형 해운업체가 대거 참여한 것으로 알려졌다. 캠코가 선박펀드 신청을 받아들인 선박은 15개 선사 62척. 이 중 한진해운이 20척으로 가장 많고, 현대상선 8척, STX팬오션 6척, 대한해운 2~3척 등으로 나타났다. 해운업계 '빅4' 선박이 전체 매입 대상 선박 중 50%를 넘는 것이다.

이들 업체는 현재 시장가격을 기준으로 선박 매각 협상을 진행 중이다. 선박펀드는 오는 7월 말까지 1차로 매입할 선박에 대해 협상을 마무리 지을 방침이다. 이처럼 대형 해운업체들이 선박 매각에 대거 나섰다는 것은 이들 상황이 예상보다 심각하다는 것을 의미한다. 해운 '빅4'는 1분기에 적게는 수백억 원에서 최대 2000억 원 이상 영업적자를 기록한 바 있다.

대형 해운업계 관계자는 "2분기에도 1분기와 크게 다르지 않을 것으로 예상된다."며 "3분기 이후 조금은 나아질 것 같지만 올해 내내 비상 경영이 불가피 한 상황"이라고 말했다. 실제로 벌크선운임지수(BDI)는 최근 4000에 육박할 정도로 연초에 비해 크게 상승했지만 실적으로 이어지기까지는 3개월가량 시차가 필요하다. 컨테이너 용선료지수(HR)는 지난해 1000 정도에서 최근 300~400선으로 추락한 상태. 컨테이너 업계에서는 3분기 성수기를 기대하고 있지만 경기 침체 영향으로 회복 속도가 더디다.

선박펀드가 대형 해운업체 보유 선박을 매입하는 데 집중되면서 중소형 해운업체들은 상대적으로 부진한 참여를 보이고 있다. 캠코 선박펀드가 용대선 관계가 복잡하지 않은 깨끗한 선박을 대상으로 하고 있다는 점에서 중소 해운업체가 참여하기 쉽지 않다는 것은 이미 예상됐다. 중소 해운업체 대표는 "선박펀드가 시장가를 바탕으로 선령 15년 이내인 선박만 매입하는데 해당되지도 않고 특별한 장점도 없어 신청조차 하지 않았다."고 말했다.

이에 따라 실제 상황이 어려운 중소 해운업체에는 선박펀드 온기가 전달되지 않는다는 지적도 나오고 있다. 지난 2월 삼선로직스에 이어 대우로지스틱스도 최근 법정관리를 신청할 정도로 중소 해운업체들은 도산 위험에 노출돼 있는 상황이다. 실제로 선박펀드에 매각하기 위해서는 금융권에서 매입가의 60%를 담당하게 돼 있어 중소 해운업체는 기존 선박금융을 해결하기가 쉽지 않다. 선가가 떨어진 상황에서 선박 금융이 더욱 많으면 금융권이 손실을 감당하면서까지 매입에 참여하기는 어렵기 때문이다.

한편 국내 해운업체들과 달리 그리스와 중국 선사들은 최근 중고선 확보에 열을 올리고 있다. 최근 클락슨 통계에 따르면 그리스 선주들이 올해 들어 사들인 중고 선박은 총 46척. 그리스 내부 통계로는 10억 달러 이상 규모에 중고선 70여 척을 사들인 것으로 알려졌다. 이들은 선가가 낮은 시기에 선박을 확보해 호황기에 수익을 극대화한다는 전략이다. 중국 역시 6월 초까지 중고선 72척을 사들였다.

(매일경제, 2009.7.7)

제4장 무역보험 입문

1. 무역보험이란?

무역보험 = 해상보험(적하보험, 선박보험, P&I보험) + 수출보험

무역보험이란 수출입업자가 무역거래를 하는데 상존하고 있는 각종위험을 제3자(보험사)가 담보해주는 제도이다. 이러한 무역보험은 크게 해상보험과 수출보험으로 분류할 수 있고, 해상보험은 적하보험, 선박보험, P&I보험으로 구분된다. 전통적으로 수출입업자측면에서 가장 필요한 보험은 적하보험이다. 따라서 본서는 적하보험을 중심으로 무역보험을 설명하고자 한다.

Check Point

적하보험, 선박보험, P&I보험, 수출보험의 차이점은 무엇인가?

적하보험(cargo insurance), 선박보험(hull insurance), 선주상호책임보험(Protection & Indemnity), 수출보험(Export Insurance)의 차이점은 적하보험과 선박보험은 일반적으로 민영보험사(손해보험사)에 의해 운영되고 있고, P&I보험은 선사들의 조합형태인 P&I클럽에 의해 운영되고 있다.

수출보험은 수출진흥을 위하여 꼭 필요한 보험이나 이윤추구가 목적인 민영보험사에는 도저히 담보할 수 없는 위험을 국가기관 및 공공기관에서 담보해주고 있다. 우리나라는 한국수출보험공사에서 수출보험을 취급하고 있다.

2. 해상보험이란?

해상보험 = 항해로 인한 해상위험으로부터 발생한 해상손해를 담보

해상보험(Marine Insurance)이란 항해로 인한 해상위험에 의해 발생되는 해상손해를 보상해주는 손해보험이다.

해상위험이란 선박의 항해와 관련하여 발생할 수 있는 제반위험을 말하는데 크게 자연적인 위험(좌초, 침몰, 폭풍우, 화재 등)과 인위적인 위험(해적, 강도, 투하, 선원의 악행, 전쟁 등)으로 구분된다.

기본적으로 해상보험은 해상위험에 관한 보험이지만 해상운송에 부수하는 육상운송 등의 화물손해에 대해서도 보상범위를 확장하여 사용하고 있다.

Check Point

해상보험계약은 매매계약에 의해 어떤 영향을 받는가?

해상보험계약(marine insurance contract)은 보험자(insurer)가 해상위험으로부터 발생한 해상손해를 보험계약자(policy holder)와의 계약에 의해 합의한 범위 안에서 피보험자(insured)에게 보상할 것을 약속하고 보험계약자는 그대가로서 보험료(insurance premium)를 지급할 것을 약속한 계약이다.

해상보험계약에서 보험계약자는 매매계약조건에 따라 수출업자가가 될 수도 있고 수입업자가 될 수도 있다. 예를 들어 매매계약에서 가격조건이 FOB조건인 경우에는 수입상이 보험계약자가 되고 동시에 피보험자도 되지만, CIF조건의 경우 보험계약자는 수출상이 되고, 피보험자는 수입상이 된다.

Incoterms F조건과 C조건에서 보험계약자와 피보험자

	보험계약자	피보험자
FOB	buyer	buyer
CFR	buyer	buyer
CIF	**seller**	buyer
FCA	buyer	buyer
CPT	buyer	buyer
CIP	**seller**	buyer

3. 해상보험의 종류

1) 적하보험(Cargo Insurance)

- 적하보험의 보험목적 = 화물
- 적하보험의 피보험자 = 화주

화물을 보험목적물로 하는 보험으로서 운송중 화물이 멸실 또는 훼손되거나 화물을 보존하기 위하여 경비를 지출함으로써 화물의 소유자가 입은 손해를 보험조건에 따라 보상하여 주는 보험이다. 해상적하보험증권은 선화증권, 상업송장과 함께 환어음에 첨부되어 국제무역거래계약의 이행수단으로 이용된다.

2) 선박보험(Hull Insurance)

- 선박보험의 보험목적 = 선박
- 선박보험의 피보험자 = 선사, 용선자

선박을 보험목적물로 하는 보험으로서 선박의 관리 및 운항 중에 선박에 멸실이나 훼손이 발생하거나 선박을 보존하기 위하여 비용이 지출되거나 책임손해가 발생한 경우 이러한 손해를 보험조건에 따라 보상하여 주는 보험이다.

3) P&I 보험

- P&I 보험의 피보험자 = 선주, 용선자
- 선박보험과 P&I 보험의 차이점: 운영기관

선주책임상호보험조합(Protection & Indemnity)는 제3자에 대한 배상책임을 담보하는 선주상호간의 보험을 말한다. 해상운송과정 중에 발생하는 손해 및 배상책임은 다양하기 때문에 선박보험만으로는 모두 커버할 수 없다.

따라서 선주들은 선주상호간의 공제조합인 P&I클럽을 구성하여 운영하고 있다. P&I클럽에서 담보하여 주고 있는 담보범위는 국가별, 클럽에 따라 다종다양하나, 제3자에 대한 선주의 법적배상책임이 가장 중요한 담보대상이다.

4. 해상보험의 계약당사자

보험자 • 피보험자 • 보험계약자 • 보험대리점 • 보험중개인

1) 보험자(insurer, assurer, underwriter)

보험계약을 인수하는 자로서 보험회사 또는 보험업자를 말한다. 우리나라는 개인보험업자를 인정하지 않으므로 보험회사를 말한다. 보험료의 대가로서 일정한 위험을 담보하고 보험사고가 발생할 때에 보험금 지급의무를 부담하는 보험회사를 말한다.

2) 보험계약자(Policy Holder, Proposer)

보험계약을 청약하는 자로 보험회사에 보험료 지급의무를 부담하는 자를 말한다.

3) 피보험자(insured, assured)

손해발생시 손해보상을 받을 수 있는 자를 말한다. 즉, 보험금을 청구하고 보상받는 자를 말한다.

Check Point

적하보험에서 피보험자와 보험계약자는 항상 동일인인가?

적하보험에서는 인코텀즈 조건에 따라 예를 들어 FOB에서는 보험계약자와 피보험자가 수입상으로 동일하나 CIF조건에서는 보험계약자는 수출상이고, 피보험자는 수입상으로 상이하다.

4) 보험대리점(insurance agent)

보험대리점은 보험회사를 대신해서 보험계약의 체결을 대행하는 자를 말한다. 즉, 보험대리점은 보험회사의 모집보조자로서 보험자의 대리인의 지위를 갖는다. 보험회사는 대리점계약을 통해서 보험대리점에게 보험모집에 관한 권한(대리권)을 수여하고, 보험대리점은 주어진 대리권을 행사하여 보험계약을 체결한다.

해상보험에서는 국내뿐만 아니라 세계주요도시에 손해정산대리점, 손해사정대리

점, 보험인수대리점을 설치하여 국외에서 발생하는 보험사고를 처리하고 있다.

해상보험의 보험대리점 종류
• 손해정산(지급)대리점(claims settling agent) • 손해사정대리점(claims surveying agent) • 보험인수대리점(underwriting agent)

5) 보험중개인(Insurance broker)

보험계약자의 위탁하에 불특정 다수의 보험자와 보험계약의 체결을 단순히 중개하는 자를 말한다. 즉, 보험계약자를 위하여 보험자로부터 유리한 보험조건, 보험요율을 취득하기 위하여 활동하는 자를 말한다.

보험중개인은 보험자의 모집보조자가 아니고 보험계약자의 위탁에 따라 적절한 보험회사와 보험상품을 선택해주는 역할을 한다. 보험중개인은 보험자에 대해서만 수수료를 청구한다.

Check Point

보험대리점과 보험중개인의 차이점은 무엇인가?

보험중개인과 보험대리점은 보험회사로부터 체약 또는 중개한 계약건수에 따라 소정의 수수료를 받는다는 점은 공통점이다. 차이점은 보험대리점은 특정한 보험회사의 모집보조자로 특정 보험사를 위해 계속해서 보험계약의 체결을 중개 또는 대리하는데 비해 보험중개인은 불특정다수의 보험회사와 보험계약자 사이에서 보험계약체결을 중개한다는 차이점이 있다.

5. 보험의 목적과 피보험이익

- 보험의 목적(물): 보험사고가 발생하는 객체
- 피보험이익: 보험의 목적(물)에 대해 피보험자가 갖는 경제적이해 관계

1) 보험의 목적(물)(Subject-Matter Insured)

보험의 목적은 위험발생의 객체를 말하는 것으로 위험에 의하여 멸실 및 손상을 반

을 우려가 있는 대상물을 말한다. 해상보험에서는 화물이나 선박 그 자체를 말하며 이에 따라 해상보험을 적하보험, 선박보험으로 분류한다. 적하보험의 보험의 목적은 화물을 말한다.

2) 피보험이익(Insurable Interest)

피보험이익은 보험의 목적과 피보험자 사이의 경제적 이해관계를 말한다. 즉 보험의 목적의 손해에 의하여 경제적 손실을 입은 자와 그 보험목적과의 경제적 이해관계를 말한다.

보험목적물에 보험사고가 발생하여 피보험자가 경제상의 손해를 입을 가능성이 있는 경우 이러한 보험목적물과 피보험자와의 경제적 이해관계를 피보험이익이라고 한다.

6. 보험가액과 보험금액

- 보험가액: 보험목적물의 경제적 손실의 최고 한도액
- 보험금액: 손해발생시 보험자가 부담하는 보상책임 한도액
- full insurance: 보험가액 = 보험금액
- over insurance: 보험가액 〈 보험금액
- under insurance: 보험가액 〉 보험금액

1) 보험가액(Insurable Value)

보험가액은 피보험이익을 금전적으로 평가한 가액이다. 즉, 보험사고가 발생한 경우 피보험자가 입을 수 있는 손해의 최고 견적액을 말한다. 실무적으로는 상업송장을 기초로 하여 보험계약 체결 시에 보험가액을 협정한다.

2) 보험금액(Insured Amount)

보험금액은 보험자가 보험계약상 부담하는 보상책임한도액을 말한다. 피보험자 입장에서는 보험사고가 발생하였을 때 보상받고자 하는 최고한도액을 말한다.

그런데 보험금은 보험가액과 보험금액과의 관계에 따라 전부보험(보험금액 = 보험가액) 일부보험(보험금액 < 보험가액), 초과보험(보험금액 > 보험가액)으로 분류할 수 있는데 초과부분은 법률상 무효이다. 손해보험은 손실보상이 목적이기 때문에 피보험자에게 부당이득을 주는 초과보험은 법률상 인정되지 않는다.

7. 해상손해의 유형

해상보험에서 손해(Loss)는 피보험자가 해상위험으로 인해 보험의 목적인 화물 등에 발생한 재산상의 불이익을 의미하며 그 손해의 유형은 물적손해, 비용손해 및 책임손해로 분류된다. 물적손해는 보험목적물 그 자체가 멸실이나 손상됨으로 인하여 피보험자가 입는 손해를 말하며 이를 직접손해라고도 한다.

비용손해는 보험목적물이 위험에 처한 경우 그 보험목적물을 보존하기 위하여 피보험자 또는 그 대리인이 경비를 지출함으로써 입은 손해를 말하는 것이며, 책임손해는 해상사고로 인해 제3자에게 배상할 책임을 부담함으로써 입은 손해를 의미하는데 적하보험에서는 공동해손분담금만 담보손해이다.

1) 물적손해

전손과 분손의 차이점: 손해의 정도에 따른 구분

해상손해의 종류

물적손해			
물적손해	전손	현실전손	보험목적물이 실제적으로 멸실되었거나, 본래의 성질을 상실한 경우 선박의 포획이나 선박의 행방불명 등을 포함함.
		추정전손	피보험자의 보험목적물에 대한 지배권의 회복이 불가능한 것으로 인정되거나, 그 회복비용이 회복된 화물의 가액을 초과할 것으로 예상되는 경우
	분손	단독해손	보험목적물이 일부 멸실 또는 손상되어 피보험자가 단독으로 손해를 부담하는 경우
		공동해손	선박이나 화물이 공동의 위험에 처함에 따라 이에 대하여 취한 행위로 인하여 발생한 손해와 비용으로서, 이를 이해관계자 간에 공동으로 부담함.

비용손해	구조료(비)	해난 발생시 손해를 방지하기 위해 이를 구조한 자에게 지불하는 보수
	손해방지비용	담보위험이 발생할 때 손해를 방지하거나 경감시키기 위해 피보험자 또는 대리인이 지출한 비용으로서 이는 보험가액을 초과하여 지급될 수 있음.
	손해조사비용	손해발생의 원인과 정도를 조사하는데 소요되는 비용

(1) 전손(Total Loss)

현실전손과 추정전손의 차이점: 현실적인 전손 여부와 위부절차 여부

보험목적물이 담보위험으로 인하여 멸실한 경우 즉 피보험이익 전부에 손해가 발생한 경우를 전손(Total Loss)이라고 한다. 보험목적물의 멸실 범위는 물리적뿐만 아니라 경제적으로 그 가치를 상실한 것까지 포함한다. 해상보험에서는 전손을 현실전손(Actual Total Loss)과 추정전손(Constructive Total Loss)으로 구분하고 있다.

추정전손은 해상보험에만 있는 전손의 형태로 보험의 목적물에 현실전손은 발생하고 있지 않으나 현실전손으로 될 것이 불가피하다고 인정될 경우나 보험목적물의 가액을 초과하는 비용의 지출이 없으면 현실전손의 발생을 피할 수 없는 경우에 등에 인정된다.

추정전손은 보험목적물이 완전하게 멸실된 것이 아니라는 점에서 현실전손과 분손의 중간상태로 피보험자가 보험목적물에 관한 일체의 권리를 보험자에게 이전하는 위부절차를 보험자가 승인하는 경우에만 전손처리되고 피보험자가 위부(subrogation)를 하지 않은 경우나 보험자가 위부를 승인하지 않은 경우에는 분손처리 되는 손해이다.

현실전손의 형태

- physical destruction: **보험목적물의 물리적 멸실**
- alternation of species: **보험목적물이 본래의 성질을 상실(變種)**
- irretrievable deprivation: **보험목적물에 대한 피보험자의 지배력 상실**
- missing of ship: **선박의 행방불명**

(2) 분손(Average/Partial Loss)

단독해손과 공동해손의 차이점: 손해의 단독 부담 여부

보험목적물의 일부가 멸실이나 손상된 경우를 분손이라고 하며 이 분손은 단독해손과 공동해손으로 분류된다. 단독해손(Particular Average)은 피보험이익의 일부가 멸실되거나 손상되어 발생된 손해로, 피보험자가 단독으로 부담하는 손해이다.

즉 동일 운반선의 다른 화주와 선주 등에게 그 손해의 분담을 청구할 수 없는 손해를 말한다. 이에 비해 공동해손(General Average)은 항해 중 선박 및 화물의 공동위험이 발생한 경우 공동의 안전을 위해 선장에 의해 고의로 화물 및 선박에 발생시킨 분손이다.

예를 들어 해적선이 쫓아오는 경우 선박을 빨리 운행하기 위하여 일부 화물을 바다에 투하하여 다른 화주의 화물 및 선박이 안전하게 목적지에 도착하는 경우 투하된 화물의 피보험자가 입은 화물의 손해를 다른 화주와 선주가 분담해야 할 책임이 발생한다.

이와 같이 공동의 안전을 위해 선장의 책임 하에 선박이나 화물의 일부를 희생시킨 물적손해 및 비용손해를 공동해손이라고 한다. 공동해손이 발생하면 운송인은 공동해손사정인을 선임하여 이해관계자들이 분담할 금액을 산정하여 공동해손을 입은 자에게 보상한다. 적하보험의 경우 공동해손으로 물적손해를 입은 경우에 피보험자는 보험자로부터 그 손해액을 보상받고 보험자는 운송인을 통하여 다른 이해관계자로부터 분담금을 회수한다.

2) 비용손해

비용손해란 보험목적물에 물적손해가 발생되는 것을 방지하거나, 구조하기 위하여 또는 손해조사를 위해 추가적으로 발생된 비용을 말한다.

(1) 손해방지비용(Sue and Labour Charge)

손해방지비용은 보험계약의 담보위험으로 인하여 발생한 보험목적물의 손해를 방지하거나 경감하기 위하여 피보험자 또는 그의 사용인 및 대리인이 지출한 비용이다. 해상보험에서는 이러한 손해방지비용을 보상해 준다.

(2) 구조료(Salvage Charge)

해난에 직면한 선박, 화물을 구조계약을 체결하지 않은 제3자가 구조했을 경우 구조한 자에게 해상법에 의하여 지불하는 보수를 구조료라고 하며 해상보험에서는 이러한 구조료를 보상해 준다.

(3) 손해조사비용(Suvey fee)

손해조사비용은 손해사정인(Surveyor)에 의해서 해상손해의 원인과 손해액의 확정을 위하여 조사하는데 지출된 비용으로 해상손해가 담보위험에 의해 발생된 해상손해인 경우에 한하여 보험자가 보상한다.

8. 해상보험의 보험조건

- Lloyd's S.G Policy(Companies' Combined Policy) + ICC(FPA, WA, All Risks)
- New Marine Policy + ICC(C,B,A)
- ICC = Institute Cargo Clauses
- Institute = Institute of London Underwriters

보험증권(Policy)은 보험을 가입하였다는 증거서류로서 계약의 성립과 그 내용을 기재하고 보험자가 기명날인하여 보험계약자에게 교부하는 증서를 말한다. 보험약관(Clauses)은 보험계약의 내용을 이루는 조항들을 말하는데, 일반적이고 표준적인 것을 보통약관이라 하고, 보통약관의 약정사항을 제한하거나 확대하는 약관을 특별약관이라고 한다.

해상보험증권은 국제적으로 1779년 영국의 로이즈 보험증권양식(Lloyd's S.G Policy Form)이 채택된 이래 200년간 사용되었다. 그 후 S.G Policy상의 담보위험과 약관의 내용이 시대적 흐름에 따라 미비한 점이 있어 로이즈의 기술 및 약관위원회(Technical & Clauses Committe)에서 1912년 적하보험 특별약관을 제정하고 이러한 특별약관을 일반화, 표준화하여 S.G Policy에 첨부하여 사용한 것이 바로 구협회적하약관(Institute Cargo Clauses)의 FPA,WA, A/R조건이며 이러한 구협회약관은 수차에 걸쳐 개정되어 현재 사용되고 있는 것은 1963년 구협회적하약관이다.

그 후 좀더 쉽게 이해할 수 있는 적하보험약관에 대한 무역업자 등의 요구가 반영되어 1982년 탄생한 것이 신협회적하약관(Institute Cargo Clauses)의 C,B,A조건이다. 여기에서 협회(Institute)란 ILU(Institute of London Underwriters; 런던보험자협회)를 말한다. 즉, 우리나라의 경우 손해보험협회라고 생각하면 된다.

신구약관간에 담보범위의 차이가 있으나 일반적으로 구협회적하약관 FPA는 신협회적하약관 C와, 구협회적하약관WA는 신협회적하약관 B와, 구협회적하약관 A/R은 신협회적하약관 A조건과 담보방식이나 담보범위가 거의 비슷하다.

FPA, WA, B, C조건은 면책위험이외의 모든 우발적인 사고로 인한 손해를 포괄적으로 담보하여 주는 포괄책임주의방식이고. A/R, A조건은 보험자가 보험약관에 열거된 위험만을 담보하여 주는 방식이다. 따라서 열거책임주의에서는 보험약관에 열거되지 않은 손해는 담보되지 않는 열거책임주의 방식을 채택하고 있다.

담보범위는 A/R, A조건이 가장 넓고, 그 다음이 WA, B조건이며 가장 담보범위가 적은 조건이 FPA, C조건이다. 현재 우리나라에서는 신협회적하약관과 구협회적하약관을 보험계약자의 선택에 의하여 모두 사용하고 있다. 우리나라에서 사용하고 있는 영문적하보험증권 양식은 런던보험업자협회가 Lloyd's S.G Policy를 선박용과 적하용으로 분리한 Companies' Combined Policy를 모방한 것과 New Marine Policy를 사용하고 있다.

▲ 현대해상

▲ 한국수출보험공사

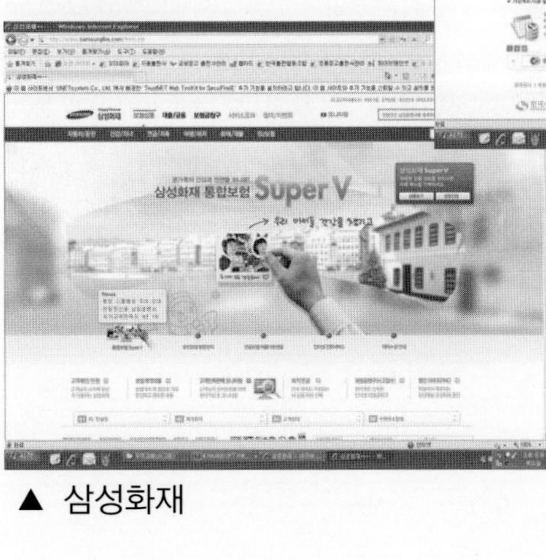

▲ 삼성화재

Check Point

구 1963년 협회적하약관(ICC)

ICC(FPA), ICC(WA), ICC(A/R)

ICC (FPA) / ICC (WA) / ICC (A/R)

1. 본선 및 부선의 침몰, 좌초, 화재, 충돌(S.S.B.C: sinking, stranding, burning, collision)로 인하여 발생한 화물의 전손(현실전손 및 추정전손) 및 분손(공동해손 및 단독해손)
2. 악천후(heavy weather)로 인하여 발생한 전손 및 공동해손
3. 선적, 환적, 양하작업 중 추락으로 인하여 발생한 포장당 전손
4. 피난항에서 양하작업으로 인하여 발생한 손해
5. 비용손해(손해방지비용, 구조비, 손해조사비용 등)
6. 악천후로 인하여 발생한 단독해손
7. 다음을 제외한 모든 손해
   A. 일반면책위험
      ① 피보험자의 고의적 비행에 의한 손해
      ② 보험목적물의 통상적 손해
      ③ 포장부적합으로 인한 손해
      ④ 보험목적물의 고유의 하자 또는 성질에 의한 손해
      ⑤ 지연으로 인한 손해
   B. 선박 및 운송용구의 불내항 및 부적합 면책
   C. 전쟁위험(war risk) 면책
   D. 동맹파업위험(strikes risk) 면책
      * W/SRCC(war/strikes, riots and civil commotions: 전쟁/동맹파업, 소요 및 폭동위험)을 담보하려면 추가보험료(additional premium)를 지급하여야 함.

㈜ ICC(FPA) = Institute Cargo Clauses(free from particular average): 협회적하약관(분손담보)조건
ICC(WA) = Institute Cargo Clauses(with average): 협회적하약관(분손담보)조건
ICC(A/R) = Institute Cargo Clauses(all risks): 협회적하약관(전위험담보)조건

Check Point

1982년 신 협회적하약관(ICC)

(1) 1982년 신 협회적하약관조건(ICC)의 담보손해 및 면책사항)

ICC(C), ICC(B), ICC(A)

ICC (C)

ICC (B)

ICC (A)

1. 화재 또는 폭발로 인하여 발생한 손해
2. 본선 또는 부선의 좌초, 침몰, 전복으로 인하여 발생한 손해
3. 육상운송용구의 전복 또는 탈선으로 인하여 발생한 손해
4. 피난항에서 화물의 하역중 발생한 손해
5. 공동해손으로 인한 손해
6. 투하로 인한 손해
7. 지진, 분화, 낙뇌로 인한 손해
8. 갑판상 유실로 인한 손해
9. 본선, 부선, 선창, 운송용구, 컨테이너, 지게차 또는 보관장소에 해수, 호수, 강물의 침입으로 인한 손해
10. 본선, 부선으로의 선적 또는 하역작업중 바다에 떨어지거나 갑판에 추락하여 발생한 포장당 전손
11. 다음을 제외한 모든 손해

   A. 일반면책위험
   ① 피보험자의 고의적 비행에 의한 손해
   ② 보험목적물의 통상적 손해
   ③ 포장부적합으로 인한 손해
   ④ 보험목적물의 고유의 하자 또는 성질에 의한 손해
   ⑤ 지연으로 인한 손해

   B. 선박 및 운송용구의 불내항 및 부적합 면책

   C. 전쟁위험(war risk) 면책

   D. 동맹파업위험(strikes risk) 면책

   * W/SRCC(war/strikes, riots and civil commotions: 전쟁/동맹파업, 소요 및 폭동위험)을 담보하려면 추가 보험료(additional premium)를 지급하여야 함.

부가위험담보조건

부가위험담보조건	특성	주품목
Theft, Pilferage & Non-Delivery (TPND:도난불착손)	• ICC(A), A/R 이외의 조건에서는 TPND를 추가해야 보상 가능 • Theft: 일반적 도난을 의미 - Pilferage: 좀도둑에 의해 화물의 일부가 소실되는 것 - Non-Delivery: 포장단위의 화물이 전부 목적지에 도착하지 않는 것	모든 화물
Rain and/or Fresh Water Damage (RFWD: 우담수손)	• 담수(淡水), 빗물에 의한 손해 • 단, IC(B)조건에서는 "본선, 강물의 침입으로 인한 손해" 담보가 가능하므로 추가할 필요 없음	모든 화물
Breakage(파손)	• 깨지는 화물의 경우 반드시 담보 여부를 밝혀야 함	유리, 이사화물
Sweating & Heating Damage (열손, 땀손)	• 선창 내 습기의 응축(sweating), 곡물류가 내포하고 있는 습기가 통풍 불량으로 자체적인 발열(heating) 등으로 발생하는 손해	곡물류
Leakage Shortage (누손 및 부족손)	• 누손: 액체, 또는 기체화물이 용기에서 새어나간 손해 • 부족손: 중량 감소나 수량 부족의 개념 • 곡물 및 액체화물의 경우 통상적 감량이 많으므로 실무적으로는 excess 적용	유류, 곡물류
Jettison and Washing Over Board (JWOB: 투하 및 갑판유실)	• 투하 및 갑판 유실 담보 • 해상운송화물은 선창내 운송이 원칙이나 일부 품목에 대해 갑판적 화물을 허용, 이러한 경우 ICC(C), FPA 및 FPA+JWOB로 인수	갑판 적재화물
Denting/Benting (곡손)	• 운송 중 충격으로 패이거나 구겨지는 손해	기계류, 금속류
Spontaneous combustion (자연발화)	• MIA상의 법정면책위험 • 우연성이 있을 경우 부가위험으로 담보	곡물류
Mould & Mildew (곰팡이 손해)	• 습도가 올라감에 따라 곰팡이로 인한 손해를 입을 경우를 대비하여 담보되는 부가위험	곡물류
Rust (녹에 의한 손해)	• 해수, 담수에 의해 녹이 발생하는 손해	금속류
Hook and Hole (갈고리에 의한 손해)	• 하역작업 중 갈고리를 사용함으로써 발생되는 손해	직물류

자료: 전창원(2008).

PART Ⅲ

국제매너의 이해

Never trust a person who can't look you in the eyes.

– 상대방과 대화를 할 때 눈을 보지 않는 사람은 믿지 마라– (영국속담)

제 1 장

사교매너 입문

1. 소개

국제비즈니스에서 사교는 서로 아는 것부터 출발하는데 생전 처음 본 사람을 서로 알게 하는 것이 소개이다[54]. 소개의 목적은 서로를 알게 하는 기회를 제공하는 것이다. 일반적으로 첫인상은 잘 잊혀지지 않는다.

따라서 처음 만나 소개하는 형식과 예의는 매우 중요하다. 스스로 자신을 소개하는 경우에는 자신의 이름만을 말하는 것이 원칙이다. 자신의 직함이나 경칭을 붙이는 것은 어색하다[55]. 국제비즈니스에서 소개의 원칙은 다음과 같다.

이명박대통령과 미국 버락오바마대통령이 수행원들을 소개하고 있다.

1) 소개하는 순서

사람을 소개할 때 가장 먼저 발생하는 문제는 소개의 순서이다. 이 소개 순서가 바뀌면 큰 실례가 되며 경우에 따라서는 상대방을 화나게 하여 비즈니스를 망치는 경우도 발생할 수 있다. 국제비즈니스에서 소개하는 순서는 다음과 같다.

▶ 이성간에는 남성을 여성에게 소개한다.

- 그러나 고위 성직자나 지위가 아주 높은 남성인 경

54) Dana May Casperson, op.cit., p.25.
55) 박한표외, 「현대인과 국제매너」, 1999, p.25.

우에는 예외적으로 여성을 소개해야 한다.

▶ 지위가 낮은 사람을 높은 사람에게, 후배를 선배에게, 연소자를 연장자에게 각각 소개한다.

▶ 미혼인 사람을 결혼한 사람에게 소개한다.

▶ 가족이나 회사내 사람을 손님에게 소개한다.

- 가족의 경우는 여성일지라도 자기 가족을 다른 사람에게 소개한다.

2) 소개시의 매너

▶ 소개시에는 소개를 받는 사람이나 소개되는 사람 모두 일어서는 것이 원칙이다.

▶ 성직자, 연장자, 자신보다 지위가 매우 높은 사람을 소개받을 때는 남녀에 관계없이 일어서는 것이 원칙이나 환자나 노령인 사람은 예외이다.

▶ 남성이 여성을 소개받을 때는 반드시 일어선다.

▶ 의자에 앉아 있는 여성이 남성을 소개받을 때는 반드시 일어날 필요는 없다. 그러나 상대남성이 연장자이거나 상사일 경우에는 일어서는 것이 좋다.

▶ 파티를 주최한 여주인의 경우에는 상대가 남성이더라도 일어나는 것이 예의이다.

▶ 미혼자를 기혼자에게 소개하는 경우 일어나지 않고 앉은 채로 가볍게 인사해도 된다.

3) 소개의 방식

사람을 소개할 때에는 "강씨입니다"(This is Mr. Kang)하는 방식과 "강씨를 소개합니다"(May I present Mr. Kang?)하는 방식의 두 가지가 있다[56]. 이때에는 소개말 속에 소개되는 사람에 대한 신상을 간략하게 알려주는 것이 좋다.

예를 들어 "Mrs. Kang, wife of the president of my company"라고 하면 상대방이 소개하는 사람의 이름뿐만 아니라 신상에 대해 알게 되므로 적절한 대응을 할 수 있다.

친근한 사이에는 "Charlie, I'd like to you to meet my niece, Sandra"와 같이 표현하기도 한다. 소개된 두 사람은, 우리나라의 경우 "처음 뵙겠습니다."라고만 하는 경우가 많은데 외국 사람과 인사할 때는 "How do you do?"라고만 하지 말고 반드시 상대방의 성에 Mr.나 Miss, Mrs.의 존칭을 붙여서 부르는 것이 원칙이다. 그러므로 처음 소개받을 때 상대방의 이름을 잘 기억해야 한다.

56) 사람을 소개할 때는 introduce보다 present가 정식이다. 예를 들어 대통령에게 사람을 소개할 때는 "Mr. President, I have the honor to present Mrs..."라고 하여 '소개합니다.'를 introduce대신 present로 하는 것이 정식이다(이형철, 「글로벌에티켓 글로벌매너」, 에디터, 1999, p.128).

그러나 소개를 할 때나 대화 도중에 상대방의 이름을 기억할 수 없다면 솔직하게 말한다. “죄송합니다만 이름을 잊었습니다” 또는 “갑자기 이름이 생각이 나지 않네요.” 정도면 충분하다.57)

4) 각종 파티에서의 소개법

주빈에게는 모든 손님을 소개한다. 안주인은 손님과 인사를 주고받은 후 주빈이나 지위가 높은 사람에게 소개한다. 지위가 높은 사람이 다른 곳에 있을 경우 안주인은 손님을 동반하고 그곳까지 가서 소개한다.

외국인이 참석한 경우 안주인은 대화가 가능한 사람을 소개한다. 손님이 많을 때는 전부 소개할 필요가 없으며, 단 외국인은 가능하면 참석자 전원에게 소개한다.58)

Check Point

직장 부하와 자신의 부인 가운데 누구를 누구한테 먼저 소개해야 되나?

여성이라고 하더라도 부인은 자신의 가족이므로 부인을 직장 부하에게 소개해야 한다.

Check Point

Primacy Effect

인상이란 마음에 남은 느낌이다. 그런데 사람들은 처음 만난 사람의 첫인상이 좋지 않으면, 그 사람의 좋은 면까지도 거부하게 되는데 이러한 현상을 초두효과(Primacy Effect)라고 한다. 첫인상은 빠르면 2~3초, 늦어도 4분 안에 결정된다고 한다. 그리고 첫 인상이 좋지 않게 인식되었을 경우에 다시 좋은 인상으로 만회하려면 최소한 40시간 이상을 투자해야 된다고 한다.

첫인상에 영향을 주는 요소들은 얼굴, 옷차림, 액세서리, 자세 등이다. 그러나 가장 시선이 가는 곳은 얼굴과 눈이다. 따라서 무엇보다 첫 인상을 좋게 하려면 밝은 얼굴표정을 해야 한다. 특히 포커페이스로 불려지는 속을 알 수 없는 무뚝뚝한 표정을 지어선 안 된다. 또한 선한 눈으로 상대방을 봐야 된다(허은아, 2003: 119-130).

57) Dana May Casperson, op.cit., p.30.

58) 금한나, 전게서, p.92.

무역매너 에세이

"英여왕 껴안은 미셸, 결례 논란"

'왕실예법 어겼다' vs '아니다'

버락 오바마 미국 대통령의 부인 미셸 오바마 여사가 2일 버킹엄 궁에서 열린 리셉션 도중 엘리자베스 2세 영국 여왕의 어깨에 손을 얹어 한 팔로 껴안는 모습을 연출, 왕실예법을 어겼다는 논란에 휘말렸다.

CNN 등 미국 언론들은 목격자들의 말을 인용, 미셸은 G20 정상들과 단체 사진촬영을 기다리던 중 여왕의 오른편에 서서 왼손을 여왕의 어깨에 얹고 한 팔로 감싸는 모습을 보였다고 전했다. 여왕은 미셸의 이러한 행동에 언짢은 표정을 짓지 않고 오히려 오른팔로 미셸의 허리를 가볍게 감는 것으로 어색한 분위기를 피해갔다.

그러나 당시 주변에 있던 왕실 관계자들은 자신들의 눈을 의심했는데, 재위 57년을 맞은 엘리자베스 2세 여왕의 몸에 아무렇게나 손을 갖다 대거나 여왕이 다른 사람의 허리를 감싸는 모습을 보인 적이 없었기 때문이다.

영국의 신문들은 이를 두고 미셸이 왕실의 예법을 깬 것이라고 일제히 보도했으며 여왕이 옆 사람의 허리에 손을 감는 제스처를 보인 것도 극히 이례적인 모습이라고 전했다. 하지만 버킹엄궁은 성명을 내고 미셸 오바마 여사가 리셉션 행사장에서 왕실의 예법을 깬 것이 아니며 "두 분이 상호간 친밀함과 존중을 표시한 것"이라고 해명했다.

이 성명은 버킹엄궁이 리셉션 참석자들에게 여왕에 대해 어떻게 대할 지에 관해 지침을 주지 않았기 때문에 예법을 위반한 것이 아니라고 밝혔다. 한편 2007년 5월 엘리자베스 2세 여왕이 백악관을 방문했을 때 조지 부시 대통령이 환영사 도중 말실수를 한 후 여왕을 향해 장난스러운 표정으로 윙크를 해 논란을 불러온 적이 있다.

당시 영국 언론들은 "윙크는 왕실 예법에 없으며, 여왕은 윙크를 받는데 익숙지 않을뿐 아니라 특히 공공장소에서 외국 정상에게는 윙크를 받는 경우는 없다"면서 부시 대통령의 행동이 경솔했다고 비판한 바 있다.

(중앙일보, 2009.4.3)

2. 악수

악수는 서로 만나 반가운 마음을 표현하는 행위

악수는 친애의 뜻을 나타내는 서양식 예법이다(최기종, 2007: 49). 악수는 말을 시작하는 전 단계에서 강력한 비언어적 메시지를 전달한다.59) 악수를 안 하면 악수를 한 것보다 상대방을 더 잊기 쉽다(임향옥, 2008: 38).

일반적으로 국제비즈니스에서 소개가 끝나면 서로 악수를 하는데 악수를 하는 행위는 상대방을 신뢰한다는 표시이다. 로마인들에게 손은 신뢰의 상징이었으며 따라서 악수하는 행위는 상대방을 신뢰한다는 표시였다.

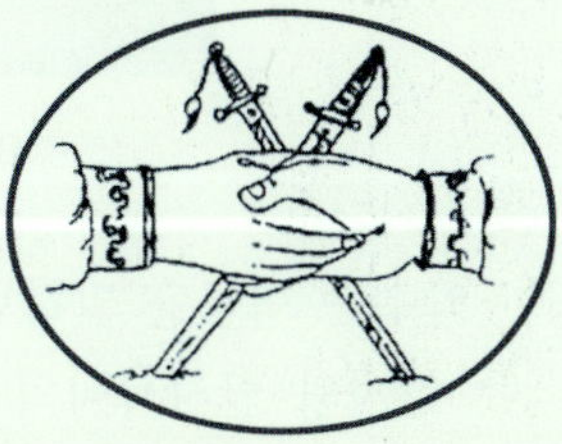

중세시대까지만 해도 악수는 무기가 없으며 적의가 없음을 확인시켜주는 행위였다60). 서양에서는 악수를 사양하는 것을 실례로 여기므로 외국인과 만났을 때는 친분의 정도를 떠나 밝은 표정으로 정중하게 악수에 응해야 한다.

1) 악수하는 순서

악수는 지위가 높은 사람이나 나이가 많은 사람이 먼저 손을 내밀어 하는 것이 원칙이다. 남성은 여성이 먼저 손을 내밀며 악수를 청하지 않는 한 여성에게 먼저 손을 내밀어 악수를 하지 않는다.

그러나 남성이 잘 몰라서 또는 습관적으로 먼저 악수를 청했을 때는 여성 쪽에서 자연스럽게 악수를 해 주는 것이 보기 좋은 매너이다. 악수는 상호 대등한 의미이지만 먼저 청하는 데에는 순서가 있다. 그 기준은 다음과 같다.

- ▶ 여성과의 악수는 여성이 먼저 손을 내밀었을 때만 한다.
- ▶ 윗사람이 아랫사람에게 단, 파티를 주최하는 호스트는 악수를 청한다.
- ▶ 선배가 후배에게 악수를 청한다.
- ▶ 기혼자가 미혼자에게 악수를 청한다.
- ▶ 상급자가 하급자에게 악수를 청한다.

59) Dana May Casperson, op.cit., p.21.
60) 박한표외, 「전게서」, p.29.

2) 악수하는 방법

미국대통령내외와 일본총리내외간의 악수

악수는 이름을 말하면서 엄지를 위로 세우고 비스듬히 손을 내민다. 손을 잡을 때는 엄지와 인지사이의 깊숙한 부분이 서로 닿도록 한다[61].

▶ 악수는 반드시 일어서서 한다.

- 상대가 악수를 청할 때 남성은 반드시 일어나야 하지만, 여성은 앉은 채로 악수를 해도 상관없다.

▶ 악수는 상대방의 눈을 바라보면서 미소를 지은채 해야 한다.

- 상대방의 눈을 보지 않고 하는 악수는 큰 실례가 된다.

▶ 악수는 원칙적으로 오른손으로 한다.

- 악수는 오른손을 내밀어 상대방의 오른손을 잡는다.
- 왼손잡이라도 악수만은 오른손으로 해야 한다.
- 오른손을 부상당했을 경우에는 상대방의 양해를 얻어 왼손으로 하거나 서양에서 왼손은 부정적으로 여기므로 악수를 사양하는 것도 큰 결례는 아니다.
- 오른손에 물건을 들었다면 왼손으로 고쳐 들고 오른손으로 해야 한다.

▶ 손을 너무 세게 잡아도 안 되지만 힘없이 잡았다 놓는 것은 결례이다.

- 가장 좋은 악수는 손을 팔꿈치 높이만큼 올려서 잠시 상대방의 손을 꼭 잡았다 놓는다.

61) 박준형, 「볼프강의 글로벌 에티켓」, 2000, p. 125.

- 형식적으로 손끝만 잡는다거나 또 자기 손끝만을 내미는 악수는 실례가 되고, 상대방의 손을 너무 세게 잡거나 상대방의 손을 지나치게 흔들어서도 안 된다.
- 손을 흔들 때 손을 상하로 가볍게 흔드는데 자신의 어깨보다 높이 올려 흔들어서는 안 된다.

▶ 악수를 할 때 장갑을 벗는 것이 예의이다.

- 악수를 할 때에는 남녀 모두 장갑을 벗는 것이 원칙이다.
- 그러나 여성은 긴 장갑을 끼고 있을 때와 실외에서는 장갑을 벗지 않고 악수해도 된다.
- 남자는 실외에서 날씨가 추워도 장갑을 벗어야하지만 장갑을 벗을 여유가 없는 경우에는 상대방에게 양해를 구한 후 장갑을 낀 채 악수를 하는 것도 큰 결례는 아니다.

"Excuse me, not taking off my gloves."

▶ 악수는 당당하게 해야 하며, 대통령이나 왕족을 대하는 경우 외에는 머리를 숙일 필요가 없다.

- 외국인과 악수를 하면서 고개를 숙이거나 허리를 굽혀 인사를 할 필요는 없다. 외국에서는 악수하는 자체가 인사이다. 따라서 머리를 숙여 재차 인사할 필요가 없다.
- 허리를 꼿꼿하게 세우고 상호 대등하게 악수를 나누는 것이 좋다.

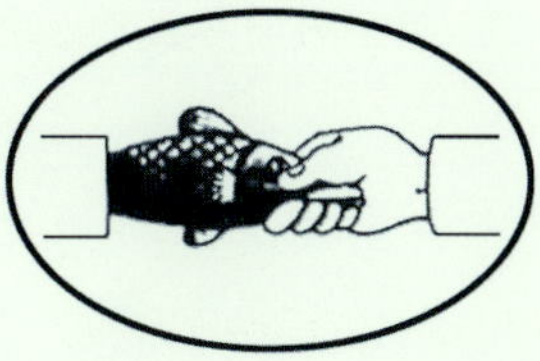

Check Point

악수의 종류는?

악수할 때 힘없이 하는 악수를 dead fish, limp fish라고 한다. 즉, 죽은 물고기를 쥐는 것 같은 힘없고, 성의없는 악수를 말한다. 이러한 힘없는 악수는 상대방의 기분을 상하게 하므로 해서는 안 된다.

이에 비해 Bone crusher 또는 macho cowboy는 뼈가 부러지도록 아픈 악수이다. Four finger 또는 finger tip holder는 손 전체를 잡지 않고, 손가락 네 개로만 하는 악수이다.

"I've got you covered"는 왼손으로 덮어서하는 악수이다. "I won't let go"는 손을 놔주지 않는 악수이다(임향옥, 2008: 39).

Check Point

일반 남성이 여성에게 먼저 악수를 청할 수 있는 경우는 언제인가?

성직자나 대통령과 같은 높은 사람이 아닌 일반 남성이 여성에게 먼저 악수를 청할 수 있는 경우는 파티를 주최한 주인이 남성일 때이다. 주인은 초대객이 남성이든 여성이든 불문하고 파티장에 도착했을 때와 돌아갈 때에 악수를 청한다.

Check Point

악수할 때 손을 흔드는 횟수는?

악수를 할 때 손을 흔드는 횟수는 몇 번이나 해야 되나?

비즈니스의 경우에는 두 번이 적당하고, 정치가와 유권자의 악수는 다섯 번 정도가 좋다고 한다. 일반적으로 세 번 정도가 무난하다(허은아, 2003: 176)

3. 인사 매너

인사는 술을 만드는데 있어서 누룩과 같다
- 예기(禮記) -

인사는 좋은 인간관계를 만드는 첫 걸음이다. 톨스토이는 어떠한 경우라도 인사하는 것은 부족하기보다 지나칠 정도로 하는 편이 좋다고 하였다(최기종, 2007: 42). 다른 사람에게 호감을 주기 위해서는 인사가 매우 중요하다. 인사는 모르는 사람에게 다가가는 기술이다(박한표, 2006: 30). 인사는 상대방에게 호의를 지니고 있음을 보여주는 우호적인 감정의 표현으로 인사는 서로 주고받는 것이다.

특히 인사는 상대를 보았다는 일종의 사인이다. 따라서 먼저 본 쪽이 인사를 건네는 것이 자연스럽다. 누구라도 자신의 존재를 인정받으면 기분이 좋은 법이다(허은아, 2003: 154).

인사하는 방식은 문화나 지위에 따라 조금씩 차이가 있다. 국제비즈니스에서 인사는 가능한 한 적극적으로 하는 것이 바람직하지만, 상황을 보아서 하는 센스도 필요하다. 비즈니스 상황에 맞지 않거나 형식을 제대로 갖추지 않은 인사는 오히려 결례가 될 수도 있다.

한·미대통령이 인사 후 태권도 포즈로 우의를 다지고 있다.

1) 목례

목례는 상대방에게 가볍게 머리를 숙여 경의를 표하는 인사이다. 머리를 숙이고 상반신을 굽히는 정도는 상대방의 지위나 존경의 정도에 따라 달라질 수 있다. 여성의 경우 초면의 남성에게는 악수를 청하기보다는 가볍게 목례를 하는 것이 보기 좋다. 남성은 목례를 할 때에 항상 일어서야하나 여성은 앉아서 하여도 무방하다.

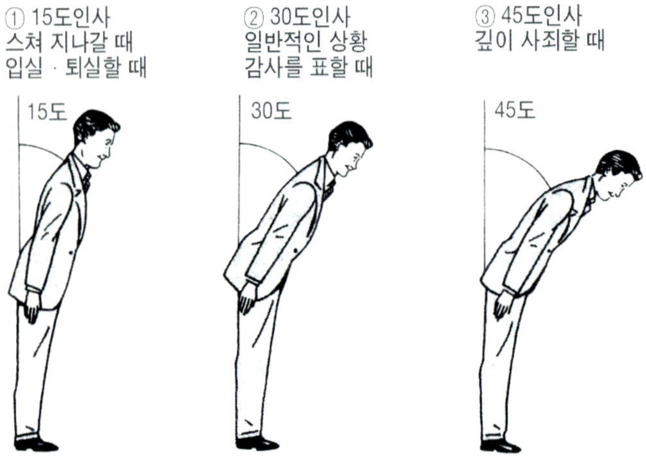

2) 손에 하는 입맞춤

유럽이나 라틴계 중남미 여러 나라에서는 남성이 여성의 손을 잡고 상반신을 굽혀 가볍게 손등에 입술을 대는 풍습이 있다. 손에 하는 이 입맞춤을 영어로는 'kissing hand'라 하는데, 여성에 대한 남성의 깊은 존경의 표시이다.

3) 포옹

라틴계나 슬라브계 나라에서는 가까운 친구나 부모 형제가 오래간만에 만나면 서로 포옹하며 양 볼에 입을 맞추는 인사를 한다. 악수보다는 훨씬 깊은 애정의 표현이다[62].

62) 이동철 「기업세계와 국제매너」, 청목출판사, 2001, p.32.

코비비기 인사를 하는 故노무현대통령

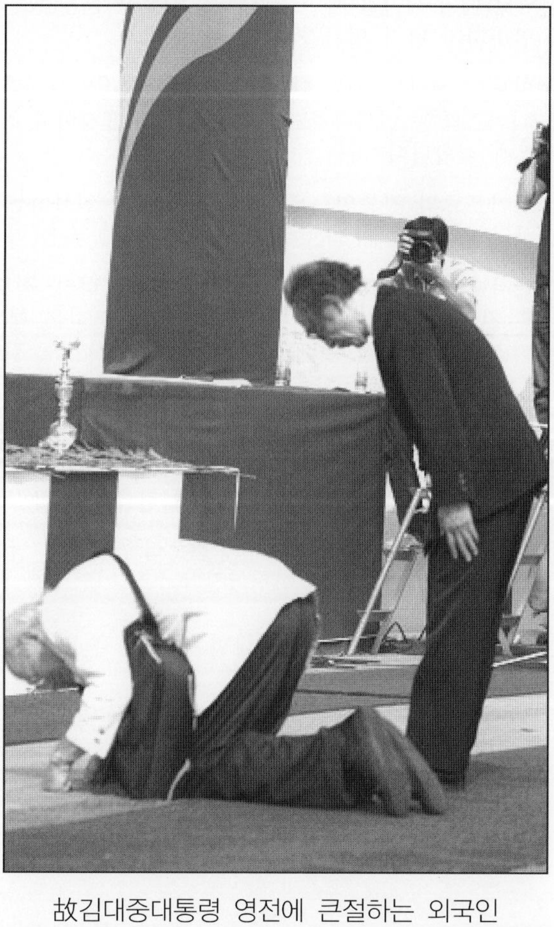

故김대중대통령 영전에 큰절하는 외국인

인사의 종류

인사 종류	나라별 인사법
목례(bow)	중국을 비롯한 아시아의 유교 영향권 나라: 하급자, 연하자일수록 먼저 낮추어 고개를 숙인다.
입맞춤(kiss)	① 프랑스·스페인·이탈리아·포르투갈 그리고 다른 지중해 연안의 나라: 주로 양쪽 빰에 키스를 한다. 단, 이성간에는 연인이 아닌 경우라면 소리만 내고 실제 키스는 하지 않는다. ② 러시아: 키스를 하고 포옹을 한다. ③ 사우디아라비아: 악수를 한 후 양쪽 빰에 키스를 한다.
와이(wai)	① 태국의 전통인사로 두 손을 모으고 팔과 팔꿈치를 몸에 붙인 채로 '와이'라고 말하면서 고개를 숙인다. ② 합장한 손이 위로 올라갈수록 공경의 정도가 커진다. ③ 만날 때와 헤어질 때 또는 감사하거나 사과할 때도 같은 방법으로 한다. ④ 연하자가 먼저 인사를 한다.
나마스테(namaste)	① 인도의 전통인사로 '와이'와 비슷한 합장인사이다. ② '나마스테'는 인사이기도 하지만 존경의 표시이며, 산스크리트어로 '당신 앞에 절합니다.'라는 뜻이 있다.
살람(salaam)	① 싱가포르의 전통인사로 손을 잡지 않고 인사하는 것을 말한다. ② 한 손을 펴서 서로의 손에 가볍게 댄 후 그 손을 가슴 위에 올려놓는다.
아브라쏘(abrazo)	① 맥시코·아르헨티나·콜롬비아 등 중남미 나라: 서로 껴안고 키스를 한 후 친근함의 표시로 어깨를 몇 번씩 두드리는 행위이다. ② 키스보다 훨씬 더 신체 접촉이 많으며 시간도 길다.
침 뱉기	① 아프리카·탄자니아의 마사이 한 부족: 만나거나 헤어질 때 상대방에 대한 존경과 친근함의 표시로 얼굴에 침을 뱉는다. ② 갓 태어난 아이에게도 축복과 행운의 의미로 침을 뱉고, 상거래시 장사꾼 상호간의 흥정을 위해서도 다같이 침을 뱉는다.
코 비비기(nasengruss)	① 뉴질랜드 북섬에 있는 로토루아 마오리족: 반가운 남녀가 만나면 '홍기'라는 인사가 자연스럽게 이루어진다. '홍기'는 코를 서로 두 번씩 비비는 것이다. ② 터키: 친한 사람들끼리 만나면 서로 볼을 비비거나 손을 붙잡는다.

자료: 박준형(2000).

Check Point

동일 장소에서 동일인을 자주 만나는 경우 매번 인사를 해야 되나?

동일한 비즈니스 장소에서 동일인을 자주 만나는 경우가 있다. 이때 서로 쳐다만 보고 지나쳐 버리면 서로 어색해 질 수 있다. 처음 만났을 때는 정중하고 밝게 인사를 하고, 다시 만나게 될 때는 밝은 표정과 함께 가벼운 목례를 하는 것이 좋다.

무역매너 에세이

"오바마, 일왕에 90도 인사 논란"

버락 오바마 미국 대통령이 아시아 4개국 순방의 첫 방문지인 일본에서 아키히토 일본 국왕에게 허리를 굽혀 인사한 것을 놓고 미국내에서 한때 논란이 일었다.

발단은 오바마 대통령이 지난 14일 아키히토 일왕을 예방하면서 90도에 가깝게 허리를 굽히며 인사를 한 장면을 놓고 미국의 인터넷 매체인 '드러지 리포트'가 "오바마, 일왕 앞에서 고개를 숙이다."라고 보도한데서 비롯됐다.

드러지 리포트의 기사는 LA타임스 블로그에 '그(오바마)는 어디까지 저자세로 갈 것인가'라는 제목으로 연결돼 파문이 확산되는 계기가 됐다. 드러지 리포트의 기사는 "허리를 깊게 숙인 인사는 윗사람에 대한 커다란 존경심과 경의를 나타내는 표시지만, 미국에서는 곧은 자세로 악수를 하는 게 더 좋게 보일 수도 있다."면서 딕 체니 전 부통령이 과거에 똑바로 선 자세로 일왕과 악수하는 사진을 실었다.

기사는 또 더글라스 맥아더 전 유엔군총사령관이 아키히토 일왕의 부친 히로히토 일왕 옆에서 뒷짐을 진채 찍은 흑백사진도 함께 올려, 오바마 대통령의 '90도 인사'가 저자세임을 부각시켰다.

이에 대해 미국 행정부 고위관리는 "오바마 대통령은 단지 외교적 의례(protocol)을 지켰을 뿐"이라며 "이 문제를 정치쟁점화하려는 사람들은 본질에서 한참 동떨어져 있는 것"이라고 비판했다.

(조선일보, 2009.11.16)

4. 명함

우리가 자주 사용하는 명함은 한 장의 종이에 불과하지만, 그 사람의 인격이며, 특히 회사명이 적힌 명함은 그 회사를 대표하는 얼굴이 된다. 명함은 비즈니스에 대한 첫인상을 줌과 동시에 가장 오래도록 인상을 남긴다.

명함은 남기고 떠나는 악수와 같다. 만난 지 몇 년이 지난 후 상대방의 얼굴이 기억이 나지 않을 때 명함은 그 상대방을 기억나게 한다. 명함은 미래의 비즈니스를 행하게 하는 도구이다.[63] 일반적으로 명함은 비즈니스에서 그 사람을 대신해 주는 역할을 하므로 품위가 있어야 하고 필수적인 정보가 보기 쉽게 담겨 있어야 한다.

1) 명함의 역사

명함은 프랑스의 루이 14세 때 생겼다고 전해진다. 루이 15세 때에는 현재와 같은 동판인쇄의 명함을 사교에 사용했다고 한다. 서양에서는 방문한 집의 주인이 부재중일 때는 자신의 명함 귀퉁이를 접어 현관에 놓고 오는 오랜 관습이 있었다.[64]

중국에서도 옛날부터 친구 집을 찾아간 경우, 친구가 부재시에는 자기 이름을 쓴 것을 놓고 오는 관습이 있었다고 한다. 이처럼 명함은 오래전부터 동서양을 불문하고 비즈니스에서 그 사람을 대신해주는 역할을 해왔다.

2) 명함의 종류와 용법

서양사회에서 사용되는 명함에는 사교용 명함(visiting card 또는 calling card)과 사업에 쓰는 업무용 명함(business card)의 두 가지가 있다.

(1) 사교용 명함(visiting card, calling card)

서양 사회에서 사용되어 온 사교용 명함은 본래 직위는 포함하지 않고 Mr.나 Mrs. 또는 부부용으로 Mr. and Mrs.의 존칭을 붙여 이름만 인쇄한다. 사교용 명함에 불가피하게 주소나 전화번호를 넣어야 될 경우에는 명함 우측 하단에 작은 글씨로 넣는 것이 좋다.

63) Dana May Casperson, op.cit., p.103.
64) 박한표외, 「전게서」, p.33.

미국의 사교용 명함은 보통 검은 잉크로 인쇄하고 서체는 필기체를 쓴다. 이 사교용 명함은 계속 연락을 하며 지내고 싶은데 비즈니스와 관련된 것을 나타내고 싶지 않을 때 주로 사용한다.

예를 들어 꽃이나 선물을 보낼 때나 파티의 날짜와 시간을 적어 초청장 대신으로 사용한다. 사교용 명함의 디자인은 명함 앞면 또는 뒷면에 인사말을 쓸 수 있도록 충분히 여백을 남겨 놓는 것이 좋다.[65]

(2) 업무용 명함(business card)

업무용 명함은 회사원이 다른 회사를 방문하거나 고객을 사업상 만났을 때와 같이 업무용으로만 사용한다. 업무용 명함을 사교용으로 써서는 안 된다. 업무용 명함에는 성명, 회사의 주소, 회사 내에서의 직책과 지위를 적는다.

미국에서는 사장이나 중역용과 일반 사원용이 다르다. 사장이나 중역용은 명함의 중앙에 이름을 넣고 좌측 하단에 직위와 회사명을 쓴다. 미국에서는 보통 전화번호는 넣지 않는다.

사원용은 명함의 중앙에 회사명을 쓰고 성명과 소속 부서, 그리고 회사 주소 등을 좌측 하단에 넣고 남자의 경우는 Mr.의 존칭을 붙인다.[66] 우리가 사용하는 업무용명함은 일반적으로 회사내에서의 직급에 상관없이 각자의 이름만 다른 명함을 사용하고 있다.

Check Point

국제비즈니스맨은 사교용 명함과 업무용 명함을 따로 준비해야 되나?

서양에서는 관행적으로 업무용명함을 사교시 사용하지 않으므로 국제비즈니스맨은 우리가 일반적으로 사용하는 업무용명함뿐만 아니라 사교용명함도 미리 준비하여 필요시 사용하는 것이 바람직하다.

3) 명함을 주고받을 때 매너

- 명함을 요청할 때: "May I have your business card?"
- 자신의 명함을 줄 때 : "Here's my card."

65) Dana May Casperson, op.cit., pp.105-106.

66) 김창훈, 「전게서」, p.59.

▶ 자기 명함을 줄 때는 반드시 일어서서 오른손으로 준다.

- 오른쪽이나 오른손은 서양에서 경의를 표하는 것으로 인식되어 오고 있다.
- 명함을 줄 때는 상반신을 약간 구부려 예를 갖춘 다음 겸손하게 "○○○라고 합니다. 잘 부탁드립니다."라는 정도의 인사말을 하는 것이 좋다.

▶ 회사일로 명함을 줄 때에는 자기 소속을 분명히 밝힌다.

- 이때 상대방에게 주는 인상이 비즈니스의 성공여부를 결정한다.

▶ 명함을 받을 때에도 일어서서 두 손으로 받아야 한다.

- 한 손으로 명함을 받는 것은 상대에게 거만한 인상을 줄 수 있다.

▶ 상대의 명함은 그 자리에서 확인하고 명함지갑에 보관한다.

- 상대방으로부터 명함을 받자마자 보지도 않고 바로 집어넣지 않도록 해야 한다.
- 상대방 명함을 손에 쥔 채 만지작거리는 등의 행동을 해서는 안 된다.
- 받은 명함은 확인 후 테이블에 방치하지 말고 명함지갑에 넣어서 보관해야 한다.

Check Point

명함에 정확한 발음을 알 수 없는 서양이름이나 어려운 한자는 어떻게 해야 되나?

명함에 있는 상대방의 이름에 잘 모르는 한자가 있는 경우나 정확한 발음을 알 수 없는 서양인의 이름은 직접 물어보는 것이 좋다. 모르는 걸 물어 보는 것은 실례가 아니다. 남의 소중한 이름을 잘못 부르는 것은 큰 실례가 된다.

Check Point

서양에서 명함에 소문자로 쓴 약어들의 의미는?

- p.r. : 감사드립니다(remersier – to express thanks).
- p.f. : 축하합니다(féliciter – to express congratulation).
- p.c. : 조의를 표합니다(condoler – to offer sympathy).
- p.p. : 소개 드립니다(présenter – to present).
- p.p.c. : 작별인사를 드립니다.(prendre congé – to say good bye).
- p.f.n.a. : 근하신년(féliciter le nouvel an – Happy New Year).
- p.p.n. : 쾌유를 빕니다(prendre la nouvelle – to inquire)

무역매너 에세이

"악수와 명함이야기"

가장 오래된 기록에 의하면 악수는 신에게서 지상의 통치자에게 권력이 이양되는 것을 의미했다. 이것은 이집트어의 동사 '주다'에 잘 나타나 있는데, 상형문자로 쓰면 손을 내민 모양이 된다.

또 다른 악수의 기원에 관한 이야기가 있다. 옛날에는 낯선 사람을 만나면, 우선 적이라고 의심해 몸에 지니고 있던 칼에 손을 댔다. 그러면서 서로를 경계하며 얼굴을 마주본 채 상대에게 천천히 다가선다. 그러다가 서로 싸울 뜻이 없음을 알게 되면 칼을 거두고, 무기를 쓰는 오른손을 내밀어 적의가 없다는 것을 나타내 보였다. 그래서 무기를 갖지 않은 여성에게는 악수하는 습관이 없었던 것이다. 원래 악수는 앵글로색슨계 민족의 자연발생적 인사법이다. 자신의 손에 무기가 없음을 나타내 상대에게 마음의 문을 열어 친근함을 표시했다.

악수에는 3단계가 있다. 첫째, 이름을 말하면서 손을 내민다. 둘째, 엄지를 위로 세우고 비스듬히 손을 내민다. 손을 잡을 때는 엄지와 인지 사이의 깊숙한 부분이 서로 닿도록 한다. 특히 이 부분이 가장 지켜지지 않는 단계다. 상대방이 제대로 악수하는지는 손이 나오는 모습에서 판가름이 난다. 마지막으로 꽉 잡되 지나치게 세게 잡지는 말고, 두세 번 흔들면 족하다.

악수를 하면서 주의해야 할 점이 몇 가지 있다. 보통 힘없이 하는 악수를 'Dead fish'라고 하며, 죽은 물고기를 쥔 것 같다는 의미다. 이런 악수는 상대방의 기분을 언짢게 할 수도 있으므로 주의한다.

상대방이 손을 지나치게 세게 잡을 때는 잘 빼는 것이 방어의 매너이다. 갑자기 빼지 말고 손의 각도를 위로 톡 치며 뺀다. 반대로 상대방이 너무 느슨하게 잡을 경우는 오히려 손을 밀어 넣어 제대로 잡아준다. 두 손으로 잡는 것은 되도록 피하되, 친한 관계라면 상관없다. 단, 다른 한 손이 상대방 손위에 올라가는 것은 좋지 않다.

손을 흔들 때는 상하로 가볍게 흔들며, 자신의 어깨보다 높게 흔들어서는 안 된다. 윗사람과의 악수에서는 상대방이 흔드는 대로 따라가면 된다. 단 여성과 악수할 때는 남성에게 하는 것처럼 손을 흔들지 않는다. 악수할 때 자세는 대통령이나 왕족을 대하는 경우에는 머리를 숙여야 하지만, 그 이외의 경우에는 머리를 숙일 필요 없이 대등하게 한다.

문화에 따라 악수법도 다르다. 상대방의 문화권을 고려해서 악수법을 바꿔 보도록 한다. 미국의 경우 손을 힘 있게 잡고 두세 번 흔든다. 한편 독일은 언제나 강하고 짧게 흔든다. 프랑스에서는 손에 힘을 많이 주지 않는다. 그러나 우리 나라의 경우 악수는 인사로서의 의미보다는 손을 잡는 그 자체에 의미를 둔다.

보편적으로 악수를 한 후에 명함을 교환한다. 명함은 자신의 소개서이며 동시에 회사를 알리는 수단이므로, 소중히 다룬다. 특히 상대의 명함을 받을 때는 상대의 분신이라고 생각하고 소중히 예의바르게 다루도록 한다. 그리고 평상시 일정 매수의 명함을 명함지갑이나 상의 윗주머니에 넣어두는 습관을 두어 상대를 만났을 때 머뭇거리지 않도록 한다.

한편 명함교환은 일어서서, 두 손으로 공손하게, 자신의 소속과 이름을 밝히면서 전하는 것이 원칙이다. 이때 자신의 이름을 상대가 바르게 읽을 수 있는 방향으로 전해준다. 맞교환 할 경우 오른손으로 주고 왼손으로 받으며, 가볍게 목례를 하며 교환한다.

명함을 받은 후에는 상대의 소속과 이름을 확인하고, 받은 명함이 허리라인 아래로 내려가지 않도록 주의한다. 명함교환 시에는 모르는 한자를 물어도 실례가 되지 않는다. 오히려 이름을 정확히 확인하는 것이 바람직하다.

비즈니스를 목적으로 하는 만남에서 악수와 명함교환은 자신을 보여 상대의 마음을 열게 하는 절차이다. 자신이 마음을 열기 어렵듯이 타인 또한 그것이 쉽지 않다. 하지만 신뢰를 주는 악수와 정갈한 명함 한 장이 준비되었다면 이미 마음의 빗장을 풀 수 있는 열쇠를 쥔 것과 마찬가지다.

(중소기업뉴스, 제1455호, 2003.06.09)

5. 호칭

1) 격식과 호칭

무역협상에서 협상 당사자들이 사용하는 격식의 정도는 해당 문화의 영향을 받는다. 예를 들어 미국은 격식을 중요하게 차리지 않는 사회이다. 일반적으로 미국사람들은 첫 만남에서부터 직함이나, 존칭없이 자신의 이름을 부르는 것을 자연스럽게 받아들인다.

이에 비해 독일과 같은 유럽 사람들은 직함을 매우 중요하게 생각한다. 예를 들어 미국에서는 대학원생이 교수의 이름을 아무런 스스럼없이 부르지만, 독일에서는 박사학위를 가진 교수를 부를 때에는 반드시 교수님 또는 박사님이란 칭호를 붙여야 된다(Cellich I Jain, 2005).

2) 일반적인 호칭에 관한 매너

동양은 상대의 이름을 부르지 않고 직위를 부르는 사회인데 비해 서양은 직위대신 이름을 부르는 문화적인 차이가 있다. 중국인은 지위나 직함에 매우 민감하므로 가능한 한 장군, 위원, 국장 등의 공식직함으로 불러야 한다.[67]

국제비즈니스에서는 사회적 지위가 높은 사람이나 전문직업인, 손윗사람에 대해서는 그에 맞는 경칭을 사용하는 것이 좋다. 그런데 전문가로서의 호칭을 사용하는 경우에는 Ms. Mr 등의 호칭은 생략한다.[68] 프랑스에서는 어린아이가 아닌 한 여성에게는 모두 Madame을 써야 한다. 일본에서는 남녀를 불문하고 성에 ~상을 붙인다.[69]

3) 호칭의 표기방법

(1) 서양 이름의 구성

영어권의 이름은 다음의 세 가지로 구성되어 있다.

---

67) Terri Morrison, Wayne A. Conaway, and George A. Borden, 「Kiss, Bow or Shake Hands」, Adams Media Corporation, 1994, p.89.

68) Dana May Casperson, op.cit., p.125.

69) Terri Morrison, Wayne A. Conaway, and George A. Borden, op.cit., p.166. p.265.

① Christian name 또는 first name, given name.
- 성명의 맨 앞에 오는 이름으로 세례명이다. 우리의 이름에 해당된다.

② middle name.
- 중간이름에 해당되나 우리나라에는 없는 이름이다. 중간이름은 보통 머리글자로만 적는다.

③ surname 또는 last name, family name.
- 가족의 성(姓)으로 성명의 마지막에 위치한다.

3가지 이름 중에서 중간 이름은 호칭할 때 생략되나 편지를 쓸 때 수신인명, 발신인명으로 공식문서에는 기록한다. 호칭할 때는 first name+ last name 형식으로 부르거나 경우에 따라 이중 하나씩 부르는 것이 관행이다.

이름은 Henry Cecil Wyld와 같이 전부 쓰는 것이 옳지만, ①의 Christian name과 ②의 middle name을 약자로 쓸 수도 있다. 보통 영국에서는 H. C. Wyld와 같이 쓰고 미국에서는 Henry C. Wyld와 같이 중간이름만을 약자로 쓴다. 중국에서는 같은 성이라도 영어표기로는 여러 종류가 있을 수 있다. 예를 들어 왕씨는 Wong, Wang, Huang 등으로 쓰므로 주의해야 한다.[70)]

4) 호칭을 부르는 법

영국에서는 친해지면 상대방이 먼저 “Call me John.”이라고 말해 오거나 아니면 먼저 “Please, call me John.”와 같이 말해 서로 first name을 부르는데 미국에서는 이웃사람이나 직장 동료들과는 첫 대면 때부터 서로 first name을 부른다.

우리나라의 경우 초면에 이름을 부르는 것은 큰 결례가 되지만. 그러나 서양식 호칭에서는 Mr.나 Miss의 존칭을 붙이는 것이 오히려 더 비즈니스를 경직되게 만들 수도 있다. 서양에서는 가능하면 first name을 쓰는 것이 인간관계를 더 친밀하게 만든다.

그러나 누구나 이름으로 불려지기를 원한다고 생각해서는 안 된다. 이름으로 불러도 좋다는 상대방의 언급이 있을 때까지 미스터, 미스, 미세스 등의 호칭을 함께 사용하여 성을 불러야 한다.[71)]

70) Terri Morrison, Wayne A. Conaway, and George A. Borden, op.cit., p.89.
71) Dana May Casperson, op.cit., p.33.

Check Point

경칭을 first name에 붙이나?

가끔 우리나라 사람 중에는 외국인의 first name만을 부르기가 어색해서 'Mr. John'이니 'Miss Linda'처럼 Mr.나 Miss를 first name에 붙이는 경우가 있는데 이름에 존칭을 붙여 불러서는 절대 안 된다. Jonh이나 Linda라고 first name만을 부르거나 Mr. Clark나 Miss Smith와 같이 존칭은 성(last name)에 붙여야 한다.

5) 여러 가지 경칭

보통 일반인에게 사용되는 경칭으로는 Mr, Mrs, Miss 등이 있다. 영국의 경우에는 'ESQ'(Esquire / 원래 준남작에 속하는 Gentry, 즉 신사라 할 수 있는 신분에 대한 경칭)라 하여, Mr. 보다 더 심오한 존경의 뜻을 담은 경칭을 사용하기도 한다.

이외에도 Dr. (Doctor)와 Sir.를 사용하기도 하는데, 이는 말하는 사람이 스스로 지위를 낮춤으로써 상대방에게 경의를 표하는 것인데 Sir의 경우에는 사용상에 제한이 따른다. 즉, 나이나 지위가 비슷한 사람끼리는 사용하지 않는다. 이 외에도 일반인이 아닌 왕족이나 주요 공직자, 고위 관리직에게 쓰는 경칭으로 Majesty, The Hono(u)rable (약자로 The Hon.) 등이 있다[72].

6) 여성에 대한 호칭

서양에서는 여성이 결혼하면 남성의 성을 따르고 있다. 즉, 여성이 결혼하면 남편의 풀네임(full name) 앞에 Mrs를 붙인다. 여성의 이름은 결혼, 이혼, 재혼, 사별 등에 따라 조금씩 달라지게 마련이다.

예를 들어 'Mary Poppins'라는 여성이 'John Baker Smith'라는 남성과 결혼했다고 가정하고 각 경우의 호칭을 살펴보면 다음과 같다.

① 부인으로서의 호칭: Mrs. John Baker Smith

② 미망인이 된 후의 호칭: Mrs. Smith(죽은 남편의 성만 부른다.)

③ 이혼한 후의 호칭: Mrs. Poppins Smith(본래의 자기 이름에 남편의 성을 붙인다.)

최근 들어선 여성들이 결혼 전의 성(maiden name)을 유지하는 경우가 점점 많아지

72) 이동철외, 전게서, p.185.

고 있고, 또한 여성들이 결혼하여 남편 성으로 바꿨다가 이혼하면 다시 원래의 성으로 돌아가는 경우도 많아지고 있다(임항옥, 2008: 97).

Check Point

자신의 배우자를 남에게 소개할 때 어떻게 호칭해야 되나?

자신의 처를 남에게 소개하거나 처에 관해 말을 할 때에는 first name을 사용하면 된다. 자신의 처를 지인에게 소개하거나 지칭할 때에는 "my wife" 라고 한다. 특히 자기의 부인이나 남편을 사교상으로 소개 또는 지칭할 때에는 "Mr." 혹은 "Mrs."를 사용하지 않는다.

Check Point

서양인의 이름에 Jr, 2nd, 3rd는 무엇을 의미하는가?

서양에서는 자신의 이름을 자식 또는 형제에게 물려주는 관습이 있어 부자 또는 형제가 동명인 경우는 이름 끝에 Sr(senior)나 Jr(Junior)를 붙여 John Smith. Sr와 같이 구분한다.

또한 아버지의 이름을 물려받은 아들이 다시 자신의 아들에게 할아버지의 이름을 물려줄 때 3rd를 사촌의 이름을 물려받으면 2nd를 붙인다.[73] 아들이 같은 이름을 사용할 경우 그 아버지는 Sr로 표시되고, 아버지가 돌아가셨을 때에는 그 아들은 Jr을 떼어도 된다. 이러한 호칭은 이름과 성을 모두 쓸 경우에만 해당이 된다.[74]

73) 이형철, 「전게서」, pp.135-140.

74) Dana May Casperson, op.cit., pp.126-127.

무역매너 에세이

조영남 선생님이라고요?

두 주전 일간지 '페이퍼'의 편집장 황경신양은 고맙게도 조선일보 칼럼에 내 얘기를 썼다.

문제는 호칭이다. 호칭의 석연치 않음이다. 그녀는 내 이름 뒤에다 선생님이라는 호칭을 붙였다. 원 세상에 내가 선생님이라니 세상이 다 알다시피 나는 그냥 가수다. 오페라나 클래식 가수도 아니고 대중가요 가수다. 나는 생전 선생 직분을 가져본 적도 없고, 더구나 황경신을 가르친 적도 없다. 신문에 실린 선생님이라는 존칭을 보고 사람들이 픽픽 웃는 건 그런대로 참을 수 있었다. 그러나 선생님이라는 느닷없는 호칭 때문에 사람들이 나를 무지 나이 많은 어른으로 취급할 게 영 끕끕했다.

물론 나는 황양의 입장을 십분 이해한다. 선의로 그랬다는 걸 내가 왜 모르겠는가. 그녀가 나를 호칭 없이 그냥 조영남이 어쩌고저쩌고, 혹은 조영남씨가 말하길 운운 했더라면 그녀가 막 30대에 진입한 처녀라는 사실을 알고 있었을 경우 보나마나 버르장머리 없는 여자로 질타를 받거나 황양의 나이를 모르는 사람들의 경우 독자들은 '아하! 저 둘은 친구 정도의 사이구나'하면서 황처녀를 담박에 50대 후반의 여인으로 우대해주는 끔찍한 우를 범했을 것 아닌가 말이다.

미리 말해두지만 우리나라의 호칭은 그 자체가 딜레마다. 누구도 그 딜레마를 뛰어 넘지 못한다. 나 역시 황양에 관한 호칭 때문에 고심고심 했다. 그녀 역시 나처럼 나에 관한 호칭 때문에 제법 고심했으리라는 걸 충분히 짐작할 수 있다. 조영남씨는 너누 무례해 보이고, 조영남 아저씨는 너무 촐싹대는 느낌이고, 조영남 오빠는 왠지 룸살롱 냄새가 풍긴다. 이런 때는 내가 행여 장관이나 국회의원이나 박사학위 혹은 교수 자격증이라도 따 놓았더라면 호칭을 골라잡기가 편했을 텐데 형편이 여의치 못하니 그냥 모호한 조영남 선생님으로 낙찰봤을 터였다. 언젠가부터 후배들이 나를 선생님으로 부를 때마다 나는 얼굴이 벌개 가지고 일일이 형으로 불러줄 것을 부탁했다. 그러나 정정도 한 두 번이지 도저히 대세의 흐름을 막을 재간이 없었다. 나는 참 억울하게도 황양을 비롯, 만인의 선생님으로 군림하게 됐다. 이런 사태를 미리 짐작, 나는 일찍 미국생활을 일찍 마치고 고국에 돌아와 용감무쌍하게 존댓말 폐지론을 들먹거렸다가 욕만 엄청 얻어먹고 그만둔 적이 있다.

미국엘 가보니 만고에 편한 게 있었다. 존댓말이 없는 것이었다. 싹 없었다. 그냥 상대방의 이름만 부르면 그것으로 끝이었다. 미국 대학 강의 첫 시간 대부분의 교수는 학생들과 첫 대면을 하면서 칠판에 자기 이름 조영남을 써놓고 '날 부를 때는 그냥 영남아라고 불러라'하며 강의를 시작하곤 했다. 미국 가정에는 우리식의 엄마 아빠에 해당하는 '맘', '대디'라는 호칭이 있음에도 그 당시 부모의 이름을 직접 부르는 가정이 허다했다. 우리식으로 생각하면 기절초풍할 노릇이다. 미국의 경우 존댓말의 무용론이 너무 극한을 치닫는 경향이 없지는 않지만 한국에 돌아와 보니 여긴 또 존댓말의 구조가 너무도 복잡하게 엉켜있었다.

어떤 사람을 만났다. 순간적으로 머리를 굴려야 했다. 회장님이라 부를까, 사장님이라 부를까, 선생님이라 부를까, 아니면 행색이 초라하니 아저씨 정도로 깍아 불러도 되겠지. 이게 사람이 할 짓인가. 그 사람의 옷차림이나 말투를 봐 호칭을 정해야 하다니 이게 무슨 동방예의지국인가. 예의는커녕 이건 예의의 반대다. 아무짝에도 쓸모없는 이유로 사람을 피곤하게 만드는 거다. 그리하여 모든 인간들이 명함을 주머니에 넣고 다닌다. 아! 화려찬란한 직함들! 그 직함 하나로 사람의 품격이 정해지고 대우가 달라지기 때문이다. 삽다리중학교 총동창회 사무총장도 명함을 내면서 사무총장님으로 불러주길 부탁한다.

지난주 '삶과 문화'칼럼에 봉준호 감독(직함이 부럽다.)이 외국 영화제에 나가 외국인 앞에서 반말했더니 시원하더라는 기사를 읽고 탄력을 받아 한마디 거들었다. 다음엔 조영남 오빠 아니면 조영남씨로 해라. 또 한번 조영남 선생님 하면 명예훼손으로 고소하겠다.

(중앙일보, 2003).

각 기업의 호칭 파괴 및 직무급제 실시 내용

CJ	-1999년 모든 임직원의 직함 없애고 이름 뒤에 '님'을 붙임 -2000년 직무급제 도입
SK텔레콤	-2006년 본부장 실장 팀장 제외한 직원들의 호칭을 '매니저'로 통일
삼양사	-2002년 직무급제 도입 -2004년 '사원-대리-과장-차장-부장대우-부장'을 '사원-과장-부장'으로 단순화
아모레퍼시픽 (옛 태평양)	-2001년 직무급제 도입 -2002년 모든 임직원의 직함 없애고 이름 뒤에 '님'을 붙임
오리온그룹	-2002년 직무급제 도입 -직함은 그대로 사용
해태제과	-2007년 모든 임직원이 직함 없애고 '선배' 및 '후배' 사용 -임금제도는 그대로 유지
기타	-한국모토로라, 한국HP, DHL코리아 등 외국계 기업들이 직무급제를 실시하고 있으나 한국적 문화를 감안해 직함은 그대로 유지 -W호텔은 직원들끼리 외국식 이름을 부르고, 한국스타벅스는 종업원을 '직원'이라고 하지 않고 '파트너(동반자)'로 지칭

6. 비즈니스 대화매너

1) 문화에 따른 협상대화의 차이

영국 협상자들은 협상과정에서 형식을 중요시 하며, 정중하고 품위있는 의례를 중요하게 생각한다. 프랑스 협상자들은 협상을 할 때 자신들이 하는 예의범절의 방식으로 협상 상배방도 해주기를 바란다.

이런 측면은 프랑스인들이 자신들과 협상을 할 때 불어를 사용해주기를 원하는 것과 일맥상통한다. 독일 협상자들은 협상시에 관습과 올바른 매너를 중요시 하며 보수적인 의상을 착용한다. 이탈리아 협상자들은 협상 상대방을 극히 환대하는 경향이 있지만, 쉽게 격해지는 성향도 있다.

일본 협상자들은 협상에서 본격적으로 사업을 추진하기 전에 협상 당사자간에 신뢰감을 쌓는 관계를 먼저 구축하려고 노력한다. 멕시코 협상자들은 협상과정에서 감성과 극적 상황이 논리보다 더 중요시 된다. 브라질 협상자들은 협상과정에서 활기차고 격앙된 토론을 하는 경향이 있다(Cellich I Jain, 2006).

2) 상대방의 눈을 보면서 대화

서양에서는 일반적으로 대화시 상대방의 눈을 보지 않는 사람은 신뢰하지 않는다. 서양 사람들은 대화할 때 상대방이 눈을 마주 보고 말하지 않거나 듣는다면 거짓말을 하거나 자신의 말에 관심이 없다고 간주한다.

특히, 팔짱을 끼고 눈을 내리깔면서 듣는 것은 삼가해야 한다. 대화상대방과의 적정거리는 약 45cm이다[75]. 미국인과 이야기 할 때 너무 가까이 다가가면 상대에게 불쾌감을 주게 된다.[76]

75) Ibid., 37.
76) Terri Morrison, Wayne A. Conaway, and George A. Borden, op.cit., p.512.

Check Point

eye contact란 무엇인가?

대화시 상대의 눈을 보고 대화해야 된다는 말은 상대의 눈만 빤히 보고 대화하라는 것이 아니다. 상대의 눈썹에서 어깨선, 목선까지 자연스럽게 보면서 얘기하는 것이 편안한 대화 시선처리(eye contact) 이다. 대화시 눈썹과 미간을 중심으로 어깨선까지 자연스럽게 바라보면서 대화하면 가장 좋다.

3) 대화의 123기법

대화는 탁구게임과 같다. 상대의 말을 잘 듣고 좋은 답변과 반응으로 나에게 온 탁구공을 상대방에게 넘겨주어야 한다. 대화의 123기법이란 자신이 1분간 말하고 상대방의 말을 2분간 들어 주고 3번은 맞장구를 쳐주라는 것이다. 즉, 대화에서는 자신이 하는 말보다 상대방의 말을 잘 들어 주는 것이 더 중요하다. 이렇게 123기법으로 대화하면 상대방의 관심과 호감을 살 수 있다.

말에도 맛과 멋이 있다. 한 자리에서 한 사람이 2분 30초 이상 이야기를 하는 것은 좋지 않다. 보통 1분 30초에서 1분 45초 이내에 490~500자 가량의 이야기를 끝내는 것이 좋다(최기종, 2007: 58).

4) 대화중에 칭찬을 많이 해라

분위기 좋은 대화를 이끌기 위해서는 대화시 상대방에 대한 적절한 칭찬이 필요하다. 우리는 실제로 남의 슬픈 일에 울어줄 수 있으나, 칭찬에는 다소 인색한 편인데 칭찬은 딱딱한 국제비즈니스에서 윤활유와 같은 역할을 한다.

또한 칭찬을 많이 하면 자신도 기분이 좋아져 국제비즈니스를 여유롭게 수행할 수 있다. 상대방의 칭찬에 대해 칭찬의 말로 응답할 필요는 없다. 미소를 지으며 감사의 표시를 하면 된다.[77] 칭찬을 잘하려면 어떻게 하나? 무엇보다 칭찬은 관심이다. 누구에게나 칭찬의 소재는 있고, 무궁무진하다. 칭찬의 방법은 다음과 같다.

16) Dana May Casperson, op.cit., p.33.

칭찬 10계명

- 칭찬할 일이 생겼을 때 즉시 칭찬하라.
- 잘한 점을 구체적으로 칭찬하라.
- 공개적으로 칭찬하라.
- 결과보다는 과정을 칭찬하라.
- 사랑하는 사람을 대하듯 칭찬하라.
- 진실한 마음으로 칭찬하라.
- 긍정적인 눈으로 보면 칭찬할 일이 더 보인다.
- 일이 잘 풀리지 않을 때 더욱 격려하라.
- 일이 잘못됐을 땐 관심을 다른 방향으로 유도하라.
- 가끔씩 자기 자신을 칭찬하라.

자료: "칭찬은 고래도 춤추게 한다." 중에서

(1) 사실 칭찬법

상대방으로부터 느낀 사실 그대로 상대방을 직접적으로 칭찬하는 방법이다. 예를 들어 상대방의 인상이 좋으면 "인상이 참 좋으십니다." 등 상대방으로부터 느낀 사실을 가슴속에 묻어 두지 말고 느낀 그대로 칭찬하는 방법이다.

(2) 소유물 칭찬법

상대방에 대한 직접적인 칭찬이 아니고 상대방이 소유하고 있는 소지품, 자녀, 가족관계 등을 들어 칭찬하는 방법이다.

예를 들어 "아드님이 정말 친절하네요.", "넥타이가 참 멋있네요." 등 상대방의 소유물에 대한 칭찬은 조금만 관심을 가지면 소재는 무궁무진하다.

(3) 비유 찬사법

상대방을 누구나가 닮고 싶어 하고 좋아하는 유명인사 등에 비유하여 칭찬하는 방법이다. 예를 들어 일본남성과 대화시 최근 일본에서 폭발적인 인기를 끌고 있는 우리나라 영화배우 배용준을 비유하여 "웃는 모습이 배용준과 닮았네요."와 같이 유명인과 상대방을 비유하여 칭찬하는 방법이다.

(4) 열심히 경청하고 맞장구를 많이 쳐주라

열심히 상대방의 말을 경청했다는 것을 상대방에게 보여주기 위해 다음과 같은 질문을 하면 효과적이다. Do you mean to say that...(...라는 말씀이십니까), If I understood you correctly...(...제가 제대로 이해했는지는 모르지만), I don't quite get the point, could you clarify?(제가 이해를 잘 못했습니다. 다시 설명해 주시겠어요?)(임향옥, 2008: 30).

대화 도중에 상대방이 자신의 말에 관심을 가져 주면 말하는 사람은 기분이 좋아지고 상대방에 대해 호감을 갖게 되는데 대화 도중에 맞장구를 많이 쳐주면 대화가 더욱 즐거워진다. 그랬습니까?("Did you?"), 정말입니까?("Really?"), 아, 그렇습니까("Is that so?"), 아, 알겠습니다(Oh I see).

5) 적절한 대화의 주제

가장 좋은 대화의 주제는 상대가 관심있는 분야이다. 따라서 상대방을 만나기 전에 상대방의 취미나 성향을 미리 파악해 두는 것이 좋다. 대화의 주제로서 종교, 정치, 개인의 철학, 배우자, 민족성이 가미된 농담, 건강 등에 관한 주제는 피하는 것이 좋다.

예를 들어 영국인과 대화시 영국의 왕실을 농담거리로 삼거나 EU에 관한 이야기는 삼가 해야 한다. 또한 영국인에게 미국식으로 "What do you do?", "What part of English are you from"과 같은 개인적인 질문은 피하는 것이 좋다.[78)]

피해야 될 대화 주제
• 종교, 정치, 다이어트, 몸무게, 소문
• 지루한 개인적 이야기
• 동료 비평, 민족적인 배경에 관한 농담

자료: Dana May Casperson(1999).

Check Point

Good Small Talk?

국제비즈니스에서 거래 상대방과 본 회의에 들어가지 전에 상호간에 서먹함을 없애고 관계를 돈독히 하려면 여담(Small talk)을 잘 활용하면 좋다. 가벼운 일상에 관한 이야기가 좋다.

예를 들어 날씨, 상대방의 옷차림새에 대한 칭찬, 음식의 맛 등 자연스러운 주제로 이야기를 이끌어가야 한다. 그러나 이야기를 너무 혼자 독점하거나 여러 사람이 참석한 모임에서 특정 사람하고만 대화를 나누는 것은 좋지 않다. 특히 개인의 사생활에 관한 질문은 피해야 한다. 서양 사람들이 생각하는 사생활은 남에 알리고 싶지 않은 모든 것을 의미한다(박한표, 2006: 53-54). 미국사람들과 대화할 때는 스포츠가 좋은 주제이다. 겨울에는 미식축구와 프로농구, 여름에는 야구를 이야기 하면 좋은 분위기를 만들 수 있다(허은아, 2003: 89)

78) Terri Morrison, Wayne A. Conaway, and George A. Borden, op.cit., p.149.

국가별 추천할 만한 화제

국가	좋아하는 화제	싫어하는 화제
중국	• 역사·문화 등 중국인의 자존심을 세워주는 말을 준비하여 호감을 얻는다.	• 정치나 사회체제에 관한 얘기
독일	• 스포츠 – 많은 독일인들은 축구의 열정적인 팬이며, 특히 하이킹을 즐겨한다. • 맥주 – 자기 고장의 맥주에 대해 이야기하는 것을 좋아 한다.	• 히틀러와 유대인 학살에 관한 얘기
인도네시아	• 여행, 장래 계획	• 인권·인종 문제, 정치·종교 문제
멕시코	• 멕시코인들과 자연스럽게 대화를 이어나가려면 스포츠·영화·음악에 대한 상식이 필요하다. • 고대 문명의 찬란함·문학·연극·그림 등	• 지진·빈곤·불법 체류자·종교 문제
브라질	• 축구 – 브라질 사람들은 열렬한 축구광이므로 축구에 대한 얘기	• 브라질의 무역 라이벌인 아르헨티나에 관한 얘기나 정치 문제
인도	• 인도의 역사와 문화	• 카스트 제도 • 파키스탄과의 관계
사우디아라비아	• 축구 • 이슬람 종교에 대한 관심 표명	• 왕정에 대한 비방 • 이슬람교에 대한 비방
이집트	• 고대 이집트의 업적 • 스포츠 – 축구·농구·권투가 가장 인기 있는 스포츠이다.	• 부인이나 딸의 안부를 물어보지 않는다. • 이스라엘에 대한 얘기

자료: 박준형(2000).

7. 전화 매너

전화는 상대방의 얼굴이 보이지 않고 목소리만으로 대면하는 것이기 때문에 많은 사람들이 전화 응대의 중요성을 간과하는 경향이 있다. 그러나 국제비즈니스에서 좋은 전화매너는 한 번도 만난 적이 없거나, 자주 만날 수 없는 외국의 상대방에게 신뢰감과 좋은 인상을 줄 수도 있고, 반대로 매너없는 전화응대는 비즈니스를 망치는 계기로 작용할 수도 있다. 따라서 국제비즈니스에서 전화응대는 항상 예의와 격식을 갖춰 정중하고 공손하게 걸고 받아야 한다.

대화의 전달 수단이 목소리이기 때문에 상대방이 목소리를 잘 들을 수 있도록 말하는 속도, 억양, 어조를 연습해야 한다. 일반적으로 사람들이 가장 편안해 하는 것은 중간 톤의 목소리이다. 높은 톤의 목소리는 상대적으로 이해하기 더 어렵고 비전문적으로 인식될 수 있다.79)

전화예절의 기본
• 당신이 누군인지 즉시 말한다. • 천천히, 명확하게 예의를 갖추고 말한다. • 통화내용을 메모하는 습관을 갖는다. • 상대방이 끊고 난 후 수화기를 내려놓는다. • 전화를 걸때는 항상 자기의 이름을 말한다. • 목소리에 미소를 띠고 말한다. • 전화상에서는 보이지 않는 상대방과 얘기를 해야 하므로 맞장구를 적극적으로 해야 한다. • 주위의 소음을 최소화한다. • 긍정적인 말로서 전화를 마치도록 하고 전화를 건 상대방에게 감사의 표시를 한다.

자료: Dana May Casperson(1999).

1) 전화 걸 때의 매너

전화는 항상 "Hello."로 시작한다. 전화 통화를 할 때에는 자기 이름과 소속을 밝히는 것이 기본 매너이다. 어느 회사의 누구, 혹은 어느 부서의 누구임을 먼저 말하고 상대를 부탁한다. "May I speak to Mr. Kang"

그리고 상대방이 전화를 받으면 다시 한 번 자신의 이름을 밝히고, 용건을 말한다.

79) Dana May Casperson, op.cit., pp.148-149.

"This is John." 혹 전화를 잘못 건 경우에는 반드시 사과를 한 후에 전화를 끊는다. "I'm sorry. I have the wrong number." 통화를 갑자기 중단해야 되는 상황이 발생하면 그 이류를 설명하고 죄송하다는 말과 함께 나중에 다시 전화를 하겠다는 말을 하는 것이 옳다. 예를 들어 "The door bell's ringing, Jane, I'm sorry, may I call back?"라고 한다.

용건이 끝나면, "Good bye"라는 인사를 하며, 이는 전화를 건 사람이 먼저 하는 것이 당연하다. 인사말을 하고 건 쪽에서 먼저 수화기를 놓는다. 그러나 상대방이 윗사람이거나 여성일 경우에는 상대방이 먼저 수화기를 놓은 후에 전화를 끊는 것이 예의이다. 통화도중 전화가 끊어지는 경우에는 전화를 건 쪽에서 다시 거는 것이 옳다.

2) 전화 받을 때의 매너

가능한 한 전화벨이 3번 이상 울리지 않도록 해야 한다. 전화벨이 5회 이상 울렸을 때에는 기다리게 해서 죄송하다는 말을 해야 된다(최기종, 2007: 72). 전화가 걸려오면 되도록 빨리 받고, 여보세요(Hello!)라는 말이 들리면 회사의 경우는 회사의 이름과 소속부서, 자신의 이름을 말하고, 가정집일 경우에는 "This is Brown residence"라고 먼저 말한다. 전화를 걸어온 상대방이 누구인가를 알고 나면 곧 인사를 한다. 본인을 찾는 경우에는 "This is he"나 "Speaking"이라고 대답하고 만약 다른 사람을 찾으면 친절하게 "one moment Please"라고 하고 찾는 상대방을 바꾸어 준다. 잘못 걸려온 전화인 경우 화를 내거나 그냥 No하고 끊지 말고 "I'm sorry You have the wrong number"라고 친절하게 대답하는 것이 좋은 매너이다.

만약 상대방이 찾는 사람이 부재중일 때는 "He is out right now"라고 말하고 혹시 메시지가 있는지를 물어 "May I take a message" 메시지가 있는 경우 정확하게 전달해 준다. 용건이 끝나면 "Thank you for calling"라고 말하고 상대방이 전화를 끊은 뒤에 수화기 내려놓는다. 전화를 다른 사람에게 연결시켜 줄 경우에는 전화를 걸어온 상대에게 그 이유를 충분히 설명하고 올바른 상대에게 제대로 연결되었는지 반드시 확인해야 한다.80)

21) Dana May Casperson, op.cit., p.152.

무역매너 에세이

"오바마 구두 밑창에 이스라엘 '발끈'"

버락 오바마 미국 대통령이 지난 8일 베냐민 네타냐후 이스라엘 총리와 전화통화를 나누는 모습을 담은 사진 한 장이 보도된 이후 이스라엘 일각에서 발끈하고 나섰다고 미국 인터넷 매체 허싱턴포스트가 10일 보도했다.

문제의 사진은 오바마가 백악관 집무실 `오벌 오피스'에서 네타냐후와 통화를 하면서 책상 위에 다리를 올려놓은 모습을 백악관 사진사 피트 수사가 촬영한 것으로 사진에서는 오바마의 구두 밑창이 보인다.

이에 대해 이스라엘의 일부 방송사들은 많은 아랍권 국가에서 신발 밑창을 보여주는 것이 상대방에 대한 모욕으로 간주된다는 점을 들어 오바마가 의도적으로 이러한 자세를 취해 이스라엘을 모욕하려 했다고 주장하고 있다.

아랍 국가가 아닌 이스라엘에서는 신발 밑창이 문제될 것이 없지만 이스라엘의 이 같은 반응은 최근 미국의 중동평화 구상에 대한 이스라엘 내부의 불만을 잘 보여주고 있다고 허싱턴포스트는 분석했다.

실제로 지난달 네타냐후가 워싱턴을 다녀간 뒤 양국 정상 회담이 팽팽한 긴장감속에 진행됐다는 사실이 양국 언론을 통해 잇따라 보도됐으며 지난주 오바마의 이집트 방문 당시의 연설 내용이 이스라엘의 심기를 불편하게 한 바 있다.

(중앙일보, 2009.6.11)

8. 바디랭귀지

바디랭귀지는 제스처, 얼굴표정 그리고 몸의 움직임으로 메시지를 전달하는 비언억적 형태의 대화이다. 사람은 대화를 나눌 때 언어만으로 자신의 의사를 표현하는 것이 아니라 동작이나 표정, 시선, 태도 등의 다양한 몸짓언어(body language)를 통해 자신의 의사를 표현한다.

그런데 때때로 몸짓으로 표현된 메시지는 언어적 메시지와 일치하지 않은 경우가 발생하고[81] 이러한 바디랭귀지는 문화 및 국가에 따라 의미가 달라진다.

예를 들어 우리나라를 포함한 동양에서는 머리를 긁는 행위는 '무엇을 잘 모르겠다.' 또는 미안하거나, 답답함을 나타내는 바디랭귀지이지만 서양에서는 단지 머리가 가려울 때 하는 행위일 뿐이다. 서양에서 무엇을 '잘 모르겠다'의 바디랭귀지는 어깨를 약간 움츠리는 행동이다.

또한 우리가 자주 사용하는 손가락으로 만드는 링사인(○표시)은 미국이나 서유럽에서는 OK, Good(좋다)이라는 의미지만 일본에서는 돈, 남부프랑스에서는 무가치(Zero), 브라질 등의 남미에서는 외설적인 표현으로 받아들여지고 있다.[82] 따라서 국제비즈니스에서 언어의 대체수단인 다양한 바디랭귀지의 의미를 정확히 아는 것은 필요하다.

특히 중국인에게는 과장된 표정이나 제스처는 삼가해야 한다. 중국인은 말할 때 손동작이 너무 많으면 이야기에 집중하지 못한다. 또한 사람이나 사물을 가리킬 때는 손가락으로 하지 말고 손을 펴서 가리켜야 한다.[83] 각 국가별로 상이한 바디랭귀지는 다음과 같다.

대표적인 신체 부위별 제스처

신체부위	내용
머리	① 머리 끄덕이기 • 일반적으로 위 아래로 머리를 끄덕이면 'Yes'의 의미이고, 좌우로 흔들면 'No'를 뜻한다. • 불가리아·그리스·터키·이란 등에서는 반대로 된다. ② 집게(두 번째) 손가락으로 머리 두드리기 • 아르헨티나·페루에서는 '나는 생각중', 북아메리카에서는 '매우 현명하다.' 라는 뜻

81) Dana May Casperson, op.cit., p.35.
82) 박한표외, 「전개서」, p.49.
83) Terri Morrison, Wayne A. Conaway, and George A. Borden, op.cit., p.89.

눈	① 윙크하기 • 네덜란드에서는 '그는 미쳤다.'는 뜻 • 미국과 유럽에서는 '비밀을 공유'할 때, 홍콩에서는 예의 없는 행위이다. ② 눈꺼풀 당기기 • 영국과 프랑스에서는 '날 속일 생각 마', 이탈리아에서는 '조심해라'란 뜻. • 유고에서는 '슬픔·실망'의 의미
귀	① 귀 잡기 • 이탈리아에서는 귓볼을 만지면 '호모'를, 인도에서는 귀를 잡으면 '사과'를 의미한다.
코	① 코 두드리기 • 영국에서는 '비밀'을, 이탈리아에서는 '주의하라'는 의미이다.
볼(뺨)	① 검지로 볼 돌리기 • 이탈리아에서는 아름다운 여성에 대한 매혹의 의미로, 독일에서는 '미쳤다'라는 의미. ② 검지로 볼 두드리기 • 그리스·스페인에서는 여성에 대한 '매혹적임', 유고에서는 '성공'을, 미국에서는 '고려중·고민중'을 뜻한다.
입과 입술	① 손끝을 모아 입술 가볍게 튕기기 • 프랑스·지중해권·라틴계의 나라에서는 '멋지다·좋다'라는 의미. ② 휘파람 불기 • 유럽에서는 '조롱', 미국에서는 '찬성'을 나타낸다. 대부분의 나라에서는 무례한 행위로 간주된다.
턱	① 턱 튕기기 • 프랑스·북부 이탈리아에서는 '꺼져라', 남부 이탈리아에서는 '아니다, 할 수 없다'라는 의미. • 튀니지에서는 모욕의 의미이며, 프랑스에서는 수염을 상징한다. ② 턱 어루만지기 • 대개 남성의 수염을 상징하나, 아랍에서는 여성에 대한 '매혹'을 상징한다.
팔	① 두 팔 들기 • 승리 또는 항복을 의미한다. ② 방향 지시 • 한국·일본 등은 팔 전체를 사용하여 '오라·가라'를 표시한다. 손보다는 팔 전체를 사용하는 것이 더 공손하게 간주된다. • 미국 등 서구에서는 손가락으로, 말레이시아·영국은 엄지로, 아메리카 인디언은 입술로 방향을 가리킨다.
손	① 왼손과 오른손의 차이 • 오른손은 진실함을 나타낸다. 예: 법정 선언, 선물을 줄 때, 악수할 때 • 왼손은 불결함을 나타낸다. 예: 중동을 포함해 이슬람 국가들 ② O.K. • 한국·일본에서는 '돈', 미국에서는 '좋다', 터키에서는 '동성연애', 프랑스에

	서는 '0, 없다', 브라질에서는 외설의 의미이다. ③ 엄지 위로 치켜들기 • 일반적으로는 'O.K.·좋다·해냈어'라는 의미로 사용되나, 오스트레일리아 ·파키스탄 등에서는 외설적인 의미로 사용된다. • 독일에서는 '1', 일본에서는 '5'를 나타낸다. ④ 'V'표시 • 손바닥을 바깥으로 하는 'V'표시는 일반적으로 '승리'를 나타내나 그리스에서는 외설적인 의미이며, 영국에서도 손가락을 안으로 하면 외설적인 의미로 간주된다.

자료: 박준형(2000).

무역매너 에세이

"이라크의 신체언어"

아랍의 오지를 여행하면서 식당에 들렀을 때 곁에서 양갈비를 뜯던 아랍 사람이 느닷없이 뜯던 갈비를 내밀어 당황한 적이 있다. 수식(手食)하는 이들은 부정을 탄 왼손을 써서는 안 되며 오른 손만으로 뜯어먹을 수 없을 때 옆 사람의 오른손을 빌리며, 모르는 사람일지라도 응해주는 것이 불문율이다.

그리하여 그 넓은 식당에서 오른손만의 식사 하모니가 기가 막히게 영위되는 것을 보았다. 아랍 국가들의 수뇌가 만나면 으레 끌어안고 볼 대기를 하는데 반드시 오른쪽 볼을 먼저 댄다. 물건 주고받을 때도 오른손이 도맡고 '오른손에 코란, 왼손에 칼'은 아랍 사람들이 왼손잡이라서가 아니라 코란이 상위 개념에 있기 때문이다.

파병 결정에 즈음하여 우리와 다른 이라크의 문화의 주지로 문화갈등을 극소화하는 교육이 진행되고 있다는 보도가 있었는데 이라크 사람을 대할 때는 왼손일랑 일단 묶어놓는다는 마음의 버릇을 들여야 한다.

이라크 사람 앞에서 다리를 꼬거나 발을 들어 신발 바닥을 드러내는 것도 안 된다. 이라크의 결혼 피로연에 신랑의 내프킨은 신발 모양으로 접는 등 신발에는 섹스 이미지가 있기 때문이다. 여자 앞에 맨 다리를 노출시키는 것이나 걸프렌드에게 닭다리를 권하는 것은 실례를 넘어서 모욕이다.

뿐만 아니라 신발바닥이 땅과 접하는 것으로 나타냈던 소유 이미지의 영향도 있다. 회교사원에 들어갈 때 신발을 벗어야 하는 것은 그 성역이 알라의 소유이기 때문이며, 남의 집에 들어갈 때 신발을 벗는 것이 에티켓이 돼 있는 것도 남의 소유를 침범하지 않는 것이 되기 때문이다. 엄지와 인지로 짓는 동그라미는 우리에게 돈이나 OK를 뜻하지만 이라크 사람에게는 해코지하는 악마의 눈 사시(邪視)이다. 세계적으로 가장 널리 분포된 이 외눈박이 사시는 야광귀(夜光鬼)로 우리나라에도 섣달그믐날 나타난다.

밤길 떠날 때 왕눈이 부적이라 하여 눈깔 하나 크게 그려 몸에 지니고 떠났던 것도 바로 사시 방어 수단이었다. 국제화 사회에서 현명하게 사는 지혜는 서로 다른 문화충격의 극소화에 있는데 그 분야에 대한 체계적인 연구없이 돌진해 들어가고 있는 우리다.

(조선일보 2004.02.17)

김병현 선수, 내 손가락이 뭐 어쨌다고?
김병현이 선수 소개 때 관중이 야유하자 가운데 손가락을 들어 보이고 있다.

김병현 선수는 '손가락 욕설 파문'에 대해 "너희들의 이유를 인정할 수 없다는 생각에 본능적으로(나도 모르게) 손가락이 올라갔다."며 "(충격과 허탈감이 큰 상태이긴 했지만) 분명 잘못된 행동이었다."고 털어놓았다. '두 번째 관중 모독 사건'에 대해서는 "오클랜드 팬이 '너, 손가락 잘 있나?'고 묻길래 '이거 말하는 거냐?'라며 손가락을 들어 올렸는데 현지 언론이 두 번째 관중 모독 사건으로 몰아갔다."고 밝혔다.
이번 해프닝은 국제무대에서 바디랭귀지가 얼마나 중요한지 일깨워주는 좋은 사례이다.

9. 복장 매너

1) 옷차림은 경쟁력

국제비즈니스맨은 프로답게 옷차림을 분위기에 맞게 연출하는 세련된 감각이 필요하다. 무한경쟁의 세계화시대에 실력은 기본이고 옷차림도 중요한 경쟁력으로 작용한다. 이제 옷을 잘 입는 것이 하나의 허영으로 폄하되던 시대는 지났다.

국제비즈니스에서 첫 인상은 무척 중요한데 단정하고 세련된 옷차림은 상대방에게 첫인상을 좋게 하고 신뢰감을 주게 된다. 사람의 첫 인상은 그 사람의 옷차림에서 즉 어떤 옷을 어떻게 갖추어 입었는지에 따라서 상당한 영향을 받는다.

색채 심리이론에 의하면 개인의 이미지는 그 사람이 입고 있는 옷 색깔에 의해 결정된다(허은아, 2003: 68). 남성의 경우 파란색 계열 넥타이나 정장을 입으면 상대방에게 신뢰감을 줄 수 있고, 푸른색 와이셔츠에 연보라색 넥타이를 매면 지적인 이미지를 연출할 수 있다.

2) 분위기에 어울리는 옷차림

국제비즈니스맨은 옷을 선택할 때 자신의 개성을 나타내기 보다는 비즈니스 분위기에 맞는 단정한 스타일을 고르는 게 좋은 매너이다. 좋은 옷차림새는 무엇보다 T.O.P. 즉, 시간(Time)과 장소(Place)와 상황(Occasion)에 맞게 옷을 입을 수 있는 센스가 있어야 한다(허은아, 2003: 79).

남성의 가장 무난한 스타일은 단추가 3개 달린 짙은색 정장이다. 단추는 가운데 것만 채우면 된다. 외국에서 만찬 시 서구 사교계의 관례는 색이 진한 양복에 색이 진한 넥타이를 매야 되는데 우리가 자주 입는 밝은 색의 양복과 붉은 넥타이를 매고 만찬에 참석하면 만찬의 분위기를 해칠 수 있으니 주의해야 한다.

3) 옷차림은 청결이 중요

국제비즈니스맨의 옷차림에서 중요한 것은 고가품으로 차려 입는 것이 아니라 청결한 옷차림이다. 청결한 옷차림은 의복의 가격이나 브랜드보다 더 중요하다. 특히 청결은 셔츠의 소매, 호주머니, 구두 등 눈에 띄지 않는 디테일한 부분에도 신경을 써야 한다.[84)]

4) 무엇을 입을까가 아니라 어떻게 입을까

국제비즈니스맨은 옷을 입을 때 무엇을 입을까가 아니라 어떻게 입을까에 신경을 써야 된다. 즉, 한 벌의 옷이라도 여러 종류의 소품과 조화시켜 다채롭게 입을 수 있는 옷차림의 센스가 중요하다.

5) 전체적인 조화가 이루어진 옷차림

국제비즈니스맨은 옷을 선택할 때 옷의 디자인뿐 아니라 옷의 색상까지도 관심 있게 살펴보아야 한다. 옷이란 전체적 조화가 이루어지지 않으면 아무리 비싼 옷도 촌스럽고 부자연스럽게 보일 수 있다.

셔츠의 소매길이는 양복 소매 길이보다 1cm 정도 길게 하는 것이 좋고, 멜빵(서스펜더)과 벨트는 동시에 착용하지 않으며 벨트 버클은 화려하지 않고 단순한 것이 좋다. 또한 정장구두는 윙팁슈즈(wing tip shoes)라고 하여 구두끈이 있는 것이다(허은아, 2003: 84, 92-93). 넥타이의 길이는 매어진 상태에서 바지의 허리선을 중심으로 허리띠의 버클에 살짝 닿을 정도나 약간 긴 것이 무난하다.

6) 올바른 자세와 옷차림

의복이 돋보이기 위해선 자세가 흐트러짐이 없어야 한다. 예를 들어 고가 브랜드의 의복을 입었어도 품위가 없어 보이는 사람이 있는 반면, 평범한 옷차림이지만 세련된 인상을 주는 사람이 있다. 이러한 차이의 상당부분은 그 사람의 자세에 원인이 있는 경우가 많다. 따라서 자세를 바르게 하는 것은 값비싼 옷을 입는 것 못지않게 중요하다.

7) 유행에 맞게

유행을 쫓는 것은 중요하지 않지만 액세서리 등을 이용하여 특히 구두, 색상 등으로 패션의 흐름에 맞추는 것은 멋이 무엇인지를 알고 있다는 사실을 말해 준다. 넥타이의 폭, 디자인, 매듭 매는 방법으로 그 흐름을 타고 있는지를 알 수 있다.

매고 있는 넥타이는 패션에 대한 감각을 말해 주고 비즈니스에 대한 식견으로 인식된다. 즉, 시대의 흐름을 타고 있다는 것은 비즈니스분야에서도 현재의 상황에 정통해 있음을 의미한다.[85)]

---

84) WYM Inc.

Check Point

양복은 언제부터 입기 시작했나?

양복은 18세기 영국에서 산업혁명을 계기로 입기 시작했고, 우리나라에서는 구한말에 개혁파 정치가였던 서광범이 1882년 일본에 수신사로 건너가 처음 구입하여 입은 것이 최초였다. 그리고 1900년대에 들어서면서 외교관의 옷에서 민간인의 옷으로 널리 퍼지기 시작하였다(허은아, 2003: 85).

무역매너 에세이

"양복의 단추 채우는 법"

양복 맨 아래 단추는 채우지 않는 게 원칙!

윗사람 앞이나 면접할 때 예의를 갖추려면 양복 단추를 다 채워야 한다? 모르는 말씀! 한국 남자들이 자주 어기는 '수트의 룰' 중 하나가 단추 채우는 법. 한국 아저씨들은 어려운 자리에서는 모든 단추를 채우고, 대신 평소엔 단추를 하나도 채우지 않는 버릇이 있다.

양복 단추에 관한 기본 에티켓은 '서 있을 땐 항상 채우고 앉으면 열어야 한다.'는 것. 맨 아래 단추는 채우지 않는 게 원칙. 단추가 두 개 달린 2버튼 수트는 윗단추만 잠근다. 3버튼은 스타일에 따라 조금 다르다. 남훈 제일모직 란스미어 브랜드매니저는 "라펠이 부드럽게 두 번째 단추 위치에서 떨어지는 유럽식 3버튼 수트는 가운데 단추만 잠그고, 라펠이 윗단추 바로 위에서 떨어지는 미국식 3버튼은 윗단추 2개를 채우는 게 일반적"이라고 말했다. 고정관념을 깨뜨리고 다시 보자. 단추가 꼭 채워질 운명을 타고난 건 아니란 사실을.

(조선일보, 2009.5.10)

85) Dana May Casperson, op.cit., p.45.

무역매너 에세이

“넥타이의 기원과 매너”

1660년 터키 전투에서 승리한 크로아티아 지방의 정예부대가 파리에서 개선행진을 할 때 군인들의 목에 밝은 빛깔의 수건이 둘러져 있었다고 한다. 화려한 치장을 좋아하던 루이 14세가 군인들이 두른 목수건을 보고 이것을 옷치장의 도구로 사용하자, 곧 선풍적인 인기를 끌게 되었다. 이 새로운 스타일은 영국으로 건너가 매는법과 스타일이 다양하게 고안돼 오늘날의 넥타이로 발전했다.

타이 선택의 주요 포인트는 소재와 디자인이다. 여기에서는 자신에게 잘 어울리는 타이 고르는 법을 알아보겠다. 일반적으로 비즈니스맨들은 실크 타이가 좋다. 실크는 매기 쉽고 화려하며 품위가 느껴진다. 좋은 타이일수록 매듭의 모양이 좋고, 오래돼도 원형을 유지한다. 겨울철에는 모혼방, 순모 타이도 어울리는 소재이다. 세련된 느낌의 울이나 마 소재도 사용된다.

한편 체형별로 타이의 디자인에 주의해야 한다. 키가 크고 뚱뚱한 체형은 차가운 색상을 선택한다. 무늬는 다소 작은 것이 어울린다. 특히 하체가 뚱뚱한 사람은 시선을 상체쪽으로 끌어올릴 수 있도록 화려한 타이를 선택하는 것이 좋다. 반면 키가 크고 마른 체형은 밝은 색 계열의 타이가 어울린다. 무늬는 큰 무늬나 일정한 무늬가 전체에 반복되는 스타일이 무난하다. 단조로운 세로줄 무늬는 피하는 것이 좋다.

그리고 키가 작고 마른 체형은 커다란 무늬의 타이를 매면 무늬 자체에 압도되어 왜소한 체형이 오히려 더 강조된다. 잔잔한 무늬의 타이를 고르는 것이 좋고, 색상은 수트와 같은 색 계열을 선택하는 것이 안정하다. 특히 키가 작고 뚱뚱한 체형은 화려한 무늬보다는 선명하고 가지런한 줄무늬 타이를 매주는 편이 체형 결점 커버에 도움이 된다. 가로줄 무늬는 피한다.

얼굴의 특징에 따라서도 타이의 선택이 조금씩 다르다. 얼굴이 큰 사람은 시선을 전체적으로 아래쪽으로 내려주는 것이 좋기 때문에 너무 눈에 띄는 대담한 무늬는 피하는 것이 좋다. 잔잔한 무늬가 들어있는 타이를 고른다. 그리고 얼굴이 검은 사람은 지나치게 밝은 색상의 타이는 피한다. 타이의 색과 대비돼 얼굴이 더욱 검고 칙칙해 보인다.

타이의 착용시 가장 중요한 것은 타이의 길이 조절이다. 타이를 맨 후, 길이는 타이의 끝이 바지의 허리 밴드에 닿을 정도면 된다. 너무 짧으면 인색해 보이고, 너무 길면 초라해 보이기 때문이다. 특히 외국에서 타이를 살 때는 길이를 잘 살펴야 한다. 외국인의 체형에 맞는 것이라서 자신에겐 너무 길어 황당한 경우도 있기 때문이다.

(중소기업뉴스, 제 1467호, 2003.9.1)

8) 향수선택과 사용방법

향수는 의복과 더불어 그 사람의 첫인상과 이미지 정립에 상당한 영향을 미친다. 특히 의복과의 조화로운 연출은 그 사람을 더욱 품위있고 세련되게 보이게 한다. 따라서 향수의 선택은 상당한 안목이 필요하다.

향수는 피부에 닿은 후 얼마간 시간이 지난 다음 제 향을 느낄 수 있다. 몇 시간 후 체취와 어우러진 진정한 향을 느낄 수 있다. 향수는 소량씩 바른다. 향이 너무 강해지지 않도록 또는 너무 튀지 않도록 소량씩 바르는 것이 포인트이다.

T.P.O(Time, Place, Object)에 맞춰서 쓴다. 향수는 맥박이 뛰는 곳, 즉 손목, 귀 뒤쪽, 무릎안쪽과 바깥쪽, 팔꿈치 안쪽에 뿌린다. 이렇게 하면 맥박이 뛸 때마다 은은한 향이 주변에 퍼져 나간다. 특히 이중에서도 팔꿈치 안쪽과 무릎 안쪽이 제일 좋은 부위이다. 그러나 손목 안쪽은 물건을 만지는 기회가 많아 향기가 빨리 사라지는 경우가 많다(허은아, 2003: 97). 향수를 옷에 뿌리는 경우 옷깃이나 안쪽 시접부분에 거리를 두고 뿌리는 것이 좋다.

또한 향이 밑에서 위로 퍼져나가므로 양복의 안단이나 무릎 뒤쪽에 뿌리는 것도 좋다. 여성의 경우 치맛단에 살짝 뿌리는 것도 향기를 오래 유지할 수 있는 비결이다[86].

모피와 진주에는 향을 직접 뿌리지 않는다. 피부에 사용할 때 햇빛과 작용하면 잡티를 생성할 수 있다. 향수를 바른 피부는 문지르지 않아야 한다. 향이 변질될 수 있다.[87] 또한 향은 피부의 피질이나 모공상태, 체온에 따라서 미묘한 차이가 나기 때문에 겨드랑이처럼 땀이 많이 나는 곳에는 뿌리지 말아야 한다.(허은아, 2003: 97)

향수를 냄새가 진동할 정도로 뿌리면 오히려 역효과가 나기 십상이다. 화장을 가장 잘 하는 방법은 화장했다는 인상을 전혀 주지 않고 화장하는 것이다. 또한 향수는 이것저것 섞지 말아야 한다.[88]

86) 박준형, 「볼프강의 글로벌 에티켓」, 김영사, 2000, p.297.
87) www.wym.co.kr.
88) 박한표외, 「전게서」, p.92.

Check Point

향수는 어떻게 구분되나?

향수는 같은 상표의 향수라도 향료의 농도, 알코올 함유량, 향기의 지속 시간에 따라 일반적으로 다음과 같이 4가지로 구분된다(허은아, 2003: 101).

첫째, 퍼퓸(perfume)은 향 중에서 가장 농도가 짙고 최고의 브랜드이다. 향의 지속시간이 6~7시간정도이다. 귀 뒤나 손목 등 맥박이 뛰는 부분에 적당량을 뿌리는 것이 좋다.

둘째, 오 드 퍼퓸(eau de perfume)은 퍼퓸에 가까운 농도로 양이 많고 낮 시간에 효과적인 향수이다. 퍼퓸보다 조금 넉넉하게 사용하든지 전신에 스프레이 해도 효과적이다. 지속시간은 5시간 정도이다.

셋째, 오 드 뚜왈렛(eau de toilette)은 향이 부드럽고 지속시간이 3~4시간정도의 가벼운 향이다. 향수를 처음 사용하는 초심자에게 좋다.

넷째, 오 드 코롱(eau de colonge)은 가장 순한 향으로 지속시간은 1~2시간 정도이다. 목욕 후나 운동 후 사용하면 좋다

향수는 아침에 사용한 것을 지속적으로 사용하는 것이 좋다. 그러나 다른 향으로 변화를 주고 싶다면 몸에 직접 다시 뿌리는 것보다 손수건 등에 뿌리는 것도 좋다.

무역매너 에세이

"향수는 손목에 뿌리지 말라고?"

매일 사용하는 향수의 새로운 비밀에 대해 알아보자.

- **순진해 보이는 비누향의 비밀은?**

때때로 얼굴이 썩 예쁘지는 않지만 채취가 너무 좋아서 끌리는 여자가 있다. 그게 독한 향수 냄새가 아닌 은은한 비누 향이거나 샴푸향일 경우 더욱 매력적이다. 물론 남자들에게 섹스 어필할 수 있는 향도 오히려 이런 '순진한 향'이다.

그렇다고 그것이 진짜로 비누이거나 샴푸향일 필요는 없다. 여기 순진함과 청순함으로 무장한 향수들이 있으니까 말이다. 이브 생 로랑의 메이비돌, 지방시의 쁘띠 상봉, 불가리의 쁘띠에 마망, 버버리의 베이비 터치, 윈저의 물망초, 니나리찌의 레흐뒤땅, 랄프로렌의 로렌, 에스티로더의 뷰티풀, 안나수이의 수이드림, 제니퍼 로페즈의 글로우 바이 제이로, 크리니크의 해피등이 바로 그것.

비누 향과 같은 은은하면서도 산뜻한 향을 지닌 향수들의 단점은 지속력이 짧다는 것.

• **향수는 밤이나 생리 바로 전에 사야 한다고?**

후각은 초저녁 이후에 현격하게 민감해진다. 따라서 향수 쇼핑은 오후 늦게 하는 것이 현명한 방법이다. 참고로 후각이 예민해지는 배란기를 활용하면 자신의 체취와 닮은 향을 고를 수 있다.

• **손목에 향수를 뿌리지 말라고?**

향수는 손목의 맥박이 뛰는 부분에 뿌리는 것이 일반적이지만 매번 동일한 곳에 뿌리면 피부에 자극이 될 수 있다. 특정 부위에 너무 가까이 대고 뿌리기보다는 팔 안쪽이나 허리 양 옆에서 10cm 정도 떨어져서 2~3회 뿌리는 게 은은하면서도 자극 없이 향을 즐길 수 있는 방법이다.

가장 쉽게 저지르는 실수가 향수를 뿌리고 손목을 마구 비비는 건데 이럴 경우 향끼리 섞이면서 본래의 향을 느낄 수 없게 되니 조심할 것.

(중앙일보, 2009.10.13)

Check Point

무더운 여름철 신사정장 어쩌란 말인가?

• **반팔 셔츠에 넥타이 차림은 꼴불견 중 꼴불견**

정장은 습기가 많지 않은 서양의 옷이기 때문에 후텁지근한 우리의 여름 날씨에는 무리한 복장이다. 한 여름에 이런 정장을 입어야 한다면 어차피 더위 따위에 신경을 쓸 상황은 아니다.

수트를 입고 넥타이를 매면서 덥다고 반팔 셔츠를 입는 것은 한복으로 치면 갓 쓰고 도포까지 갖추어 입고는 아랫도리만 잠방이를 입은 우스꽝스러운 꼴이 된다. 정장 속에는 반드시 긴팔 셔츠를 입어야 한다. 땀을 많이 흘리는 여름에는 사무실에 예비 와이셔츠를 하나쯤 준비해 두었다가 중요한 약속에 맞춰 갈아입는 것도 좋다.

• **화학사로 된 링클프리 셔츠는 피하라**

여름에는 구김이 덜 가고 빨아도 다릴 필요가 없는 링클 프리 셔츠가 인기다. 그러나 링클프리셔츠는 화학사로 만들어져 통풍이 안 되고 냄새가 나기 쉬워 싸구려라는 인상을 주기 쉽다.

반면 순면 셔츠는 주름이 쉽게 가지만 땀 흡수가 잘 돼 위생적이다. 서양의 상류층에서는 오히려 셔츠에 잡히는 순면 특유의 자연스런 주름을 '일에 대한 열정의 상징'으로 여긴다.

• 셔츠 안에는 러닝을 입지 마라.

러닝은 말 그대로 달릴 때 입는 옷. 와이셔츠 안에는 러닝을 입지 않는 것이 예의다. 반대로 너무 얇은 셔츠를 입어 맨살이 보이는 것도 예의가 아니다. 러닝을 입지 않되 약간 도톰한 소재의 셔츠로 맨살이 겉으로 보이지 않도록 해야 한다.

• 와이셔츠 목둘레에 주의하라.

셔츠 칼라가 너무 작아서 목살이 불거져 나오거나 너무 커서 어벙벙해 보이면 좋은 인상을 주기 어렵다. 셔츠 칼라의 적정 사이즈는 칼라 사이로 손가락 3개가 들어가는 정도다.[89)]

Check Point

모자는 언제 벗어야 하나?

모자에 관한 예법에는 2개의 등급이 있다. 그 하나는 모자를 들거나 기울이는 것으로 lifting 혹은 tilting이라고 부르며, 둘째는 모자를 벗는 것인데 모자를 벗은 뒤에는 몸 뒤로 돌리는 것이 좋은 매너이다. 모자 속을 상대에게 보이지 않는 것이 좋다. 사례별 남성의 모자 예법은 다음과 같다.

89) www.yshirt.net

사례별 남성의 모자 예법

실외에서 모자를 벗는 경우

- 남에게 소개를 받을 때 또는 작별할 때
- 거리에서 아는 사람을 보고 인사를 할 때
- 특히 여성이나, 나이 많은 남성이나, 성직자와 대화를 할 때
- 국가가 연주되거나 혹은 국기가 지나 갈 때
- 매장예식 혹은 장례행렬이 지나갈 때 (대도시의 경우는 제외)

남성이 모자를 기울이는 경우

- 친구와 같이 걸어가는데 친구만이 아는 여성과 지나칠 때
- 모르는 숙녀가 자기가 베푼 친절에 감사할 때
- 만원 버스에서 밀리거나 통과를 하느라고 밀어서 모르는 여성에게 양해를 구할 때
- 자기와 같이 가는 여성에게 떨어뜨린 물건을 집어 주거나 자리를 양보하거나 하는 예의를 베풀어 준 남성 혹은 여성에게 감사를 할 때
- 여성이나 나이 많은 남성에게 방향을 물을 때

실내에서 모자를 벗는 경우

- 기차역이나 우체국과 같은 공공건물 내
- 사무용 빌딩이나 호텔의 로비나 복도 내
- 공공 혹은 사무용 빌딩의 엘리베이터 내
- 가게의 실내
- 정교회 혹은 보수파 유태교의 교회당

무역매너 에세이

"모자와 스카프의 매너"

넥타이의 조상인 '크라바트'(크로아티아의 기마병의 목에 감은 선명한 빛깔의 천)에서 비롯된 스카프는 우아함의 상징이다. 단순한 재킷 위의 화려한 스카프는 보온의 효과와 더불어 정중하면서도 세련된 멋을 준다. 스카프는 또한 코디네이션의 응용범위를 넓혀주는데, 체형의 결점은 감추고 자신 있는 부분을 드러내는 효과도 있으며, 유행에 관계없이 오래 사용할 수 있다는 장점이 있다.

스카프는 복잡하고 장식이 많은 옷보다 기본적이고 단순한 옷에 더 잘 어울린다. 스카프로 옷차림에 악센트를 줄 때는 옷 빛깔과 반대되는 스카프를 선택하고, 상·하의 또는 겉옷과 안에 받쳐 입는 옷 사이의 연결을 자연스럽게 하고자 할 때는 입은 옷들과 비슷한 빛깔을 고른다.

스카프는 모양과 크기에 따라 대체로 세 가지 종류로 나눌 수 있다. 정사각형, 긴 직사각형, 손수건보다 조금 큰 미니 스카프이다. 스카프는 넥타이 매듭이나 리본으로 묶기, 포켓치프 등 여러 가지로 응용할 수 있다. 정사각형의 큰 스카프는 정장에 받쳐주면 블라우스 효과를 나타낼 수도 있다. 가슴과 등을 모두 장식할 때는 긴 직사각형 스카프로, 목걸이나 브로치 감각으로 맬 때는 작은 미니 스카프를 이용한다.

한편 스카프와 함께 모자도 자기표현 수단으로 많이 이용하는 추세다. 오드리 헵번은 수많은 영화에서 여러 가지 모자 패션을 보여 준 배우다. 그녀는 챙이 넓은 밀짚모자, 요란한 레이스나 리본장식이 달린 모자, 머리에 딱 붙는 헤어밴드형 모자, 둥글고 챙이 없는 모자 등 여러 가지를 보여줬다.

모자를 선택할 때는 몇 가지 주의할 점이 있다. 챙이 큰 모자는 키가 작아 보이고, 챙이 작은 모자는 얼굴이 커 보이는 경향이 있다. 모자를 쓸 때는 머리의 부피감을 적게 하고, 얼굴 윤곽을 머리로 가리지 않는 것이 좋다. 얼굴이 큰 편이라면 챙이 넓은 모자를, 작은 편인 사람은 작은 모자를 쓰도록 한다. 무엇보다 모자만 너무 눈에 띄지 않도록 옷과 같은 색상으로 택하거나 가라앉은 색조를 택하는 것이 좋다.

특히 모자를 벗어야 할 때, 여성들의 경우 모자가 의복의 일부분이므로 실내에서 벗지 않아도 된다. 단 만찬시에는 벗는 것이 예의이다. 외출용 모자라면 당연히 실내에서는 벗는 것이 예의이다. 그리고 챙이 큰 모자는 실내에서 위화감을 줄 수 있으므로 벗는 것이 좋다.

(중소기업뉴스, 2003.11.10)

10. 방문 매너

국제비즈니스를 하다 보면 외국인의 사무실이나 가정을 방문하는 경우가 자주 생기는데 이때 가장 중요한 것은 약속(appointment)이다. 서양에서는 사전 약속이 없이 방문하는 것은 큰 결례가 된다. 반드시 약속을 해야 하고, 약속을 변경하거나 취소할 때는 최대한 빠르고 정확하게 통보해야 한다.

약속을 변경할 때는 "Shall we change the appointment to some time next week?", 약속을 취소할 때는 "Would you please cancel the appointment?"라고 하면 된다.

1) 방문시간

국제비즈니스맨이 외국에서 거래 상대방을 방문할 경우에는 해당 국가의 공휴일 또는 휴가철은 피해야 한다. 프랑스와 이탈리아는 8월 바캉스 기간이 길고, 중국에서도 설 기간이 장기간이다. 일본에서는 4월 29일부터 5월 5일까지가 봄방학이다. 또한 칠레, 남아공, 호주에서는 여름방학이 1월~2월에 있다. 그리고 회교 국가들의 경우에는 라마단의 기간에는 방문과 상담에 주의해야 한다(임향옥, 2008: 60).

서양에서의 사교방문 시간은 대개 점심식사 후부터 저녁식사 전까지로 되어 있는데, 방문에 가장 적당한 시간은 오후 4시~6시 사이이다. 그러나 반드시 미리 상대방의 편리한 시간을 알아보고 방문시간을 약속하는 것이 예의이다.

아무리 친한 관계라도 오전 방문은 실례가 된다. 오전 중에는 여주인 자신이나 집안정리가 손님을 맞을 상태가 아닌 것이 보통이므로, 병문안이나 조문 외에는 오전 중에 사교방문을 하지 않는 것이 상식이다.

또한 스페인이나 이탈리아와 같이 시에스타라 불리는 낮잠을 즐기는 관습을 지닌 나라라면 이 시간은 피하는 것이 좋다.[90] 그리고 교통체증 등으로 방문시간이 지체될 수 있는 점을 고려하여 10~15분 전에는 방문지에 도착하여 시간의 여유를 가지는 것이 좋다. 그런데 여름에 외국에서 방문약속을 할 때는 서머타임을 고려해야 한다.

2) 실내에서의 매너

방문객은 현관에서 방문목적을 간단히 알리고 명함을 전한다. 잠깐 방문할 때는

90) 박한표외, 「전게서」, p.36.

외투를 벗지 않아도 되나 남성은 모자를 벗어야 한다. 특히 외투를 벗는 것은 장시간의 면담을 원하는 뜻으로 알고 주인이 당황해 할 수 있으므로 조심해야 한다.

응접실에 들어서면 방안을 둘러보는 일을 삼가하고 주인이 권하는 자리에 앉도록 한다. 서양에서는 출입구 쪽이 하석이고 그 반대가 상석이다. 그리고 응접실에는 긴 소파와 1인용 안락의자(armchair)가 있는데 소파가 손님용으로 상석이다. 상석은 손윗사람이 앉는 자리이므로 권하지 않는 한 먼저 앉지 않는다.

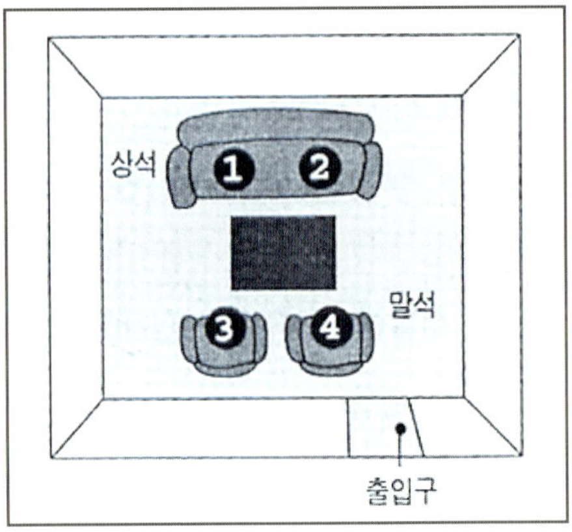

3) 대화시간 및 작별인사

처음 방문한 경우에는 15분~20분을 넘지 않는 것이 좋은 매너이다. 용건이 끝나면 방문자가 먼저 "Well, I think I must be going now" 또는 "Well I'd better be going"라고 상대방의 반응을 떠보고 상대방이 "Oh, do stay a little longer"라고 만류하면 좀 더 있다가 나오고 아무런 반응이 없으면 작별인사를 하고 나오면 된다.

"Thank you for sharing time for me"라고 하면서 "It's nice talking to you"라고 하면 된다. 또한 방문을 받은 사람은 가능하면 빠른 시일 안에 반드시 답방을 하는 것이 예의이다.[91] 프랑스에서는 초대받은 다음 날에는 되도록 감사의 편지를 보내는 것이 좋다. 꽃이나 과일을 함께 보내면 더욱 좋다.[92]

91) 이형철, 「전게서」, pp.65-71: 김창훈, 「전게서」, pp.61-66.
92) Terri Morrison, Wayne A. Conaway, and George A. Borden, op.cit., p.167.

11. 선물

우리는 감사의 표시로 선물을 주고받는데 선물은 인간관계를 부드럽게 해주는 윤활유 역할을 한다. 자신이 주빈으로 초청되었을 때는 파티에 앞서 꽃을 보낸다든가 아니면 방문시 직접 꽃이나 선물을 지참하는 것이 좋다.

지나치게 고가의 선물은 상대방을 당황하게 하고 부담을 주므로 피한다. 값이 싸면서도 받아서 반가운 선물이 좋다. 그리고 케이크는 가정집을 방문할 때 선물하지 않는 것이 좋다. 케이크는 여주인이 자신의 솜씨 자랑으로 스스로 만들기 때문이다.[93] 자기회사의 제품이나 서비스를 선전하는 시도는 하지 않아야 된다. 상품의 샘플을 주는 것, 상품권 등을 줄 때는 각별히 주의해야 한다.[94]

일반적으로 중국인은 선물을 받기 까지 3번 사양한다. 이는 자신이 탐욕스럽지 않음을 보이기 위한 것으로 받아 줄 것을 거듭 요청해야 하고 상대가 선물을 받으면 받아주어서 기쁘다는 뜻을 전달해야 한다. 포장지는 중국인들이 선호하는 빨강이나 행복과 번영을 상징하는 분홍이나 노란색이 좋다. 그러나 흰색은 장례식 때 주로 쓰는 색이므로 피해야 한다.[95]

또한 서양 사람들은 결혼식이나 장례식 등에서 직접 돈을 주고받지 않는 다는 점을 명심해야 한다. 프랑스에서는 결혼축의금을 현찰로 내지 않고, 신랑, 신부가 지정한 상점에서 미리 준비되어 있는 상품리스트를 보고 상품 값을 상점에 지급한다(박한표, 2006: 50).

미국인과 영국인은 꽃을 선물할 때 6송이 또는 12송이 단위로 주고 돈도 짝수로 준다. 중국도 짝수를 선호한다. 이에 비해 독일에서는 홀수를 선호한다. 색상도 중국에서는 빨간색과 금색은 행운의 색상이지만, 흰색과 파란색은 장례식과 연관된다. 흰색은 한국과 일본에서는 장례식과 연관되지만, 멕시코에서는 보라색이 장례식과 연관된 색이다.

또한 선물할 때 한국, 중국, 일본에서는 포장에 상당한 관심과 신경을 쓰는데 독일에서는 꽃을 선물할 때 포장없이 줘야한다는 미신이 있다. 그리고 독일 사람들은 만약에 포장을 하더라도 문턱을 넘어서 포장을 가지고 들어가지 말아야 한다고 믿는다(임향옥, 2008: 75).

---

93) 김창훈, 「전게서」, pp.61-64: pp.79-81.
27) Dana May Casperson, op.cit., p.33.
95) Terri Morrison, Wayne A. Conaway, and George A. Borden, op.cit.,p.90.

국가별 선물 매너

국가	금기품목	유의사항
중국	• 죽음과 관련된 것 - 짚신과 시계 - 황새와 두루미 - 흰색, 검은색, 파란색이 많이 들어간 물건 • 손수건: 슬픔과 눈물을 상징	• 중국인들은 선물을 받기 전에 세 번 정도 거절하므로 계속 받기를 권한다. • 저녁식사나 파티에 초대를 받을 경우는 먹을 것을 선물로 가져가지 않는다. • 현금을 줄 때: 축의금 · 선물은 짝수로, 부의금은 홀수의 금액을 준다. • 중국어의 '우산'은 '이별'이라는 말과 발음이 비슷하다. 우산을 선물하는 것은 더 이상 만나고 싶지 않다는 뜻으로 해석 될 수 있다.
일본	• 흰색 꽃 • 4와 관련된 선물	• 가벼운 선물 ¥3,000~5,000은 서로의 관계를 부드럽게 하는 윤활유 역할을 하므로 방문할 때 반드시 선물을 준비한다. • 선물 이외에 카드도 보낸다. 연말에는 연하장을, 여름에는 간단한 식료품을 보낸다. • 식사 초대를 받았을 경우는 수입 스카치, 코냑을 선물하는 것이 좋다. • 짝수를 이루고 있는 것은 선물로 주지 않는다. 꽃도 짝수는 금물이다.
미국	• 백합 : 죽음을 의미한다.	• 선물은 받은 자리에서 바로 풀어보는 것이 예의이다.
독일	• 13송이 꽃 • 포장한 꽃	• 선물을 포장할 때 흰색, 검은색, 갈색의 포장지와 리본을 사용하지 않는다. • 꽃은 포장하지 않고 주며 홀수로 선물한다. *원래는 아르메니아에서 유래 • 독일 비즈니스맨은 선물을 주지도 않을뿐더러 기대하지도 않는다. 값비싼 선물은 뇌물로 취급하게 되므로 고가의 선물이라 판단될 때는 받은 선물을 되돌려 주는 일도 있다.
프랑스	• 빨간 장미: 구애를 뜻하므로 연인 사이에서만 준다. • 카네이션: 장례식용으로, 불길한 꽃이라고 생각한다.	• 프랑스 사람들은 향수에 대해 너무 잘 알고 있으며 기호품이기 때문에 선물하지 않는 편이 좋다.
말레이시아	• 이슬람교도에게 돼지고기와 술은 선물하지 않는다. • 돼지가죽으로 된 물건이나 알코올이 첨가된 향수 • 장난감 강아지, 개 그림이 들어간 것 : 개를 부정한 것으로 여긴다.	• 말레이시아인들은 선물보다 정성이 담긴 카드를 값지게 여기므로 카드를 선물과 함께 주는 것이 좋다. • 반드시 오른손으로 선물을 주고받아야 한다.

인도	• 자스민 : 장례식과 연관돼 있다.	• 힌두교도들은 소를 신성시하므로 소를 이용하여 만든 상품은 선물하지 않는다.
헝가리	• 붉은 장미 • 백합	• 헝가리인들은 자기 나라에서 생산되는 와인에 대한 자부심이 강하므로 외국산 와인은 가능하면 선물하지 않는다. • 꽃은 반드시 포장하여 선물한다.
멕시코	• 노란색 꽃 : 죽음을 뜻한다.	• 은으로 만든 선물은 피한다. 멕시코에서는 은을 여행자들이나 사는 값싼 장신구라고 생각한다.
브라질	• 검은색이나 자주색으로 된 것 • 칼과 가위 : 인간관계의 단절을 뜻한다. • 흰색, 노란색, 빨간색 꽃, 손수건	• 첫 만남에서는 선물을 주지 않는 편이 낫고, 점심이나 저녁을 대접하고 나선 선물에 대한 취향을 생각해 본다. • 일반적으로 계산기, CD플레이어 등의 소형 전자제품이 좋다.
아르헨티나	• 칼과 가위 : 인관관계의 단절을 뜻한다. • 흰색, 노란색, 빨간색 꽃, 손수건	• 수입 술에 세금이 많이 붙으므로 술을 선물하면 좋아한다. 가장 인기 있는 술은 스카치와 프랑스 샴페인이다. • 좋은 와인이 풍부하므로 와인은 선물하지 않는다. • 아르헨티나는 가죽이 주요 생산국이므로 가죽제품은 선물하지 않는다.
러시아		• 러시아인들은 선물이나 뇌물을 좋아하므로 가능하면 기회를 만들어 자주 선물한다. • 선물 품목으로는 향수, 라이터, 계산기, 명함, 지갑, 카메라 등이 좋다.
폴란드	• 짝수의 꽃	• 폴란드인은 꽃을 좋아한다. 초대를 받은 경우 꽃을 선물하는 것이 필수적이다. • 주요한 거래처에는 간단한 선물을 준비하는 것이 상담에 도움을 준다. • 민속제품, 라이터, 필기구 등 부피가 크지 않고 소박하면서 부담 없는 선물이 무난하다.
이집트		• 입찰이나 정부공사 수주시, 이집트 정부관리들이 뇌물 성격에 가까운 선물을 공공연히 요구하는 경우를 흔히 볼 수 있다. • 보석류 등 화려한 것을 좋아하며, 일부 상류층에서는 인삼의 우수성을 알기 때문에 인삼차 등을 좋아한다. • 선물을 받거나 줄 때는 오른손을 사용한다.
이스라엘 (유대인)	• 와인종류 * 와인은 제사에 사용되기 때문에 허용기준이 엄격하다.	• 유대인들은 돼지고기와 조개류를 먹지 않는다. 유대인들은 음식규정이 아주 까다롭다. 술을 마시는 유대인이라면 와인을 제외한 다른 알코올 종류는 환영할 만한 선물이 된다.

자료 : 박준형(2006)

국가별 비즈니스 문화

일본	▴일본인은 냉정성을 중시한다. 일본인이 존경하는 대표적인 인격은 '냉정성'을 갖춘 사람이다. ▴일본인은 대부분 소식(小食)을 하는 경향이 있다. ▴일본인은 술을 조금 마시고, 대체로 자기 주량만큼 마시는 경향이 있다. 따라서 술을 더 권해서 거절당하더라도 기분 나쁘게 생각할 필요는 없다. ▴짝으로 된 것이 행운을 준다고 여기므로 선물은 짝으로 된 세트를 주는 것이 좋다. ▴2차 대전에 관한 화제는 피하는 것이 좋다. ▴흰 종이 포장: 죽음의 색깔. ▴칼: 자살을 상징. ▴여우를 묘사한 선물: 풍부함을 의미. ▴오소리를 묘사한 선물: 교활함을 의미. ▴외국인을 자기 집안으로 초대하는 일은 매우 드물다.
홍콩	▴괘종시계는 죽음을 상징한다. 따라서 시계 선물은 하지 않는다. (괘종시계란 단어에 장례식이란 뜻이 내포되어 있기 때문). ▴선물을 포장을 할 때 청색과 백색은 중국문화에서는 장례식의 색깔로 되어 있으므로 사용하지 않는 것이 좋다. ▴한 가지 선물보다 두 가지 선물이 좋다. (두 가지는 행운을 가져온다고 생각)
중국	▴중국에서는 대개 선물을 받기 전에 세 번 정도 거절하는 것이 예의이다. ▴축의금은 짝수로, 부의금은 홀수 금액으로 한다. ▴비상구를 태평문(太平門), 자동차를 기차(汽車), 기차를 화차(火車)라고 하며 글자도 간자체가 많이 쓰인다. ▴박쥐는 행운을 전해주는 동물로 여기며, 학이나 거북이 등은 사람을 바보로 취급하는 말로 여긴다. ▴한국과 일본과는 달리 중국인들은 술자리에서 노래를 부르거나 술에 취해서 떠들지 않는다. ▴중국인들은 자기가 사용하던 젓가락으로 음식을 집어 주는 습관이 있다. ▴중국어는 한자가 어렵다는 말보다는 의미가 있어서 흥미롭다는 말을 듣기 좋아 한다. ▴중국 사람들은 붉은색을 선호한다.
태국	▴태국은 불교국으로 불상, 승려를 신성시하며, 왕가에 대한 존경심을 가지고 있다. 따라서 승려들의 몸이나 불상에 손을 대서는 안 되며, 이들을 욕되게 하는 언행은 용납되지 않는다. ▴머리를 신성시하므로 남의 머리를 만지지 않도록 한다. 어린이가 귀엽다고 머리를 쓰다듬어서는 안 된다. ▴태국에서는 이름을 부르는 것이 정식이어서 이름 앞에 'Mr'나 'Miss'를 붙여 부른다. ▴인사는 두 손을 턱 근처에서 배려하듯 모아서 하며 '와이(Wai)'라고 말한다. ▴왕 및 왕족에 대한 언급을 함부로 하지 말아야 한다. 왕 및 왕족의 사진을 한 손가락으로 가리키지 말아야 한다.
말레이시아	▴국교인 이슬람교를 종교로 갖고 있는 사람들은 돼지고기를 먹지 않으며 개(犬)도 깨끗하지 못한 동물로 여겨 가까이 하지 않는다. 또한 왼손을 부정한 손으로 여기므로 식사를 하거나 악수를 하거나 물건을 건넬 때는 오른손을 사용 한다.

	▲태국과 마찬가지로 사람의 머리를 만져서는 안 된다. ▲말레이시아에서 개는 부정함을 뜻하기 때문에 어린아이에게 주는 장난감 강아지나 개 그림이 들어간 선물 등은 모욕적인 행위로 받아들여진다.
베트남	▲대화를 하다가 베트남 사람과 본인 사이에 침묵이 오랫동안 흐를 경우에 얹잖게 생각할 필요는 없다. 왜냐하면 베트남 사람은 이러한 침묵을 일종의 상대방과 대화를 즐기고 있다는 것을 표현하는 한 방법으로 사용하기 때문이다. ▲손가락질 하거나, 손가락을 튕겨 소리를 내는 행위 그리고 휘파람을 부는 행위를 베트남 사람들은 예의가 없는 행위라고 간주한다. ▲베트남인들은 애국심이 강한 편이라 자국에 대한 나쁜 이야기는 안 하는 편이 좋음. ▲종교 이야기는 피하는 것이 좋다.
카자흐스탄	▲실내인 경우 문턱을 가운데 두고 악수하는 것은 피해야 한다. ▲여자와는 악수를 하며 인사하지 않는다. ▲본인보다 연장자를 부를 때는 이름과 오체스트바(이름 뒤에 붙이는 아버지 이름)를 같이 부르는 것이 예의이다.
캄보디아	▲사진을 찍을 때 셋이 찍으면 가운데 사람이 일찍 죽는다고 생각한다. 그래서 셋이서 사진 찍는 것을 피하는 것을 보게 된다.
아랍 (중동)	▲서울 인사동을 함께 쇼핑하거나 한국 민화를 선물할 때, 개가 그려진 민화를 권하거나 선물해서는 안 된다. ▲구두 밑창을 보이면 불쾌함의 표현. ▲손수건 : 이별을 의미. ▲말없이 손을 잡는 것은 우정과 존경을 표현하는 것이다. ▲무슬림은 이슬람교 율법에 따라 와인을 마시지 않는다. 1999년 10월 이란 대통령이 프랑스를 국빈 방문하려던 때의 일이다. 이란 대통령은 이슬람 율법에 따라서 와인을 마실 수 없을 뿐만 아니라 와인이 나오는 자리에 참석할 수도 없다고 주장했다. 프랑스측은 와인이 없는 만찬은 상상할 수 없다고 반박해 결국 만찬은 취소됐다. ▲근본주의 무슬림들은 오직 알라(Allah)의 이름으로 거룩하게 잡은 고기만 먹기도 한다. ▲무슬림은 초청을 여러 차례 거절 한다. ▲무슬림은 돼지고기를 먹지 않는다. ▲남자는 여자가 혼자 있는 집을 방문할 수 없다. ▲남자는 여인들이 뒷방에 있는 것, 가족의 다른 남자들과 함께 앉지 않는 것, 손님을 안방으로 모시는 것에 대하여 이상하게 여겨서는 안 된다. ▲남자는 여자를 빤히 처다 보아서는 안 된다. ▲남자는 여자가 먼저 악수를 청해 손을 내밀기 전에는 여자와 악수해서는 안 된다. ▲사람의 왼손은 부정한 손으로 무슬림은 왼손으로 선물 혹은 음식물을 주거나 받아서는 안 된다. ▲어른 앞에서는 다리를 꼬며 앉을 수 없다. ▲바닥에 앉을 때는 발바닥이 다른 사람을 향하지 않아야 한다. ▲코란에 대하여 항상 예를 표해야 하며 이것을 바닥에 버려둔다든지, 다른 책의 밑에 두어서는 안 된다. 무슬림은 코란에 대하여 항상 경건한 마음을 갖고 대해야 하며, 옷감으로 감싸 보관해야 한다. 그리고 코란을 열기 전 반듯이 종교적인 예로 손을 씻어야 한다. ▲다른 사람의 집, 물건들에 대하여 감탄하지 말며, 그 자녀들에 대해서도 감탄해서는 안 된다. 어떤 문화 속에서는 이러한 것을 악한 영의 욕심과 동일시하고 있다.

영국	▲영국, 브리튼, 대영제국의 세 가지 이름의 차이를 잘 구별하여 사용토록 한다. 잉글랜드, 웨일즈, 스코틀랜드의 셋을 합친 것이 Great Britain이며, 여기에 북아일랜드를 더한 것이 대영제국(The United Kingdom)이다. 우리가 보통 사용하는 '영국'이란 말은 잉글랜드만을 지칭하므로 다른 지역 사람들은 기분 나빠 할 수도 있다. 형용사도 잉글랜드 지역에 국한되는 것이 아닌 이상 'English' 보다는 'British'를 쓰는 것이 좋다. ▲식탁에서는 여왕폐하에 대한 건배가 끝나기 전에는 담배를 피우지 않는다. ▲흰 백합꽃은 죽음을 상징하므로 선물하지 않는다. ▲군주제도에 대한 비평, 정치, 종교에 대한 화제는 피하고, 상대방의 직업을 묻는 것은 삼가도록 한다. ▲승리를 나타내는 V사인은 반드시 손바닥이 상대방을 향하도록 하여야 한다.(윈스턴 처칠의 승리의 사인) 그 반대로 손등이 상대방에게 보이면 상스러운 욕이 된다.
미국	▲모든 국제회의에서 먼저 주제, 목적을 말하고 부연 설명을 나중에 하는 것이 일반화되어 있다. ▲많은 인종과 민족이 모여 사는 나라이므로 인종문제에 관한 화제는 피하도록 한다. ▲흡연제한규칙 및 식사·음주 매너 등을 잘 지키도록 한다. ▲대부분의 공중 화장실은 동전을 넣어야 문이 열려 사용할 수 있으며, 사용 시에는 우리나라와는 달리 화장실 입구에 줄을 서서 칸이 빌 때마다 차례로 이용 한다. ▲노상에서 서로 근접했을 때 상대방을 계속 쳐다보지 않도록 한다. ▲동성끼리 팔짱을 끼고 다니면 동성연애자로 오해를 받으므로 유의하도록 한다. ▲하와이 지역의 해안가나 공원에서는 절대 금주이다. ▲결혼을 하였는가 등 개인 신상에 관한 질문은 피한다.(서구인에게 공통되는 사항). ▲초대받아서 함께 식사를 할 때 초청한 분이 식사를 더 권유하면 비록 배가 부르더라도 조금 더 먹는 것이 공손함의 표시지만 서양에서는 "No, thanks"라고 사양하는 것이 매너이다. 한국의 공손은 상대방의 체면을 올려주는 언어적 행위로 겸양의 의미가 강한 반면, 서양식 매너는 때와 장소와 상황(T.P.O : Time, Place, Occasion)에 맞는 행동으로 적절성을 강조 한다. ▲엄지손가락 세우기 : 권력, 우월, 지배, 최고를 의미 (영국, 호주, 뉴질랜드에서는 자동차 세우기이며 엄지손가락을 빠르게 왼쪽으로 하면 조용히, 그리스에서는 저리가, 꺼져, 코끝에 엄지손가락을 대면 유럽에서는 비웃기)
프랑스	▲프랑스어를 서투르게 구사하는 것을 프랑스어에 대한 모욕으로 생각하기 때문에 서툰 프랑스어를 할 바에는 차라리 영어를 사용하는 것이 좋다. ▲선물로는 책, 레코드, 판화 등 지적감각이나 심미안이 깃든 것이 좋다. (와인이나 꽃을 선물하는 것은 교제를 희망한다는 뜻이므로 오해를 살 수 있다). ▲프랑스인들에게 와인을 선물하는 것은 한국인에게 소주를 선물하는 것과 다를 바가 없다. ▲당신을 사랑한다는 구애의 뜻을 내포하고 있는 빨간 장미는 불필요한 오해를 살 수 있다. ▲개인적인 질문, 정치, 돈에 관한 화제는 피하도록 한다. ▲모든 문제에 대해 토론과 논쟁하기를 좋아 한다. ▲ O.K.사인이 '가치없다'는 뜻으로 통용되므로 유의하도록 한다. 한국인이 즐겨 사용하는 엄지손가락과 검지손가락을 동그랗게 만드는 OK사인은 일본과 한국에서는 돈을 의미하고, 독일과 브라질에서는 외설적인 표현이며, 지중해에서는

	동성연애 (OK 사인을 코끝에 대고 하면)를 의미한다. ▴아주 친한 사이가 아니면 집으로 초대하지 않는다.
독일	▴독일인은 생활규율을 엄격히 지키고, 책임소재를 분명히 한다. 매사가 과학적이며 격식과 진지함을 중시한다. 경미한 교통사고라도 책임소재를 분명히 따지기 때문에 미안하다("I am sorry")는 말을 하는 것은 잘못을 시인하는 것이 되므로 유의해야 한다. ▴여성에 대한 예의가 각별하다. ▴독일에서는 손님이 5분 늦게 도착해 관광버스를 놓치거나 호텔이나 단체 여행 시 예약 후 취소를 제때 하지 않아서 예약금을 찾지 못하는 것을 당연하게 받아들인다.

자료: ICCOS(2009)

Check Point

선물은 언제 주는 것이 좋은가?

선물은 성의를 표시하기 위하여 준비해 간 것인 만큼 그 집에 들어가면서 인사를 한 후 '마음에 드실 것 같아서' 정도의 말과 함께 전하는 것이 좋다. "This is a little Korean doll. I hope you'll like it."

선물을 받은 쪽에서는 성의에 감사를 하고 쉽게 뜯어 볼 수 있는 것이면 "May I open it?"이라고 물은 다음 선물상자를 풀어 본다. 이 때 다음과 같이 선물이 매우 마음에 든다고 말하여 좋아하는 표시를 하는 것이 바람직하다. "Oh, it's very beautiful. I like it very much."

Check Point

선물의 개봉은 언제 하는 게 좋은가?

국제비즈니스과정에서 선물을 주고받을 때 한국을 포함한 동양문화권에서는 선물의 포장을 선물을 준 사람 앞에서 뜯어보지 않는 것이 예의이나, 서양사람들은 오히려 선물을 준 사람 앞에서 뜯어보고 선물에 대한 감사와 기쁨을 표시하는 것이 좋은 매너이다(안세영, 2006)

Check Point

white elephant란?

이 말은 옛날 태국의 국왕으로부터 흰코끼리 선물을 받았으나 선물이 너무 커서 집에서 기를 수도 없고, 왕이 준 선물을 함부로 버릴 수도 없는 애물단지 선물이 되었다는데서 연유한 말이다.

Check Point

gift와 present의 차이점?

gift와 present는 모두 선물이라는 의미를 갖고 있으나 gift는 의례적으로 보내는 present로 크리스마스 선물(Christmas gift), 결혼선물(gift for a wedding) 등으로 쓰이며 present는 가벼운 마음으로 호의 등의 표시로 주는 선물로 생일선물(birthday present) 등으로 쓰인다.96)

Check Point

꽃을 선물할 때 주의할 점?

꽃을 선물할 때는 꽃말을 잘 알고 분위기에 맞는 꽃을 선물해야 된다. 생일 축하 꽃으로는 다음의 달별 꽃말에 맞추어 보내는 것이 한층 의미가 더해진다.

월별 지정 꽃과 꽃말(*the calendar of flowers*)

1월	수선화 *narcissus*	존경, 자존	7월	글라디올러스 *gladiolus*	견고
2월	제비꽃 *violet*	성실, 겸손	8월	다알리아 *dahlia*	화려
3월	튤립 *tulip*	사랑, 사랑의 고백	9월	용달꽃 *pentstemon*	슬픔 사랑
4월	카네이션 *carnation*	플라토닉 러브	10월	코스모스 *cosmos*	흰 꽃은 소녀의 순결, 붉은 꽃은 애정
5월	장미 *rose*	사랑, 아름다움	11월	국화 *chrysanthemum*	고결
6월	치자꽃 *gardenia*	청결	12월	양란 *orchid*	미인

자료: 이형철(1999).

96) 이형철, 「전게서」, pp.183-189.

12. 의전매너

의전(儀典)은 국가 간의 공식의례로 의전(Protocol)이란 용어는 접착제라는 그리스어에서 유래되었다고 한다. 실제로 의전은 우리 사회의 공식적인 생활에 접착제가 되고 있다.

국가 간의 의전은 그 중요성을 말할 필요가 없고, 최근 들어서는 기업에서도 의전이 중요한 비즈니스의 부분이 되고 있다. 우리나라의 대기업은 의전의 중요성을 인식하고 대부분 의전담당 전문부서를 두고 있다.

무역업자는 최소한 국제사회에서 통용되는 국제매너를 익혀야 된다. 특히 각국의 의전, 의식 등을 잘 이해하고 세심한 주의를 해야 한다. 무역협상에서 적절한 의전절차는 우호적인 무역협상과 효율적인 의사소통에 도움을 준다. 대규모 무역협상에 참가하는 국가원수, 왕자, 정치인 등은 자신들의 지위와 서열에 부합하는 의전을 받고 싶어 한다(장대환, 1998: 9, 317).

1) 초대장 및 영접

외국의 거래선을 초청할 때는 초청장에 초청비용의 부담을 명확히 해야 한다. 초청하는 측에서 부담하는 비용을 명확히 해야 한다. 그렇지 않으면 사소한 비용문제로 중요한 비즈니스를 망칠 수 있다.

예를 들어 "We will cover the expenses for a one-way Singapore-Seoul first class ticket as well as hotel accommodation for six days in Seoul."과 같이 상세하게 명세해야 한다.

외국거래선과의 첫 만남은 공항영접 때인데 이 때 부부동반으로 오는 경우에는 꽃다발을 준비하는 것이 좋다. 초청장에 부부이름을 쓸 때는 Mr. and Mrs 남편이름을 적는다.

초청한 거래선이 초면인 경우에는 "Excuse me. Are you Mr....... of....."라고 물어 보고 본인이 맞으면 "I'm Kang Youngmoon of.... Welcom to Seoul"이라고 하면 된다. 거래선을 호텔에 안내한 후에는 다음날 일정을 정확하게 알려줘야 된다. "I'll arrange for a car to take you to our company at 9 tomorrow morning"[97).

2) 서열을 정하는 순서

서열(序列)이란 모임에 참석한 사람들의 순위를 말하는 것이다. 통상적으로 공식적

97) 이형철, 「전게서」, pp.58-62.

인 서열과 관례상의 서열 두 가지로 나눌 수 있다. 공식적인 서열은 공적인 관직에 따라 공식적으로 인정되어 있는 서열을 말하며, 관례상 서열은 사회적 예의로 정해놓은 서열을 말한다.

공식서열은 나라에 따라 성문으로 규정하고 있어 별 문제가 없는 편이지만 관례상 서열은 공적인 것보다 사적인 의미의 비중이 큰 편이므로 그 관계가 애매하여 문제가 발생할 수 있다. 관례상 서열을 정하는 것은 그 모임의 성격과 상황에 따라 변할 수 있으나 기본적인 기준은 다음과 같다.

- 왕족은 그 나라에서 공식서열 1순위이다.
- 부부 동반인 경우 부인의 서열은 남편과 같다.
- 연령을 중시한다.
- 미혼 여성은 기혼 여성보다 서열이 낮다.
- 외국인을 상위로 한다.
- 높은 직위 쪽의 서열을 따른다.
- 남성보다 여성을 우대한다. 단, 남성이 한 나라의 대표 자격으로 참석한 경우에는 예외가 된다. 주빈을 존중한다.[98)]

Check Point

우리나라의 서열 관행은?

서열을 결정할 때에는 그 사람의 현 직위 외에도 연령, 행사와의 관련성 정도, 관계인사 상호간의 관계 등을 검토하여 결정해야 한다. 우리나라에는 정해진 공식 서열은 없지만 외교통상부를 비롯 기타 의전당국에서 실무상 일반적인 기준으로 삼고 있는 비공식 서열을 소개하면 대략 다음과 같다.[99)]

우리나라 서열 관행

① 대통령	⑧ 외교통상부장관	⑮ 검찰총장
② 국회의장	⑨ 외국 특명 전권 대사	⑯ 합참의장
③ 대법원장	⑩ 국무위원	⑰ 3군 참모총장
④ 국무총리	⑪ 국회 상임위원장	⑱ 차관
⑤ 국회 부의장	⑫ 대법원 판사	⑲ 차관급
⑥ 감사원장	⑬ 3부 장관급	
⑦ 부총리	⑭ 국회의원	

98) 이동철외 전게서, p.186.
99) 김창훈, 「국제예절과 생활에티켓」, 샘터, 1995, pp.20-21.

3) 올바른 국기 게양법

국가 간의 의전뿐만 아니라 국제간의 비즈니스거래에서도 국기를 자주 게양하는데 우리 국기를 외국기와 교차시켜 게양하는 경우에는 우리국기는 정면에서 보아 왼쪽에 외국국기는 오른쪽에 오게 세운다.100)

올바른 국기 게양

유니언 잭의 변화과정

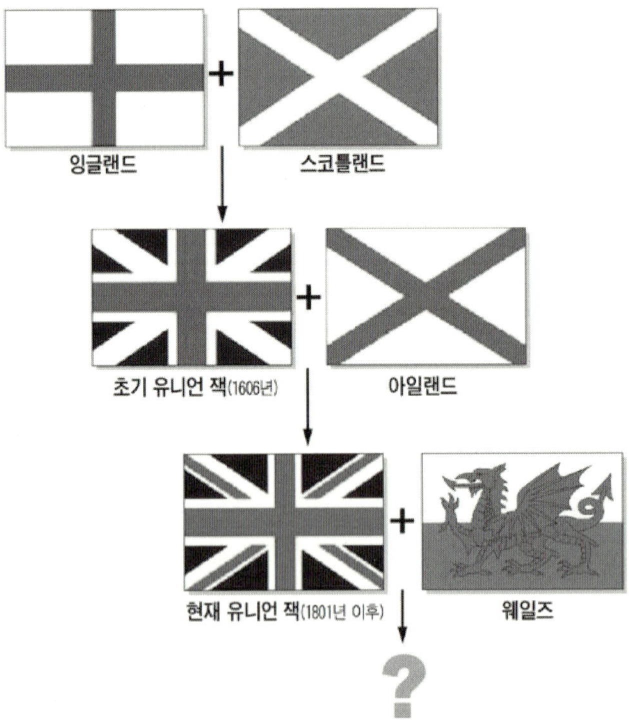

100) 김창훈, 「전게서」, pp.15-21.

모양이 잘못된 태극기

제2장 공공장소에서의 매너

공공장소란 여러 사람이 사용하는 장소를 말한다. 즉, 나 혼자 사용하는 장소가 아니므로 항상 남을 의식하고 남에게 불편을 주는 언행을 해서는 안 된다.

1. 길거리에서 매너

보도를 걸을 때 남성은 언제나 함께 걷는 여성을 우측에 두고 걷는 것이 좋은 매너이다. 서양에서는 'Left hand lady is not a lady'(왼쪽에 있는 숙녀는 숙녀가 아니다)란 속담이 있을 정도이다.

그러나 차도를 걸을 때는 남성이 차도 쪽에 선다. 길거리에서는 가능한 큰소리로 이야기하는 것을 삼가야 해야 되며, 길을 가다 아는 사람을 만난 경우 그 자리에 서서 이야기하기 하면 다른 사람의 통행을 방해할 수 있으므로 길가로 비켜서서 이야기하는 것이 좋다.

길을 걸으면서 담배를 피우거나 침을 뱉는 행위도 삼가 해야 된다. 간혹 길거리에서 넥타이를 고쳐 매는 남성이나 화장을 고치는 여성이 있는데 품위 있는 행동이 아니다.

2. 탈것에 승차 시 매너

서양에서는 기차나 버스, 자동차 등을 타고 내릴 때의 승차예절이 과거 마차시대 때부터 전해 내려오고 있다.

1) 자동차

자동차에 승차할 때는 윗사람과 여성이 먼저 타고, 자동차에서 내릴 때는 아랫사람과 남성이 먼저 내려 자동차문을 열어준다. 자동차에도 상석이 있는데 운전기사가 있을 경우와 없을 경우 상석이 달라진다. 운전기사가 있을 경우에는 운전기사의 대각선 뒤쪽이 상석이다. 즉, 자동차 좌석의 서열은 뒷자리 오른편이 상석이며 왼쪽과 가운데, 앞자리 순이다.

운전기사가 있을 경우 탑승 순서는 상석 순서대로 타게 되면 2순위 탑승자가 다시 내렸다가 타야 하므로 2순위자는 3순위자에게 먼저 탑승을 양보하여 1순위자 다음에 3순위자가 탑승한다. 조수석의 4순위자는 뒤쪽 탑승객들이 모두 탄 후에야 탑승하고 운전자는 탑승자가 모두 탑승할 때까지 밖에서 기다리는 것이 매너이다(허은아, 2003: 56).

자가운전의 경우에는 운전석 옆자리가 상석이고, 뒷좌석의 오른편이 제2상석, 맨 왼쪽이 제3석, 중앙이 말석이 된다. 그러나 자가운전이라 하더라도 운전자와 나이나 직급의 차이가 많을 때는 운전자의 대각선 뒤쪽이 상석이 된다. 또한 여성을 뒷자리의 가운데 앉히지 않는다(최기종, 2007: 262).

승용차의 좌석 배열

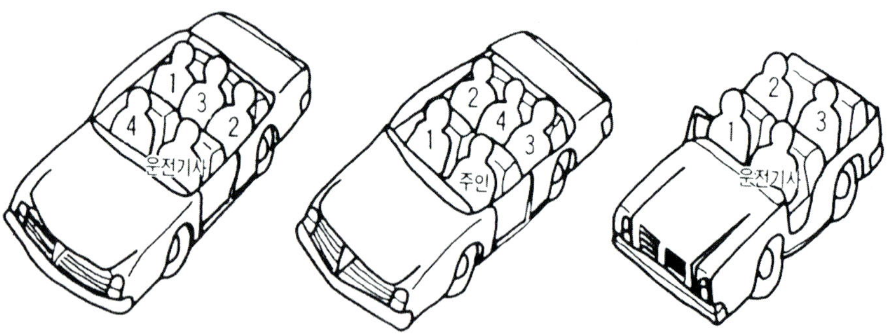

운전기사가 있을 경우 손수 운전의 경우 지프의 경우

2) 기차

기차 안은 공공장소이므로 사람들의 왕래가 잦은 출입구나 통로에 기대어 서 있거나, 큰 물건을 놓아 다른 사람의 이동에 불편을 주어서는 안 된다. 기차에서의 상석은 두 사람이 나란히 앉는 좌석에서는 창가 쪽이 상석이고 통로 쪽이 말석이다. 네 사람

열차의 좌석 배열

이 마주 앉는 좌석에서는 기차 진행방향의 창가 좌석이 가장 상석이고, 그 맞은편이 두 번째 상석, 가장상석의 옆이 세 번째, 그 앞좌석이 말석이 된다. 침대차에서는 아래쪽의 침대가 상석이다.

3) 공연장에서의 매너

공연장에 갈 때는 공연의 성격에 따라 맞는 옷차림으로 공연이 시작되기 전에 도착하는 것이 기본 매너인데 만약 불가피한 사정으로 공연장에 늦게 도착한 경우에는 한 곡이 끝난 다음 또는 그 막이 끝날 때까지 밖에서 기다렸다가 다음 막이 오르기 전의 막간을 이용해 들어가야 한다.

입장 시에는 남성이 먼저 좌석을 찾아 여성을 안내하며 외투는 cloakroom(보관소)에 보관하도록 한다. 하지만 여의치 않을 때는 외투를 좌석 뒤에 걸쳐둔다. 남녀 동반인 경우 남성은 여성이 자리에 앉고 난 후에 앉는데 남성은 통로 쪽에 앉도록 한다. 여러 사람이 함께 공연장에 왔을 때에는 남녀가 번갈아서 앉고, 남녀가 두 사람씩이면 맨 안쪽에 남자, 이어 여자 둘, 그리고 남자가 앉는 것이 좋다.

공연이 시작되면 사담을 삼가하고. 뒷 자석의 사람을 위해 모자는 벗어야 한다. 휴식시간이 있는 경우에는 휴식시간이 끝나기 2~ 3분 전에 자신의 좌석에 돌아와 미리 착석하는 것이 좋다.

일반적으로 공연장에서 박수는 많이 쳐주는 것이 좋으나 타이밍이 맞지 않는 박수는 공연의 흐름을 방해할 수 있다. 보편적으로 연극, 오페라, 발레는 막이 내리고, 기악은 마지막 악장 후에, 성악은 3곡마다 박수를 치는 것이 좋다.

공연장에서 좌석배열

공연장에서의 박수 치기

공연의 형태	박수 치는 시기 및 방법
오페라·연극·발레	막이 내린 후에 ☞ 오페라에서는 아리아가 끝나도 박수와 환호를 보낸다.
성인 독창회	일반적으로 3곡마다 또는 팸플릿에 나와 있는 곡 묶음을 끝낼 때마다
궁중음악 판소리·마당놀이	전 악장이 끝난 후에 ☞ 보통 악장과 악장 사이에는 연주자들이 악기를 튜닝하며 숨을 고르기 때문이다. 집박(執拍)하는 이가 입장해서 인사할 때까지 박수로 음악을 청한다. 음악이 끝난 후에는 집박이 박을 친 뒤에 박수를 친다.
한국창작춤 현대무용	언제든지
발레	공연 중간에 박수를 치는 대목이 많다. 무용수들이 '파드뒤' 등 줄거리와 상관없이 기교적 춤만을 보여줄 때는 아낌없이 박수를 보낸다. ☞발레의 독무(solo)가 끝났을 때

자료: 박준형(2000).

무역매너 에세이

"청소년의 실종된 공연 에티켓"

청소년 자녀를 둔 학부모님께! 지난 월요일 서울 예술의전당 오페라극장에서 벌어진 중학생 단체관객들의 난동을 지켜보며 당시 참담했던 심정을 글로 올립니다. 그날 오후 2시에는 카를 마리아 폰 베버의 독일 오페라 <마탄의 사수> 국내 초연을 하루 앞두고 리허설을 겸한 예비공연이 있었습니다. 서울 강남구의 ㄱ중학교와 송파구의 ㅁ중학교를 비롯한 서울의 7~8개 중학교 1~3학년생 1800여명과 담임교사들이 오페라를 단체관람하러 왔더군요. 어느 '청소년 문화탐험 운동단체'가 무용이나 연극, 오페라, 뮤지컬 등의 본 공연에 앞서 어린이·청소년들에게 저렴하게 공연을 체험할 기회를 주는 문화체험 프로그램이라고 하더군요.

저도 평소 공부에 치여 지내는 청소년들에게 문화예술 공연을 보여줘 그들의 눈과 귀를 틔워주고 공연예절도 익히게 하는 것이 바람직하다고 생각해 왔습니다. 어린 중학생들에게 오페라는 좀 무리일지도 모른다는 생각이 얼핏 들었습니다만 <마탄의 사수>가 독일의 초등학생도 즐겨 보는 독일의 '국민 오페라' 라는 생각에 미치자 그럴 수도 있다고 여겼습니다.

그러나 공연 시작을 알리는 종이 울렸는데도 학생들이 모두 입장을 하지 않는데다 자리를 마구 옮겨 다니고 떠들어 20여분이 지나도록 막을 올리지 못했습니다. 한 선생님께서 학생들에게 조용히 해줄 것을 당부하셨지만 소용이 없었습니다. 국립오페라단 무대감독이 마이크로 "지휘자가 오케스트라의 화음을 고를 수 없으니 조용히 해 달라."는 부탁을 두 차례나 한 뒤에야 가까스로 공연을 시작할 수 있었습니다.

공연이 진행되는 동안에도 온갖 소음이 난무했습니다. 의자 삐걱대는 소리, 과자봉지 부스럭대는 소리, 빈 깡통 굴러가는 소리, 동전 짤랑거리는 소리.... 오페라극장 진행요원들의 제지에도 불구하고 거의 모든 학생들은 쉴 새 없이 떠들고 핸드폰으로 문자메시지를 보내는 데 열중했으며, 심지어 이층에서 아래층으로 침을 뱉고 무엇인가를 던지기까지 했습니다.

그날 저는 우연히 독일인 연출가 볼프람 메링과 가까이 앉아서 그를 지켜볼 수 있었습니다. 그가 고개를 절레절레 흔들며 몹시 난감해하는 표정을 곁눈질로 보았습니다. 얼굴이 화끈거려서 똑바로 쳐다볼 수 없었기 때문입니다.

저 자신도 분노를 넘어 절망할 정도였는데 리허설을 망쳐버린 그의 허탈감은 어떠하였을까요. 공연이 끝난 뒤 그가 "정신없었다. 조금 심한 것 같다"고 털어놓았고, 성악가들도 "공연에 집중이 안 돼 애를 먹었다"는 말을 했다고 전해 들었습니다. 또 학생들은 막간휴식 시간에 한꺼번에 매점으로 몰려가 빵을 훔치고 기물을 훼손하는 짓도 서슴지 않았습니다.

그날 밤 저는 아내와 이 문제를 놓고 고민했습니다. 청소년들이 저토록 공연예절에 미숙한 까닭은 입시경쟁에 내몰려 미처 공연문화에 익숙하지 못한 탓도 있겠지만, 우리 사회가 그들에게 남을 배려하기보다는 자신만을 챙기는 극단적인 이기주의를 부추긴 결과가 아닌지 반성도 해보았습니다. 오늘날 심각해지고 있는 청소년 문제의 원인도 바로 그런 극단적인 이기주의에서 찾을 수도 있습니다.

따라서 청소년들의 심성을 올바르게 가꾸는 일을 학교교육에만 내맡겨서는 곤란하다고 생각합니다. 오히려 가정에서 학부모의 역할이 더 중요할 수 있습니다. 어른은 아이의 거울입니다. 또 아이는 어른의 미래이기도 합니다. 어른들이 앞장서서 질서를 지키고 남을 배려하는 모습을 보인다면 자연히 아이들도 따라 배우게 되겠지요.

학부모님! 평소 금지옥엽 자녀에게 고액 과외나 명품 선물도 필요하지만 자녀와 함께 공연장을 찾아서 일찍부터 공연예절을 길러주는 일도 중요합니다. 적어도 여러분의 아들딸들이 지난해 어느 연주회장에서 가방 속에 강아지를 몰래 넣고 들어갔다 다른 관객들의 분노를 사자 "내 개는 음악을 알아듣는다."며 오히려 목소리를 높였다는 못난 청년처럼 자라나기를 바라지는 않으시겠지요?

(한겨레신문, 2005.3.24)

3. 공중화장실에서의 매너

요즘 한국에서도 자주 볼 수 있는 화장실 매너 중에 하나가 한 줄서기인데, 이는 미국이나 유럽식 매너이다. 각기 화장실문 앞에서 기다리는 것은 합리적이지 않기 때문이다. 즉, 어느 문이 먼저 열릴 줄 모르니까.

중국이나 유럽에선 돈을 받는 곳도 많아서 동전을 항상 지니고 다녀야 한다. 동전을 넣어야 문이 열리는 화장실도 있기 때문에 동전을 준비해야 한다.[101] 저자가 해외여행 중에 가장 기억에 남는 유료화장실은 스위스와 이태리의 국경에 있는 화장실이었는데 앉는 변기 뚜껑이 없었다.

즉, 소변까지는 공짜이나 큰일을 치룰 사람은 사용료를 지불해야 변기뚜껑을 주었다. 화장실을 지칭할 때는 직설적으로 표현하지 말고, 완곡어법을 사용하는 것이 좋은 매너이다. “where can I wash my hands”라고 하면 좋다.

4. 스포츠 매너

최근 들어 스포츠는 단순한 운동을 넘어 인간관계를 형성하는데 상당히 중요한 계기로 작용하고 있다. 스포츠의 매력은 승부보다도 깨끗한 페어플레이를 중시하는 스포츠맨십에 있다.

이러한 스포츠 경기를 할 때 중요한 것은 운동기량보다도 세련된 스포츠 매너이다. 운동경기를 하다보면 그 사람의 인격과 교양이 드러나는데 좋은 스포츠 매너는 그 사람의 인격과 교양을 돋보이게 한다. 경기 중에 고려해야 될 스포츠 매너는 다음과 같다.

- 운동 경기에 흥미를 가질 수 없다면 처음부터 참여하지 않는 것이 좋다.
  - 별로 흥미없는 운동경기에 참여하여 적극적으로 경기에 임하지 않는 것은 상대방에게 피해를 주게 된다.
- 승패에 상관없이 끝까지 파이팅하는 자세가 필요하다.
  - 일단 경기에 참가하면 아무리 점수 차가 많이 벌어지고 힘이 든다 하더라도 끝까지 최선을 다하는 자세가 필요하다.
  - 경기에 이기더라도 너무 겉으로 드러내지 말고 상대방을 격려해 주는 자세가 필

101) 이동철외, 전게서, pp.198-201.

요하다.

- 경기에 진 경우에는 멋지게 패배를 인정하고 심판의 잘못이나 상대방의 탓으로 돌려서는 안 된다.

무역매너 에세이

"골프의 기원과 기본매너"

서구사회에서 비즈니스맨들에게 가장 사랑을 받는 스포츠는 골프와 테니스가 아닌가 싶다. 불과 얼마 전만 하더라도 이 두 운동은 귀족이나 상류층 사람들만의 전유물로 여겨졌으며, 격식도 상당히 까다로워 저변 인구가 적었다. 하지만 시대가 변해 실용주의를 받아들이게 되면서 지금은 복장에서부터 룰까지 많이 자유로워졌고, 인구 또한 많이 늘어나는 추세다.

특히 골프가 에티켓과 사교를 동시에 체득할 수 있는 운동이라고 해서 모 대기업은 사원들에게 권하기도 한다. 골프는 원래 스코틀랜드의 양치는 목동에게서 비롯됐다고 한다. 목동이 막대기로 친 돌이 우연히 토끼 굴에 떨어졌고, 그로 인해 골프가 시작됐다는 것이다. 1457년, 스코틀랜드의 왕 제임스 2세가 내린 금지령에 대한 다음의 기록은 골프가 상당히 오래 전부터 대중들로부터 사랑 받아 오고 있었음을 알게 해준다. '골프가 너무 유행해, 영국과의 전쟁에서 국가 방위에 필요한 궁술 연습에 심각한 방해가 되므로 12세 이상 50세까지의 국민들에게 골프를 금지한다.' 영국 스코틀랜드 지방 목동들의 민속놀이에서 비롯돼 서민들의 놀이로 성행하던 골프가 특권층인 왕족들의 놀이로 변모하게 된 것은 이 금지령이 내려진 후부터라고 한다. 골프가 오늘날과 같이 체계화된 스포츠 형태를 갖추게 된 것은 18세기경, 세계 최초로 영국의 세인트 앤드류스 골프장이 설립되면서부터이다. 여기에서 골프는 단순히 놀이로서만이 아니라 젠틀맨십의 스포츠로서 새 장을 열게 됐으며, 1860년에 전영 오픈을 계기로 급속도로 퍼져 나가게 됐다.

무엇보다 해외에서 골프를 할 경우 빚어지는 실수나 해프닝의 원인은 복잡한 규칙과 에티켓을 모르기 때문에 일어나는 것이므로 골프 규칙과 에티켓은 별도로 공부하는 것이 좋다. 프랑스에서는 라이센스를 취득해야 골프장에 출입할 수 있다. 영국에서는 재킷을 입어야 출입을 허용하는 곳이 많다.

스코어보드 등에 기재돼 있는 골프장별 규칙을 반드시 읽고 로컬 룰(Local rule)과 에티켓을 준수한다. 전통적이고 보수적인 곳일수록 규칙과 에티켓이 까다로우므로 잘 준수해 즐거운 게임을 한다. 홀 아웃(Hall Out)후 옷과 신발을 갈아입는다. 라운딩한 옷차림 채로 클럽하우스에 들어가지 못하는 곳이 많으므로 여분의 옷 또는 올 때 입고 온 옷으로 갈아입고 골프화 대신 구두를 신고 들어간다. 샤워까지 할 수 없을 경우, 얼굴과 손을 깨끗이 닦고 식사하는 것이 원칙이다.

(중소기업뉴스, 제 1488호, 2004.01.26)

5. 무도회 매너

우리나라에서는 무도회(ball)와 댄스파티를 구분하지 않고 있으나 차이가 있다. 댄스는 일정한 연령에 달한 사람을 초대하지만 무도회에의 초대자는 연령에 관계없이 호스티스와 친한 사람은 누구나 초대될 수 있다. 따라서 볼은 댄스보다 많은 사람이 참석할 수 있어 큰 규모의 댄스파티를 이룬다.

남성은 여성과 춤을 추고 싶으면 "would you care to dance"라고 하고, 여성은 응하고 싶으면 "Certainly" 또는 "Yes I'd like to very much"라고 하면 된다. 만약 여성이 춤을 사양하고 싶으면 "Not just now. I'm very tired"라고 하면 된다.[102)]

무도회에서 남성의 매너
• 무도장 내에서는 담배를 삼간다. • 무도장을 가로질러 다니지 않는다. • 호스티스와 한 번은 춤을 춘다. 호스티스의 딸들과도 춤을 춘다. • 춤추기 전 식사가 있었을 경우에는 호스티스, 주빈의 부인, 식탁의 좌우에 앉았던 여성들과 각각 춤을 춘다. • 부부 동반의 경우에는 아내와 제일 먼저 춤을 추는 것이 예의다. • 소개받은 여성과도 춤을 춘다. • 휴식을 취하고 있는 여성에게는 춤을 권하지 않는다. • 한 여성과 계속 춤추지 않는다. • 춤추고 있는 도중에는 신청하지 않는다. • 춤을 춘 후에는 반드시 "Thank you."라고 하며 인사를 한다. • 남성끼리의 춤은 금물이다. • 야식(Supper)을 먹으로 갈 때에는 함께 춤을 끝낸 여성을 안내한다. • 함께 춤을 춘 여성을 집까지 바래다주는 것도 예의이다.

무도회에서 여성의 매너
• 신청을 거절하고 곧바로 다른 신청을 수락하여 춤을 추어서는 안 된다. • 신청에 대해 응하고, 거절하는 일은 신중해야 한다. • 같은 남성과 계속 춤을 추는 것은 삼가도록 한다. • 여성이 먼저 남성에게 춤을 신청하지 않는다. • 여성이 남성에게 야식(Supper)을 먹으러 가자고 권해서는 안 된다. • 여성끼리 춤을 추지 않는다.

자료: 박현준(2000).

102) 이형철, 「전게서」, pp.208-210.

무역매너 에세이

"한국인은 왜 미소에 인색할까."

백인보다 입술선 덜 휘어져... 한국인 미소에 인색해 뵌다

원광대학교 치과대학 동진근 교수(59)가 이 물음에 대한 해답을 내놨다. 원광대는 동 교수가 미국 오하이오주립대학 연구진과 공동으로 '백인과 한국인의 미소에 대한 연구 논문'을 국제보철학회지 최신호에 발표했다고 20일 밝혔다.

연구진은 이 논문에서 타인과 마주치면 잘 웃고, 또 웃는 모습이 자연스러운 백인과 달리 잘 웃지도 않지만 웃는 모습 또한 어설프고 인색한 우리나라 사람을 해부학적으로 분석했다.

동 교수는 한국인과 백인 남녀 대학생을 대상으로 미소를 지을 때 나타나는 '미소선'을 비교했다. '미소선'은 윗니의 자르는 면을 연결한 선(치아선)과 아랫입술의 윗부분이 이루는 선(입술선)을 말한다. 논문은 이 미소선의 휘어진 정도와 조화가 미소의 아름다움에 영향을 준다고 밝혔다.

연구결과 백인 여성의 치아선은 한국인 남녀와 백인 남성에 비해 그 휘어진 정도가 현저히 컸다. 또 입술선의 휘어진 정도도 한국인에 비해 컸다. 논문은 또 백인들이 사람을 만나면 미소 짓는 것이 습관화되어 있는 데 반해, 한국인은 미소를 아끼는 문화적인 차이가 있다는 점도 강조했다. 머리의 전후가 짧고 넓은 한국인이 머리의 전후가 긴 백인에 비해 미소선이 완만할 수밖에 없는 인류 해부학적인 차이도 설명했다.

동 교수는 "미소는 이미지 개선이나 상대방을 편안하게 하는 등 사회와 가정에 끼치는 긍정적인 측면이 매우 많다"며 "입꼬리가 위로 향하고 치아가 많이 보이도록 활짝 웃는 연습을 매일하는 것도 아름다운 미소를 짓는 데 좋은 방법"이라고 말했다

(경향신문, 2009.7.20)

제3장

해외출장시 국제매너 입문

1. 비행기에서 지켜야할 기내(機內) 매너

국제비즈니스맨의 해외출장은 비행기에서 시작된다. 그런데 비행기 여행은 시차에 따른 피곤함과 더불어 여러 사람이 장시간을 협소한 공간에서 지내야 하기 때문에 쉽게 짜증이 날 수 있다. 따라서 상대방에 대한 배려와 매너 있는 행동이 그 어느 때보다 필요하다. 기내에서 승객들이 지켜야 될 매너는 다음과 같다.

1) 앉을 때는 반드시 지정된 좌석에

기내에 들어가면 지정된 좌석에 앉도록 하며, 무거운 휴대품이나 작은 가방 등은 자신의 좌석 아래에 놓고 오버 코트 등 가벼운 것은 선반에 넣는다. 너무 무거운 것을 선반에 놓으면 비행기가 흔들릴 때 떨어질 위험이 있다.

요즘은 고속버스를 타도 지정된 좌석에 앉는 것처럼 비행기 역시 탑승권에 기재된 좌석에 앉아야 한다. 간혹 앞자리가 비었는데도 뒷자리를 주었다고 불만을 제기하는 경우가 있는데 반드시 지정된 좌석에 앉아야 한다.

그 이유는 조그만 배도 균형을 맞추기 위해 골고루 나누어서 앉는 것과 같은 이치이다. 비행기 안전을 위해 항공기의 weight & balance를 맞추기 위한 것이다.

무역매너 에세이

"김우중 前회장, 독일 항공사 상대로 마일리지 반환 소송"

"설마 김우중(73) 전 대우그룹 회장이 비행기 티켓을 살 돈이 없어 소송을 냈을까." 몰락한 기업인에서 최근 재기를 모색 중인 김 전 회장이 17일 독일 루프트한자 항공사를 상대로 무단으로 사용된 항공마일리지를 돌려달라는 소송을 냈다는 사실이 알려지면서 그 배경에 관심이 쏠린다.

김 전 회장이 돌려달라고 하는 29만9000마일의 마일리지는 인천에서 뉴욕(6882마일)을 약 20번 왕복할 수 있는 양이다. 루프트한자 항공사를 애용해온 김 전 회장은 적립해뒀던 항공 마일리지가 40여만 마일이 있었다고 주장했다.

김 전 회장의 이 같은 소송에 대해 전직 대우 측 한 인사는 "김 전 회장이 항공료 티켓 살 돈이 없어 소송을 낸 것이 아닐 것이다."고 말했다. 이 관계자는 "아마도 김 전 회장이 마일리지를 사용하고 싶은데 항공사 측에서 외면했기 때문에 소송하지 않았을까"라고 덧붙였다. 이에 대해 루프트한자 측은 "제3자가 핀코드와 회원번호를 알고 있으면 마일리지를 사용할 수 있으며 지난해 6월 김 전 회장에게 마일리지 사용내역을 통보했으나 당시 이의를 제기를 하지 않았다"고 주장한 것으로 전해졌다.

대우 회장 제직시 일년의 3분의 1이상을 해외에서 보내고 비행기를 침실겸 사무실로 여기던 김 전 회장은 파일럿과 승무원보다도 더 많은 비행기를 탔던 것으로 유명하다.

(중앙일보, 2009.12.17)

Check Point

비행기에서도 상석이 따로 있나?

비행기에서의 상석은 창 측이고 다음이 통로 측, 가운데자리는 제일 말석이다. 비행기를 타고 내릴 때에는 상급자가 마지막으로 타고 먼저 내리는 것이 올바른 순서이다.

2) 좌석 벨트는 생명벨트

비행기 이착륙 시 또는 비행기가 많이 흔들릴 때 'fasten seat belt' 사인이 나오면 반드시 착석을 해서 좌석벨트를 매야 한다. 또한 비행 중에도 갑작스런 기류 변화로 비행기가 흔들릴 수 있으니 앉아 있을 때도 좌석 벨트를 매고 있는 것이 좋다. 이때에는 기내방송 및 좌석 앞 표시등에 나타난 지시를 따르면 된다.

3) 기내 화장실 이용 매너

기내 화장실은 남녀 공용으로 되어 있다. 그렇기 때문에 잠금장치를 꼭 확인해야 된다. 화장실내에 사람이 있으면 빨간불로 occupied가 표시되고, 비어 있으면 녹색의 vacant 사인이 나온다.

이를 확인한 후에 화장실을 이용해야 한다. 기내 화장실은 많은 사람들이 이용하므로 가능하면 짧게 이용하고 이용한 후에는 다음사람을 위해 세면대를 휴지로 깨끗하게 닦고 나와야 된다.

4) 기내에서 승무원은 어떻게 호칭해야 되나?

비행여행 중 승무원을 부를 경우가 많은데 승무원을 부를 때는 승무원(스튜어디스, 스튜어드)라고 호칭하는 것이 좋다. 간혹 승무원을 부를 때 승무원의 신체일부를 툭툭 치면서 언니 또는 안내양 등으로 부르는 경우가 있는데 이러한 언행은 삼가 해야 한다. 그리고 먼 곳에 있는 승무원을 부를 때는 좌석에 있는 콜 버튼을 이용하면 된다.

Check Point

기내에서 신발을 벗어도 되나?

장시간의 비행에 발이 피로해서 신발을 벗는 것은 무방하나 그 발이 타인에게 보인다거나 벗은 채로 기내를 돌아다녀서는 안 된다. 또한 양말까지 벗는 것은 옆 사람에게 불쾌감을 줄 수가 있으니 삼가야 한다. 장거리 여행의 경우 간편한 슬리퍼를 준비하는 것이 좋다.

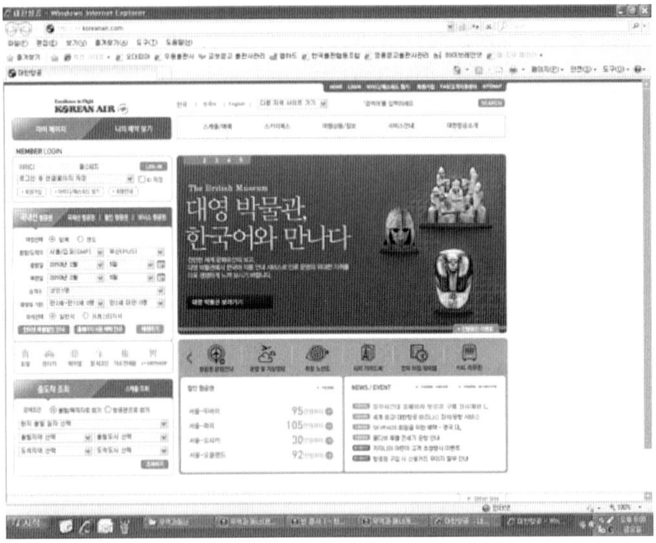
KOREAN AIR
The British Museum
대영 박물관,
한국어와 만나다

▲ 대한항공

ASIANA AIRLINES
국내선 항공권
국제선 항공권
보너스 항공권
flyasiana.com

▲ 아시아나항공

무역매너 에세이

"장거리 여행 機內에티켓"

허니문으로 첫 해외여행을 하는 경우가 많다. 항공 여행은 지상 여행보다 자유롭지 못하다. 그래서 쉽게 피로해질 수가 있고 예의를 모르면 남에게 피해를 주는 경우가 많다. 항공 여행의 에티켓과 장거리 여행에서의 피로를 줄이는 요령을 알아본다.

비행기 탑승 후, 자리는 여성의 의견에 따른다. 통로 쪽은 번거로우므로 창가 쪽에 여성이 앉는 것이 일반적이지만 장거리 여행의 경우는 반대일 경우도 있다. 비행기가 뜬 후 2시간 정도가 지나면 몸이 뒤틀리기 시작해 다리를 펴고 싶어진다. 특히 용변이 잦은 경우에 창 쪽에 앉으면 화장실에 갈 때마다 옆 사람을 불편하게 할 수도 있다.

편한 자세를 취하고 싶으면 옆 사람(모르는 사람일 경우)에게 약간의 목례를 하고 베개, 담요 등으로 자세를 잡는다. 의자를 뒤로 젖힐 경우 뒷사람의 기분이 상하지 않도록 천천히 움직인다. '죄송하다'는 뜻을 전하면 더욱 좋다. 식사 때에는 젖혔던 의자를 원 상태로 돌려놓아 뒷사람의 식사를 방해하지 말아야 한다.

기내에서 신발을 벗고 슬리퍼를 신거나 양말만 신고 있는 것은 무방하나 양말까지 벗고 있는 것은 큰 실례이다. 옆 사람에게 폐가 될 정도의 많은 수하물은 휴대하지 않는 것이 좋고, 무거운 짐을 선반 위에 올려놓으면 위험할 수 있다는 점을 유의해야 한다.

손가방 등은 발밑이나 좌석 밑에 놓아두고, 선반에는 모자나 코트 정도를 올려놓도록 한다. 촬영을 금하는 나라가 있으므로, 공중이나 비행기에서의 촬영을 자제하도록 한다.

장거리 비행에서 가장 피로를 줄이는 방법은 잠을 청하는 것. 특히 야간 비행일 경우에는 더욱 그렇다. 처음 비행기에 오른 흥분 때문에 잠이 오지 않는다면 약간의 음주에 도움을 받아볼 만하다.

(한국일보, 2002/09/10)

2. 호텔에서의 국제매너

국제비즈니스맨이 해외출장시 장시간 이용하는 곳이 바로 호텔이다. 그런데 많은 사람들이 호텔시설물의 이용방법 및 매너를 몰라 실수를 하는 경우가 자주 발생한다. 호텔 이용시 호텔시설물의 이용방법과 지켜야 될 매너는 다음과 같다.

1) 로비와 복도에서는 정숙

호텔은 휴식을 취하는 공간이므로 다른 투숙객들의 휴식에 방해가 되지 않게 로비와 복도에서는 큰 소리로 떠들지 않도록 하고, 복도나 로비에서 다른 사람과 눈이 마주쳤을 때는 독일병정처럼 경직되게 지나치지 말고 모르는 사람이라도 가볍게 눈인사를 나누는 것이 국제비즈니스맨으로서 좋은 매너이다.

로비 및 층수의 명칭이 나라에 따라 상이하게 부른 경우도 있다. 예를 들어 우리나라, 일본, 미국 등은 1층을 Lobby라 부르고 그 다음은 2층으로 표기하지만 유럽의 경우 1층을 G(Ground) 또는 E(Earth) 그리고 2층을 1층으로 표기하는 경우도 있음을 주의해야 한다.

2) 객실용 물품은 객실에서만 사용

간혹 실내에 있는 객실용 슬리퍼를 로비 및 복도와 심지어 식당까지 아무 일 없다는 듯이 유유자적 신고 나오는 경우가 있는데, 객실의 슬리퍼는 실내용이기 때문에 로비나 식당까지 신고 오는 일은 삼가해야 한다.

또한 일본에서 호텔에 투숙한 경우 일본 호텔에서는 실내용 신발인 게다와 함께 유가타라는 가운을 서비스하는데 이를 실외용으로 입는 사람이 있는데 삼가해야 한다.

3) 욕실의 올바른 이용

최근 신축한 고급호텔은 대부분 욕실과 샤워실이 분리되어 있으나 아직도 많은 호텔의 샤워실이 욕실과 분리되어 있지 않은 경우가 많다. 이처럼 샤워실이 별도로 없는 경우에는 반드시 샤워커튼을 이용하여 욕조 안에서 샤워를 해야 한다. 샤워커튼은 커튼의 끝이 욕조 안으로 오게 해야 물이 밖으로 튀어 나가지 않는다.

서양의 호텔의 경우 물이 빠지는 배수구가 욕조 안에 한 군데 밖에 없는 경우가 있는데 욕실 밖에서 샤워를 하거나 샤워커튼을 잘못 사용하여 물이 넘쳐 객실의 카페트를 적실 경우 문제가 복잡해질 수 있다.

샤워를 할 때에는 찬물을 먼저 틀고 나서 더운 물로 온도를 맞춰야 된다. 대부분의 국가에서 뜨거운 물은 H(Hot), 더운물은 C(Cold)로 표시하지만 프랑스와 이태리에서는 뜨거운 물을 C(Chaud), 찬물을 F(Froid)로 표시하므로 주의해야 한다.

4) 호텔의 서비스와 시설물을 100% 활용

우리나라 사람들의 경우 해외여행 시 고급호텔을 잠자는 곳으로만 생각하고 잠잘 때만 이용하고 오는데 이건 낭비이다. 일반적으로 고급호텔에서 제공하는 서비스는 최고 수준이고 호텔내의 시설물도 최첨단으로 이루어져 있다. 따라서 호텔에 머무는 동안 호텔을 최대한 이용해야 한다.

(1) 다양한 룸서비스 이용

바쁜 일정에 쫓겨 밖으로 나갈 시간이 없는 경우에는 객실 내에서 차나 식사를 하는 룸서비스를 이용할 수 있다. 룸서비스의 경우 일반적으로 레스토랑의 가격보다 10~12% 정도 비싸지만 식당에 갈 시간이 없는 경우 룸서비스를 이용하여 업무의 효율을 높일 수 있다.

또한 일부 호텔은 객실 내에서 팩스시설과 인터넷서비스 등을 제공하는 곳도 있으니 객실 내에서 업무를 해야 되는 경우 호텔예약시 체크하면 된다. 해외 출장 시 번거로운 것 중에 하나가 세탁물인데 세탁물의 경우도 객실에 있는 세탁주문서에 내용을 기입하고 지정된 비닐봉지에 세탁물을 넣어 두면 세탁서비스를 받을 수 있다.

이외에도 모닝콜 서비스와 귀중품을 보관할 수 있는 세이프티박스(Safety box)서비스 등 호텔에서 제공하는 서비스는 찾으면 많으니 최대한 활용하는 것이 업무효율에도 도움이 된다.

Check Point

객실 메이크업을 받고 싶지 않을 때는?

객실 메이크업이란 객실의 청소서비스를 말하는데. 일반적으로 하루에 한 번씩 룸메이트가 한다. 그런데 바쁜 업무 등으로 인해 룸레이트로부터 방해를 받고 싶지 않은 경우 객실 문밖에 DD(Do not disturb) 카드를 걸어두면 된다. 이러한 DD카드는 객실문 안쪽에 걸려 있으니 필요한 경우 사용하면 된다.

(2) 각종 호텔시설물 이용

① 비즈니스센터(Business Center) 이용

호텔내에는 비즈니스 센터가 대부분 있으므로 현지의 사정이 밝지 못한 비즈니스맨의 경우는 비즈니스 센터를 잘 활용하면 된다. 비즈니스 센터의 대표적인 서비스는 다음과 같다.

비즈니스센터의 주요 서비스
• 워드 작업, 복사, 번역, 통역 • 항공권의 예약, 취소 • DHL 등을 이용한 문서수발 업무 • 팩스 송수신, 각종 우편업무 • 컴퓨터 등 각종 OA기기 대여 및 사용

② 휘트니스(Fitness)시설

호텔에 체류기간 중 운동과 레저를 즐길 수 있는 휘트니스(fitness)시설도 호텔내에 갖추어져 있으니 적극 활용하면 해외여행의 즐거움을 만끽할 수 있다. 휘트니스시설의 이용은 대개 무료이거나 소정의 입장료를 요구하는 곳도 있다. 주요 휘트니스 시설은 다음과 같다.

주요 휘트니스 시설
헬스크럽·사우나·수영장·미용실·테니스장·조깅코스·골프연습장 등

Check Point

호텔방에서 비즈니스 미팅은 하지 않는다.

호텔방에서 비즈니스 미팅을 하는 것은 피해야 된다. 이는 자기 집의 침실에서 회의하는 것과 다를 바 없다. 로비라운지 또는 호텔레스토랑을 이용해야 한다.

5) 팁은 얼마를 줘야 되나?

팁(tip) = To Insure Promptness: 신속한 서비스에 대한 사례

팁(Tip)은 호텔 등에서 종업원의 신속하고 정확한 서비스에 대한 사례 및 특별한 서비스에 대한 감사의 뜻으로 주는 사례금을 말한다. 원래 18세기 영국의 어느 술집 벽에 써 있던 '신속하고 훌륭한 서비스를 위해 지불은 충분하게'라는 문구가 후에 To Insure Promptness로 바뀌게 되었고 약어로 Tip이 되면서 현재는 신속한 서비스에 대한 사례(gratuity)의 의미로 사용되고 있다.

비교적 팁 문화가 발달되어 있지 않은 우리나라를 포함한 동양권에서는 호텔 계산서에 봉사료가 포함되어 있는 경우가 대부분이기 때문에 특별한 서비스를 받은 경우에만 팁을 주면 된다.

우리나라의 경우 레스토랑을 이용하는 경우 일반적으로 10%의 봉사료가 포함되므로 따로 팁을 주지 않아도 되는 경우가 많다. 그러나 서양에서는 팁을 사례라기보다는 봉사자가 베푼 서비스에 대한 당연한 보수로 받아들이는 경우가 많아 반드시 팁을 주는 것이 관례화되어 있다.

물론 서양에서도 계산서에 service charge가 포함되어 있는 경우에는 팁을 주지 않아야 된다. 계산서에 service charge가 포함되어 있는데도 팁을 주면 세련되지 않은 사람으로 취급당할 수 있다(허은아, 2003: 270). 그런데 문제는 팁을 얼마를 주느냐인데 미국의 호텔 및 레스토랑을 중심으로 일반적으로 통용되고 있는 팁의 관례는 다음과 같다.[103)]

▸ **룸메이드(Room Maid)**

- 하루에 1~1.5달러 정도면 된다. 오전 외출 시 베게위에 놓아두면 된다. 하룻밤을 묵을 경우 굳이 주지 않아도 된다.

▸ **룸서비스(Room Service)**

- 계산서의 15% 정도를 준다. 주문한 음식을 가져왔을 때 자연스럽게 주면 된다. 일반 식당보다 5% 정도 더 주는 이유는 객실까지 음식을 운반해 주기 때문이며, deliver charge라고 별도로 포함되어 있는 경우도 있다.

▸ **도어맨(Doorman)**

- 주차를 시켜준다든지 주차해놓은 차를 가져오는 경우에 열쇠를 주고받을 때 자연스럽게 1달러에서 2달러를 준다.

---

103) Dana May Casperson, op.cit., pp.93-94; pp.241-242.

- **벨맨(Bellman)**
  - 가방 하나당 1달러 정도를 준다.
- **프론트 데스크(Front Desk Clerk)**
  - 팁을 주지 않아도 된다. 그러나 예약이나 다른 부탁을 했을 때는 안내원에게 1-5달러 정도를 준다.
- **식당의 웨이터(Waiter)**
  - 식사한 비용의 10% 정도. 테이블에서 계산을 하거나 계산서에 사인한 후 계산서를 전달할 때 주면 자연스럽다. 혹은 테이블 위에 놓아도 된다.
- **소믈리에(Sommelier)**
  - 소믈리에는 포도주를 전문적으로 담당하는 웨이터로 일명 와인 스튜어드라고도 한다.
  - 주문한 술값의 15% 정도를 준다.
- **클로크 룸(Cloak Room)**
  - 코트나 모자를 맡겼다가 찾을 때 한 벌 당 1달러(외투를 받아 걸어 줄 때)를 준다.

Check Point

팁을 줄 때 좋은 매너는?

팁은 주는 사람, 받는 사람 모두 기분 좋게 주고받는 것이 좋은데 단돈 1달러의 팁이라도 주는 사람, 받는 사람이 모두 기분 좋기 위해서는 지켜야 될 매너가 있다.

팁을 줄 때는 요란스럽지 않게 팁이 얼마인지를 표시 나지 않게 전달해야 된다. 호텔식당이나 레스토랑에서 팁을 주는 경우에는 계산을 끝낸 후 영수증을 담아온 접시위에 놓으면 가장 무난하다. 팁을 줄 때는 돈이 보이지 않게 손바닥을 아래로 해서 감사의 말과 함께 건네고, 여성과 남성이 같이 있을 경우에는 남성이 주는 것이 좋다. 그리고 불가피한 경우가 아니면 동전이 아닌 지폐로 주는 것이 좋다.

Check Point

Continental Breakfast, American Breakfast

콘티넨탈식 조식은 영국을 제외한 유럽식 아침 식사를 말한다. 이러한 콘티넨탈식 조식은 주로 빵과 음료수만 간단히 제공된다. 이에 비해 아메리칸식 조식은 미국에서 비롯된 아침식사로 주로 시리얼, 롤빵, 토스트, 햄, 베이컨 주스류 등의 많은 음식이 제공된다(최기종, 2007: 248-249).

Check Point

호텔의 기원은?

호텔(Hotel)은 원래 수도원이 갖고 있는 병원(Hospital)의 개념에서 비롯됐다. 중세의 숙박시설은 수도원을 중심으로 발달했는데, 이 당시의 수도원은 침식제공은 물론 병을 치료해 주는 병원의 기능도 함께 하고 있었다고 한다.

이로 인해 병원과 호텔은 같은 맥락으로 이해됐고, 그 후 호텔은 'Hospital'의 어원을 기본으로 숙박만을 위한 시설로서 독립적으로 분리돼 발달하게 됐다. 젊은이들을 위한 숙박시설로 싼 가격에 제공되는 'Hostel'과 'Inn'도 호텔의 발달과정에서 나타난 것이라 할 수 있다.(중소기업뉴스, 제 1448호, 2003.4.21)

▲ HILTON HOTEL

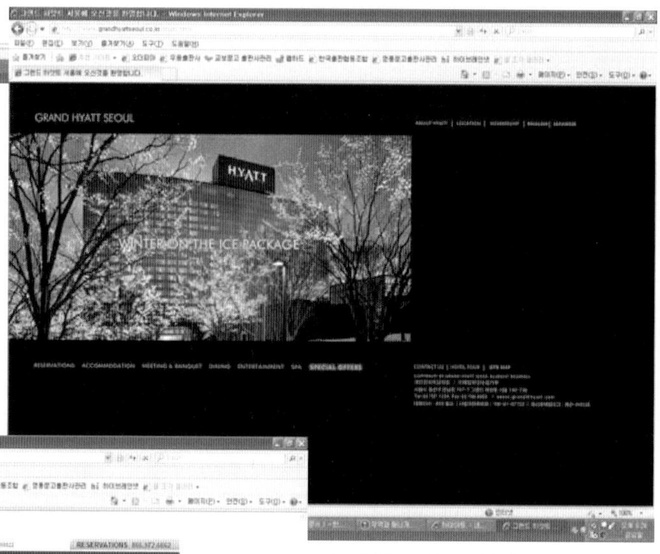

▲ HYATT HOTEL

▲ ARROW HOTEL

제4장

테이블매너 입문

1. 테이블 매너 기초

1) 테이블 매너란?

테이블 매너와 먹는 문화의 시작은 음식문화를 즐기려는 태도에서 시작된다. 여기에서 먹는다는 행위인데, 이는 그저 단순히 생존의 차원에서 먹는 것이 아니라 요리를 함께 즐기는 것을 의미한다(박한표, 2006:63).

비즈니스의 반 이상이 식사 테이블에서 이루어진다고 해도 과언이 아니다. 전문가로서의 세련되고 다듬어진 모습이 식사 테이블에서도 어김없이 보여진다.[104] 우리가 일반적으로 알고 있는 서양의 테이블매너는 영국의 빅토리아 여왕 때 정립되었다.

이 시대는 형식과 도덕성을 가장 중시하던 시기로 이때에 정립된 서양의 테이블매너가 현재까지 사용되고 있다. 동서양을 막론하고 각국 정상들의 정식연회에서는 프랑스 요리를 내는 것이 관례처럼 되어 있다.

이는 일찍이 유럽제국이 국왕에 의해 다스려지던 시대에 왕실에서 일하던 궁중요리의 조리장은 대부분 프랑스인이었기 때문에 생겨난 전통이다[105]. 서양의 테이블 매너의 본질은 형식에 있는 것이 아니라 상대방에게 불편함을 주지 않으면서 요리를 맛있게 먹고 분위기를 즐기는데 그 참의미가 있다.

104) Dana May Casperson, op.cit., p.73.
105) 박한표, 「전게서」, p.116.

특히 회식(dining together)은 즐거운 분위기 속에서 맛있게 먹기 위한 것이다. 그러기 위해서는 주위사람들에게 불쾌감을 주지 않으면서 서로가 기분 좋게 즐겨야 한다는 마음가짐이 필요하다(최기종, 2007: 97).

즉, 테이블 매너는 식탁에 함께한 모든 사람들이 유쾌한 기분으로 식사할 수 있고, 즐거운 교제의 시간이 될 수 있게 하기 위한 서로의 약속이다. 또한 테이블 매너는 자기보호 및 안전장치이다(박한표, 2006: 67). 테이블 매너는 음식을 먹는 자리이므로 실수하지 않도록 늘 몸에 배게 하는 연습이 필요하다. 현실적으로 하루 세끼를 젓가락과 수저를 사용하는 쌀문화권의 동양인이 육류와 나이프, 포크 중심의 서양의 테이블 매너를 완벽하게 소화해 내는 것은 쉬운 일이 아니다.

따라서 각각의 음식이나 기구를 식탁에서 정확히 다루는 방법을 모르는 것은 다소 촌스럽게 보일 수는 있으나 큰 결례가 되지 않는다. 그러나 문제가 되는 것은 잘 알지 못하는 서양의 테이블 절차 및 방법으로 인한 부적절한 행동으로 다른 사람들에게 불쾌감을 주는 것이다.

Check Point

동양과 서양의 상이한 테이블 매너

미국 협상대표단과 공식만찬을 하고 있는데 테이블에서 코도 풀고 싶고 재치기도 하고 싶을 때 만약 한 가지만 선택해야 된다고 한다면 어느 것을 선택하는 것인 좋은가?

한국의 식사매너에서 코를 푸는 것은 결례되는 행동이 될 수 있으므로, 한국 사람이라면 대부분 재채기를 선택할 것이다. 그러나 미국인이나 유럽인은 식사를 할 때 손수건을 꺼내 코를 푸는 것은 아무런 문제가 되지 않는다. 오히려 식사 중에 재채기나 트림을 하는 것을 테이블 매너에 벗어나는 행동으로 간주한다.

또한 기름진 음식을 손으로 집어 든다든가, 물로 가글을 원없이 하다든가, 방귀하고 다를 게 없는 트림(belching)을 하는 행위 등이 문제가 된다. 우리입장에서는 늘상 아무 일 없는 듯이 하는 행위들이 음식문화가 다른 서양인에게는 매너가 없는 사람으로 인식될 수 있다.

식사 매너

● 예약

가 반드시 예약
나 약속시간 엄수
다 사전 연락 없이 늦어지면 자동 취소(15분 무단 경과시)

● 도착과 착석

가 매니저, 리셉셔니스트 영접
나 예약 상황, 이름 확인
다 클로크룸에 불필요한 소지품 보관
라 레이디 퍼스트
마 상석에는 주빈 또는 여성
바 두 손은 무릎 위, 핸드백은 등뒤
사 웨이터에게 주문
아 소믈리에에게 와인 주문

● 계산

가 커피, 식후주 거의 마신 후
나 앉은 자리에서 웨이터에게 눈 신호
다 각자 부담시 한 사람이 대표로 지불 후 밖으로 나와 정산
라 팁은 남의 눈에 띄지 않게
　계산서 돌려줄 때, 냅킨으로 약간 덮어 놓음

● 와인(Wine)

가 산지, 수확년도, 브랜드명, 요리
나 먼저 입 닦고(냅킨)
다 4분의 1을 부어 Host가 시음
라 "OK"후 손님께 서브(소믈리에)
마 Wine Tasting
바 Sight-색깔을 보고, Smell - 냄새를 맡고, Taste - 맛을 본다.
사 Wine 글라스는 제자리
아 Vintage chart(빈타지 차트) : 수확산지별 등급 표시
자 남성은 마티니, 여성 맨해튼이 무난함

자료: 대한항공 서비스아카데미(2004).

2) 식당 예약 및 안내

최근 들어선 우리나라도 예약문화가 정착되고 있지만 서양에 비해선 아직도 미흡한 수준에 있는 것 같다. 특히 중요한 비즈니스를 차질없이 수행하기 위해선 외국인 손님을 접대하거나 외국에서 식당에 갈 때 예약은 반드시 필요하다.

고객과 함께 식당에 갔을 때 예약이 안 되어 기다리게 되면 큰 실례가 된다. 식당을 예약할 때는 먼저 예약자 성명, 예상 인원수와 시간을 정확히 알려야 한다.

국제비즈니스에서는 식당예약을 하는 것도 중요하지만 예약시간을 지키는 것 또한 중요하다. 예약시간을 지키는 것은 식사매너의 기본이고 시작이다.

또한 식당에 가서 입장할 때도 일반적으로 서양의 식당은 입구에 헤드웨이터가 손님을 좌석으로 안내하는데 우리가 늘상하는 것처럼 식당에 들어서자마자 자기마음대로 아무데나 앉는 것은 매너 없는 행동이 된다.

3) 식당 분위기에는 맞는 의복

국제비즈니스에서 식당에 초대되었을 때 초대장에 의복에 대한 언급이 없을 때는 복장은 자유이다. 그러나 고급 식당을 이용할 땐 최소한 분위기에 어울리지 않는 의복을 삼가하는 것이 좋다. 우리나라의 한복과 같은 그 나라 전통의복은 상관이 없으나 운동복 차림이나 등산복 또는 노타이차림은 식당에서 입장조차 거절될 수도 있으니 주의해야 한다.

특히 행사에 초대될 때 초대받은 손님은 적절한 복장을 해야 한다. 주로 초대장의 우측하단에 복장에 대한 언급을 한다. 그 행사의 성격이 불확실하다면 초대에 응할 때 복장에 대해 어느 정도의 격식이 요구되는지 주최측에 물어 보는 것이 좋다.[106]

식당에 입장할 때는 가방, 모자, 외투 등은 가지고 들어가지 않고 cloakroom(보관소)에 맡겨야 한다. 식당은 식사하는 곳이므로 식사하는데 자기 자신과 상대방에게 불편함을 줄 수 있는 물건은 cloakroom에 놔두고 들어가는 것이 좋다. 그러나 여성은 핸드백이 있을 경우 의자와 허리사이에 놓아두는 것이 가장 좋다. 만약 의자의 뒤가 막아져 있지 않은 경우에는 의자의 우측다리 옆에 붙여서 놓는 것이 좋다.

4) 테이블의 좌석 배치

우리 속담에 자리가 그 사람을 만든다는 말이 있는데 음식 먹는 자리도 상석과 하

106) Dana May Casperson, op.cit., pp.53-54.

석이 있다. 현실적으로 식사할 때 어느 자리에 착석하느냐에 따라 기분이 좋아지기도 하고 나빠지기도 한다.

일반적으로 서양의 테이블매너에서 보통 주빈은 가장 나이가 많은 부인이나 호스트와 초면인 손님이나 사회적인 지위가 높은 사람, 저명한 사람이 되는 경우가 많다.

우리나라를 비롯한 동양사회에서는 상석을 지정 받았을 때 대부분 사양하는데 지나칠 정도로 사양하는 것은 오히려 여러 사람을 당황스럽게 하여 실례가 될 수도 있다. 그냥 못 이긴 척하고 앉는 것이 좋다.

일반적으로 가장 중요한 여자 주빈은 남자 주인의 좌측에 앉고 그 다음 중요한 여자 주빈은 남자 주인의 우측에 앉는다. 가장 중요한 남자 주빈은 여자 주인의 우측에, 다음 남자 주빈은 여자주인의 좌측에 앉게 된다. 주인의 친척, 친구, 가족은 일반적으로 가장 말석에 착석한다. 말석은 사람들의 왕래가 많은 통로 쪽이나 출입문에서 가장 가까운 곳이다.

전통적으로 중국의 테이블은 원탁을 사용하므로 직사각형의 테이블과 달리 상석이 없기 때문에 주빈을 문에서 가장 먼 좌석, 호스트는 문에서 가장 가까운 쪽 자리에 앉는다. 호스트가 문 쪽과 가장 가까이 앉으면 서빙하는 웨이터의 모습이 가장 잘 보이며, 손님을 차까지 배웅하기에도 편리하다는 이점이 있다.[107]

중국식사의 테이블에서 개인접시는 손에 들지 않고, 원탁에 놓은 상태로 먹는 것이 좋다. 요리를 덜 때도 개인 접시를 요리접시 가까이에 두고 테이블 위에 놓은 상태로 요리접시에 있는 서비스 숟가락과 포크를 이용하여 요리를 덜어야 한다(최기종, 2007: 101).

5) 테이블 세팅과 서브하는 방법

테이블 세팅을 할 때 유동성 음식은 오른쪽, 고정성 음식은 왼쪽에 놓인다. 즉, 빵과 빵 접시는 왼쪽에 놓이고 음료는 오른쪽에 놓여진다. 일반적으로 식사도구의 배열과 그릇의 숫자로 메뉴를 알 수 있다.

식탁의 왼쪽에 포크가 세 개 있으면 포크를 사용하는 음식이 세 차례 나온다는 것을 알 수 있다. 샐러드, 생선요리, 메인요리 또는 샐러드, 메인요리, 디저트의 경우가 될 수 있다.

스푼, 포크, 나이프 등의 식사도구의 크기와 모양은 그 다음의 힌트가 된다. 오른편에 놓여진 스푼과 나이프를 본다. 나이프와 포크는 서로 크기, 모양, 숫자가 일치한다. 간혹 샐러드용 나이프가 놓이지 않은 경우가 있다.

107) Terri Morrison, Wayne A. Conaway, and George A. Borden, op.cit., p.205.

유리잔은 세팅시 오른편에 놓인다. 유리잔의 크기와 순서를 보고 서브될 와인코스를 예측할 수 있다. 유리잔의 숫자는 포크와 스푼의 숫자와 맞추어 진다. 빵 접시는 셋팅시 왼쪽 편에 놓인다.[108)]

음식을 서브하는 방법은 수프와 요리 같이 먹는 것은 손님의 왼쪽에서, 와인이나 물같이 마시는 것은 손님의 오른쪽에서 서브한다. 웨이터가 요리를 큰 접시에 들고 손님의 왼쪽에 오면, 손님은 큰 접시에 놓여 있는 대형 포크와 스푼으로 요리를 떠서 자기 접시에 옮기는데 대형 포크는 왼손으로 스푼은 오른손으로 잡는다.[109)]

6) 테이블에서의 자세

테이블에 앉을 때는 가능한 한 소리를 내지 말고 의자에 앉는다. 일반적으로 다른 사람의 집에 초대받아 식사를 할 경우에는 hostess(여주인)가 자리를 정해 줄 때까지 기다리는 것이 예의이다.

일반적으로 여성이 남성보다 먼저 앉고, 웨이터가 없을 때는 남자가 주빈 또는 여성이 편하게 앉게끔 의자를 뒤로 빼주는 것이 좋은 매너이다. 그리고 식사가 시작되면 의자의 거리를 바꾸는 것은 좋은 매너가 아니다.

테이블에서 한 사람이 차지하는 거리는 대략 60 ~ 70cm가 기준이다. 따라서 식사 중 몸을 움직이는 범위는 약 70cm를 넘지 않아야 한다(박한표, 2006: 75). 처음 자리를 잡고 앉을 때 테이블과 몸의 거리를 7인치 정도(한 뼘 정도의 거리)의 간격을 두고 앉는다.[110)] 기타 테이블에서 지켜야 될 매너는 다음과 같다.

- ▶ 앉는 자세는 똑바로 편하게 앉는다.
  - 테이블에 앉을 때 너무 경직되게 앉는 것은 좋지 않다.
- ▶ 음식을 먹을 때 상체를 지나치게 앞으로 숙이지 않는다.
  - 음식을 입으로 가져가야지 몸을 접시위로 구부리어 입을 음식으로 가져가서는 안 된다.
- ▶ 식탁 위에 팔꿈치를 얹어놓지 않는다.
  - 포크나 나이프를 손에 든 채 테이블위에 팔꿈치를 얹어 놓아서는 안 된다.
  - 팔꿈치는 자기 옆구리에 가까이 두어 옆에 앉은 사람의 옆구리를 치지 않도록 주의해야 한다.

108) Dana May Casperson, op.cit., p.75, p.85.
109) 김창훈, 「전게서」, p.200.
110) Dana May Casperson, op.cit., p.85.

▶ 식탁에서 다리를 꼬지 않는다.
- 식탁에서 다리를 꼬고 앉으면 냅킨이 떨어질 수도 있고, 실수로 식탁을 쳐 수프를 엎지르는 경우가 발생할 수 있기 때문이다.

▶ 식탁에서 큰 액션을 취하지 않는다.
- 식탁에서 다리를 크게 벌리거나, 허리띠를 풀어 놓거나 머리를 좌우로 흔들며 기지개를 펴는 등의 행동은 주변사람들에게 불편함을 준다.

▶ 식탁에서 손으로 머리카락, 귀, 코 등을 만지지 않는다.
- 서양 사람의 경우 빵 같은 것을 손으로 먹는데 식탁에서 손으로 머리카락, 귀, 코와 같은 신체부위를 만지는 것은 비위생적으로 생각한다.

▶ 음식이 서브될 때 음식을 찔러보거나 고르면 안 된다.
- 음식이 서브될 때 좋은 것을 고른다고 음식을 뒤적거리거나 하지 말고 자신에게 가장 가까이 있는 음식을 덜어야 한다.

▶ 어떤 경우에도 음식을 서브하는 접시에서 바로 입으로 가져가서는 안 된다.
- 음식이 아무리 작은 조각이라도 음식을 서브하는 접시에서 바로 입으로 가져가서는 안 된다. 자기 접시에 놓은 다음에 먹어야 한다.

Check Point

음식이 서브될 때마다 감사의 표시를 해야 되나?

음식이 서브될 때마다 "Thank you"라고 말할 필요는 없다. 그러나 음식을 들고 싶지 않을 때에는 "No, thank you"라고 말을 해야 한다. 만약 아무 말 없이 고개만 좌우로 흔드는 것은 좋은 매너가 아니다.

Check Point

식당에서 웨이터를 부를 때 여보세요(Hello)라고 하면 되나?

미국 사람들은 길가에서 아는 사람을 만나도 Hello라고 하고 전화를 걸 때도 Hello라고 한다. 그러나 같은 Hello라도 전자는 안녕하세요란 뜻이고 후자는 여보세요란 뜻이다.

우리는 식당에서 음식을 주문할 때 종업원에게 여보세요라고 하는데 웨이터를 부를 때 Hello라고 하면 안 된다. Hello가 우리식으로 여보세요란 의미가 되는 것은 전화를 할 때 만이고 그 외에는 모두 안녕하세요란 인사말이므로 음식 주문을 하면서 웨이터에게 Hello라고 사용하면 안 된다. 이럴 때는 웨이터에게는 Waiter!, 웨이트리스에게는 Waitress!라고 하면 된다.

7) 음식을 먹는 시기

일반적으로 동양의 식탁예절에서는 여러 사람이 식사를 할 때 모든 음식이 다나오기 전에 먼저 먹는 것을 예의가 없는 행위로 여긴다. 특히 우리나라에서는 어른이 수저를 들기 전에 식사하는 것은 금기시 하고 있다. 그런데 서양요리는 요리가 나오는 대로 바로 먹기 시작한다.

그 이유는 서양요리는 가장 먹기 좋은 온도일 때 서브되고, 상석부터 제공되기 때문이다. 즉, 온도가 변하기 전에 먹는 것이 제맛을 즐길 수 있기 때문이다. 그러나 2~3명이 함께 식사를 하는 경우에는 요리가 나오는 시간이 비슷하므로 기다렸다가 함께 식사하는 것이 좋다. 만찬의 경우에는 호스트가 포크 등을 들면 식사를 시작하자는 신호로 받아들이면 된다. 중국에서는 호스트보다 먼저 먹거나 마시지 않도록 주의해야 한다.[111]

8) 음식을 먹는 방법

▶ 입을 다물고, 소리를 내지 말고 먹는다.

- 입 속에 음식을 잔뜩 넣고 말을 하지 말고, 한꺼번에 너무 많은 음식을 입속에 넣지 말아야 한다.

▶ 음식물은 한 번에 한 입 크기만큼만 썰어서 먹어야 한다.

- 고기 전체를 한꺼번에 다 썰어 놓고 먹는 것은 지저분하게 보이기 때문에 삼가해야 한다.

▶ 음식물을 한 입에 넣을 수 없게 크게 썰지 않는다.

- 포크에 찍은 음식물을 두 번에 나누어 먹거나, 스푼에 담은 음식을 두 번에 나누어 먹는 일은 삼가해야 한다.

▶ 식탁에서 멀리 있는 물건은 다른 사람에게 집어 달라고 한다.

- 식탁에서 멀리 놓인 물건을 자기 스스로 어렵게 집으려는 행동은 다른 사람에게 불편을 줄 수 있다. 따라서 주변사람에게 집어달라고 해야 한다.

  "Would you pass me the salt and pepper?"

111) Terri Morrison, Wayne A. Conaway, and George A. Borden, op.cit., p.87.

9) 냅킨의 올바른 사용

냅킨은 음식물을 옷에 떨어뜨리지 않기 위해서 사용하는 것인데, 이외에도 식사 중에 냅킨은 자주 사용하는데 입을 가볍게 닦거나 핑거 볼(Finger Bowl)을 사용한 후 물기를 닦을 때, 포도주를 마시기 전에 기름기를 없애기 위해서 사용한다. 이런 경우 이외에 냅킨을 수건처럼 사용해서는 안 된다.

특히 음료를 마시기 전에는 냅킨으로 입을 닦아 유리잔의 가장자리에 음식자국이 남지 않도록 해야 한다. 그러나 립스틱을 냅킨으로 닦는 행위나 입안에서 무엇을 꺼내는데 냅킨을 사용하는 행위는 삼가해야 한다. 냅킨은 코를 닦는 티슈가 아니다.

또한 많은 사람들이 식탁에 앉자마자 냅킨을 펴는데 그것은 좋은 매너가 아니다. 테이블 전체를 보고 모든 사람이 자리를 잡고 앉았을 때에 냅킨을 펴지 않은 상태로 무릎위에 가져와 작은 냅킨은 완전히 펴고, 만찬용 냅킨은 반으로 접은 채 놓는데 접어진 쪽을 자기 앞으로 놓는다. 일반적으로 식사를 초대받은 경우 여주인이 자기의 냅킨을 펴서 신호를 주면 냅킨을 집어 펴면 된다.

특히 식사 전에 연설이나 인사, 소개, 건배를 하는 경우에는 절차가 끝난 후에 냅킨을 펼치는 것이 예의이다(허은아, 2003: 247). 냅킨은 식사가 끝나고 식당을 떠날 때까지 그대로 허벅지위에 놓는다. 테이블을 잠깐 떠날 때는 의자위에 올려놓거나 등받이에 살짝 걸어두었다가 돌아 온 후에 다시 사용한다.[112)]

그러나 어떠한 경우에도 식사 도중에 냅킨을 테이블에 위에 놓으면 안 된다. 냅킨이 테이블 위에 놓여 있으면 웨이터가 식사가 끝난 줄 알고 음식을 치워버릴 수 있다. 식사가 끝난 후에는 냅킨을 대충 접어 테이블 위에 놓으면 된다. 너무 깨끗하게 접어 놓으면 사용하지 않은 냅킨과 혼동될 수 있으므로 정성들여 접을 필요가 없다.

---

112) Dana May Casperson, op.cit., p.85.

냅킨을 펴면

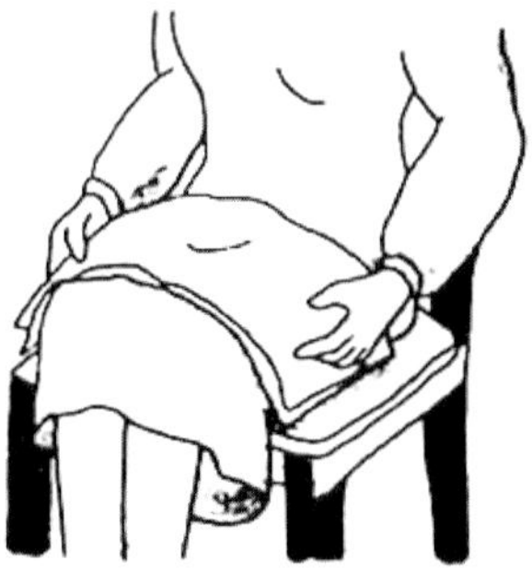

접히는 쪽이 자기 앞으로

식사 종료 후

식사 종료 후의 냅킨은 테이블 왼쪽 위에 올려놓는다.

냅킨 매너

냅킨 가운데를 사용하지 않도록 한다.

식사중 자리를 뜰 때

의자 뒤에 놓거나, 테이블에 걸쳐도 무방하다.

자료: 이형철(1999).

식사가 끝났을 때

식사 중일 때

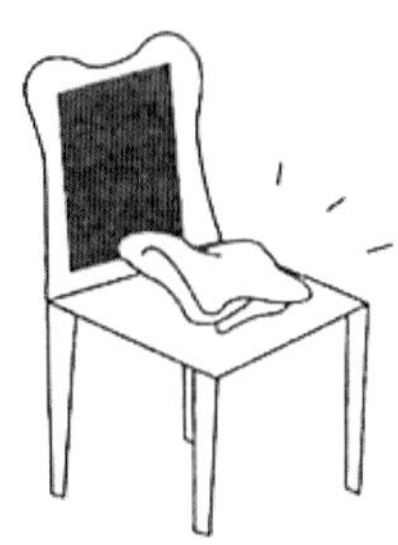

10) Cutlery(스푼, 포크, 나이프)의 올바른 사용

정식 테이블 세팅

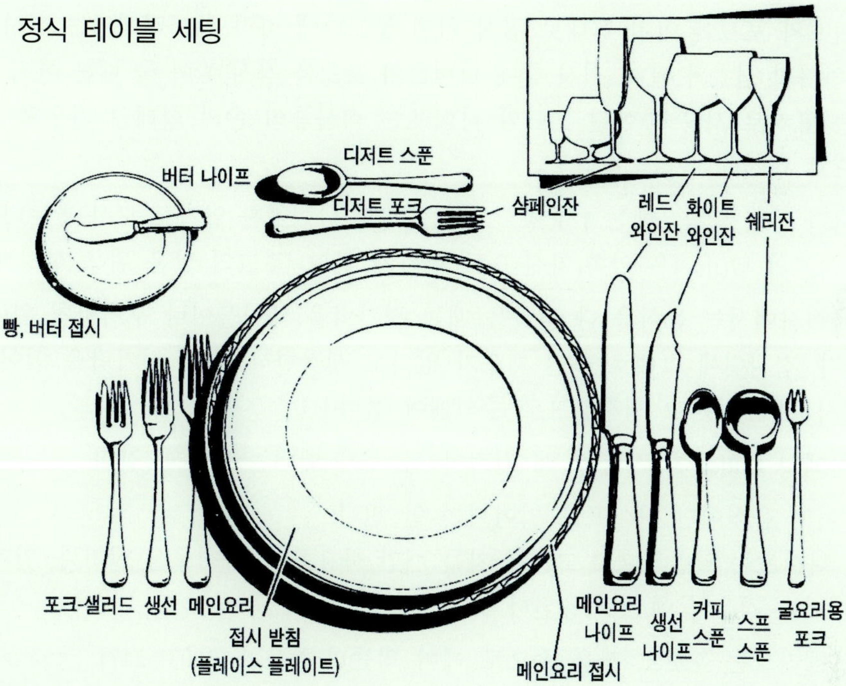

식탁에서 나이프와 포크는 중앙의 접시를 중심으로 각각 오른쪽과 왼쪽에 놓여있다. 따라서 놓여진 대로 나이프는 오른손에 포크는 왼손에 잡으면 된다. 그런데 나이프의 종류가 많은 경우 순서를 몰라 당황할 수 있는데 나이프와 포크는 사용하는 순서에 맞추어 바깥쪽에서 안쪽으로 차례로 놓여져 있으므로 바깥쪽에 있는 것부터 순서대로 사용하면 된다.

나이프는 둘째손가락으로 나이프의 손잡이를 위에서 누르듯이 잡는다. 그래야 나이프에 힘이 실려 고기를 쉽게 자를 수 있다. 고기는 왼쪽부터 자르는데 앞쪽으로 당기듯이 세로로 자르면 자르기가 쉽다. 나이프를 사용 후에는 반드시 칼날이 안쪽으로 향하도록 놓아야 한다. 포크는 사용할 때나 접시에 놓을 때나 항상 굽어진 등이 위를 보도록 엎어 놓아야 한다(허은아, 2003: 261, 247).

왼손잡이나 오른손 손잡이를 불문하고 기본 원칙은 오른손에 나이프, 왼손에 포크로 되어 있다. 아메리칸 스타일은 나이프와 포크를 이용하여 음식을 적당히 자르고 나이프는 접시 위에 올려놓고 포크를 왼손에서 오른손으로 옮겨 음식을 먹는 방식이다.

이처럼 나이프와 포크를 번갈아 가며 먹는 것을 "Jig-jag Eating"이라 말하며 아메리칸 지그재그라고도 한다. 이에 비해 컨티넨탈식은 식사하는 내내 나이프는 오른손에, 포크는 왼손에 들고 먹는 방식이다.

나이프와 포크를 어떤 형태로 접시 위에 놓느냐에 따라 웨이터에게는 식사과정에 대한 하나의 신호가 된다. 식사 중에 나이프와 포크를 잠시 놓아 둘 때는 아직 식사중이라는 표시로 사용 중이던 포크와 나이프는 식사중의 손의 형태인 거꾸로 된 V자 모양으로 접시에 올려놓는다.

식사가 끝났을 경우에는 4시 방향으로 포크와 나이프를 일자로 모아 놓는다.[113] 이때 나이프의 날(tine)은 안쪽(자신)으로 향하게 하고, 포크의 날은 위를 향하게 한다.

중국식사에서는 음식을 다 먹었을 때는 젓가락을 테이블이나 수저받침 위에 놓아야 한다. 접시위에 그대로 두면 재수가 없다고 생각한다. 또한 젓가락을 떨어뜨리는 일 역시 재수 없다고 생각하므로 주의해야 한다.[114]

식탁에서 Cutlery를 사용할 때 지켜야 될 기타 매너는 다음과 같다.

▶ 어떤 음식이던 나이프로 먹어서는 안 된다.
- 나이프는 일반적으로 고기를 자를 때만 사용한다. 음식물을 썰거나, 밀거나, 벌리는 경우 등에만 사용된다.
- 샐러드는 포크로 빵은 손으로 떼어 먹는다(허은아, 2003: 247).

▶ 한번 사용한 Cutlery는 여러 사람이 먹을 음식물에 놓아서는 안 된다.
- 버터접시에 있는 버터를 자기가 사용한 버터나이프로 떠오거나, 설탕을 자기의 젓은 커피스푼으로 떠오는 것은 삼가해야 한다.

▶ 사용한 Cutlery는 접시 위에 놓아야 한다.
- 사용한 Cutlery를 테이블보에 놓으면 안 되고 반드시 접시 위에 놓아야 한다.

113) Dana May Casperson, op.cit., p.76.
114) Terri Morrison, Wayne A. Conaway, and George A. Borden, op.cit., pp.87-88.

포크 나이프 사용법

사용할 때

식사중일 때

식사가 끝났을 때

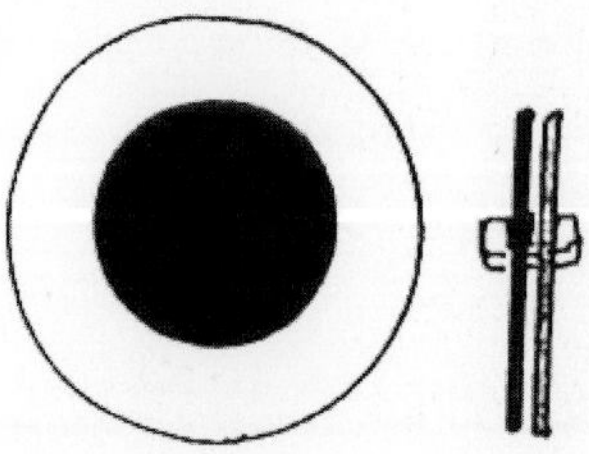
한국·중국식

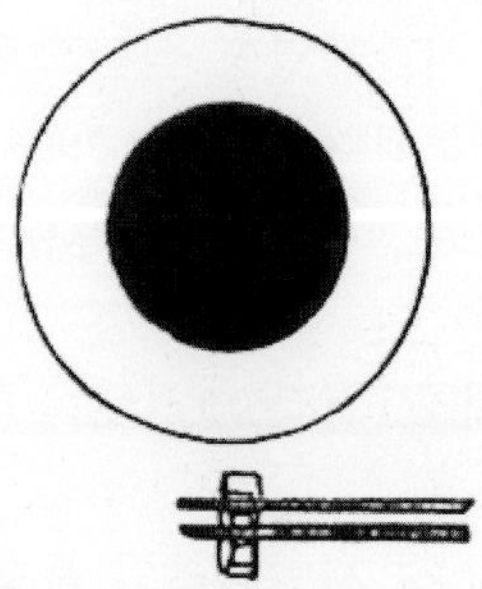
일본식

음식 먹는 방법

고기는 왼쪽에서부터 한 입
크기로 자른다.

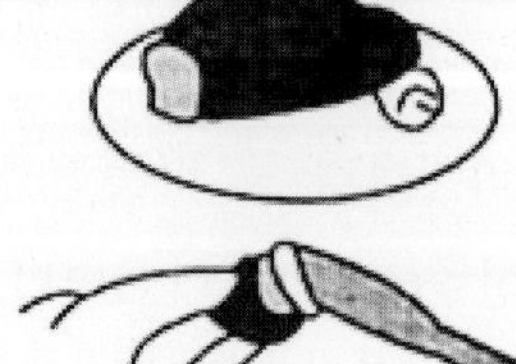
빵은 한 입 크기로 자르고,
버터나이프로 버터를 발라 먹는다

2. 서양음식 매너

프랑스식 Full Course(따블도트·table d'hôte) 순서		
① hors d'oeuvre(appetizer), aperitif	② soup	③ fish
④ sherbet	⑤ meat(entree), salad	⑥ dessert, digeétif

서양정식이라면 프랑스 식 풀코스(full course)인 따블 도트(table d'hôte)을 말한다. 이것은 본인이 원하는 음식을 골라 주문하여 먹는 일품요리(A la carte)와 달리 각 코스별로 정해진 요리가 차례로 제공되는 것을 말한다.[115] 이러한 프랑스 식 풀코스(full course)는 시간계열형 식단으로 동시다발적으로 음식이 제공되는 한국의 공간 전개형 식단과 구분된다(박한표, 2006: 77). 일반적으로 서양정식의 각 코스별 요리는 전채 및 식전주, 스프, 생선요리, 육류요리, 샐러드, 디저트, 식후주 순으로 되어 있다.

1) 전채요리(Appetizer) 및 식전주(aperitif)

프랑스식 서양요리의 풀코스에서 가장 먼저 제공되는 요리를 불어로 hors d'oeuvre 또는 appetizer라고 한다. hors는 앞(前)의 의미이여 oeuvre는 식사를 의미한다. 즉, 전채요리는 식욕을 촉진시키기 위해 메인요리 식사 전에 가볍게 먹는 요리를 말한다. 따라서 전채요리는 아무리 맛이 있어도 적당히 먹어야 메인 요리를 제대로 맛볼 수 있다. 일반적으로 전채요리는 생굴이나 채소를 소금이나 식초에 절인 피클, 훈제연어 등이 나온다. 전채요리는 캐비어, 푸아그라, 생굴과 조개, 카나페 등 차가운 음식과 에스까르고, 라비올리 등 따뜻한 음식으로 구분할 수 있다(허은아, 2003: 256).

또한 식전주(aperitif: 아뻬리티프)도 식욕 증진을 목적으로 식사하기 전의 빈속에 마시는 술로 일반적으로 식전주는 드라이한(쌉쌀한 맛) 술을 마신다. 셰리주나 샴페인이 자주 나온다. 위스키는 원래 식후 주이지만 물이나 소다수를 희석하여 식전주로 마시기도 한다. 그러나 맥주는 식전주로는 적당하지 않다.

115) 박한표, 「전게서」, p.116.

전채요리의 종류

차가운 전채	캐비어 (caviar)	철갑상어 알로 함께 제공되는 멜바토스나 한 입 크기의 블리니(blinis)에 스푼으로 캐비어를 얹고, 레몬 등을 뿌린 후 손으로(finger food) 먹는다. 러시아산이 유명하나, 최상급품은 알의 크기가 작고 회색빛에 가까운 이란 산이다.
	푸와그라 (foie gras)	특수 방법으로 사육한 거위간으로, 브리오슈(brioche) 또는 살짝 구운 토스트와 함께 제공된다. 독일과의 접경 지역인 프랑스의 strassburg 산이 유명하다.
	생굴 (oyster)	러시아식 정식에는 반드시 생굴을 사용하는데, 대개 껍질 채 제공된다. 왼손으로 껍질을 잡고 포크(oyster fork)의 칼날로 관자 부분을 떼어내어 먹는다. 먹고 난 후 껍질 속의 국물은 들고 마셔도 된다. 먹는 모습이 상대방에게 보기 싫을 수 있으므로, 첫 비즈니스 런치에는 되도록 피하는 것이 좋다. ☞ 생굴은 10월부터 3월 중순 사이에만 먹도록 한다.
	카나페 (canape)	작은 토스트나 크래커 위에 치즈·연어·캐비어 등을 얹어 한 입에 먹을 수 있는 조그만 프랑스식 오픈 샌드위치이다. 리셉션 또는 스탠딩 파티에서는 주로 간단한 음료나 와인류와 함께 카나페를 제공해 부담없이 대화를 즐길 수 있도록 한다.
	칵테일 (cocktail)	칵테일 글라스에 담겨져 나오는 어패류로 새우·게·바다가재 등이 주로 사용되며, 매운 소스를 얹어 제공하는 생선 칵테일도 있다.
	셀러드나 과일류	샐러리·파슬리·당근 및 후르츠 칵테일 등을 전채로 샐러드를 주문했을 경우, 코스 중의 샐러드는 주문하지 않는다. 과일은 디저트뿐만 아니라 전채로도 사용된다는 점에 유의하자. 특히 많은 외국인들은 샐러드나 과일을 아침식사용으로 대신한다.
따뜻한 전채	식용 달팽이 (escargot)	주로 보르고뉴식 달팽이 요리가 유명하며, 소스는 빵으로 찍어 먹기도 한다.
	라비올리 (ravioli)	이탈리아식 만두 스타일 요리, 이탈리아식 정식에는 라비올리뿐만 아니라 다른 종류의 파스타도 전채로 사용되곤 한다. 파스타는 보통 포크와 스푼을 같이 사용하는 것이 유럽에서는 일반적이다.

자료: 박준형(2004).

2) 수프(Soup)

수프는 진한 수프인 포타주(Potage)와 맑은 수프인 콩소메(Consomme)가 있다. 포타주의 경우에는 담백한 요리가, 콩소메의 경우에는 진한 맛의 메뉴가 어울리며 코스가 많은 정찬요리에 적합하다. 뜨거운 수프가 나왔을 경우에는 스푼으로 조금 떠서 맛을 본 후, 스푼으로 저어 식히도록 한다.

수프를 먹을 때 주의할 점은 스푼의 옆쪽이 아니라 끝 쪽으로 먹어야 한다. 얼마 남지 않은 수프는 바닥 긁는 소리가 나지 않도록 접시를 왼손으로 잡고 앞쪽으로 조금 기울여 먹거나, 손잡이가 달린 컵에 담긴 수프라면 손으로 들고 마셔도 된다. 스푼은 수프를 다 먹기 전에는 받침 접시 위에 놓고 다 먹은 후에는 손잡이가 오른쪽으로 가게 해서 수프 그릇 안에 두면 된다(허은아, 2003: 258).

수프를 입으로 불어가며 식혀 먹거나 차를 마시듯 소리를 내어 먹는 것은 삼가해야 한다. 또한 스푼으로 뜬 수프를 한 입에 먹지 않고 스푼 위에서 나눠먹는 것은 삼가해야 한다.

스프를 먹을 때

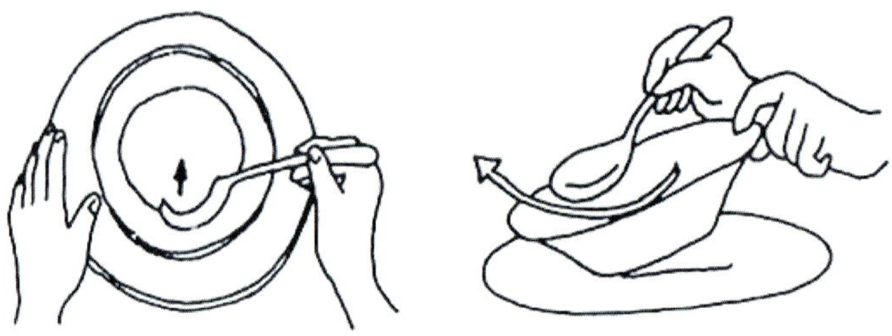

자기 앞쪽에서 저쪽으로　　　너무 높이 들지 않도록 한다.

3) 생선요리(fish: poisson 쁘와송)

서양요리에서 생선요리는 바다 생선, 민물고기, 조개류 등이 나온다. 생선요리는 서브되자마자 바로 먹지 말고 소스가 나올 때까지 기다렸다가 소스를 접시에 덜어 놓고 찍어 먹는다.

통째로 요리된 광어 같은 생선요리는 머리 쪽(왼쪽)부터 잘라 먹는다. 몸통, 꼬리를 나이프로 자른 후 지느러미 부분을 발라낸 후 뼈를 따라 왼쪽에서 오른쪽으로 나이프를 수평으로 움직여 위쪽의 살과 뼈를 발라놓은 다음, 생선의 살만을 앞쪽에 놓고 왼쪽에서부터 잘라가며 먹는다.[116)]

그런데 위쪽의 살을 다 먹은 다음에는 생선을 뒤집지 말고 그대로 뼈를 걷어내고 아래의 살을 조금씩 나이프로 잘라가며 포크로 소스에 찍어 먹는다. 일반적으로 생선용 나이프와 포크는 생선 맛을 해치지 않기 위해 은기를 사용한다.

116) 김창훈, 「전게서」, p.194.

새우가 껍질이 벗겨지지 않은 채 나온 경우에는 왼손에 포크를 쥐고 새우의 머리 부분을 누르고, 오른손으로 나이프를 쥐고 껍질과 살 사이에 넣어 천천히 움직이면서 꼬리까지 가르면 살이 껍질에서 분리된다. 껍질은 접시 끝에 모아 두고 살은 왼쪽부터 잘라 소스에 찍어 먹으면 된다.

바다가재가 집게발이 제거되지 않은 상태로 나오면 왼손으로 바다가재의 집게발을 잡고 오른손으로 바다가재 전용집게를 쥐고 잘라내어 바다가재 전용 포크로 집게발 속의 살을 파서 먹으면 된다. 특히 해산물을 먹을 때는 손이 지저분해질 수 있으므로 핑거볼에 손가락을 넣어 자주 씻으면 좋다(허은아, 2003: 259-260)

Check Point

생선소스는 한꺼번에 무조건 뿌리지 않는다.

요리에 나오는 소스는 무조건 다 뿌리지 않는다. 특히 생선요리에 곁들여진 진한 소스는 접시 한쪽에 덜어 놓고 조금씩 찍어 먹어야 한다. 진한 소스는 그 맛이 강해 요리 본래의 맛을 변하게 할 수 있다. 그러나 묽은 소스는 직접 요리에 얹어 먹어도 된다.

특히 레몬즙은 오른손으로 생선요리에 짜는데 이 때 즙이 튀지 않도록 왼손으로 가리면서 짜는 것이 좋은 매너이다(허운아, 2003: 258).

4) 셔벗(sherbet: sorbet)

셔벗은 풀 코스에서 생선요리와 그 다음에 나오는 육류사이에 입가심으로 제공되는 단맛이 적고 알코올 성분이 들어 있는 빙과류이다. 입안을 개운하게 하여 미각을 새롭게 하기 위해 먹었던 것이나 최근에는 흔히 생략되기도 한다.117)

5) 고기요리(meat: entrées 앙뜨레, viande 비앙드)

고기요리는 쇠고기, 닭고기, 오리고기, 양고기 등이 나온다. 고기요리는 처음부터 한 번에 다 썰어 놓고 먹는 것보다 잘라가며 먹는 것이 좋다. 고기를 다 썰어 놓으면 고기가 쉽게 식고, 육즙도 흘러 나와 맛이 떨어진다.

또한 스테이크의 경우 굽는 정도에 따라 맛이 달라지므로 스테이크를 주문할 때는 자신의 취향대로 주문을 해야 한다.

117) 박한표외, 「전게서」, pp.130-131.

굽는 정도에 따른 스테이크 구분

- Rare: 표면만 약간 구운 것. 표면만 구워 중간은 붉은 날고기 상태.
- Medium Rare: 반쯤 덜 구운 상태. 중심부가 핑크 부분과 붉은 부분이 섞여져 있는 상태
- Medium: 중간 정도 구운 것. 중심부가 모두 핑크 빛을 띠는 정도
- Well done: 완전히 구운 것. 표면이 완전히 구워지고 중심부도 충분히 구워져 갈색을 띤 상태.

스테이크의 종류

- Sirloin: 등심스테이크
- Porter House Steak: 안심과 뼈를 같이 자른 스테이크
- T-bone Steak: 뼈를 T자 모양으로 자른 스테이크
- Rib Steak: 갈비등심 스테이크
- Round Steak: 소의 허벅지에서 추출한 스테이크
- Rump Steak: 소의 궁둥이에서 추출한 스테이크
- Flant Steak: 소의 배부위에서 추출한 스테이크

5) - 1 샐러드(Salad)

영미인들은 샐러드를 고기요리와 같이 먹거나 그 전에 먹는 반면, 프랑스인들은 고기요리가 끝난 다음에 먹는 습관이 있다[118]. 그런데 서양요리에는 빠지지 않고 샐러드가 나오는데 고기를 샐러드와 함께 먹는 이유는 고기는 산성이 강한 식품이므로 알칼리성이 강한 생야채를 같이 섭취함으로써 중화시킬 수 있기 때문이다. 따라서 고기와 샐러드는 번갈아 먹는 것이 좋다.

Check Point

Dressing이란?

서양요리에서 샐러드에 사용되는 소스를 특별히 드레싱(Dressing)이라고 하는데 그 이유는 소스가 뿌려진 모습이 마치 여성들이 드레스를 입은 모습과 유사하다고해서 생겨난 말이다.

118) 박한표외, 「전게서」, p.136.

Check Point

포크로 잘라지지 않은 샐러드는 어떻게 하나?

샐러드 포크로 잘 잘라지지 않는 샐러드는 나이프로 잘라도 된다. 과거 스테인레스 스틸이전의 시기에는 샐러드 드레싱의 초가 나이프를 부식하기 때문에 샐러드를 나이프로 자르지 않는 관습이 있었다.

최근에는 나이프의 날이 대부분 스테인레스 스틸이나 은으로 되어 있기 때문에 샐러드포크로 잘라지지 않은 샐러드는 나이프로 잘라서 먹어도 테이블 매너에 어긋나지 않는다.

Check Point

각종 고기와 잘 어울리는 소스는?

일반적으로 고기요리는 육류의 종류에 따라 그 맛과 향을 더해줄 수 있는 소스와 어울리는데, 오리고기에는 오렌지소스, 돼지고기에는 파인애플소스, 양고기에는 민트소스가 잘 어울린다.

스테이크와 소스가 함께 나올 때도 있지만 따로 나올 경우에는 소스가 나올 때까지 잠시 기다렸다가 먹는 게 좋다. 묽은 소스는 고기 요리위에 직접 뿌려 먹으나, 흐르지 않은 진한 소스는 접시 한쪽에 떠놓고 찍어 먹어야 스테이크의 본래의 맛을 즐기면서 먹을 수 있다(허은아, 2003: 261).

소스치는 매너

소스가 포트에 넣어져 있을 때에는 소스포트를 왼쪽 손으로 쥐고 친다.

6) 후식(Dessert)

서양요리에서 디저트로는 일반적으로 단맛을 내는 과자나 아이스크림, 과일 등이 나온다. 서양요리에서는 설탕을 사용하지 않거나 아주 적게 사용하므로 식사 후의 디저트는 달콤한 것이 많다.

디저트로 수분이 많은 과일이 나오면 이러한 과일은 스푼으로 먹는다. 그런데 수박과 같이 씨가 많은 과일의 경우 가능하면 씨는 입 속에서 발라내어 스푼에 뱉어 접시에 놓는 것이 좋다. 포도는 손으로 먹어도 상관없다.

Check Point

Finger Bowl은 언제 사용하나?

식탁에 핑거 볼(손가락 씻는 그릇)이 놓여 있다면 디저트로 과일 등을 먹기 전에 엄지, 검지, 중지를 살짝 미지근한 물에 담갔다가 냅킨으로 닦는데, 만약 손을 자주 닦아야 하는 음식물이 나오는 경우는 식사를 하면서 수시로 사용도 된다.

주의할 점은 핑거 볼에는 한 손가락씩 씻는 것으로 손가락 전체 한꺼번에 넣는 것 식탁에서 금기시 되고 있다.

Check Point

커피의 기원과 커피 한 잔의 매너는?

커피의 원산지는 북아프리카의 에티오피아의 고산지대라는 설과 홍해를 사이에 두고 에티오피아와 마주보는 남부 예멘이라는 설이 있다. 그런데 커피를 마시는 습관은 예멘의 도시 아덴의 시민들이 가장 먼저 개발했다. 커피는 이슬람의 복음과 함께 중동 전역과 유럽, 북아프리카 전역으로 퍼져 나갔다.

유럽에 커피가 처음 소개 된 것은 1600년쯤으로 당시 이슬람과 무역을 주도했던 이탈리아 베네치아 상인들에 의해서였다. 우리나라에 커피가 전래된 시기는 임오군란(1882) 이후이다(김성윤, 2004: 17-42).

커피가 나오면 상대방에게 설탕과 프림에 대한 기호를 묻고 먼저 권하는 것이 좋은 매너이다. 설탕통에서 설탕을 덜 때는 반드시 공용의 스푼을 이용해야 하고, 커피를 저을 때는 한 방향으로만 저어 거품이 생기지 않게 하는 게 좋다. 커피에 거품이 생기면 맛과 향이 떨어진다. 커피를 저은 후에는 커피스푼을 커피잔의 뒤에 놓으면 된다. 간혹 커피스푼을 커피잔에 넣은 채 커피를 마시는 경우가 있는데 좋은 매너가 아니다.

커피잔은 엄지와 집게손가락으로 손잡이를 잡고 마시며 잔을 다른 손으로 받쳐 들거나 받침접시를 커피잔과 함께 드는 것은 좋지 않다. 커피는 스푼으로 떠먹거나, 불면서 마시면 안 된다. 뜨거우면 이야기 꽃을 피우다가 잠시 후에 마시는 것이 좋다.

(허은아, 273-274)

6)-1 식후주(digestif · 디제스티프)

식후주는 식후에 소화를 촉진하기 위해 마시는 술로 일반적으로 알코올 도수가 높은 브랜디나 위스키를 자주 마신다. 또한 demi-tasse란 식후에 마시는 커피와 홍차 같은 음료를 말한다.

7) 기타 음식 매너

(1) 빵과 피자

빵은 무게에 따라 225g 이상이면 브레드(bread)라 부르고, 60~225g의 것은 번(bunn), 60g 이하이면 롤(roll)이라 부른다. 빵은 처음부터 식탁에 놓여 있더라도 수프를 먹고 나서 먹기 시작한다. 즉, 빵은 요리와 함께 시작해서 디저트를 들기 전에 끝낸다.[119)]

아침의 토스트는 나이프로 잘라서 네 쪽이 되면 한쪽을 쥐고 잼을 발라서 먹는 것이 좋은 매너이다. 또한 크루아상이나 롤빵은 한 입 크기로 떼어서 먹는다. 치아로 잘라서 먹으면 안 된다(최기종, 2007: 101).

식탁에 여러 개의 빵 접시와 물 컵이 있는 경우 자신의 빵 접시는 왼쪽에 놓인 것이고, 물은 자신의 오른쪽에 있는 것이 자신이 먹을 수 있는 물이다. 따라서 오른쪽의 빵 접시를 잘못 사용해서는 안 된다. 빵을 먹을 때는 포크와 나이프를 사용하지 않으며, 전체에 버터를 바르지 말고 한 입으로 먹을 수 있는 크기로 빵을 잘라 놓고 버터를 바른다.

차와 함께 나오는 보통의 샌드위치는 어떤 Cutlery도 사용하지 않고 손으로 먹는다. 그러나 2층이나 3층으로 된 대형 샌드위치(double decker or triple decker)는 작은 조각으로 썰어서 손이나 포크로 집어 먹는다. 피자는 그냥 손으로 먹는 음식이나 흐르는 재료가 들어 있기 때문에 주의해야 한다.

119) 박한표, 「전게서」, p.126.

케이크 먹는 방법

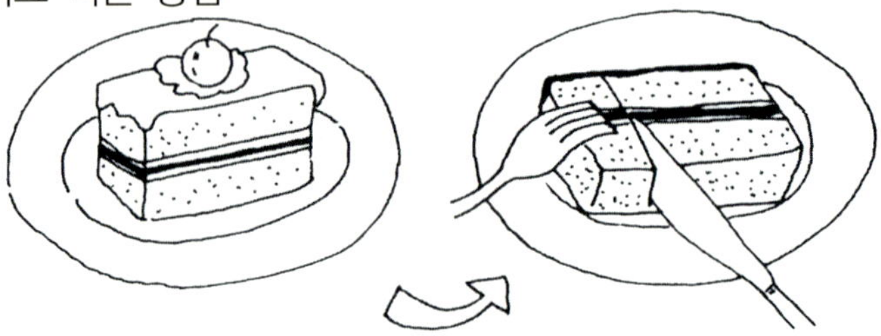

눌러 자르든 옆으로 뉘어 자르든 무방하다. 위로부터 나이프를 사용하여 눌러 자르면 된다.

피자

피자는 정식의 자리에서는 나이프, 포크로 먹지만, 보통은 손으로 먹는다.

(2) 스파게티 및 면류

스파게티 등의 면류는 포크와 큰 스푼을 필요로 한다. 왼손에 스푼을 쥐고 접시에 수직이 되게 대고, 오른 손에 포크를 쥐고 스푼에 대고 돌려 스파게티의 가닥을 감아 먹는다.

스파게티

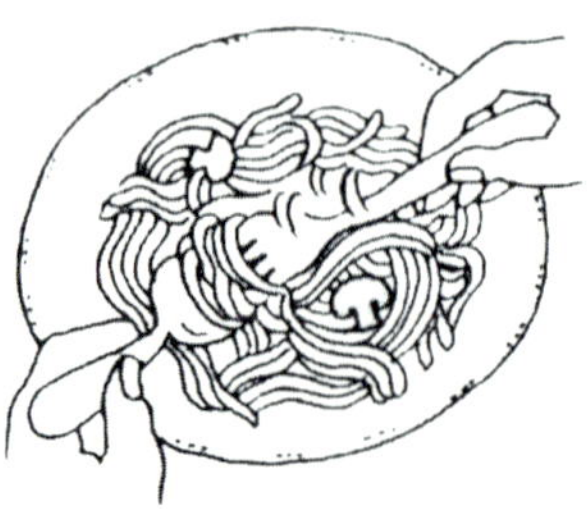

스푼을 이용해서 포크에 감아 먹는다.
(국수를 이로 자르지 않는다)

카레

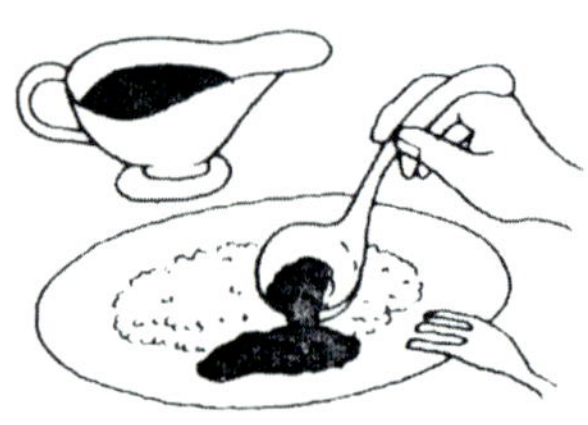

카레를 라이스에 조금씩 쳐서 먹는다.
(한 번에 다 쳐서 먹지 않는다.)

(3) 주류(酒類)

알카리성 음료인 와인은 육식이 주 요리인 서양식탁에서 꼭 필요하다. 와인은 요리와 함께 마시기 시작해 요리와 함께 끝낸다. 즉, 디저트가 나오기 전까지 마신다.

와인을 마시기 전에는 입안의 음식을 다 삼키고 입 주위를 한번 닦은 후 마셔야 한다. 그 이유는 입안의 음식물과 와인이 섞이게 되면 와인 특유의 풍미가 사라지고 기름기 같은 음식자국이 와인잔에 묻기 때문이다.

Check Point

서빙되는 와인과 같은 주류를 마시고 싶지 않을 때는?

와인이나 주류(酒類)를 마시고 싶지 않은데 웨이터가 술을 술잔에 따르려고 하면 술잔 가장자리에 가볍게 손을 얹고 “No Thanks”라고 하면 된다.

간혹 술잔을 엎는 경우가 있는데 서양식 테이블매너에서 술잔을 엎는 것은 금기시되고 있으므로 삼가해야 한다. 또한 건배용 샴페인은 마시지 않더라도 조금 받아두는 것이 좋다.

8) 식사중의 기타 매너

즐거운 식사 시에는 예상치 않은 일이 발생할 수도 있다. 이로 인해 상처를 입거나 옷을 더럽히거나 손을 데이거나 테이블에 물을 쏟는 등 여러 가지 다양한 상황이 발생할 수 있다. 특히 서양요리는 기본적으로 식탁에 살인도구들이 있다. 즉, 항상 포크와 나이프를 사용하므로 상당한 주의가 필요하다.

(1) 식사 중에 갑작스러운 실수를 한 경우

식사 중에 물을 엎지르거나 포크나 나이프를 떨어뜨린 경우에는 가능한 다른 사람이 모르게 조용히 오른손을 들어 웨이터에게 신호를 보내 도움을 청한다. 자신이 해결하려고 해서는 안 된다. 보기도 좋지 않고 또 다른 실수를 할 수가 있다

특히 포도주를 엎질렀을 때 냅킨으로 닦으면 안 된다. 냅킨에 포도주가 배이면 더 큰 실례를 범하게 되는 것이다. 또한 우리나라 사람들의 경우 웨이터가 음식이나 음료를 서빙할 때 친절한 마음으로 음료를 받아 주거나 접시를 치워주거나 그릇을 포개 놓은 경우가 있는데 이러한 행동은 테이블 매너에 맞지 않다(허은아, 2003: 269, 249).

서양의 테이블 매너는 원칙적으로 누구에게나 왕족이나 귀족처럼 행동할 것을

요구한다. 따라서 냅킨이나 나이프 또는 포크가 바닥에 떨어졌을 때 본인이 주워서는 안 된다. 떨어진 물건은 웨이터가 주워줄 때까지 기다리는 것이 좋다. 단 같은 식탁에 앉아 있는 여성이 물건을 떨어뜨리고 주우려고 할 때는 남성이 주워 웨이터에게 건네주고 새것으로 바꾸어 주도록 하는 것이 보기 좋다.

(2) 뜨거운 음식이나 상한 음식을 먹었을 때

아무 생각 없이 먹은 음식이 너무 뜨거울 때가 간혹 있다. 이럴 때는 일차적으로 찬물을 먹는다. 그런데 식탁주변에 물이 없는 경우나 상한 음식을 먹은 경우에는 냅킨에 싸서 뱉는데 뱉어낸 것이 잘 안보이도록 냅킨으로 가려서 뱉고 그릇 한쪽에 놓아둔다.

(3) 생선가시가 목에 걸렸을 때

식사 중에 생선가시가 목에 걸렸을 때는 일차적으로 물을 마시거나 냅킨으로 입을 가리고 기침을 하는데 목에 걸린 생선가시가 잘 나오지 않은 경우에는 손가락으로 입에서 꺼내는 것도 실례가 되지 않으나, 다른 손이나 냅킨으로 입을 가리고 해야 한다.

(4) 기침, 재채기, 코 풀기를 하고 싶은 경우

식사를 하다보면 음식을 먹는 자리이지만 인간이기 때문에 다양한 생리적인 현상이 발생하게 되는데 예를 들어 기침이나 재채기가 나오려고 하면 손수건 또는 냅킨으로 코와 입을 먼저 가려야 한다.

식탁에서 기침을 하거나 코를 푸는 행위는 하여도 무방하나 기침은 손으로 가리고 하고, 코는 손수건으로 완전히 감싸고 해야 한다. 그러나 코를 풀고 싶을 때에는 양해를 구하고 자리를 뜨는 게 좋다. 코를 풀 때나 땀을 닦을 때는 자신의 손수건이나 휴지를 사용해야지 냅킨을 사용해서는 안 된다.

(5) 식탁에서 이쑤시개를 사용하고 싶은 경우

식탁에서 다른 사람이 있는데 이쑤시개를 사용하는 것은 좋지 않다. 만약 말을 하기가 불편할 정도가 된다면 냅킨으로 표시나지 않게 살짝 처리 하거나 식사를 마친 다음에 화장실에 가서 처리해야 한다.

무역매너 에세이

"까다로운 요리를 먹을 때 매너"

정찬 요리에 스테이크만 있는 것은 아니다. 코스마다 제공되는 요리는 종류도 다양하고 먹는 방법도 다채롭다. 이처럼 이국적인 모든 요리를 완벽하게 다룬다는 것은 보통사람으로서 불가능한 일이다. 그러므로 부담 없이 편안한 마음으로 몇 가지 까다로운 요리를 먹어 보도록 하겠다.

일단 고급 전채요리인 '푸아그라 테린'부터 시작할까 한다. '푸아그라'란 특수한 방법으로 사육한 거위의 간이다. 이것은 용기에 넣은 채로 불에 익힌 후, 차가운 상태로 구운 토스트 등과 제공된다.

적당히 잘라 빵 위에 얹어 먹거나 빵과 교대로 먹는다. '푸아그라'가 날 것으로 제공되면 빵에 발라먹기도 된다. 캐비어는 철갑상어알을 소금에 절인 것으로 카스피해산을 최고로 친다. 함께 제공되는 토스트나 비스킷에 캐비어를 얹고, 곁들여져 나오는 삶은 달걀이나 파슬리, 양파 다진 것을 올려서 먹는다.

생굴은 대개 껍질에 붙은 채로 나온다. 같이 나오는 레몬을 뿌린 후 생굴용 포크로 껍질에서 떼어내 먹고, 껍질에 남아있는 국물은 손으로 들고 마신다. '에스카르고'는 프랑스 특유의 달팽이 요리로 껍질째 제공되거나 전용그릇에 살만 나오기도 한다. 뜨거울 때 먹어야 제 맛으로, 껍질째 나오면 전용집게로 고정시킨 후 포크로 발라먹는다.

요즘 많이 대중화된 랍스터는 보통 껍질째 요리돼 나온다. 그러면 머리 쪽을 포크로 누르고 나이프로 껍질과 살 사이에 칼집을 낸 다음, 포크로 살을 들어 올려 떼어낸다. 접시에 올려 적당한 크기로 잘라먹으면 된다.

메인요리로 T본스테이크를 주문했다면 일단 뼈를 발라내야 한다. T본스테이크는 T자형의 뼈를 중심으로 한쪽은 등심, 다른 한쪽은 안심이다. 일반적으로 웨이터가 손님 앞에서 발라주지만, 자신이 직접 처리해야 하는 경우도 있다. 꼬치요리가 나오면 맨손으로 꼬치를 잡지 않는다. 냅킨으로 꼬치를 잡고 포크로 요리를 빼서 접시에 모아 놓고 먹는다. 해산물의 경우는 꼬치에서 쉽게 빠지므로 포크로 한 끝을 고정시킨 후 나이프로 하나씩 빼면서 먹는다.

이국적인 요리 카레는 영어로 'Curry'이며, 'Curry and Rice'가 바로 카레라이스이다. Curry류의 요리는 2~3 순가락 분량을 라이스에 조금씩 부어먹는다. 한꺼번에 부어서 먹는 것은 매너가 아니다. 한꺼번에 여러 종류 요리를 먹고 보니 정신이 없다. 그것도 생경한 요리들이니 말이다. 어디 이런 요리를 접할 기회가 있을까 싶겠지만, 유비무환이라고 했다. 자신의 이미지를 확실히 업그레이드시킬 수 있는 기회는 예고하고 찾아오지 않는다.

(중소기업뉴스, 2007.7.18)

Check Point

식사도중 비즈니스에 관한 이야기는 언제 하는 게 좋은가?

비즈니스에 관한 이야기는 식탁에 앉자마자 하지 말고 메인 요리의 접시가 치워진 뒤부터 시작하는 게 좋다[120]. 그러나 인도에서 가정으로 초대 받은 경우에는 그 날만큼은 비즈니스 이야기를 하지 않는 것이 좋다. 인도사람들은 손님을 초대한 경우 손님이 즐겁게 음식을 먹고 그 시간을 즐기길 바라기 때문이다.

Check Point

Doggie bag이란 무엇인가?

Doggie bag이란 식당에서 먹다 남은 음식을 싸 달라고 하여 갖고 오는 것을 말한다. 이 용어는 식당에서 먹고 남은 음식을 갖고 가서 개에게 주었으면 좋겠다고 부탁한데서 유래하였다.

서양에서는 Doggie bag이 매너에 어긋나는 행동이 아니므로 남은 음식을 가져가고 싶다면 "Could I have a doggie bag, please?"라고 하면 된다.

Check Point

'내가 쏜다'를 어떻게 표현하나?

우리나라의 경우 식사 후 계산을 할 때 서로 돈을 낸다고 실랑이 아닌 실랑이를 벌이는 아름다운 모습이 다반사이지만 다른 나라에서는 이런 모습을 보기 힘들다.

따라서 식사 후 각자 부담하지 않고 본인이 전부 지불하고 싶으면 그 입장을 분명히 표현해야 되는데 그때는 "You are my guest, today."라고 말하거나 계산서를 손에 잡으면서 "Let me take care of it."이라 하든가 "it's on me."라고 하면 우리가 자주 사용하는 내가 쏜다는 표현이 된다.

또한 각자 부담하고 싶을 땐 "Let's go Dutch, shall we?"라고 하면 되고 웨이터에게 "Could we have separate checks?"라고 하여 계산할 때에 따로 부탁하면 된다.

---

120) Dana May Casperson, op.cit., p.71.

과일 먹는 방법

스푼을 이용하는 과일 - 수분이 많은 과일

종류	먹는 방법
참외, 메론	왼손으로 껍질 부분을 누르고 오른손에 든 스푼으로 오른쪽부터 떠먹는다. 먹기 좋게 칼질하여 나온 경우에는 포크를 이용한다. 단, 포크나 나이프 그리고 스푼이 같이 나온 경우에는 스푼만으로 먹는 것이 보기에 좋다. 나이프와 포크를 사용할 때 밑쪽의 푸른 부분까지 들어가면 너무 궁색해 보인다.
수박, 파파야	씨는 포크나 스푼을 이용, 끝으로 살짝 빼낸다. 메론과 같은 방식으로 먹는다.
그레이프 프루츠	톱니 모양의 스푼으로 하나씩 파먹는다.
딸기, 양딸기	꼭지가 붙어 있으면 손으로 집어 설탕에 찍어 먹는다. 꼭지가 없으면 스푼으로 하나씩 먹는다.
콤포트(compote)	시럽과 함께 나온다. 콤포트는 포크로 먹고, 시럽은 스푼으로 떠먹는다.

나이프와 포크를 이용하는 과일 - 수분이 적은 과일

종류	먹는 방법
사과와 배	**유럽식:** 먼저 칼로 사과를 4등분 한다. 다음 포크로 과육을 누르고 나이프로 심 부분을 삼각형으로 잘라낸 다음 다시 한 번 나이프로 밑쪽 껍질 부분을 벗기고, 먹기 좋게 잘라 먹은 후 나머지 부분은 접시에 엎어놓는다. 금방 색이 변하기 때문이다. **미국식:** 4등분까지는 같고, 다음 단계로 손에 잡고 나이프를 이용하여 심과 껍질을 벗겨낸 후 바로 먹는다. 어설프게 포크와 나이프를 사용하기보다는 이 방법이 나을 수 있다.
네이블 오렌지	나이프로 오렌지를 두 조각으로 자르고, 알맹이를 떼어낸 다음 스푼으로 먹는다.
복숭아	한 손으로 복숭아를 쥐고 다른 한 손으로 나이프를 이용, 껍질을 벗긴다. 씨를 발라낸 후 한 조각씩 썰어 먹는다. 미리 다 잘라 놓으면 과즙이 흘러나오므로 한 조각씩 먹는다. 씨를 발라낼 수 없으면 포크로 과육을 누르고 나이프로 토막낸다.
바나나	바나나는 보통 양쪽 끝을 자른 후 제공하는 것이 일반적이다. 나이프로 바나나 밑 부분의 껍질을 도려낸 다음 껍질을 벌려놓고 한 조각씩 썰어먹는다.

손가락을 이용하는 과일

종류	먹는 방법
오렌지	나이프를 이용하여 세로로 이등분한 다음 껍질을 벗기고, 접시 위에 놓은 채 손가락으로 하나씩 떼어먹거나 큰 것은 나이프로 두 토막 내어 먹는다.
포도	포도는 송이를 쥐고 한 알씩 떼어먹는다. 아무리 작은 것이라도 한꺼번에 여러 개를 먹지 않는다. 한 알씩 떼어 먹고, 껍질과 씨는 손으로 받아 접시나 쟁반 가장자리에 둔다. 씨나 껍질을 뱉어낼 때는 손가락으로 꺼내지 말고 주먹을 가볍게 쥔 후 그 안에 뱉어 접시 한 군데에 모아둔다. 거봉은 포도 알맹이를 그릇에 놓은 채 한 손으로 잡고, 나이프 끝으로 가운데를 찔러 씨를 뺀다. 씨 없는 포도는 통째로 먹는다. **유럽식 포도 먹는 법** 유럽에서는 포도를 통째로 먹는 것이 일반화되어 있다. 한국식으로 껍질과 씨를 뱉어내면 그들은 어리둥절해 하며, "포도는 껍질과 씨 때문에 먹는 거예요! 왜 버리시죠?"라고 묻는다. 이때 당신은 무어라 대답 하겠는가? "농약 때문에!"라고 말할 확률이 100%이겠지만, 유럽에서는 포도에 농약이란 상상할 수 없다. 왜냐하면 통째로 먹는 것이니까.
체리	꼭지가 달려 있을 때는 꼭지를 쥐고 껍질 채 먹어도 되며, 포도와 마찬가지로 씨는 주먹 안에 가려 뱉는다.
자두	자두는 씨만 남기고 깨끗이 먹는다.

자료: 박준형(2002)

무역매너 에세이

"칼국수가 Knife-cut Noodles?"

칼국수의 영어 표기가 'Knife-cut Noodles'? 김밥의 영어 표기가 'Kim bap'?

이제는 이런 고민을 덜게 됐다. 칼국수는 'Noodle Soup', 김밥은 'Dried Seaweed Rolls(Korean Rolls)'로 한식 음식점의 영문 메뉴 표기가 통일된다. 음식점마다 제각각이어서 외국인들이 느끼는 불편을 해소하고, 한식을 세계에 제대로 알리기 위한 것이다. 농림수산식품부는 이같이 대표적인 한식 메뉴 124개에 대한 외국어 표준 표기안을 마련했다고 5일 밝혔다. 이번에 마련된 표기안은 영어, 일본어, 중국어 등 3개 언어다.

표기안에 따르면 한정식은 영문으로 'Traditional Korean Set Menus'라고 표기한다. 밥류 가운데 김치볶음밥은 'Kimchi Fried Rice'로, 돌솥비빔밥은 'Sizzling Stone Pot Bibimbap'이라고 쓴다. 갈비탕은 'Short Rib Soup'로, 곰탕은 'Thick Beef Bone Soup'로 표기한다.

찌개류는 보통 'stew'를 덧붙여 된장찌개는 'Soybean Paste Stew'로, 부대찌개는 'Spicy Sausage Stew'로 쓴다. 곱창전골은 'Spicy Beef Tripe Hot Pot', 족발은 'Pigs' Trotters'다. 최근 세계화 메뉴로 주목받는 떡볶이는 'Stir-Fried Rice Cake'라고 표기한다. 이 외에도 영문 표기가 마련된 메뉴는 잣죽, 간장게장 등 다양하다.

표기안은 문화체육관광부와 외교통상부, 한국관광공사, 국제교류재단 등 관련 기관이 협력해 국립국어원에 로마자 표기에 대해 자문하고 음식, 조리, 외국어 전문가로 구성된 위원회의 검토를 거쳐 마련됐다. 농식품부는 이 표기안을 사용해 음식 사진, 주재료, 조리법, 곁들여 먹는 국이나 양념장 등을 함께 소개한 책자를 만들어 국내외 한식당에 보급할 계획이다. 식품정보 포털(www.foodinkorea.co.kr)에 e북 형태로도 실린다. 농식품부 관계자는 "프랑스어와 스페인어판도 마련하는 등 표기안을 확대할 방침"이라고 말했다.

(동아일보, 2009.11.6)

3. 주류(酒類)와 음주(飮酒) 매너

술의 종류

술은 제조과정상 양조주, 증류주, 혼성주로 분류된다.

술은 당분이 변한 것이다. 포도를 비롯한 과일에는 당분이 있어 쉽게 술이 되지만, 쌀이나 보리 등의 곡류는 주성분인 녹말이 당분으로 변해야 술이 될 수 있다. 이처럼 녹말이 당분으로 변하는 과정을 당화(糖化)라고 한다. 우리가 매일 먹는 밥을 오래도록 씹으면 단맛을 느낄 수 있는 것도 쌀이 당화과정을 거치면서 나타나는 현상이다(김준철, 2004: 7)

음료의 구분

- 음료
  - 알코올성 음료
    - 양조주(Fermented): Wine, 맥주, 약주
    - 증류주(Distilled): Brandy, Whisky, 소주
    - 혼성주(Compounded): 리큐어(Liqueur)
  - 비알코올성 음료
    - 청량음료
      - 탄산성 음료(Carbonated): 콜라, 사이다
      - 비탄산 음료(Non-Carbonated): 광천수
    - 영양음료
      - 주스류
        - 과일 주스(Fruit Juice): 오렌지, 사과 주스 등
        - 비탄산 음료(Non-Carbonated): 광천수
      - 우유류
        - 살균 우유(Pasteurized)
        - 미살균 우유(Non-Pasteurized)
    - 기호음료
      - 커피류
        - Regular Coffee
        - Sanka Coffee
      - 다 류
        - 홍차(Tea)
        - 녹차(Green Tea)
        - 인삼차(Ginseng Tea)

자료: 이동철(2001).

1) 양조주(brewage, fermented beverages)

양조주 = 맥주, 와인, 막걸리, 청주 등

동양에서는 곡류를 이용하여 만든 술을 그대로 마시는 탁주(濁酒)와 탁주를 가라앉혀서 얻는 맑은 술인 청주(淸酒)가 애용되었고, 서양에서는 포도 재배가 잘되는 곳에서는 와인이 그렇지 못한 곳에서는 맥주가 발달하였다(김주철, 2004:8). 이러한 양조주는 발효주라고도 하며 곡식이나 과일을 단순히 발효해서 만든 술로 맥주, 와인, 샴페인, 청주 등이 이에 해당된다.

(1) 맥주(BEER)

- 라거 맥주 : 살균처리된 맥주
- 드래프트 맥주 : 살균 처리하지 않은 생맥주
- 스타우트 맥주 : 영국의 흑맥주

맥주는 보리, 물, 호프, 효모를 사용하여 제조한다. 맥주는 일반적으로 차게 해서 마시는데 여름에는 5~8도, 겨울에는 10~12도가 적당하며 따를 때에는 거품이 생기게 해야 맥주의 향과 맛이 살아난다.

(2) 포도주(WINE)

와인은 고대부터 있었다. 포도가 자연적으로 떨어지면서 껍질에 있던 효모가 포도의 당분과 합쳐져 발효함으로써 와인이 생겼다. 인류가 와인을 마시기 시작한 기록은 기원전 4000년 전부터로 메소포타미아 문명의 유적지의 벽화에서 와인의 제조과정이 발견되고 있다. 와인의 제조법은 기원전 1500년경에 그리스와 로마에 전파되었으며, 로마제국의 번영과 함께 유럽의 전 지역으로 확산되었다(이동현, 2008: 12)

① 와인 종류

포도주는 적포도와 백포도를 원료로 하여 포도를 발효하고 숙성하여 제조되는데 포도주의 종류는 다음과 같다.

- 적포도주
  - 적포도를 껍질과 함께 발효한 진하고 신맛의 붉은 포도주로, 육류와 같은 무거운 음식에 적당하다.
- 백포도주
  - 백포도의 껍질을 제거한 후 포도즙만을 발효시킨 것으로 맑고 부드러워 생선요리와 같은 가벼운 음식에 적당하다.
- 샴페인
  - 샴페인(Champagne)은 원칙적으로 프랑스 샹파뉴(Chanmpagne) 지방에서 생산된 발포성 포도주만을 일컫는다. 샴페인은 샹파뉴의 영어식 발음이다(김준철, 2004:15).
  - 포도즙만을 발효시킨 후 병속에 넣고 재발효시켜 가스가 포함된 발포성 포도주로 생일파티 등 축하용으로 자주 사용한다.
- 쉐리
  - 제조과정 도중에 알코올을 가미한 스페인산 포도주로 식전 포도주로 유명하다.
- 로제
  - 적포도를 껍질과 함께 발효하는 도중에 껍질을 제거하여 만든 연붉은 포도주이다.

② 와인잔의 요건

와인잔은 입술이 닿는 부분을 립(lip)이라고 하고, 손으로 잡는 부분을 스템(stem)이라고 하며 테이블에 닿는 부분은 베이스(base)라고 한다(이동현, 2008:61). 와인잔은 투명해야 와인의 빛깔을 제대로 볼 수 있게 해준다. 길쭉한 손잡이는 와인이 잘 보이게 할 뿐만 아니라 손에서 전달되는 열로부터 와인의 온도를 보존해 주는 역할을 한다.

와인의 향을 제대로 음미하기 위해서는 와인잔이 둥글고 그 입구는 약간 좁은 것이 와인의 향기가 모아지기 때문에 좋다. 레드와인의 잔은 샴페인 잔보다는 넓은 편이고 샴페인이나 스파클링 와인잔은 길쭉한 튤립 모양의 유리잔이 와인의 탄산기포가 잘 보존되기 때문에 이상적이다.

양주잔의 종류

① whisky glass 또는 shot glass
② punch glass
③ liqueur glass
④ sherry glass
⑤ sour glass
⑥ white wine glass
⑦ red wine glass
⑧ brandy glass
⑨ cocktail glass
⑩ champagne glass
⑪ goblet
⑫ old Fashioned glass

③ 와인을 마시는 방법

와인을 마시는 순서

① ② ③

와인은 눈과 코와 입을 이용해 삼단계로 즐기면서 마신다. 눈으로는 와인의 상태나 품질을 파악하고, 코로는 와인의 향을 느끼고, 입으로는 와인의 맛을 느낀다.

와인은 잔을 가득 채우지 않고 잔의 1/3정도만 따른다. 그 이유는 가득 채우면 와인의 색상과 향을 즐길 수 없기 때문이다. 손의 체온으로 와인의 온도가 변하면 고유의 맛을 느낄 수 없으므로 와인잔은 잔의 다리부분이나 받침 부분을 잡는다.

가. 시각단계

1/3 정도 담긴 와인잔을 기울여 와인의 색상을 관찰한다. 숙성된 지 얼마 안 되는 와인일수록 루비색을 띄고, 숙성된지 오래된 와인일수록 갈색의 느낌이 더해진다. 색이 진한 와인일수록 좋다.

와인잔 뒤에 책을 놓고 읽어 보면 와인의 투명도를 알 수 있다. 뿌옇거나 탁하면 좋은 와인이라고 할 수 없다. 또한 와인잔을 눈높이 정도로 들어서 불빛에 비춰보면 선명도를 알 수가 있다. 선명해야 좋은 와인이다. 육안으로 보았을 때 맑고 깨끗하며 투명하고 진한 색상의 와인이 좋은 와인이다.

나. 후각 단계

시각 단계가 끝난 후 후각 단계로 넘어가는데 바로 잔을 흔들어 향을 맡기 보다는 우선 은은히 풍겨 나오는 향기를 맡는다. 어떤 와인이든 자기가 가진 향을 품어내지만, 흔들지 않아도 은은히 풍겨 나오는 향기를 가진 와인이 좋은 와인이다. 좋은 향기도 중요하지만, 그 향기를 얼마나 지속하느냐도 좋은 와인의 조건이다.

다. 미각 단계

와인을 바로 마시는 것이 아니라 한 모금을 입안에 넣고 입안 곳곳을 적시거나 조심스럽게 씹어 보는 것도 좋다. 그리고 입술을 둥글게 오므려서 한 모금 공기를 들이마시면 와인의 향이 호흡을 통해 느껴진다.[121] 와인은 한 번에 비우지 않는다. 맛을 음미하면서 한 모금씩 즐긴다.

와인은 글라스를 테이블 위에 놓아둔 채로 따라 받는다.

와인을 거절할 때는 글라스 위에 가볍게 손가락을 몰려 놓으면서 "이제 됐습니다"하고 거절한다.

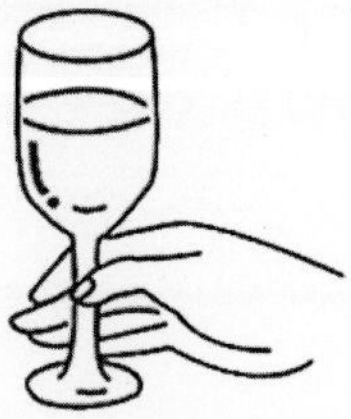

와인글라스를 그림과 같이 엄지와 인지로 잡는다.

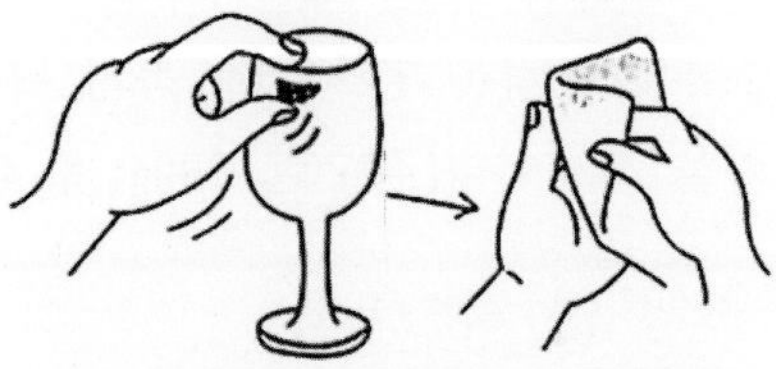

글라스에 루즈가 묻었을 때는 먼저 손가락 끝으로 글라스의 오염을 제거한다. 그리고 그 손가락은 냅킨으로 닦는다.

세계 도시의 주요 와인 가격 비교

(단위: 달러)

와인 종류	몬테스 알파 카베르네 쇼비뇽 2003(칠레)	사토 무통 로칠드 2001(프랑스)	사토 탈보 2002 (프랑스)	켄달 잭슨 빈티너스 리저브 카베르네 쇼비뇽 2003(미국)	제이콥스 크리크 카베르네 시리즈 (호주)
서울	37.5~40.6 (3만4900~3만8000원)	643~725.8 (5만8000~67만5000원)	58.8~91.4 (5만4700~8만5000원)	42.9~53.8 (3만9900~5만원)	12.8~21.5 (1만1900~2만원)
뉴욕	12.9~19.9	199.9~205	29~33	13.9~19.9	5.9~8.9
LA	16.9	155.9~234	30~39	16.9~21.9	5.9~11.9
도쿄	17.4(2090엔)	297(3만5700엔)	54.2(6510엔)	30.6(3675엔)	-
런던	21.9	205.9~229.7	40~55	19~25	10.1~11.4
홍콩	-	337~409	47~57	-	-
시드니	-	284	-	-	6

* 서울은 주요 할인점, 백화점 가격, 나머지 도시는 국제 와인 기격 사이트(www.winrsearcher.com) 참조. 단 일본은 일본의 대표적 와인숍 에노테카(www.enoteka.co.jp) 참조

* 환율은 1달러 = 930원 및 120엔으로 계산

121) 대한항공

2) 증류주(liquor)

- 증류주: 양조주를 증류하여 → 강한 알코올을 함유한 술
- 위스키: 곡물을 원료로 한 양조주를 증류한 술
- 브랜디: 포도를 원료로 한 양조주를 증류한 술
- 진: 곡물을 발효하고 증류하여 주니퍼 베리가향을 첨가
- 보드카: 곡물과 감자, 호밀, 귀리 등을 원료로 한 술
- 럼: 사탕수수를 원료로 한 술

증류주는 곡류와 과실 등을 원료로 발효해서 양조한 양조주를 증류(distill)[122]하여 강한 알코올의 함유 비율을 높인 술을 말하는 것으로 위스키와 브랜디, 진, 럼, 보드카 등이 이에 해당된다.

동양에서는 곡주를 증류하여 소주, 고량주 등의 독한 술을 만들었다. 서양에서는 와인을 증류하여 브랜디를, 곡주를 증류하여 위스키, 진, 보드카를, 사탕수수로 만든 술을 증류하여 럼을 만들었다. 특히 위스키나 브랜디는 오크통에서 우러나는 성분이 맛과 향을 좌우한다(김주철, 2004: 8, 19).

(1) 위스키(WHISKY)

위스키는 곡물을 발효시켜 만든 양조주를 증류하여 만든 술이다. 즉, 곡물(보리, 옥수수, 호밀, 귀리)을 원료로 하여 곡주를 증류하고 오크통에서 수년간 숙성하여 제조된 술이다. 위스키는 스코틀랜드, 아일랜드, 미국, 캐나다산이 유명하다. 시바스 리갈(Chivas Regal), 발렌타인(Ballentine)과 같은 스코틀랜드 산 위스키를 스카치 위스키라 부른다. 이외에도 짐빔(Jim Beam)과 같은 미국산 버본 위스키, 씨그램스 브이오(Seagram's V.O), 하이램 워커와 같은 캐너니언 위스키, 콜래인(Coleuaine)과 같은 아이리쉬 위스키 등이 세계적으로 유명하다. 위스키의 영문 표기는 스코틀랜드와 캐나다의 경우는 Whisky라고 쓰고, 아일랜드와 미국에서는 Whiskey라고 쓴다.

(2) 브랜디(BRANDY)

브랜디는 포도주를 증류하여 숙성시킨 것으로 다른 과일을 원료로 사용했을 때에는 브랜디 앞에 과일이름을 붙인다. 브랜디(Brandy)란 원래 네덜란드어의 브랜더

---

122) 증류란 액체를 가열하여 증기를 만들고 그것을 식혀서 다시 액체로 만드는 것을 말한다. 즉, 양조주를 가열하면 알코올의 끓는 점(78C)이 물의 끓는 점(100C)보다 낮기 때문에 알코올이 물보다 먼저 그리고 더 많은 양이 증발하게 된다. 이 증발하는 기체를 모아 적절한 방법으로 냉각시키면 다시 액체로 변하면서 본래의 양조주보다 알코올 농도가 높은 술을 얻을 수 있다(김준철, 2004: 18).

워진(Brandewijn)에서 유래된 불에 태운 포도주라는 뜻으로 이 용어가 영국으로 건너가 브랜드 와인(Brandy wine)으로 불려졌다가 그 이후에 브랜디로 줄여 부르게 된 포도 증류라는 의미이다.

프랑스의 코냑지방에서는 1630년대 초부터 와인에 대한 세금의 부과 방식이 오크통 기준으로 변경되자 세금을 적게 내기 위해 증류를 시작하였는데 네덜란드와 영국 상인들은 화물부피가 줄어들고 항해기간에도 와인이 변질되지 않아 선호했다. 처음에는 본국에 도착 후 물을 타서 제농도로 판매하다가 점차 독한 술을 그대로 판매하기 시작했다.

특히 오랜 기간 동안 항해를 하느라 부피를 줄이려고 증류한 와인을 주로 오크통에 넣어 보관하였는데, 그 향과 색깔이 좋아지는 것을 알게 되어 오늘날 브랜디가 탄생하게 되었다(김주철, 2004:13, 49)

브랜디의 등급

브랜디의 숙성도 표시	저장 기간
1. ☆☆☆ (3 star)	5년 이상
2. V.O.(Very Old)	10년 이상
3. V.S.O.(Very Superior Old)	15~20년
4. V.S.O.P.(Very Superior Old Pale)	20~25년
5. Napoleon	50년
6. X.O.(Extra Old)	60년 이상
7. EXTRA	75년 이상

① 꼬냑(Cognac)

프랑스 꼬냑지방에서 생산된 브랜디만을 꼬냑이라고 부른다. 오크통속에 수년 또는 수십년 숙성하여 제조된다. “All blandy is not cognac, but all cognac is brandy”.

레미마르뗑(Remy Martin), 헤네씨(Hennessy), 까뮈(Camus), 꾸르부와지에(Courvoisier), 마르텔(Martell), 비스킷(Bisquit) 등이 세계적으로 유명하다.

원래 프랑스 서남부의 꼬냑 지방에서는 좋은 포도주를 생산하지 못해 주로 수출을 하였는데 그 운반량을 줄이기 위하여 증류를 했던 것이 유명한 꼬냑생산지로 발전하는 계기가 되었다.[123)]

123) 박한표외, 「전게서」, pp.169-171.

② 아르마냑(Armagnac)

프랑스 아르마냑 지방에서 생산되는 브랜디로 꼬냑과 거의 비슷하지만 맛과 향취가 더욱 강하다.

(3) 진(GIN)

진은 위스키나 브랜디와 같은 증류주이지만 위스키나 브랜디가 거의 자연발생적으로 발생했지만 진은 17세기 중엽 네덜란드의 프라시스 뒤보아라는 의학자가 이뇨효과가 있다고 알려진 주니퍼 베리(junifer berry)에서 그 성분을 추출하고자 열매를 알코올에 넣고 증류하였는데 이 약용술이 위장약과 해열제로 각광을 받으면서 약국에서 판매되었고, 이 약용술의 주니퍼 베리의 산뜻한 향이 인기를 끌면서 술로 애용되기 시작하였다.

이러한 진은 네덜란드에 주둔해있던 영국군에 의해 스카치 위스키가 영국에서 유행하기 전에 영국에 소개되었다. 1689년 윌리엄 3세가 외국의 주류에 높은 세금을 부과하여 프랑스의 와인과 브랜디의 수입이 급감하면서 영국에서 진이 유행하였고, 미국으로 건너가 칵테일 베이스로 사용되면서 전 세계로 확산되었다(김준철, 2004: 62).

이처럼 진은 원산지가 네덜란드로 곡물을 발효하고 증류하여 주니퍼 베리가향을 첨부한 술로 무색 주니퍼의 향기가 강하다. 칵테일을 할 때 기본주로 많이 사용되며 스트레이트로 마시지 않는다. 진은 네덜란드 진, 런던 드라이 진, 아메리칸 드라이진이 있다.

(4) 보드카(VODKA)

보드카는 14세기경 러시아에서 만들기 시작하여 북유럽 국가들에서 애용되고 있는데 보드카의 어원은 생명의 물이라는 러시아어의 Voda에서 유래되었다(김준철, 2004: 63). 이처럼 보드카는 원산지가 러시아로 주로 감자를 사용하나 감자이외에도 보리, 옥수수, 호밀, 귀리 등의 곡물을 원료로 한 곡주를 증류해서 만든 차고 깨끗한 술로 무색, 무미, 무취의 특징이 있다.

(5) 럼(RUM)

사탕수수 즙을 농축시켜서 설탕 결정을 분리하고 남은 액을 당밀(Sugar Cane Molasses)이라고 하는데 이것이 럼의 원료이다. 럼은 값이 싸 하급주로 취급되고, 주산지인 카리브 연안이 당시에 해적들이 많아 해적의 술로 알려져 있다(김준철, 2004: 66-67).

이처럼 럼은 카리브해의 발바도스가 원산지로 사탕수수를 원료로 만든다. 여름철 칵테일인 트로피컬(Tropical Cocktail)을 만드는데 사용된다.

(6) 테킬라(Tequila)

멕시코의 술을 상징하는 테킬라는 용설란(龍舌蘭)의 일종인 마게이(영어로 agave) 줄기로 만든다. 남미 아즈텍 사람들은 스페인이 증류기술을 남미에 들여오기 이전에 마게이 줄기를 사용하여 우리나라 막걸리 같은 풀케(pulque)라는 술을 애용하였다. 증류기술이 도입된 이후에는 풀케를 증류하여 메즈칼이라는 한국의 소주 같은 증류주를 만들었다.

테킬라는 이 메즈칼중에서 멕시코의 할리스코주에 있는 테킬라라는 마을에서 생산된 품질 좋은 메즈칼을 의미한다. 멕시코에서는 테킬라를 마실 때 한 손에는 라임이나 레몬 한 조각을 들고 엄지손톱이나 손등에 소금을 얹은 후 라임을 한 번 씹고 손등에 얹어 놓은 소금을 핥은 다음 데킬라를 마신다(김준철, 2004: 72).

3) 혼성주(liqueur)

곡물, 과일을 발효과정 → 양조주 → 양조주를 증류과정 → 증류주 → 증류주를 혼합과정(향료+감미+착색) → 혼성주

혼성주는 리큐어(liqueur 리퀘르)라고 하여 증류주를 베이스로 하여 독특한 향기와 색깔(着色料), 단맛을 가미하여 만든 술이다. 이러한 혼성주는 단맛 때문에 식후주로 사용된다.

혼성주가 세계적으로 퍼지게 된 계기는 양차 세계대전 당시에 여러 나라에 주둔한 미군들 때문이었다. 와인, 위스키, 코냑이 유럽의 문화유산이라면 혼성주는 미국문화의 세계적인 유행이라고 말할 수 있다(김준철, 2004: 75)

(1) 칵테일이란?

칵테일이란[124] 하나의 기본 술(基酒: Base)에 두 가지 이상의 술 또는 음료를 섞은 혼합주를 칵테일이라 하는데 알코올을 전혀 함유하고 있지 않은 청량음료나 과

124) 이 칵테일이라는 말의 어원은 미국 독립 전쟁당시 '패트릭 후라나간'이라는 버지니아 소속 군인이 전사를 하면서 갑자기 남편을 잃은 부인이 남편을 잊지 못해 소속되어 있던 부대에서 주방일을 담당하게 되었는데 이때 그녀는 'Bracer'라는 혼합주를 만들어 군인들에게 많은 인기를 끌었고 술에 취한 군인들이 닭의 꼬리털을 Bracer이라는 혼합주에 장식하고는 "그 칵스테일(Cock's tail : 꼬리 깃털) 멋진데"라고 한 것을 다른 장교가 '칵스테일을 술의 이름으로 착각해서 "정말 멋진 술이야"라고 이야기를 했다는 데에서 혼합주를 칵테일이라고 부르게 되었다.

일즙 또는 주스와 주스를 섞어 마시는 것도 칵테일이라 한다.

(2) 칵테일의 용도에 따른 분류

① 식전용 칵테일(Aperitif Cocktail)

식사하기 전에 입맛을 돋우기 위하여 마시는 아페리티프 칵테일로 단맛이 없는 드라이한 맛을 지녀야 한다. 대표적인 것으로는 마티니, 맨해튼, 진 토닉, 네그로니, 캄파리 소다 등이 여기에 속한다.

② 식후용 칵테일(After Dinner Cocktail)

식사 후에 소화를 돕기 위하여 마시는 디저트 칵테일로서 보통 단맛이 나는 것을 말한다. 그래서 당분이 많이 함유되어 있고 소화를 도와주는 리큐르 종류를 사용하는 칵테일이 여기에 속한다. 대표적인 것으로는 그래스호퍼, 알렉산더, 스팅어 등이 있다.

③ 상시용 칵테일(All Day Cocktail)

이것은 식사와 상관없이 마시는 칵테일로 상기 두 스타일을 제외한 거의 모든 칵테일이 여기에 속하며 단맛, 쓴맛, 신맛이 너무 강한 것은 좋지 않다.

대표적인 것으로는 메시콜라, 마가리타, 롱 아일랜드 아이스 티, 싱가폴 슬링, 데킬라 선라이즈 등이 있다[125]. 트로피칼 칵테일(Tropocal Cocktail)이란 열대 지방의 과실 및 과실음료를 사용하여 만드는 열대성 칵테일이다.

125) 대한항공(2004)

칵테일의 종류
• 진토닉(gin tonic): 진에 토닉워터를 섞어 레몬을 넣어 만든 술. • 진 피즈(gin fizz): 진에 레몬, 체리 등과 소다를 섞어 놓은 술 • 마티니(martini): 남성들이 많이 먹는 칵테일로 진에 프렌치 베르무트를 넣어 레몬과 함께 마신다. • 맨하튼(manhattan): 칵테일의 여왕으로 미국산 위스키 bourbon에 단맛이 나는 이탈리안 베르무트와 체리를 섞어 나오는 칵테일. • 블러드 메리(bloody mary): 보드카에 토마토 주스를 섞어 놓은 술 • 위스키 사워(whisky sour): 위스키에 레몬 주스 또는 소다수를 섞어 놓은 술 • 톰 칼린즈(tom Collins): 진에 레몬 또는 라임 주스를 섞어 놓은 것 • 스크루 드라이버(screw driver) 보드카에 오렌지 주스를 섞어 놓은 술.

자료: 대한항공(2004)

Check Point

Straight와 on the Rocks, long drink와 short drink의 차이점은?

• Straight와 on the Rocks

Straight는 향과 맛이 좋은 고급 양주로 그 맛을 음미하기 위하여 술에 아무것도 섞지 않고 마시는 술로 꼬냑 스트레이트 등이 있고 주정도가 높아 작은 술잔으로 마신다. 이에 비해 술을 얼음과 함께 마시는 것을 on the Rocks라고 한다. 얼음으로 차갑게 하고 약간의 도수를 낮게 하여 마시는 것을 말한다.

예를 들어 whisky on the rocks는 위스키를 얼음덩어리가 있는 글라스에 부어서 마시는 술이다. on the rocks이 되기 위해서는 얼음덩어리가 둘 이상 있어야 되며 반드시 얼음을 글라스에 먼저 넣은 다음에 증류주(liquor)를 따르는 것이 올바른 방법이다.

• long drink와 short drink

long drink는 주정도를 낮추는 칵테일을 말하고, short drink는 이보다 더 약간 높여 마시는 칵테일이다. 즉, long은 short보다 취기가 은은하게 천천히 오는 것을 의미한다. 특히 위스키에 소다를 탄 것을 high ball이라고 한다.[126)]

short drink은 짧은 시간 안에 마셔야 제 맛을 즐길 수 있는 칵테일로 보통

10~15분정도 이내에 마셔야만 되는 칵테일을 말하고 대표적인 것으로는 마티니, 맨하튼 등이 있다.

이에 비해 long drink는 증류주(liquor)에 물, 소다, 기타음료를 타서 주정도를 낮추어 마시는 술로 어느 정도 시간이 지나도 제 맛을 유지할 수 있어 20~30분 정도 여유를 두고 마실 수 있는 칵테일을 말한다. 대표적인 long drink는 진에 토닉을 탄 진토닉과 스카치 소다 등이 있다.

Check Point

와인은 어떻게 보관해야 되나?

우리나라에서는 와인을 장식장에 세워서 보관하는 경우가 많은데 포도주는 코르크 마개가 젖을 만큼 병목을 기울여서 빛으로부터 차단된 시원하고 그늘진 곳에 눕혀서 보관해야 한다. 코르크 마개가 마르면 틈으로 공기가 들어가서 와인을 산화시켜 버린다.

Check Point

프랑스 와인의 등급은 어떻게 구분되나?

프랑스는 1935년부터 법으로 와인의 등급표시를 엄격히 통제하고 있다. 1등급와인은 아오쎄(A.O.C)라고 부른다. 이것은 원산지가 엄격히 통제된 상태에서 생산된 와인으로 품질이 가장 뛰어난 와인이다.

이러한 1등급 와인 가운데에서도 그 품질이 특별히 뛰어난 것만을 선별하여 그랑크뤼(Grand Cru)라는 명칭을 부여 한다. 다음 등급은 우수한 품질의 와인이라는 뜻으로 베데퀴에스(VDQS)라고 한다. VDQS는 A.O.C가 되기 위한 준비단계라고 할 수 있다. 이는 프랑스 와인의 1% 정도를 차지한다(이동현, 2008: 41).

그 다음 단계인 뱅 드 빼이(vin de pays)는 각 지방에서 생산되는 품질이 떨어지는 대중적인 와인이다. 마지막 단계인 뱅 드 따블(vin de table)은 일상적으로 마시는 값싼 와인으로 원산지나 품질이 자세히 기록되어 있지 않은 경우가 많은데 이탈리아산 와인을 혼합한 것이 많기 때문이다[127].

126) 이형철, 「전게서」, pp.300-303.
127) 박한표, 「전게서」, p.161.

프랑스 와인의 등급

아오쎄(A.O.C) 1등급	1등급 와인
베데퀴에스(VDQS) 고품질 보장 와인	A.O.C 다음가는 국가 공인 와인
벵 드 뻬이(vin de pays) 지방주	품질에 대한 엄격한 규제는 받지 않으나 원산지 기입이 의무화된 일반 보급용 와인
벵 드 따블(vin de table) 테이블 와인	혼합주로 최하급 포도주

Check Point

와인의 빈티지(Vintage)란?

와인의 빈티지는 포도가 수확된 해의 수확 상태를 의미하는 것이다. 와인의 품질은 여러 가지 요인에 의해 달라지는데 날씨도 그 중의 하나에 속한다. 너무 태양이 강했거나 비가 많이 왔다면 포도가 무르익는데 영향을 주게 된다.[128)]

그래서 포도의 품질이 매해 달라지는 것이다. 따라서 와인을 구입하거나 주문할 때는 Vintage Chart를 참고하면 좋다

128) wineschool.co.kr.

Check Point

와인의 바디(body)란?

와인의 바디란 와인을 입에 머금었을 때 느껴지는 무게감을 말한다. 예를 들어 우유와 같이 묵직한 느낌이 들면 바디가 무겁다고 하고(full-bodied wine), 물과 같이 가벼운 느낌이 들면 바디가 가볍다고(light-bodied wine)말한다. 중간의 느낌은 미디엄 바디 와인(medium-bodied wine)이라고 한다(이동현, 2008: 26-27).

Check Point

올바른 꼬냑 마시는 방법?

꼬냑을 마실 때는 향을 충분하게 즐기기 위해 잔을 따뜻하게 해서 마시는 것이 좋다. 그래서 잔을 한 손으로 감싸 손의 온기로 꼬냑을 데우면서 혀끝에 감돌만큼 아주 조금씩 색과 향, 맛을 눈, 코, 입으로 음미하면서 마시면 된다.

코냑 글라스를 잡는 방법

한 손으로 잡을 때

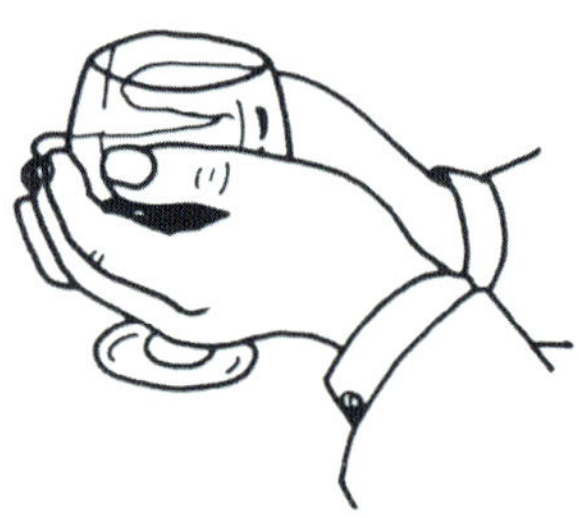

두 손으로 잡을 때

Check Point

건배를 각 나라 말로 표현하면?

술을 마실 때 우리나라에서는 '건배(乾杯)' 미국에서는 cheers라고 하는데 이에 해당하는 다른 나라의 용어는 일본은 건배와 비슷한 간빠이, 중국은 깐뻬이, 프랑스는 아 보트르 상떼(a vortre sante), 독일은 프로지트(prosit), 쭘 볼(zum wohl), 스웨덴은 스칼(skal), 네덜란드는 프루스트(proost), 게룩(geluch), 케나다는 토스트(toast), 소련은 나 조라비아(na zdoravia), 브라질은 사우데(saude) 비바(viva), 아랍은 비스밀라(bismillah), 필리핀은 마부 헤어(mabuhay)라 한다[129]. 서양에서는 일반적으로 디저트를 먹기 전에 건배제의를 다음과 같이 한다.

"Ladies and gentleman, I propose a toast to Mr Kang." 건배제의를 받은 사람들은 잔을 눈높이까지 들고 To Mr. Kang이라고 하면 된다.

건배할 때 글라스는 눈 높이로 한다.

129) 대한항공, 전게서

Check Point

꼭 알아야할 음주매너?

- 와인이나 물 등의 음료는 손님의 오른쪽에서 제공한다.
  - 이때는 글라스를 잡지 말고 테이블 위에 놓은 채로 따르는 것을 기다리는 것이 매너이다.
- 와인을 잔에 따를 때는 앙금이 일지 않게 한다.
- 와인은 종류에 따라 사용하는 잔이 다르므로 주의한다.
- 와인잔은 글라스의 목 부분을 잡는다.
  - 와인이나 샴페인은 차가워야 제 맛이 나는데 몸체를 잡으면 체온으로 말미암아 미지근해 질 수 있기 때문이다.
- 와인을 마시기 전에는 냅킨으로 입을 닦는다.
- 식사 시 와인은 요리를 즐기기 위해 마시는 것이지 술에 취하기 위해 마시는 것은 아니므로 적당히 마신다.
- 칵테일은 대개 차게 냉각된 상태이므로 글라스의 목을 쥐고 마신다.
- 브랜디는 글라스의 목을 오른손 중지와 약지사이에 끼우고 왼손으로 쓰다듬듯이 몸체를 감싸쥐어 술을 체온으로 데운 후 향기와 술을 즐긴 뒤 음미하듯 마시는 것이 좋다.
  - 원샷이나 폭탄주는 지양해야 한다.
- 맥주를 받을 때는 글라스를 기울이지 않는다.
  - 맥주의 생명은 거품이기 때문이다.
- 우리나라는 첨잔을 잘 안하지만 일본에서는 첨잔이 자연스럽다.
- 건배의 시기가 우리나라는 식사가 나오기 전에 하지만 서양에서는 연회가 무르익었을 때 한다.
- 우리나라의 경우 윗사람에게 술을 따를 때 두 손으로 따르지만 대부분의 나라의 경우 한 손으로 따른다.

무역매너 에세이

"막걸리 소믈리에"

"누룩향이 약하네요. 일본식 막걸리인가?" "향이 비릿한 게 탄산수를 쓴 것 같네요.""글쎄요... 그냥 달짝지근한데요. 전분당(澱粉糖 · 녹말가루)이 들어간 거 아닐까요?" 지난 23일 오후 7시 서울 종로구 명륜동에 위치한 '막걸리학교', 사각 탁자에 둘러앉은 7명이 제품명이 가려진 막걸리를 시음(試飮)하고 있다. 향을 맡고, 빛깔을 살피고, 소주잔 양만치 입에 넣고 '굴리기'도 한다.

그들이 작성하는 노트엔 막걸리의 향, 맛, 색, 맛과 향의 조화를 평가하는 십 수 가지 항목들이 들어있다. 예컨대 향과 관련해선 강도, 과실향, 쌀향, 누룩향, 산(酸)향, 특이향 등 6개 항목마다 0~9점을 주게 돼있다. 교육생 40여명이 나눠 앉은 6개 탁자에 익명의 막걸리 6종이 차례로 돌았고, 그 정체를 밝히려 오감을 날카롭게 세운 교육생들의 귀엔 대학로를 점령한 크리스마스 캐롤 소리가 닿지 않는 듯했다.

정년을 앞둔 회사원, 귀향한 중년, 농부가 되려는 젊은이, 애주가 등 다양한 사람들이 참여한 이 자리는 '막걸리 소믈리에 양성 과정', 2기생인 이들은 이달 9일부터 내년 2월10일까지 10주 동안 매주 수요일 야간 교육을 받는다. 최근 막걸리 열풍을 타고 한국전통주연구소 등 주조법을 가르치는 기관은 늘었지만, 막걸리 맛을 감별해 고객 입맛에 맞는 술을 권해주는 소믈리에 교습까지 하는 건 이곳이 유일하다.

허시명 막걸리학교 원장은 "전국에 수백 종류의 막걸리가 있지만 대부분 '구수하다''시큼하다' 정도로만 구분한다"며 "막걸리의 진가를 알리려면 각양각색의 맛을 알고 안내해줄 전문가가 필요하다."고 말했다. 아직 정식 직종은 아니지만 갈수록 '막걸리 소믈리에'를 필요로 하는 곳이 늘어날 것이라는 게 그의 예측이다. 막걸리 특성을 결정하는 건 주로 곡물재료, 누룩곰팡이 종류, 첨가물이라고 한다. 쌀 함량이 많을수록 맑은 흰색, 밀가루가 많으면 누렇고 탁한 색을 띤다. 곡물을 발효시키는 누룩으로 백국을 쓰면 신맛이, 황국을 쓰면 단맛이 강하다. 뒷맛을 보면 단맛을 내려 아스파탐, 스테비오사이드 등을 얼마나 넣었는지 알 수 있는데, 그 양이 많을수록 뒷맛이 텁텁하다.

교육생들은 전 주에 이어 국내 막걸리 6종을 대상으로 블라인드 테이스팅[130]을 실시했다. 이중엔 일본인 입맛에 맞게 달고 덜 탁하게 만든 수출용 막걸리도 포함됐다. 이들이 시음 평가서 작성을 마치자 허 원장은 막걸리의 실제 성분표를 공개했다. 영 들어맞지 않았다. 초보 소믈리에들의 표정에 낭패감이 스쳤다. 김창수(37)씨는 "색을 보고 쌀과 밀 함량을 파악하는 건 어느 정도 되는데 질감이나 뒷맛, 특히 향을 통해 막걸리 특성을 파악하려면 멀었다."며 "미각과 후각을 더 길러야 할 모양"이라고 말했다. 좋은 소믈리에는 청각까지 활용할 줄 알아야 한다고 허 원장은 조언했다.

"갓 빚은 막걸리는 '졸졸졸' 시냇물 소리를 내며 숙성되고, 이후 '투닥투닥' 소낙비 떨어지는 소리를 거쳐 '톡톡톡' 거품 터지는 소리를 내며 익습니다. 그걸 들으며 막걸리 온도를 결정하고 얼마나 저어줄지 알 수 있습니다." 그래도 이록존(51)씨는 한 품종의 당분 첨가 비율을 정확히 맞춰 '술도가 아들'의 체면을 차렸다. 이씨 집안은 경남 거창에서 20년 동안 양조장을 했다. '쌀 막걸리 출시' 기사가 신문 1면을 장식할 만큼 막걸리가 국민주(酒) 대접을 받던 시절엔 호황을 누렸던 양조장은 막걸리 소비량이 줄고 부모님도 연로해지면서 7년 전 문을 닫았다.

은행원으로 일하다 3년 전 귀향한 이씨는 가업을 되살릴 생각으로 막걸리 공부에 매진하고 있다. "막걸리와 전통 음식을 접목한 관광 상품을 개발, 한국 술문화의 명맥을 되살릴 겁니다."

김시선(52)씨도 막걸리로 '제2의 인생'을 설계 중이다. 김씨와 막걸리의 인연은 독특하다. "1987년 건설 기술자로 사우디아라비아에 갔는데 글쎄, 1,000명이 넘는 우리 일꾼들 먹일 술을 만들라는 거에요. 종교상 술을 금하는 나라에서 말이죠." 그는 궁리 끝에 사막에 흔한 대추야자 열매에 이스트(제빵용 효모), 설탕을 넣어 '막걸리'를 만들었고, 한국 근로자들은 그 밀주로 향수와 고단함을 달랬다. "참 어설펐지만 그 맛을 지금도 잊을 수 없어요. 막걸리 체인점을 세워 그 맛을 되살리고 싶습니다."

대학에서 식품공학을 전공하는 막내 길민(19)씨의 포부도 작지 않다. "지역마다 맹주를 자처하는 전통술이 있잖아요. 고향인 강원 홍천을 대표하는 전통주를 만들고 싶습니다." 길씨는 10년 전 귀향해 사과 농사를 짓고 있는 아버지 길종각(45)씨와 함께 매주 상경하는 수고를 마다하지 않는다.

허 원장은 "동기는 다 다르지만 막걸리를 통해 삶을 변화시키려는 의지들이 대단하다"며 "막장, 막사발, 막소주처럼 '막'은 보통 질이 낮다는 의미로 쓰여 왔지만, 막걸리에 대한 이들의 열의 덕에 앞으로 '막'이 명품의 다른 이름이 될 것 같다."고 말했다.

(한국일보, 2009.12.29)

130) 블라인드 테이스팅(blind tasting): 품명을 숨기고 시음하는 것.

PART Ⅳ

부록

〈무역과 매너 사례〉

1. 항공권 및 호텔 예약 관련
2. 출장품 등의 서류 준비
3. 업무 관련
4. 음식 관련
5. 교통 관련

삼성물산 신입 무역인들의 중국무역매너 체험

초보 상사맨들의 완벽 해외출장지침 100選

- 삼성물산 초보 상사맨들의 실제 체험 사례 -

처음 가는 해외출장 누구나 머리가 무겁기 마련이다. 항공기와 호텔도 예약해야 하고 관련 서류도 준비해야 하고 여행가방도 꾸려야 하는데 무엇부터 해야 되나?

전화로만 통화했던 해외 거래선과 좀 더 가까워지고 싶은데 무얼 선물하면 좋을까?

이런 고민은 해외출장을 처음 나서는 초보 상사맨이라면 누구나 부딪치는 첫 관문이 될 것이다. 삼성물산의 초보 상사맨들이 최근 낯선 해외에서 범하기 쉬운 실수들을 미연에 방지하고 해외출장업무를 성공적으로 수행하기 위해 자신들의 해외 출장경험을 토대 정리한 "초보 상사맨들의 완벽 해외출장지침 100선"을 부록으로 소개하고자 한다. 본서에서 학습한 내용과 비교하면서 읽으면 큰 도움이 될 것 같다.

◀항공권 및 호텔 예약 관련▶

- 여권 유효기간의 만기여부 확인
- 미국, 일본, 중국 등 입국사증이 필요한 경우 비자 신청
- 항공권 예약 : 도착시간이 이른 아침이거나 심야는 피하는 것이 좋음
- 항공편은 가능한 선진국 항공사나 도착국의 항공사, 그리고 선호도가 높은 항공사를 이용할 것
  - 테러 등 국제적 정세도 고려하여 항공사를 선택할 것
- 환승시, 짐을 부칠 때 목적지에서 바로 찾을 수 있는 것인지 확인할 것
- 호텔 및 필요시 렌터카 예약 : 호텔의 등급 및 요금 사전 확인

◀출장품 등의 서류 준비▶

- 출장 스케줄 조정 및 유관부서와 업무협의 진행
- 출장 품의는 출장예정일 1주 전까지 사내시스템에 상신
- 일정 협의 및 작성 후 반드시 출장지 지점의 confirm을 받을 것.
- 프리젠테이션 자료 준비시 사내 유관 부서의 확인 및 검토를 받을 것
- 출장 중 필요한 예산을 감안하여 출장경비 신청

- 거래선 및 거래선 면담자에 대한 정보 확보
- 시차, 기후, 특별한 관습 등 출장지에 대한 정보를 확보할 것
- 출장지의 항공, 철도 등 주요 교통편 Time Table, 요금, 소요시간 및 유의사항 등에 대한 정보를 확보할 것
- 짐은 가급적 hand-carry가 가능한 수준으로 할 것
- 여권 등 증명서는 사본을 만들어 놓을 것
- 지점 및 방문처의 연락번호를 미리 확보할 것
- 출장지의 지점에 출장자의 영문 Full Name과 여권번호를 통보할 것
- 출장지의 교통상황을 사전에 잘 파악할 것
- 해당국가 관련 서적을 반드시 일독할 것
- 이동 시간이 길 경우 읽을 책을 꼭 준비할 것.
- 환율을 Check할 것
- 안경을 착용하는 경우 비상 안경도 하나씩 가져 갈 것.
- 필요시 핸드폰 로밍 서비스를 신청할 것
- 특수 언어 국가로 출장 갈 경우에는 현지어 사전을 구입하여 간단한 회화는 미리 준비할 것
- 충분한 양의 명함을 준비할 것
- Y-셔츠 및 속옷은 매일 갈아입을 만큼 준비할 것
- 구두는 항상 깨끗한 상태를 유지할 것
- 취급 제품의 영문명은 물론 현지어 표현법도 확인할 것
- 화학품목의 경우 중국에서는 중국식 명칭으로만 통용
- 회사 소개 자료 등 거래선에 제공할 자료는 조금 많이 가져 갈 것
- 거래선 선물 준비 : 선물은 한국적인 것이 좋으며 출장국의 종교 및 관습상 금기시하는 물품이 아닌지, 그리고 과거 어떤 선물을 했는지를 확인하여 중복을 피하는 것이 좋음.
- 여분의 선물 및 지점 선물 준비
- 소화제, 진통제 등 비상약품 준비
- 고객과 동행하는 경우 기후, 관습, 거래선 등 출장에 대한 자세한 정보를 제공할 것.
- 출장 기간 중의 일정을 한눈에 알아볼 수 있는 출장일정표를 작성할 것 :
  - 숙박시설 정보, 교통편 정보, 긴급연락처 등
- 장기간 출장의 경우 숙박 및 교통편은 Re-Confirmation이 필수적임.

- 출장경비를 가불 받아 환전
- 출장 일정 중에 방문이 가능한 유명 관광지나 유명 레스토랑을 미리 List-up해 놓을 것
- 거래선 미팅시 당황되는 일이 있어도, 표정을 드러내어서는 안 됨
- 동행한 고객과 함께 현지에서 거래선과 미팅을 가질 때에는 고객의 의사를 정확히 파악하여 전달하도록 노력할 것
- 회의 중 의문이 있거나 상대방이 잘 못 이해한 것처럼 인식될 때에는 즉시 확인하여 착오가 없도록 할 것
- 거래선 면담시, 곧바로 브리핑 자료를 꺼내는 것은 예의가 아니며, 우선은 가벼운 대화로 편안한 분위기를 만들 것
- 프리젠테이션을 진행할 경우, 회의의 성격에 따라 품목에 관한 구체적인 정보나 데이터 등의 언급 여부를 사전에 결정할 것
- 프리젠테이션 자료는 전체적인 회사 소개 자료, 구체적인 품목 자료 등을 따로 준비하여 활용하는 것이 효과적임
- 각 회의마다 회의 의제와 목표를 분명히 인지하고 회의 전략을 수립할 것 통역시에는 일행 중 가장 선임자를 향해 말할 것
- 매일 매일 일정을 수시로 확인하여 다음 일정 진행에 차질이 없도록 할 것
- 중국의 경우 면담 자리에서도 술이 동반되는 경우가 많으니 유의할 것
- 조리시간이 다소 걸리는 음식을 주문할 시에는 상대방의 양해를 구하고 먼저 주문하여 동반자들과 식사 시간을 맞출 것
- 식사 접대시에는 만족할 만한 수준의 음식을 주문해야 함
- 출장지의 유명 요리 및 식사법에 대해 숙지할 것
- 술자리에서는 출장지의 문화에 맞는 주류를 주문할 것: 한국식 폭탄주는 지양할 것
- 주류 주문시 가급적 출장지의 유명 주류를 주문할 것: 중국의 경우 8대 명주를 주문
- 출장지의 차(茶) 문화에 대해 숙지하고 다도(茶道)에 대해서도 공부할 것
- 거래선과 친분이 있는 경우 상황에 따라 팩소주, 컵라면 등을 활용하는 것도 좋은 방법 임
- 유흥업소에서는 팁을 함부로 주지 말 것
- 호텔 투숙 시, 일행의 방위치를 미리 확인할 것
- Wake-up Call을 활용하여 시차에 적응하도록 노력할 것
- 호텔에서는 비싼 냉장고 음료수보다는 밖에서 구매한 식수를 이용할 것

- 고객 동반 출장시 고객의 취향을 미리 파악하여 적합한 방으로 예약할 것
- 호텔의 팁 문화도 지역에 따라 차이가 있으므로 사전에 팁 문화를 확인할 것
- 택시로 이동시에는 안전을 고려하여 호텔 콜택시를 이용할 것
- 본사와 항시 연락 체계를 구축할 것 : 본사에서 연락할 수 있도록 호텔 및 지점에 긴급 연락처를 남겨 놓을 것
- 이동 중에는 간단한 지역 특산물을 간식꺼리로 준비하여 동행하는 분들께 대접할 것
- 출장지 혹은 경유지의 유명 관광지나 일화가 있다면 미리 공부하여 소개할 수 있도록 할 것
- 고객의 항공편 발권시 고객의 좌석 취향을 확인하고 발권할 것 : 창가 좌석, 비상구 인근 좌석 등
- 타지역으로 이동시, 출장국 거래선과 지점에 전화, 메일 등을 활용하여 감사 인사를 전할 것
- 고객과 함께 항공기에 탑승하였으나 고객과 좌석 등급이 다른 경우, 수속 시간이 차이가 남으로 비교적 앞자리 탑승권으로 발권 받아 고객이 기다리지 않도록 할 것

◀업무 관련▶

- 지점이 있는 지역으로 출장을 떠날 때에는 반드시 지점 사무실을 방문할 것
- 지점에 비용 부담을 주지 말 것
- 출장보고서는 매일 작성하여 송부하고 주요 사항이 발생할 시에는 즉시 본사와 연락을 취할 것
- 출장 중 본사에 1-2일 간격으로 상사에게 보고할 것.

◀음식 관련▶

- 출장 중에 수돗물을 바로 마시지 않을 것 :
  - 레스토랑에서 제공되는 물도 먹지 않는 것이 좋으며 반드시 Mineral Water(식수)를 주문해서 마실 것.
- 야채와 샐러드는 반드시 세척 정도를 확인할 것 :
  - 어지간히 씻어서는 죽지 않는 기생충들이 있음

◀교통 관련▶

- 운전시 도로에 신호등이 많지 않고 Stop Sign에 의해 질서가 유지되므로 유의할 것
- 오토바이가 많은 지역에서는 각별히 운전을 조심해야 하며 항상 방어운전 할 것
- 일방통행, 차량 좌측통행, 무단횡단 등이 많으므로 현지 교통체계를 숙지해야 함
- 차에 탑승시 반드시 유리창을 올리고 문을 잠글 것
- 차량 도난사고가 빈번하므로 공공주차장 이외의 장소에는 가급적 주차를 피하고, 차량에 귀중품을 방치하지 말 것
- 차량을 렌트하는 경우 반드시 보험에 가입할 것
- 택시를 이용할 때에는 목적지를 정확하게 발음하고, 미터기 사용을 요구할 것
- 인력거를 이용할 때에는 사전에 목적지를 밝히고 요금을 정확하게 정할 것
- 길을 물어볼 때에는 최소한 3번 이상 물어볼 것.

◀기타▶

- 출장지의 유명 서점을 방문하여 베스트 셀러를 구입, 일독할 것
- 항상 출장지의 모든 일에 흥미와 관심을 가질 것
- 해당 국가의 역사와 문화를 깊이 이해할 것
- 항상 잔돈을 준비할 것
- 물건을 구입할 때에는 반드시 흥정할 것
- 카드를 이용하고 현금 소지는 자제할 것
- 환전은 미리미리 할 것
- 은행 등 공식적으로 허가받은 환전소에서만 환전할 것
- 한 번에 많은 돈을 환전하지 말 것
- 물건 구입시 반드시 영수증을 요구할 것
- 술자리에서 일행이 만취했을 경우 즉시 숙소로 돌아갈 것
- 외국인임을 스스로 알리는 복장이나 행위는 하지 말 것
- 정치가 불안한 국가로 출장 갈 경우 정치에 대해 언급하지 말 것
- 생활수준이 낮고 유순하게 보인다고 현지인을 함부로 대하지 말 것
- 귀국후 거래선 및 지점에 감사 메일을 발송할 것
- 출장 보고시, 업무 관련 보고 외에도 거래선 및 출장국에 대한 경험도 전파할 것.
- 출장지에서 좋은 레스토랑을 알게 되면 명함을 가지고 와서 전파할 것.

참고문헌
Reference

강영문, 「유통물류와 e-비즈니스」, 두남, 2004.

김성윤, 「커피 이야기」, 살림, 2004.

김병윤, 「비즈니스 협상 A to Z」, 해냄, 2007.

김용재, 「e비즈니스원론」, 한경사, 2002.

김정선, 「인터넷 비즈니스」, 형설출판사, 2001.

김준철, 「와인 어떻게 즐길까」, 살림, 2006.

김준철, 「양주 이야기」, 살림, 2004.

김철외, 「무역창업노트」, 두남, 1999.

김창훈, 「국제예절과 생활에티켓」, 샘터, 1995.

금한나, 「이미지와 국제매너」, 한올출판사, 2001.

권재근외, 「인터넷무역」, 매일경제신문사, 1999.

노승혁, 「무역실무론」, 대왕사, 2000.

대신경제연구소, 「대신산업핸드북」, 1997.

박규영, "우리나라 M-Commerce산업의 경쟁력 강화방안에 관한 연구", 「통상연구」, 한국통상정보학회, 2001.6.

박대위, 「무역실무」, 법문사, 2008.

박명섭외, 「무역실무」, 두남, 2003.

박한표외, 「현대인과 국제매너」, 한올출판사, 1999.

박준형, 「글로벌 에티켓을 알아야 비즈니스에 성공한다」, 북쏠레, 2006.

백주현외, 「디지털경제와 e비즈니스」, 두남, 2001.

손태빈외, 「무역계약론」, 두남, 2000.

신군재, 「사이버시대의 on-off 무역실무」, 무역경영사, 2003.

심순철, 「프랑스 미식기행」, 살림, 2006.

윤창인, 「통상관련 전자상거래 논의동향과 시사점」, 대외경제정책연구원, 1998.

이동현, 「즐거운 와인 여행」, 김&정, 2008.

이형철, 「글로벌에티켓 글로벌매너」, 에디터, 1999.

이동철, 「기업세계와 국제매너」, 청목출판사, 2001.

이선희외, 「글로벌시대의 국제매너와 에티켓」, 1999.

이호건, "사이버무역의 현주소와 전망", 「사이버무역의 국제동향과 성공전략」, 굿인포메이션, 2001.

이철영, 「물류로지스틱스」, 효성출판사, 2000.

임재욱외, 「E-Trade시대의 무역실무」, 현학사, 2002.

임향옥, 「나는 영어로 협상한다」, 한국외국어대학교 출판부, 2008.

장명진외, "우리나라 무역업체의 인터넷 무역거래 알선사이트의 활성화 방안", 「통상정보연구」, 한국통상정보학회, 2000.11.

정영훈, "사이버무역에 있어 상표권문제와 소비자보호문제, 「사이버무역의 국제동향과 성공전략」, 굿인포메이션, 2001.

전창원, 「온오프라인 무역실무」, 무역연구원, 2008.

진봉철, 「무역길라잡이」, 두남, 2002.

최기종, 「매너와 이미지 메이킹」, 2007.

한승철, 「무역실무」, 형설출판사, 2001.

허은아, 「All about Manner」, 아라크네, 2003.

홍성규, "인터넷을 통한 전자상거래 계약상의 법적 논점", 「통상연구」, 한국통상정보학회, 1999, 12.

허재관외, 「프로비즈니스맨의 무역상식」, 새로운 제안, 1998.

Alba Joseph, et al, "Interactive Home Shopping", Journal of Marketing, 1997.

Allen, Mary Kay. and Omar Keith Helferich, Putting Expert System to Work in Logistics, Oak Brook, IL: Council of Logistics Management, 1990.

Addicott, M, "Do Logistics Strategies Really Provide Competitive Advantage?," Electronic Commerce World, June 1997.

Bagchi, P. K. International Logistics Information System, International Journal of Physical Distribution and Logistics Management, 22(9), 1992.

Bone, Louis E. and David L. Kurtz, Contemporary Marketing Wired, 9th ed., Dryden Press, 1998.

Ballou, Ronald H., 「Business Logistics Management」, Prentice Hall, Fourth Edition. 1997.

Bruce Peat, David Webber, "Introducing XML/EDI the E-business Framework", Http://www. Geocities.com/Wallstreet/Floor/5815/start.htm.

Blade, Douglas J. and James K. Mueller, "New for the Millennium: 4PL", Transportation & Distribution, Feb. 1999.

Bowersox, Donald J. Logistics in The Integrated Enterprise, Paper Presented at the

Annual Conference of the Council of Logistics Management, St Louis, NO. 1989.

Bovet, David and Yossi Sheffi., "The Brave New World of Supply Chain Management", Supply Chain Management Review, May. 1998.

Business Week, "Lesson of a Web Shopping Spree: The Convenience is Unbeatable. But the Price most often is not", 1998. 6.22.

Cockbum, C. and Wilson. T., "Business Use of the World-Wide Web", International Journal of Information Management, Vol.3, No.1, 1997. [URL] www.ascusc.org/jcmc.

Closs, David J. "Positioning Information in Logistics," Journal of Business Logistics, 10(2).

Cooke, J.A. "3PLs Look Toward More Realistic Growth", Logistics Management, Dec. 1996.

Cooper, Martha C., Douglas M. Lambert and Janus D. Pagh, "Supply Chain Management: More Than a New Name for Logistics", The International Journal of Logistics Management, Vol.8, No.1., 1997.

Clemons, E. K., Il-Horn Hann, Lorin M. H., "The nature of competition in electronic market: An empirical investigation of online trave agent offerings", Working Paper, The Wharton School of the University of Pennsylvania, Philadelphia, PA, 1998.

Chesher, Michael and Rukesh Kaura, Electronic Commerce and Business Communi-cations, Springer, 1998.

Chesher, Michael and Rukesh Kaura, Electronic Commerce and Business Communi-cations, Springer, 1998.

Dana May Casperson, 「Power Etiquette」, AMCOM, 1999.

Economy Business Week, "The Click Here", June 22, 1998.

John Bonello, "How to protect, defend an Internet domain name", Washington Business Journal, Jan 14, 2000, v.18.

Geer, Daniel E., Jr., Unseen Guardians, Invisible Treasures, in: Derek Leebaert, ed., The Future of the Electronic Marketplace. MIT Press. 1998.

Hanson, Ward, Principles of Internet Marketing, South-Western College Publishing, 2000.

Herman D. Tabak, Cargo Container: Their Stowage, Handling and Movement, New York: Cornell Maritime Press, INC, 1970.

Higginson, James K., and Ashraful Alam, "Supply Chain Management Techniques in Medium-to-Small Manufacturing Firms", The International Journal of Logistics

Management, Vol. 8, No. 2., 1997.

Kalakota, Rabi and Marcia Robinson, E-Business : roadmap for success, Addison Wesley Longman, 1999.

Kahn, Barbara, "Dynamic Relationships with Customers : High-Variety Strategies", Journal of the Academy of Marketing Science, 26:1.

Keen, P.G.W. and Ballance, C, On-Line Profits, Harvard Business School Press, Cambridge(Mass), 1997.

Kalakota, R and Whinston, A.B, 「Electronic Commerce, Addison-Wesley」, Reading(UK), 1996.

Kalakota, Ravi and Andrew B. Whinston, 「Electronic Commerce: A Manager's Guide」, Addison-Wesley Longman, Inc. 1997.

Lewison, Dale M, Retailing(6th ed), Prentice Hall, 1997

Kurt Salmon Associates, Efficient customer response: enhancing consumer value in the grocery industry, 1993.1.

Lieb, R. C and H. L. Randall, "A comparison of the use of third-party logistics service by large american manufacturers, 1991, 1994, and 1995", Journal of Business Logistics, Vol. 17, No. 1., 1996.

Mckinsey, "Productivity-led Growth for Korea, Retail section, 1998.4.

Metz, Peter J., "Decertifying Supply Chain Management", Supply Chain Management Review, Fall. 1998.

OECD, "Electronic Commerce : Opportunities and Challenges for Governments", Paris. 1997.

Peters, M. J., R. C. Lieb and H. L. Randall, "The Use of Third-party Logistics Services by European Industry", Transport Logistics, Vol. 1, No. 3. 1998.

Randall, H. L, "Contract Logistics: Is Outsourcing Right for You?" in The Logistics Handbook, J.F. Robeson and W.C. Capacino(Eds), The Free Press. 1994

Ross, David Frederick, 「Competing Through Supply Chain Management」, Champan & Hall. 1998.

Shikhar, Ghosh, "Making business sense of the Internet", Harvard Business Review, Vol. 76, No. 2. 1998.

Seybold, Patricia B, "Electronic marketing comes of age", Chief Executive, Iss. 104, 2 Jun. 1995.

Smith, M., Bailey, J. and Brynjolfsson, E., "Understanding Digital Markets: Review and Assessment", Understanding The Digital Economy, 1999.

Terri Morrison, Wayne A. Conaway, and George A. Borden, 「Kiss, Bow or Shake

Hands」, Adams Media Corporation, 2001.
US Executive Office of the President 1997, "A Framework for Global Electronic Commerce", XML/EDI Group, Executive Overview E-Business Framework, 1998. 1.
US Department of Commerce, The Emerging Digital Economy II, 1999.

【웹사이트】

http://www.ebay.com
http://www.auction.co.kr
http://www. amazon.com
http://www.ispo.cec.be/ecommerce
http://www.wal-mart.com
http://www.fedex.com
http://www.ec21.net
http://www.finkorea.com
http://www.interpark.com
http://www.metaland.com
http://www.himart.co.kr
http://www.ecom.or.jp/eng/ec_japan/ohp3.htm
http://www.icann.org
http://www.iana.org
http://disputes.nic.or.kr
http://arbiter.wipo.int/domains/cases/all.html
http://www.eresolution.ca/services/dnd/decisions.htm
http://www.arbforum.com
http://www.lawkorea.com
http://www.domainemart.com
http://www.ked.co.kr
http://www.kipo.go.kr
http://ipn.amore.co.kr
http://engnews.co.kr
http://www.yplee.co.kr
http://www.howpc.com
ttp://www.xmlsoftware.com/
http://ecommerce.dacom.co.kr
http://www.ccnorm.be/isss/work-sop/ec/xmledi/isssxml.htm

http://www.commerce.net/poiects/X12-XML
http://www.w3.org/Ecommerce/ovrview-xmledifact
http://www.ktnet.com
http://www.xml/edi.com
http://cbitac.provin.chungbuk/public/cbitac/cbitac.html
http://eto.untpdc.org/info/about.html
http://iserve.wtca.org/tradeops
http://myhome.netsgo.com/tramper/let/LET_2.htm;
http://www.chaostrade.co.kr/KChaos/Explorer/Login_Before/
http://www.cncorp.co.kr/webcnc/action.html
http://www.dreammart.com/about/index.html
http://www.ecrc.or.kr/ecjaro/ectrade/sld036.htm
http://www.eucck.org/kr/bc/bc.htm
http://www.findkorea.com/renew/abotu_us/
http://www.hyundaicorp.co.kr/korean/business/e-business.htm
http://www.iebb.com/aboutus.asp
http://www.infotrade.co.kr/htm/company.htm
http://www.innonet.nm.kr/ncgi-bin/frame.cgi?src=/NB/discussion_frame.html
http://www.itrademall.com/companyinfo.htm
http://www.kotec.net/main.htm
http://www.kotranet.com/KOTRA/KOTRANET/TCISvcldx3_8.html
http://www.lgicorp.com/bf_main/ke-biz.html
http://www.provin.kyongnam.kr/korea/08/07/kntra8.htm
http://www.silkroad21.or.kr/include/aboutus_k.php3
http://www.smipc.or.kr/korean/index.html
http://www.tctc.co.kr/korean/service
http://www2.tradecompass.com/iebb/about.asp

색인
Index

영문색인

C

N

O

P

T

국문색인

저자약력

강영문(wto3@chonnam.ac.kr)

- 동국대학교 무역학과 졸업(상학사)
- 한국외국어대학교 대학원 무역학과 졸업(경영학석사)
- 동국대학교 대학원 무역학과 박사과정 졸업(경영학박사)
- (주) 대신경제연구소 증권분석실 근무
- (주) 대신경제연구소 경제동향분석실 근무
- Visiting Scholar, Singapore Management University (한국학술진흥재단 해외방문교수)
- 무등일보 경제칼럼니스트 역임
- MBC 라디오 경제코너 해설자 역임
- 한국국제통상학회 이사
- 국제 e-비즈니스학회 이사
- 한국수출보험학회 이사
- 한국협상학회 상임이사
- 한국무역상무학회 이사
- 국제지역학회 이사
- 관세청 이의신청 심의위원
- 중소기업중앙회 무역지도위원
- 전남대학교 창업보육센터장
- 전남대학교 경상학부 국제통상학과 교수

【주요 수상실적】

- 전남대학교 교육우수교수 선정(2008년) (Best Teaching Professor)

【주요저서】

- 온오프라인 유통관리(두남, 2008, 개정판)
- 국제통상론(전남대학교 출판부, 2009)
- 국제협상과 문화간 커뮤니케이션(전남대학교 출판부, 2010)
- e-유통경영(우용출판사, 2010)
- 전자물류와 물류관리(두남, 2005)
- 유통물류와 e-비즈니스(두남, 2004, 개정판)
- e무역과 국제매너(학문사, 2004)

홈페이지:http://altair.chonnam.ac.kr/~wto

무역과 매너의 만남

2010년 3월 20일 초판 인쇄
2010년 3월 25일 초판 발행

저자 / 강영문
발행인 / 고종식
발행처 / 우용출판사
등록일 / 1997년 11월 25일
출판등록 / 제 2001-1호
주소 / 서울특별시 마포구 망원1동 338-53
전화번호 / 02) 324-6577
팩시밀리 / 02) 324-6177

정가 / 23,000원

ISBN / 978-89-6249-036-7 93320

www.choolpansa.com